GW00481994

GLI ADELPHI

16

René Guénon nacque a Blois nel 1886. Nel 1912 abbracciò l'islamismo e nel 1930 lasciò la Francia per stabilirsi definitivamente in Egitto. Morì al Cairo nel 1951. Di lui sono usciti presso Adelphi: *Il Re del Mondo* (1977), *La Grande Triade* (1980), *Il Regno della Quantità e i Segni dei Tempi* (1982), *Introduzione generale allo studio delle dottrine indù* (1989), *L'uomo e il suo divenire secondo il Vêdânta* (1992), *Scritti sull'esoterismo islamico e il Taoismo* (1993), *Gli stati molteplici dell'essere* (1996), *L'esoterismo di Dante* (2001), *Il Demiurgo* (2007), *I princìpi del calcolo infinitesimale* (2011), *Il simbolismo della croce* (2012), *Autorità spirituale e potere temporale* (2014).

René Guénon

Simboli
della Scienza sacra

ADELPHI EDIZIONI

TITOLO ORIGINALE:
Symboles fondamentaux de la Science sacrée

Traduzione di Francesco Zambon

ISBN 978-88-459-0764-7

Anno					Edizione						
2018	2017	2016	2015		13	14	15	16	17	18	19

Indice

Simbolismo assiale e simbolismo del passaggio

Simbolismo del cuore

Simboli della Scienza sacra

Il simbolismo tradizionale
e alcune sue applicazioni generali

I. *La riforma della mentalità moderna*

La civiltà moderna appare nella storia come una vera e propria anomalia: fra tutte quelle che conosciamo essa è la sola che si sia sviluppata in un senso puramente materiale, la sola altresì che non si fondi su alcun principio d'ordine superiore. Tale sviluppo materiale, che prosegue ormai da parecchi secoli e va accelerandosi sempre più, è stato accompagnato da un regresso intellettuale che esso è del tutto incapace di compensare. Intendiamo qui, beninteso, parlare della vera e pura intellettualità, che si potrebbe anche chiamare spiritualità, e ci rifiutiamo di dare questo nome a ciò a cui si sono specialmente applicati i moderni: la cultura delle scienze sperimentali, in vista delle applicazioni pratiche alle quali esse sono suscettibili di dar luogo. Un solo esempio potrebbe permettere di misurare la portata di tale regresso: la *Somma teologica* di san Tommaso d'Aquino era, al suo tempo, un manuale a uso degli studenti; dove sono oggi gli studenti in grado di approfondirla e di assimilarla?

La decadenza non s'è prodotta d'un sol colpo; se ne potrebbero seguire le tappe attraverso tutta la filosofia moderna. È stata la perdita o l'oblio della vera intellettualità a rendere possibili quei due errori che solo in apparenza si oppongono, ma sono in realtà correlativi e complementari: razionalismo e sentimentalismo. Dal momento in cui si incominciò a negare o a ignorare ogni conoscenza puramente intellettuale, come si fece dopo Descartes, si doveva logicamente sfociare, da un lato, nel positivismo, nell'agnosticismo e in tutte le aberrazioni ' scientistiche ', e, dall'altro, in tutte le teorie contemporanee che, non soddisfatte di ciò che può dare la ragione, cercano qualcos'altro, ma lo cercano dalla parte del sentimento e dell'istinto, vale a dire al di sotto della ragione e non al di sopra, giungendo, con William James per esempio, a vedere nel subconscio il mezzo con il quale l'uomo può entrare in comunicazione con il Divino. La nozione di verità, dopo essere stata abbassata ormai a una semplice rappresentazione della realtà sensibile, è infine identificata dal pragmatismo con l'utilità, il che equivale alla sua soppressione pura e semplice; che importa infatti la verità in un mondo le cui aspirazioni sono unicamente materiali e sentimentali?

Non è possibile sviluppare qui tutte le conseguenze di un simile stato di cose; ci limiteremo a indicarne alcune fra quelle che si riferiscono più particolarmente al punto di vista religioso. Va anzitutto osservato che il disprezzo e la repulsione che gli altri popoli – gli Orientali soprattutto – provano nei confronti degli Occidentali, provengono in gran parte dal fatto che questi ultimi gli appaiono in genere uomini senza tradizione, senza religione, ciò che ai loro occhi è una vera e propria mostruosità. Un Orientale non può ammettere un'organizzazione sociale che non poggi su princìpi tradizionali; per un musulmano, ad esempio, l'intera legislazione non è che una semplice derivazione della religione. Un tempo era così anche in Occidente; si pensi a ciò che fu la Cristianità nel Medioevo; ma oggi i rapporti si sono rovesciati. Di fatto, si considera ora la religione un semplice fenomeno sociale; invece di ricollegare l'intero ordine sociale alla religione, quest'ultima, quando ancora si consenta a conservarle un posto, è considerata ormai soltanto come uno qualsiasi degli elementi che costituiscono l'ordine sociale; e quanti cattolici, ahimè, accettano questo modo di vedere senza la minima difficoltà! Sarebbe ora di reagire contro questa tendenza, e a tal proposito l'affermazione del Regno sociale di Cristo è una manifestazione particolarmente opportuna; ma per farne una realtà occorre riformare tutta la mentalità moderna.

Non è il caso di nascondersi che coloro stessi che credono di essere sinceramente religiosi non hanno per lo più, della religione, che un'idea assai indebolita; essa non ha nessuna influenza effettiva sul loro pensiero né sul loro modo d'agire; è come separata da tutto il resto della loro esistenza. Praticamente, credenti e non credenti si comportano pressappoco nella stessa maniera; per molti cattolici l'affermazione del soprannaturale ha un valore soltanto teorico, ed essi sarebbero assai imbarazzati se dovessero constatare un fatto miracoloso. Siamo in presenza di quel che si potrebbe chiamare un materialismo pratico, un materialismo di fatto; non è forse esso più pericoloso del materialismo riconosciuto come tale, proprio perché coloro che colpisce non ne hanno neppure coscienza?

D'altra parte, per i più, la religione è soltanto una faccenda di sentimento senza nessuna portata intellettuale; si confonde la religione con una vaga religiosità, la si riduce a una morale; si riduce il più possibile lo spazio della dottrina, che invece è proprio l'essenziale, ciò di cui tutto il resto dev'essere soltanto una conseguenza logica. Sotto questo profilo, il protestantesimo, che finisce con l'essere un 'moralismo' puro e semplice, è assai rappresentativo delle tendenze dello spirito moderno; ma si avrebbe gran torto se si credesse che il cattolicesimo non è colpito da queste stesse tendenze – non nel suo principio, certo, ma nel modo in cui di solito viene presentato: con il pretesto di renderlo accettabile alla mentalità attuale si fanno le concessioni più incresciose, e si incoraggia in tal modo quel che occorrerebbe al contrario combattere energicamente. Non insistiamo sull'accecamento di coloro che, sotto il pretesto della 'tolleranza', si fanno complici inconsapevoli di vere e proprie contraffazioni della religione, di cui sono lontani dal sospettare l'intento nascosto. Segnaliamo soltanto di sfuggita, a questo proposito, il deplorevole abuso che vien fatto frequentemente della stessa parola ' religione ': non si sentono ogni momento usare espressioni come ' religione della patria ', ' religione della scienza ', ' religione del dovere '? Queste non sono semplici negligenze di linguaggio, sono sintomi della confusione che regna dappertutto nel mondo moderno, poiché il linguaggio in fondo non fa che rappresentare fedelmente lo stato degli animi; ed espressioni simili sono incompatibili con il vero senso religioso.

Ma veniamo a quel che è più essenziale: vogliamo parlare dell'affievolirsi dell'insegnamento dottrinale, quasi del tutto sostituito da vaghe considerazioni morali e sentimentali, che piacciono forse più ad alcuni, ma che, al tempo stesso, possono soltanto respingere e allontanare coloro che hanno aspirazioni d'ordine intellettuale; e nonostante tutto nella nostra epoca ne esistono ancora. Lo prova il fatto che taluni – anche più numerosi di quanto si potrebbe credere – deplorano tale mancanza di dottrina; e noi vediamo un segno favorevole, a onta delle apparenze, nel fatto che da varie parti sembra che di ciò ci si renda conto oggi meglio di qualche anno fa. Si ha certamente torto a pretendere, come abbiamo spesso udito, che nessuno capirebbe un'esposizione di dottrina pura; anzitutto, perché volersi sempre mantenere al livello più basso, come se bisognasse tenere in conto la quantità piuttosto che la qualità? Non è forse questa una conseguenza di quello spirito democratico che è uno degli aspetti caratteristici della mentalità moderna? D'altra parte, si deve proprio credere che tante persone sarebbero realmente incapaci di comprendere se fossero state abituate a un insegnamento dottrinale? Non si potrebbe anche pensare che coloro che non capissero proprio tutto ne trarrebbero ugualmente un beneficio forse più grande di quanto si supponga?

Ma senza dubbio l'ostacolo più grave è quella sorta di diffidenza che in troppi ambienti cattolici, anche ecclesiastici, si testimonia nei confronti dell'intellettualità in genere; diciamo l'ostacolo più grave, perché è un segno di incomprensione perfino nelle persone stesse a cui incombe il compito dell'insegnamento. Costoro sono stati così intaccati dallo spirito moderno che non sanno più, come i filosofi ai quali facevamo or ora allusione, che cosa sia l'intellettualità vera, cosicché confondono a volte l'intellettualismo con il razionalismo, e fanno in questo modo involontariamente il gioco degli avversari. Noi pensiamo precisamente che quel che importa anzitutto è restaurare la vera intellettualità, e con essa il senso della dottrina e della tradizione; sarebbe ora di mostrare che la religione è ben altro che una faccenda di devozione sentimentale, o di precetti morali, o di consolazioni ad uso di animi indeboliti dalla sofferenza, e che in essa si può trovare il « solido nutrimento » di cui parla san Paolo nell'*Epistola agli Ebrei*.

· Siamo perfettamente coscienti che quanto stiamo dicendo ha il torto di andar contro certe abitudini acquisite dalle quali ci si libera difficilmente; né si tratta di innovare – tutt'altro –, si tratta al contrario di ritornare alla tradizione dalla quale ci si è scostati, di ritrovare ciò che si è lasciato andar perduto. Non sarebbe meglio questo che fare allo spirito moderno le più ingiustificate concessioni, quelle per esempio che si incontrano in tanti trattati di apologetica nei quali si fa ogni sforzo per conciliare il dogma con quanto vi è di più ipotetico e di meno fondato nella scienza attuale, salvo poi rimettere tutto in discussione quando queste pretese teorie scientifiche vengano a essere sostituite da altre? E tuttavia sarebbe molto facile mostrare come la religione e la scienza non possano entrare realmente in conflitto, per la semplice ragione che non si riferiscono allo stesso ambito. Come si fa a non scorgere il pericolo insito nel voler cercare, per la dottrina che concerne le verità immutabili ed eterne, un fondamento in quanto c'è di più mutevole e di più insicuro? E cosa pensare di certi teologi cattolici così affetti da spirito 'scientistico' da credersi obbligati a tener conto, in più o meno larga misura, dei risultati dell'esegesi moderna e della 'critica testuale', quando sarebbe così facile, a condizione di possedere una base dottrinale un po' sicura, farne apparire l'inanità? Come si fa a non accorgersi che la pretesa 'scienza delle religioni' – così com'è insegnata negli ambienti universitari – non è mai stata in realtà altro che una macchina da guerra diretta contro la religione, e più in generale contro tutto ciò che ancora può sopravvivere di spirito tradizionale, che vogliono ovviamente distruggere coloro che dirigono il mondo moderno in un senso che può soltanto portare a una catastrofe? Su tutte queste cose ci sarebbe molto da dire, ma noi abbiamo soltanto voluto indicare molto sommariamente alcuni dei punti sui quali una riforma sarebbe necessaria e urgente; e per terminare con una domanda che qui ci interessa in modo del tutto particolare, qual è la ragione per cui s'incontra tanta ostilità, più o meno dichiarata, nei confronti del simbolismo? Certamente perché si tratta di un modo d'espressione divenuto completamente estraneo alla mentalità moderna, e perché l'uomo è naturalmente portato a diffidare di ciò che non comprende. Il simbolismo è il mezzo più adeguato per l'insegnamento delle verità d'ordine superiore, religiose e metafisiche, cioè per tutto quel che lo spirito moderno respinge o trascura; esso è esattamente il contrario di ciò che conviene al razionalismo, e tutti i suoi avversari – alcuni senza neppure saperlo – si comportano da veri e propri razionalisti. Per quel che ci concerne, noi pensiamo che se oggi il simbolismo è incompreso, tanto maggior ragione c'è di insistere su di esso, esponendo nel modo più completo possibile il significato reale dei simboli tradizionali, restituendo loro tutta la portata intellettuale che possiedono invece di ridurli semplicemente a un'occasione per qualche esortazione sentimentale per la quale, del resto, l'uso del simbolismo è cosa del tutto inutile.

Una simile riforma della mentalità moderna, con tutto quel che implica, e cioè la restaurazione dell'intellettualità vera e della tradizione dottrinale, che per noi non sono separate l'una dall'altra, costituisce certo un'impresa considerevole; ma è questa una ragione perché non sia intrapresa? Al contrario, a noi pare che un tale compito costituisca uno degli scopi più elevati che si possano proporre all'attività di una società come quella dell'Irradiamento intellettuale del Sacro Cuore, tanto più che tutti gli sforzi che saranno fatti in questo senso saranno necessariamente orientati verso quel Cuore del Verbo incarnato, Sole spirituale e Centro del Mondo, « nel quale sono nascosti tutti i tesori della saggezza e della scienza » – non di quella vana scienza profana che sola è conosciuta dalla maggior parte dei nostri contemporanei, ma della vera scienza sacra che apre a coloro che la studiano come si conviene orizzonti insospettati e veramente illimitati.

Abbiamo già avuto occasione di parlare dell'importanza della forma simbolica nella trasmissione degli insegnamenti dottrinali d'ordine tradizionale. Ritorniamo su questo argomento per apportare qualche precisazione complementare e mostrare ancor più esplicitamente i diversi punti di vista sotto i quali può essere considerato.

Anzitutto, il simbolismo ci appare adatto in modo speciale alle esigenze della natura umana, che non è una natura puramente intellettuale, ma ha bisogno d'una base sensibile per elevarsi verso le sfere superiori. Occorre prendere il composto umano qual esso è, uno e molteplice al tempo stesso nella sua complessità reale; troppo spesso si ha la tendenza a dimenticarlo, da quando Descartes ha preteso di stabilire fra l'anima e il corpo una separazione radicale e assoluta. Per una pura intelligenza, sicuramente, nessuna forma esteriore, nessuna espressione è richiesta per comprendere la verità, e neppure per comunicare ad altre pure intelligenze ciò che essa ha compreso nella misura in cui è comunicabile; ma non è così per l'uomo. In fondo, ogni espressione, ogni formulazione, qualunque essa sia, è un simbolo del pensiero che essa traduce esteriormente; in questo senso, il linguaggio stesso non è altro che un simbolismo. Non vi deve dunque essere opposizione tra l'impiego delle parole e quello dei simboli figurativi; questi due modi d'espressione sarebbero piuttosto complementari l'uno all'altro (e del resto, di fatto, essi possono combinarsi, giacché la scrittura è originariamente ideografica e in certi casi, come in Cina, ha sempre conservato questo carattere). In generale, la forma del linguaggio è analitica, 'discorsiva' come la ragione umana di cui esso è lo strumento proprio e di cui segue o riproduce il cammino con la massima esattezza possibile; al contrario, il simbolismo propriamente detto è essenzialmente sintetico, e per ciò stesso 'intuitivo' in qualche maniera, il che lo rende più idoneo del linguaggio a servire da base all'' intuizione intellettuale ', che è al di sopra della ragione, e che occorre star bene attenti a non confondere con quella intuizione inferiore alla quale si appellano diversi filosofi contemporanei. Di conseguenza, se non ci si accontenta di constatare una differenza e si vuol parlare di superiorità, questa andrà attribuita, checché pretendano alcuni, al simbolismo sintetico, che apre possibilità di concezione veramente illimitate, mentre il linguaggio, caratterizzato da significati più definiti e più fermi, pone sempre alla comprensione limiti più o meno stretti.

Non si venga dunque a dire che la forma simbolica è buona

solo per il volgo; sarebbe piuttosto vero il contrario; o, meglio ancora, essa è ugualmente buona per tutti, poiché aiuta ciascuno a comprendere più o meno completamente, più o meno profondamente la verità che rappresenta, secondo la misura delle proprie possibilità intellettuali. Così, le verità più alte, che non sarebbero in alcun modo comunicabili o trasmissibili con qualsiasi altro mezzo, lo divengono fino a un certo punto quando sono, se così si può dire, incorporate in simboli i quali le dissimuleranno senza dubbio a molti, ma le manifesteranno in tutto il loro splendore agli occhi di coloro che sanno vedere.

Dovremo dire che l'uso del simbolismo è una necessità? Qui bisogna fare una distinzione: in sé e in modo assoluto, nessuna forma esteriore è necessaria; tutte sono ugualmente contingenti e accidentali in rapporto a ciò che esse esprimono o rappresentano. È così che, secondo l'insegnamento degli Indù, una figura qualunque, per esempio una statua simboleggiante questo o quell'aspetto della Divinità, non deve essere considerata che come un ' supporto ', un punto d'appoggio per la meditazione; è dunque un semplice ' coadiuvante ', e niente più. Un testo vedico fornisce al riguardo un paragone che illumina perfettamente questo ruolo dei simboli e delle forme esteriori in genere: sono come il cavallo che permette a un uomo di compiere un viaggio più rapidamente e con assai minor fatica che se dovesse farlo con i propri mezzi. Certo, se quest'uomo non avesse cavalli a sua disposizione, potrebbe malgrado tutto giungere alla sua meta, ma con quanta maggior difficoltà! Se può servirsi d'un cavallo, avrebbe davvero torto a rifiutarsi di farlo col pretesto che è più degno di lui non ricorrere ad alcun aiuto; e non è proprio così che agiscono i detrattori del simbolismo? E inoltre se il viaggio è lungo e faticoso, benché non vi sia mai un'impossibilità assoluta di farlo a piedi, può ugualmente esserci una vera e propria impossibilità pratica di venirne a capo. Così è dei riti e dei simboli: essi non sono necessari di una necessità assoluta, ma lo sono in certo modo di una necessità di convenienza, tenendo presenti le condizioni della natura umana.

Ma non basta considerare il simbolismo dal lato umano come abbiamo fatto sin qui; conviene, per penetrarne tutta la portata, esaminarlo anche dal lato divino, se è lecito esprimersi così. Già se si constata che il simbolismo trova il suo fondamento nella natura stessa degli esseri e delle cose, che esso è in perfetta conformità con le leggi di questa natura, e se si riflette che le leggi naturali non sono, in fondo, che un'espressione e come un'esteriorizzazione della Volontà divina, tutto ciò non autorizza forse ad affermare che il simbolismo è di origine « non umana », come dicono gli Indù, o, in altri termini, che il suo principio risale più lontano e più in alto dell'umanità?

Non senza ragione si sono potute richiamare, a proposito di simbolismo, le prime parole del Vangelo di san Giovanni: « In principio era il Verbo ». Il Verbo, il *Logos*, è a un tempo Pensiero e Parola: in sé, è l'Intelletto divino, che è il 'luogo dei possibili'; in rapporto a noi, si manifesta e si esprime per mezzo della Creazione, in cui si realizzano nell'esistenza attuale alcuni di questi stessi possibili che, in quanto essenze, sono contenuti in Lui da tutta l'eternità. La Creazione è l'opera del Verbo; essa è anche, e proprio per questo, la sua manifestazione, la sua affermazione esteriore; ed è per ciò che il mondo è come un linguaggio divino per coloro che sanno comprenderlo: *Caeli enarrant gloriam Dei* (*Salmi*, XIX, 2). Il filosofo Berkeley non aveva dunque torto quando diceva che il mondo è « il linguaggio che lo Spirito infinito parla agli spiriti finiti »; ma aveva torto a credere che tale linguaggio sia solo un insieme di segni arbitrari, mentre in realtà non c'è niente di arbitrario neppure nel linguaggio umano, dovendo ogni significazione avere all'origine il suo fondamento in qualche convenienza o armonia naturale fra il segno e la cosa significata. Appunto perché Adamo aveva ricevuto da Dio la conoscenza della natura di tutti gli esseri viventi, egli poté nominarli (*Genesi*, II, 19-20); e tutte le tradizioni antiche concordano nell'insegnare che il vero nome di un essere non è che una sola cosa con la sua natura o la sua stessa essenza.

Se il Verbo è Pensiero all'interno e Parola all'esterno, e se il mondo è l'effetto della Parola divina proferita all'origine dei tempi, la natura stessa può esser presa come simbolo della realtà soprannaturale. Tutto ciò che è, sotto qualsiasi modalità si trovi, avendo il suo principio nell'Intelletto divino, traduce o rappresenta questo principio secondo la sua maniera e secondo il suo ordine d'esistenza; e, così, da un ordine all'altro, tutte le cose si concatenano e si corrispondono per concorrere all'armonia universale e totale, che è come un riflesso dell'Unità divina stessa. Tale corrispondenza è il vero fondamento del simbolismo ed è per ciò che le leggi di un àmbito inferiore possono sempre esser prese per simboleggiare le realtà d'un ordine superiore, ove esse hanno la loro ragione profonda, che è nello stesso tempo il loro principio e la loro fine. Segnaliamo in questa occasione l'errore delle moderne interpretazioni 'naturalistiche' delle antiche dottrine tradizionali, interpretazioni che semplicemente rovesciano la gerarchia dei rapporti fra i diversi ordini di realtà: ad esempio, i simboli o i miti non hanno mai avuto il compito di rappresentare il movimento degli astri, ma la verità è che vi si trovano spesso delle figure ispirate a esso e destinate a esprimere analogicamente tutt'altra cosa, poiché le leggi di tale movimento traducono fisicamente i princìpi metafisici da cui dipendono. L'inferiore può simboleggiare il superiore, ma l'inverso è impossibile; d'altronde, se il simbolo non fosse più prossimo all'ordine sensibile di ciò che rappresenta, in che modo potrebbe svolgere la funzione alla quale è destinato? Nella natura, il sensibile può simboleggiare il soprasensibile; l'intero ordine naturale può, a sua volta, essere un simbolo dell'ordine divino; e, d'altra parte, se si considera più particolarmente l'uomo, non è legittimo dire che egli stesso è un simbolo per il fatto che è « creato a immagine di Dio » (*Genesi*, I, 26-27)? Aggiungiamo ancora che la natura acquista tutto il suo significato solo quando si considera che essa fornisca un mezzo per elevarsi alla conoscenza delle verità divine, che è precisamente anche il compito essenziale che abbiamo riconosciuto al simbolismo.[1]

Queste considerazioni potrebbero essere sviluppate quasi indefinitamente; ma preferiamo lasciare a ciascuno la cura di farlo con uno sforzo di riflessione personale, poiché nulla potrebbe esser più proficuo; come i simboli che ne sono l'argomento, queste note devono soltanto essere un punto di partenza per la meditazione. Le parole, d'altronde, possono rendere solo assai imperfettamente ciò di cui trattiamo; nondimeno, c'è ancora un aspetto della questione, e non dei meno importanti, che cercheremo di far comprendere o almeno intuire dando una breve indicazione.

Il Verbo divino si esprime nella Creazione, dicevamo, e questo è paragonabile, analogicamente e fatte le dovute proporzioni, al pensiero che si esprime nelle forme (non c'è più motivo qui di fare una distinzione fra il linguaggio e i simboli propriamente detti) che lo velano e lo manifestano a un tempo. La Rivelazione primordiale, opera del Verbo come la Creazione, s'incorpora, per così dire, anch'essa nei simboli che si sono trasmessi di epoca in epoca a partire dalle origini dell'umanità; e tale processo è ancora una volta analogo, nel suo ordine, a quello della Creazione stessa. D'altra parte, non si può vedere, in questa incorporazione simbolica della tradizione 'non umana', una sorta d'immagine anticipata, di 'prefigurazione' dell'Incarnazione del Verbo? E que-

---

1. Non è forse inutile far osservare che questo punto di vista, secondo il quale la natura è considerata come un simbolo del soprannaturale, non è assolutamente nuovo, ed è stato adottato assai correntemente nel Medioevo; è stato segnatamente quello della scuola francescana, e in particolare di san Bonaventura. Notiamo anche che l'analogia, nel senso tomistico della parola, che permette di risalire dalla conoscenza delle creature a quella di Dio, non è altro che un modo di espressione simbolica basato sulla corrispondenza dell'ordine naturale con il soprannaturale.

sto non permette anche di percepire, in una certa misura, il misterioso rapporto esistente fra la Creazione e l'Incarnazione che ne è il coronamento?

Termineremo con un'ultima osservazione relativa all'importanza del simbolo universale del Cuore e più particolarmente della forma che esso riveste nella tradizione cristiana, quella del Sacro Cuore. Se il simbolismo è nella sua essenza strettamente conforme al ' piano divino ', e se il Sacro Cuore è il centro dell'essere, realmente e simbolicamente insieme, questo simbolo del Cuore, in se stesso o nei suoi equivalenti, deve occupare in tutte le dottrine derivate più o meno direttamente dalla tradizione primordiale, un posto propriamente centrale; è quello che cercheremo di mostrare in alcuni degli studi che seguono.

3. *Il Sacro Cuore e la leggenda del Santo Graal*

Nel suo articolo *Iconographie ancienne du Coeur de Jésus*, Charbonneau-Lassay segnala molto giustamente, in collegamento con quella che si potrebbe chiamare la 'preistoria del Cuore eucaristico di Gesù', la leggenda del Santo Graal, scritta nel secolo XII, ma assai anteriore per le sue origini, poiché essa è in realtà un adattamento cristiano di antichissime tradizioni celtiche. L'idea di questo accostamento ci era già venuta in occasione dell'articolo precedente, estremamente interessante dal punto di vista in cui ci poniamo, intitolato *Le Coeur humain et la notion du Coeur de Dieu dans la religion de l'ancienne Égypte*, di cui richiameremo il brano seguente: « Nei geroglifici, scrittura sacra ove spesso l'immagine della cosa rappresenta la parola stessa che la designa, il cuore fu nondimeno raffigurato con un solo emblema: il *vaso*. Il cuore dell'uomo non è infatti il vaso in cui la sua vita si elabora continuamente con il suo sangue? ». Appunto il vaso, preso come simbolo del cuore e che si sostituisce a esso nell'ideografia egiziana, ci aveva fatto pensare immediatamente al Santo Graal, tanto più che in quest'ultimo, oltre al senso generale del simbolo (considerato d'altronde nello stesso tempo sotto i suoi due aspetti divino e umano), vediamo ancora una relazione speciale e assai più diretta con il Cuore medesimo di Cristo.

Effettivamente, il Santo Graal è la coppa che contiene il prezioso sangue di Cristo, e lo contiene addirittura due volte, poiché essa servì dapprima alla Cena, e in seguito Giuseppe d'Arimatea vi raccolse il sangue e l'acqua che sgorgavano dalla ferita aperta dalla lancia del centurione nel fianco del Redentore. Questa coppa si sostituisce dunque in qualche modo al Cuore di Cristo come ricettacolo del suo sangue, ne prende per così dire il posto e ne diviene come un equivalente simbolico; e non è ancor più notevole, in queste condizioni, che il vaso sia già stato anticamente un emblema del cuore? D'altronde, la coppa, sotto una forma o sotto un'altra, svolge, al pari del cuore stesso, un ruolo assai importante in molte tradizioni antiche; e senza dubbio era così in particolare presso i Celti, giacché da essi è venuto ciò che costituì il fondo stesso o almeno la trama della leggenda del Santo Graal. È increscioso che non si possa sapere con molta precisione qual era la forma di questa tradizione anteriormente al cristianesimo, come succede del resto per tutto ciò che concerne le dottrine celtiche, per le quali l'insegnamento orale fu sempre l'unico modo di trasmissione usato; ma vi è d'altra parte una sufficiente concordanza perché si possa almeno essere informati sul senso dei principali simboli che vi figuravano, e questo è in fondo quel che c'è di più essenziale.

Ma torniamo alla leggenda sotto la forma in cui ci è pervenuta; quel che dice dell'origine stessa del Graal è assai degno di attenzione: questa coppa sarebbe stata intagliata dagli angeli in uno smeraldo staccatosi dalla fronte di Lucifero al momento della sua caduta. Tale smeraldo richiama in modo sorprendente l'*urnâ*, la perla frontale che, nell'iconografia indù, occupa spesso il posto del terzo occhio di *Shiva*, rappresentando quel che si può chiamare il ʿsenso dell'eternità ʾ. Questo accostamento ci sembra più adatto di qualsiasi altro a illuminare perfettamente il simbolismo del Graal; e si può persino cogliervi una relazione di più con il cuore, che è, per la tradizione indù come per molte altre, ma forse più chiaramente ancora, il centro dell'essere integrale, e al quale, di conseguenza, tale ʿsenso dell'eternità ʾ dev'essere direttamente ricollegato.

È detto poi che il Graal fu affidato ad Adamo nel Paradiso terrestre, ma che, alla sua caduta, Adamo lo perse a sua volta, dal momento che non poté portarlo con sé quando fu cacciato dall'Eden; e anche questo diventa assai chiaro con il senso che abbiamo appena indicato. L'uomo, allontanato dal suo centro originale dalla propria colpa, si trovava ormai rinchiuso nella sfera temporale; non poteva più raggiungere il punto unico da cui tutte le cose sono contemplate sotto l'aspetto dell'eternità. Il Paradiso terrestre, infatti, era veramente il ʿCentro del Mondo ʾ, dovunque assimilato simbolicamente al Cuore divino; e non si può dire che Adamo, finché fu nell'Eden, viveva realmente nel Cuore di Dio?

Quanto segue è più enigmatico: Seth ottenne di rientrare nel Paradiso terrestre e poté così recuperare il prezioso vaso; ora, Seth è una delle figure del Redentore, tanto più che il suo stesso nome esprime le idee di fondamento, di stabilità, e annuncia in qualche modo la restaurazione dell'ordine primordiale distrutto dalla caduta dell'uomo. C'era dunque fin da allora almeno una restaurazione parziale, nel senso che Seth e quelli che dopo di lui possedettero il Graal potevano per ciò stesso istituire, da qualche parte sulla terra, un centro spirituale che era come un'immagine del Paradiso perduto. La leggenda, d'altronde, non dice dove né da chi il Graal fu conservato fino all'epoca di Cristo, né come fu assicurata la sua trasmissione, ma l'origine celtica che le si riconosce deve probabilmente lasciar intendere che i druidi vi ebbero parte e devono essere annoverati fra i conservatori regolari della tradizione primordiale. In ogni caso, non sembra che si possa mettere in dubbio l'esistenza di un tale centro spirituale, o anche di parecchi, simultaneamente o successivamente, qualunque cosa si debba pensare della loro localizzazione; quel ch'è da notare è che si applicò sempre e dappertutto a questi centri, tra le altre designazioni, quella di ' Cuore del Mondo ', e che, in tutte le tradizioni, le descrizioni che a essi si riferiscono sono basate su un identico simbolismo, che è possibile seguire fin nei particolari più precisi. Questo non mostra forse a sufficienza che il Graal, o ciò che viene così rappresentato, aveva già, anteriormente al cristianesimo, anzi in ogni tempo, un legame fra i più stretti con il Cuore divino e con l'*Emmanuel*, vogliamo dire con la manifestazione, virtuale o reale a seconda delle epoche, ma sempre presente, del Verbo eterno nel seno dell'umanità terrestre?

Dopo la morte di Cristo, il Santo Graal fu, secondo la leggenda, trasportato in Gran Bretagna da Giuseppe d'Arimatea e da Nicodemo; comincia allora a svolgersi la storia dei Cavalieri della Tavola rotonda e delle loro imprese, che non intendiamo seguire qui. La Tavola rotonda era destinata a ricevere il Graal quando uno dei cavalieri fosse riuscito a conquistarlo e l'avesse portato dalla Gran Bretagna in Armorica; e questa tavola è anch'essa un simbolo verisimilmente antichissimo, uno di quelli che furono associati all'idea dei centri spirituali a cui abbiamo appena alluso. La forma circolare della tavola è d'altronde legata al ' ciclo zodiacale ' (ancora un simbolo che meriterebbe di essere studiato più specificamente) per la presenza attorno a essa di dodici personaggi principali, particolarità che si ritrova nella costituzione di tutti i centri in questione. Stando così le cose, non si può forse vedere nel numero dei dodici Apostoli una traccia, fra moltissime altre, della perfetta conformità del cristianesimo alla tradizione primordiale, alla quale il nome di ' precristianesimo ' converrebbe tanto esattamente? E, d'altra parte, a proposito della Tavola rotonda, abbiamo osservato una strana concordanza nelle rivelazioni simboliche fatte a Marie de Vallées,[1] ove è menzionata « una tavola rotonda di diaspro, che rappresenta il Cuore di Nostro Signore », nello stesso tempo in cui si tratta di « un giardino che è il Santo Sacramento dell'altare », e che, con le sue « quattro fontane d'acqua viva », si identifica misteriosamente al Paradiso terrestre; non è ancora una conferma abbastanza sorprendente e inattesa dei rapporti che segnalavamo sopra?

Naturalmente, queste note troppo rapide non potrebbero avere la pretesa di costituire uno studio completo su una questione così poco conosciuta; dobbiamo limitarci per il momento a for-

---

1. Si veda « Regnabit », novembre 1924.

nire delle semplici indicazioni, e ci rendiamo ben conto che vi si trovano delle considerazioni suscettibili, sulle prime, di sorprendere un poco coloro che non sono familiarizzati con le tradizioni antiche e con i loro consueti modi d'espressione simbolica; ma ci riserviamo di svilupparli e giustificarli più ampiamente in seguito, in articoli in cui pensiamo di poter affrontare anche molti altri punti non meno degni d'interesse.

Intanto menzioneremo ancora, per quel che concerne la leggenda del Santo Graal, una strana complicazione di cui non abbiamo tenuto conto fin qui: per una di quelle assimilazioni verbali che svolgono spesso nel simbolismo un ruolo non trascurabile, e che d'altronde hanno forse ragioni più profonde di quanto ci s'immaginerebbe a prima vista, il Graal è a un tempo un vaso (*grasale*) e un libro (*gradale* o *graduale*). In alcune versioni, i due sensi si trovano anche strettamente collegati, poiché il libro diviene allora un'iscrizione tracciata da Cristo o da un angelo sulla coppa stessa. Non intendiamo attualmente trarre da ciò alcuna conclusione, benché vi siano dei collegamenti facili a stabilirsi con il 'Libro della Vita' e con certi elementi del simbolismo apocalittico.

Aggiungiamo che la leggenda associa al Graal altri oggetti, e in particolare una lancia, che, nell'adattamento cristiano, non è altro che la lancia del centurione Longino; ma quel che è assai curioso è la preesistenza di questa lancia o di qualche suo equivalente come simbolo in qualche modo complementare alla coppa nelle tradizioni antiche. D'altra parte, presso i Greci, si riteneva che la lancia d'Achille guarisse le ferite che causava; la leggenda medioevale attribuisce precisamente la stessa virtù alla lancia della Passione. E questo ci richiama un'altra somiglianza dello stesso genere: nel mito di Adone (il cui nome, del resto, significa « il Signore »), allorché l'eroe viene colpito mortalmente dal grifo di un cinghiale (che sostituisce qui la lancia), il suo sangue, spandendosi a terra, fa nascere un fiore; ora, Charbonneau in « Regnabit »[2] ha segnalato « un ferro da ostie, del secolo XII, dove si vede il sangue delle piaghe del Crocifisso cadere in goccioline che si trasformano in rose, e la vetrata del secolo XIII della cattedrale d'Angers in cui il sangue divino, che cola in ruscelli, sboccia pure sotto forma di rose ». Avremo fra poco da riparlare del simbolismo floreale, considerato sotto un profilo un poco differente; ma, quale che sia la molteplicità di sensi che presentano quasi tutti i simboli, tutto ciò si completa e si armonizza perfettamente, e questa stessa molteplicità, lungi dal-

2. Si veda « Regnabit », gennaio 1925.

l'essere un inconveniente o un difetto, è, al contrario, per chi sa comprenderla, uno dei vantaggi principali di un linguaggio assai meno strettamente limitato del linguaggio ordinario.

Per concludere queste note, indicheremo alcuni simboli che, in varie tradizioni, si sostituiscono talora a quello della coppa, e gli sono identici nel fondo; ciò non significa uscire dal nostro tema, dal momento che il Graal stesso, come si può facilmente rendersi conto da tutto quanto abbiamo detto, non ha all'origine altro significato se non quello che ha il vaso sacro dovunque lo si incontri, e che ha in particolare, in Oriente, la coppa sacrificale contenente il *Soma* vedico (o lo *Haoma* mazdeo), straordinaria ' prefigurazione ' eucaristica sulla quale torneremo forse in altra occasione. Ciò che il *Soma* raffigura propriamente, è la ' bevanda d'immortalità ' (l'*Amritâ* degli Indù, l'*Ambrosia* dei Greci, due parole etimologicamente simili), che conferisce o restituisce, a coloro che la accolgono con le disposizioni richieste, quel ' senso dell'eternità ' di cui s'è trattato precedentemente.

Uno dei simboli di cui vogliamo parlare è il triangolo con la punta diretta verso il basso; è una specie di rappresentazione schematica della coppa sacrificale, e lo si trova a questo titolo in certi *yantra* o simboli geometrici dell'India. D'altra parte, è assai degno di nota dal nostro punto di vista il fatto che la medesima figura sia anche un simbolo del cuore, di cui riproduce d'altronde la forma semplificandola; il ' triangolo del cuore ' è un'espressione corrente nelle tradizioni orientali. Questo ci porta a un'osservazione che ha anch'essa il suo interesse: e cioè che la raffigurazione del cuore inscritto in un triangolo così disposto non ha in sé nulla che non sia assolutamente legittimo, si tratti del cuore umano o del Cuore divino, e che essa è pure abbastanza significativa quando la si riferisce agli emblemi usati da certo ermetismo cristiano del Medioevo, le cui intenzioni furono sempre pienamente ortodosse. Se si è voluto talvolta, nei tempi moderni, attribuire a una tale rappresentazione un senso blasfemo, ciò si deve al fatto che è stato alterato, coscientemente o no, il significato originario dei simboli, fino a capovolgere il loro valore normale; è un fenomeno questo di cui si potrebbero citare numerosi esempi, e che trova d'altronde la sua spiegazione nel fatto che certi simboli sono effettivamente suscettibili di una doppia interpretazione e hanno quasi due facce opposte. Il serpente, per esempio, e anche il leone, non significano ugualmente, secondo i casi, il Cristo e Satana? Non possiamo pensare di esporre qui a questo proposito una teoria generale che ci condurrebbe assai lontano; ma si comprenderà che vi è in ciò qualcosa che rende molto delicato l'uso dei simboli, e anche che questo punto richiede un'at-

tenzione tutta speciale allorché si tratta di scoprire il senso reale
di certi emblemi e di tradurli correttamente.

Un altro simbolo che equivale frequentemente a quello della
coppa, è un simbolo floreale: il fiore, infatti, non evoca forse
con la sua forma l'idea di un 'ricettacolo', e non si parla del
'calice' di un fiore? In Oriente, il fiore simbolico per eccellenza
è il loto; in Occidente, è più spesso la rosa a svolgere l'identico
ruolo. Non vogliamo dire, beninteso, che tale sia l'unico significato di quest'ultima, come pure del loto, dato che, al contrario,
ne indicavamo noi stessi un altro in precedenza; ma lo vedremo
volentieri nel disegno ricamato su quella cartagloria dell'abbazia
di Fontevrault dove la rosa è collocata ai piedi d'una lancia lungo
la quale piovono gocce di sangue. Questa rosa vi appare associata alla lancia esattamente come lo è altrove la coppa, e sembra proprio raccogliere le gocce di sangue piuttosto che provenire dalla trasformazione di una di esse; ma, del resto, i due
significati si completano molto più di quanto non si oppongano,
dal momento che le gocce, cadendo sulla rosa, la vivificano e
la fanno sbocciare. È la 'rugiada celeste', secondo la figura così
spesso impiegata in relazione all'idea della Redenzione, o alle
idee connesse di rigenerazione e di resurrezione; ma pure questo richiederebbe lunghe spiegazioni, quand'anche ci limitas-
simo a mettere in rilievo la concordanza delle diverse tradizioni
riguardo a quest'altro simbolo.

D'altra parte, poiché è stato fatto riferimento alla Rosa-Croce
a proposito del sigillo di Lutero, diremo che quest'emblema ermetico fu dapprima specificamente cristiano, quali che siano
le false interpretazioni più o meno 'naturalistiche' che ne sono
state date a partire dal secolo XVIII; e non è forse degno di nota
che la rosa vi occupi, al centro della croce, proprio il posto del
Sacro Cuore? Al di fuori delle rappresentazioni in cui le cinque
piaghe del Crocifisso sono raffigurate da altrettante rose, la rosa
centrale, quand'è sola, può benissimo identificarsi con il Cuore
stesso, con il vaso che contiene il sangue, che è il centro della
vita e anche il centro dell'essere intero.

C'è ancora almeno un altro equivalente simbolico della coppa:
è la falce lunare; ma questa, per essere convenientemente spiegata, esigerebbe degli sviluppi del tutto estranei al tema del presente studio; la menzioneremo soltanto per non trascurare totalmente nessun lato della questione.

Da tutti i collegamenti che abbiamo appena segnalato, trar-
remo già una conseguenza che speriamo di poter rendere ancora
più manifesta in seguito: quando si trovano dappertutto concordanze tali, non vi è forse più che un semplice indizio dell'esistenza di una tradizione primordiale? E come spiegare che, la maggior

parte delle volte, coloro stessi che si credono obbligati ad ammettere in teoria questa tradizione primordiale non vi pensano
più in seguito e ragionano di fatto esattamente come se essa non
fosse mai esistita, o almeno come se nulla se ne fosse conservato
nel corso dei secoli? Se si vuol riflettere bene a quel che c'è di
anormale in un simile atteggiamento, si sarà forse meno disposti
a meravigliarsi di certe considerazioni che, in verità, sembrano
strane solo in virtù delle abitudini mentali proprie alla nostra
epoca. D'altronde, basta cercare un po', a condizione di non avere
in ciò alcun partito preso, per scoprire da ogni parte le tracce
di questa unità dottrinale essenziale, la cui coscienza ha potuto
talora oscurarsi nell'umanità, ma che non è mai scomparsa interamente; e, mano a mano che si procede in questa ricerca, i
punti di confronto si moltiplicano quasi da soli e nuove prove
appaiono a ogni istante; certo, il *Quaerite et invenietis* del Vangelo non è parola vana.

ADDENDUM

Teniamo a dire qualche parola circa un'obiezione che ci è stata
rivolta a proposito dei rapporti da noi esaminati fra il Santo
Graal e il Sacro Cuore, per quanto, a dire il vero, la risposta che
a essa è stata già data ci sembri pienamente soddisfacente.

Poco importa, infatti, che Chrétien de Troyes e Robert de
Boron non abbiano visto, nell'antica leggenda di cui non sono
stati che gli adattatori, tutto il significato che vi era contenuto;
tale significato vi si trovava nondimeno realmente, e noi pretendiamo di non aver fatto altro che renderlo esplicito, senza introdurre alcunché di ' moderno ' nella nostra interpretazione. Del
resto, è assai difficile dire con esattezza che cosa gli scrittori del
secolo XII vedessero o non vedessero nella leggenda; e, dato che
essi non svolgevano in definitiva che un semplice ruolo di ' tra-
smettitori ', riconosciamo molto volentieri che non dovevano probabilmente vedervi tutto ciò che vi vedevano i loro ispiratori,
vogliamo dire i veri e propri detentori della dottrina tradizionale.

D'altra parte, per ciò che riguarda i Celti, abbiamo procurato
di ricordare quali precauzioni s'impongano allorché si vuol parlarne, in assenza di ogni documento scritto; ma perché si dovrebbe supporre, a dispetto degli indizi contrari che malgrado tutto
abbiamo, che essi siano stati meno favoriti degli altri popoli
antichi? Ora, vediamo dappertutto, e non soltanto in Egitto, l'assimilazione simbolica stabilita fra il cuore e la coppa o il vaso;

dappertutto il cuore è considerato come il centro dell'essere, centro a un tempo divino e umano nelle molteplici applicazioni alle quali dà luogo; dappertutto la coppa sacrificale rappresenta il Centro o il Cuore del Mondo, la 'dimora dell'immortalità';[3] cosa occorre di più? Sappiamo bene che la coppa e la lancia, o i loro equivalenti, hanno avuto anche altri significati oltre a quelli da noi indicati, ma, senza attardarvisi, possiamo dire che tutti questi significati, per quanto strani possano apparirne alcuni agli occhi dei moderni, sono perfettamente concordanti fra di loro, ed esprimono in realtà le applicazioni di uno stesso principio a ordini diversi, secondo una legge di corrispondenza sulla quale si fonda l'armoniosa molteplicità dei sensi inclusi in ogni simbolismo.

Ora, che non solo il Centro del Mondo s'identifichi effettivamente con il Cuore di Cristo, ma che questa identità sia stata chiaramente indicata nelle dottrine antiche, è quel che speriamo di poter mostrare in altri studi. Evidentemente, l'espressione 'Cuore di Cristo', in questo caso, dev'essere presa in un senso che non è precisamente quello che potremmo chiamare il senso 'storico'; ma bisogna dire ancora che i fatti storici medesimi, come tutto il resto, traducono secondo il loro modo proprio le realtà superiori e si conformano a quella legge di corrispondenza alla quale abbiamo appena alluso, legge che sola permette di spiegarsi certe 'prefigurazioni'. Si tratta, se si vuole, del Cristo-principio, cioè del Verbo manifestato nel punto centrale dell'Universo; ma chi oserebbe pretendere che il Verbo eterno e la sua manifestazione storica, terrestre e umana, non sono realmente e sostanzialmente un solo e medesimo Cristo sotto due aspetti diversi? Tocchiamo qui ancora i rapporti del temporale con l'intemporale; forse non conviene insistervi oltre, poiché queste cose sono proprio di quelle che solo il simbolismo consente di esprimere nella misura in cui sono esprimibili. In ogni caso, basta saper leggere i simboli per trovarvi tutto ciò che vi troviamo noi; ma disgraziatamente, soprattutto nell'epoca nostra, non tutti sanno leggerli.

3. Avremmo potuto ricordare anche l'*athanor* ermetico, il vaso in cui si compie la 'Grande Opera', e il cui nome, secondo alcuni, sarebbe derivato dal greco *athanatos*, «immortale»; il fuoco invisibile che vi è perpetuamente mantenuto corrisponde al calore vitale che risiede nel cuore. Avremmo potuto ugualmente stabilire dei collegamenti con un altro simbolo molto diffuso, quello dell'*uovo*, che significa risurrezione e immortalità, e sul quale avremo forse occasione di ritornare. Segnaliamo d'altra parte, almeno a titolo di curiosità, che la *coppa* dei Tarocchi (la cui origine è del resto assai misteriosa) è stata sostituita dal *cuore* nelle carte da gioco ordinarie, il che è ancora un indizio dell'equivalenza dei due simboli.

Arthur Edward Waite ha pubblicato un'opera sulle leggende del Santo Graal,[1] imponente per le dimensioni e per la mole di ricerche che rappresenta, nella quale tutti coloro che s'interessano a questo problema potranno trovare un'esposizione assai completa e metodica del contenuto dei molteplici testi che vi si riferiscono, come pure delle varie teorie proposte per spiegare l'origine e il significato di queste leggende molto complesse, talora anche contraddittorie in alcuni dei loro elementi. Bisogna aggiungere che Waite non ha inteso fare unicamente opera di erudizione, del che è giusto lodarlo, giacché noi condividiamo il suo parere sullo scarso valore di ogni lavoro che non vada oltre questo punto di vista, e il cui interesse non può essere insomma che 'documentario'; egli ha voluto far emergere il senso reale e 'interiore' del simbolismo del Santo Graal e della *queste* (ricerca). Ci rincresce però dire che tale aspetto della sua opera ci pare il meno soddisfacente; le conclusioni alle quali giunge sono persino un po' deludenti, soprattutto se si pensa a tutta la fatica compiuta per pervenirvi; è su questo che vorremmo formulare alcune osservazioni, che si ricollegheranno d'altronde in maniera del tutto naturale a questioni da noi già trattate in altre occasioni.

Non è far torto a Waite, crediamo, il dire che la sua opera è un poco *one-sighted*; dobbiamo tradurre con « parziale »? Non sarebbe forse rigorosamente esatto, e, in ogni caso, non intendiamo con questo dire che lo sia di proposito; vi sarebbe piuttosto in ciò qualcosa dell'errore così frequente in coloro che, essendosi 'specializzati' in un certo ordine di studi, sono portati a ricondurvi tutto, o a trascurare quello che non vi si lascia ricondurre. Che la leggenda del Graal sia cristiana, non si può certo contestare, e Waite ha ragione di affermarlo; ma questo impedisce necessariamente che essa sia nello stesso tempo anche qualcos'altro? Coloro che hanno coscienza dell'unità fondamentale di tutte le tradizioni non ravviseranno in questo alcuna incompatibilità; ma sembra che Waite, per parte sua, voglia vedervi unicamente ciò che è specificamente cristiano, imprigionandosi così in una forma tradizionale particolare, i cui rapporti con le altre, e precisamente nel suo aspetto 'interiore', sembrano pertanto sfuggirgli. Non è che egli neghi l'esistenza di elementi d'altra provenienza, probabilmente anteriori al cristianesimo, poiché sarebbe andare contro l'evidenza; ma riconosce a essi solo una

---

1. *The Holy Grail, its Legends and Symbolism*, Rider and Co., London, 1933.

ben mediocre importanza, e sembra considerarli come 'accidentali', come venuti ad aggiungersi alla leggenda 'da fuori', e semplicemente per effetto dell'ambiente in cui essa si è elaborata. Così questi elementi sono da lui considerati dipendenti da quello che si è soliti chiamare il folklore, non sempre in senso spregiativo, come potrebbe far supporre la parola stessa, ma piuttosto per compiacere a una specie di 'moda' della nostra epoca, e senza mai rendersi conto delle intenzioni che vi si trovano implicate; forse non è inutile insistere un poco su questo punto.

La concezione stessa di folklore, quale s'intende abitualmente, poggia su un'idea radicalmente falsa, l'idea che vi siano delle 'creazioni popolari', prodotti spontanei del popolo; e si vede subito lo stretto rapporto di questo modo di vedere con i pregiudizi 'democratici'. Come è stato detto assai giustamente, « l'interesse profondo di tutte le tradizioni denominate popolari risiede soprattutto nel fatto che esse non sono di origine popolare »;[2] e aggiungeremo che, se si tratta, come avviene quasi sempre, di elementi tradizionali nel vero senso della parola, per quanto deformati, impoveriti o frammentari possano essere talvolta, e di cose dotate di un reale valore simbolico, tutto ciò, ben lungi dall'essere di origine popolare, non è neppure di origine umana. Quel che può essere popolare, è unicamente il fatto della 'sopravvivenza' quando tali elementi appartengono a forme tradizionali scomparse; e, a questo riguardo, il termine folklore assume un senso abbastanza vicino a quello di 'paganesimo', anche solo tenendo conto dell'etimologia di quest'ultimo, e con in meno l'intenzione 'polemica' e ingiuriosa. Il popolo conserva così, senza comprenderli, i frantumi di tradizioni antiche, risalenti a volte anche a un passato talmente lontano che sarebbe impossibile determinarlo, e che ci si accontenta di riferire, per questa ragione, all'ambito oscuro della 'preistoria'; esso svolge in tal modo la funzione di una specie di memoria collettiva più o meno 'subconscia', il cui contenuto è manifestamente venuto da un'altra parte.[3] Quel che può sembrare più sorprendente è che, se si va al fondo delle cose, si constata che gli elementi così conservati contengono soprattutto, sotto forme più o meno velate, una quantità considerevole di dati d'ordine esoterico, vale a dire precisamente quello che c'è di meno essenzial-

2. Luc Benoist, *La Cuisine des Anges, une esthétique de la pensée*, p. 74.
3. È questa una funzione essenzialmente 'lunare', e occorre notare che, secondo l'astrologia, la massa popolare corrisponde effettivamente alla luna, il che, nello stesso tempo, indica bene il suo carattere puramente passivo, incapace di iniziativa o di spontaneità.

mente popolare; e questo fatto suggerisce da solo una spiegazione che ci limiteremo a indicare in poche parole. Quando una forma tradizionale è sul punto di-spegnersi, i suoi ultimi rappresentanti possono benissimo affidare volontariamente alla memoria collettiva di cui abbiamo appena parlato ciò che altrimenti si perderebbe irrimediabilmente; è insomma l'unico mezzo per salvare quel che può essere in una certa misura salvato; e, nello stesso tempo, l'incomprensione naturale della massa è una garanzia sufficiente che ciò che possedeva un carattere esoterico non ne sarà per questo spogliato, ma permarrà, come una sorta di testimonianza del passato, soltanto a beneficio di coloro che, in altri tempi, saranno capaci di comprenderlo.

Detto questo, non vediamo perché si dovrebbe attribuire al folklore, senza un esame più ampio, tutto ciò che appartiene a tradizioni diverse da quella cristiana, e questa sola faccia eccezione; tale sembra essere l'intenzione di Waite, allorché egli accetta questa denominazione per gli elementi ' precristiani ', e in particolare celtici, che si riscontrano nelle leggende del Graal. Sotto questo profilo non vi sono forme tradizionali privilegiate; la sola distinzione da fare è quella tra forme scomparse e forme attualmente vive; e, di conseguenza, tutta la questione si ridurrebbe a sapere se la tradizione celtica aveva realmente cessato di vivere quando presero forma le leggende in questione. Il che è per lo meno contestabile: da una parte, tale tradizione può essersi conservata più a lungo di quanto non si creda ordinariamente, con una organizzazione più o meno nascosta, e, d'altra parte, queste stesse leggende possono essere più antiche di quanto non pensino i ' critici ', non nel senso che vi siano stati necessariamente dei testi oggi perduti, ai quali non crediamo molto più di Waite, ma nel senso che esse possono esser state all'inizio oggetto di una trasmissione orale durata forse parecchi secoli. Un fatto del genere è lungi dall'essere eccezionale. Noi vi vediamo, per parte nostra, il segno di una ' giunzione ' tra due forme tradizionali, una antica e l'altra allora nuova, la tradizione celtica e la tradizione cristiana, giunzione per cui ciò che doveva essere conservato della prima fu in qualche modo incorporato nella seconda, forse modificandosi in una certa misura, nella sua forma esteriore, per adattamento e assimilazione, ma non certo trasponendosi su un altro piano, come vorrebbe Waite, poiché vi sono delle equivalenze fra tutte le tradizioni regolari; vi è dunque in ciò ben altro che una semplice questione di ' fonti ', nel senso in cui l'intendono gli eruditi. Sarebbe forse difficile precisare esattamente il luogo e la data in cui si è operata tale giunzione, ma questo non ha che un interesse secondario e quasi unicamente storico; è d'altronde facile immaginare come queste cose siano di quelle che non lasciano tracce nei 'documenti' scritti. Forse la 'Chiesa celtica' o 'culdea' merita, a questo proposito, un'attenzione maggiore di quella che Waite sembra disposto ad accordarle; la sua stessa denominazione potrebbe farlo intendere; e non c'è niente di inverosimile nel fatto che si celasse dietro a essa qualcosa di appartenente a un altro ordine, non più religioso, ma iniziatico, poiché, come tutto quello che si riferisce ai legami esistenti fra le diverse tradizioni, gli argomenti qui trattati rientrano necessariamente nell'ambito iniziatico o esoterico. L'esoterismo, che sia religioso o no, non oltrepassa mai i limiti della forma tradizionale alla quale appartiene in proprio; ciò che supera questi limiti non può appartenere a una 'Chiesa' come tale, ma quest'ultima può soltanto esserne il 'supporto' esteriore; è un'osservazione sulla quale avremo occasione di ritornare in seguito.

Un'altra osservazione, concernente più in particolare il simbolismo, s'impone ugualmente; ci sono simboli che sono comuni alle forme tradizionali più diverse e più remote le une dalle altre, non in seguito a 'prestiti' che, in molti casi, sarebbero assolutamente impossibili, ma perché appartengono in realtà alla tradizione primordiale da cui queste forme sono tutte derivate in modo diretto o indiretto. Questo è precisamente il caso del vaso o della coppa; perché ciò che vi si riferisce dovrebbe essere solo folklore quando si tratta di tradizioni 'precristiane', mentre, nel cristianesimo solo, esso sarebbe un simbolo essenzialmente 'eucaristico'?

Non sono qui da respingere le assimilazioni proposte da Burnouf o da altri, bensì le interpretazioni 'naturalistiche' che essi hanno voluto estendere al cristianesimo come a tutto il resto, e che, in realtà, non sono valide in nessun luogo. Bisognerebbe dunque far qui esattamente il contrario di quel che fa Waite, il quale, fermandosi a spiegazioni esteriori e superficiali, che egli accetta sulla fiducia finché non si tratta del cristianesimo, vede significati radicalmente diversi e senza rapporto fra loro laddove non ci sono che gli aspetti più o meno numerosi di uno stesso simbolo o delle sue varie applicazioni; tutto sarebbe stato forse diverso se egli non ne fosse stato impedito dalla sua idea preconcetta di una sorta di eterogeneità del cristianesimo in rapporto alle altre tradizioni. Allo stesso modo, Waite respinge molto giustamente, per quel che concerne la leggenda del Graal, le teorie che si appellano a pretesi 'dèi della vegetazione'; ma è deplorevole che egli sia molto meno chiaro riguardo ai misteri antichi, i quali pure non ebbero mai nulla in comune con questo 'naturalismo' d'invenzione tutta moderna; gli 'dèi della vegetazione' e altre storie dello stesso genere sono esistiti soltanto nel-

l'immaginazione di Frazer e dei pari suoi, i cui intenti antitra-
dizionali sono peraltro fuori discussione.

In verità, sembra proprio che Waite sia stato anche più o meno
influenzato da un certo '.evoluzionismo'; egli tradisce questa
tendenza in particolare quando dichiara che quel che importa
non è tanto l'origine della leggenda quanto l'ultimo stato al
quale essa è pervenuta in seguito; ed egli sembra credere che
essa abbia dovuto necessariamente subire, nel suo cammino,
una specie di perfezionamento progressivo. In realtà, se si tratta
di qualcosa che ha un carattere veramente tradizionale, tutto
deve trovarvisi al contrario fin dall'inizio, e gli sviluppi ulteriori
non fanno che renderlo più esplicito, senza aggiunta di elementi
nuovi e giunti dall'esterno.

Waite sembra ammettere una specie di 'spiritualizzazione',
grazie alla quale un significato superiore sarebbe potuto venire
a innestarsi su qualcosa che non lo comportava inizialmente;
di fatto, è piuttosto l'inverso che si verifica in genere; e questo
ricorda un po' troppo le vedute profane degli 'storici delle religioni'. Troviamo, a proposito dell'alchimia, un esempio assai
sorprendente di questa specie di rovesciamento: Waite pensa
che l'alchimia materiale abbia preceduto l'alchimia spirituale, e
che quest'ultima abbia fatto la sua apparizione solo con Khun-
rath e Jacob Boehme; se egli conoscesse alcuni trattati arabi di
molto anteriori a questi autori, sarebbe costretto, anche attenendosi ai documenti scritti, a modificare la propria opinione; e
inoltre, dal momento che egli riconosce che il linguaggio usato
è lo stesso in entrambi i casi, potremmo chiedergli come può
essere sicuro che, in questo o quel testo, si tratti solamente di
operazioni materiali. La verità è che non si è sempre provato il
bisogno di dichiarare espressamente che si trattava d'altro, che al
contrario doveva proprio esser velato dal simbolismo a cui si ri-
correva; e, se è successo in seguito che qualcuno l'abbia dichiarato, è stato soprattutto in presenza di degenerazioni dovute al fatto
che vi erano allora persone le quali, all'oscuro del valore dei
simboli, prendevano tutto alla lettera e in un senso esclusivamente materiale: erano i 'soffiatori', precursori della chimica
moderna. Pensare che un nuovo significato possa essere attribuito
a un simbolo che non lo possedeva in se stesso, equivale quasi a
negare il simbolismo, poiché significa farne qualcosa di artificiale, se non di interamente arbitrario, e in ogni caso di puramente umano; e, in quest'ordine di idee, Waite giunge sino a
dire che ciascuno trova in un simbolo quel che vi mette lui stesso,
al punto che il suo significato muterebbe di pari passo con la
mentalità di ogni epoca; noi riconosciamo in tutto ciò le teorie

' psicologiche ' care a parecchi nostri contemporanei: non avevamo ragione di parlare di ' evoluzionismo '?

L'abbiamo detto spesso, e non lo ripeteremo mai abbastanza: ogni vero simbolo porta in sé i suoi molteplici significati, e questo fin dall'origine, poiché esso non è costituito come tale in virtù di una convenzione umana, ma in virtù della ' legge di corrispondenza ' che lega tutti i mondi fra di loro; il fatto che, mentre alcuni vedono questi significati, altri non li vedano o non ne vedano che una parte, non toglie che essi vi siano nondimeno realmente contenuti, e l'" orizzonte intellettuale ' di ciascuno costituisce tutta la differenza; il simbolismo è una scienza esatta, e non una fantasticheria in cui le fantasie individuali possano aver libero corso.

Non crediamo dunque, in quest'ordine di cose, alle ' invenzioni dei poeti ', alle quali Waite sembra disposto a concedere largo spazio; tali invenzioni, lungi dal toccare l'essenziale, non fanno che dissimularlo, volontariamente o no, avvolgendolo con le apparenze ingannatrici di una ' finzione ' qualunque; e talora lo dissimulano anche troppo bene, giacché, quando si fanno troppo invadenti, finisce per diventare quasi impossibile scoprire il senso profondo e originale; non è forse così che, nell'antica Grecia, il simbolismo degenerò in ' mitologia '? Questo pericolo è da temere soprattutto quando il poeta stesso non ha coscienza del reale valore dei simboli, poiché è evidente che il caso si può presentare; l'apologo dell'" asino che porta le reliquie ' si applica qui come a molte altre cose; e il poeta, allora, svolgerà insomma un ruolo analogo a quello del popolo profano che conserva e trasmette a propria insaputa dei dati iniziatici, come dicevamo prima. La questione si pone qui in modo del tutto particolare: gli autori dei romanzi del Graal rientrarono in questo caso, o, al contrario, furono coscienti, chi più chi meno, del significato profondo di ciò che esprimevano? Non è certo facile rispondere con certezza, poiché, anche qui, le apparenze possono illudere: in presenza di un miscuglio di elementi insignificanti o incoerenti, si è tentati di pensare che l'autore non sapesse di cosa parlava; tuttavia, non è necessariamente così, poiché è spesso avvenuto che le oscurità e persino le contraddizioni fossero perfettamente volute, e che i particolari inutili avessero espressamente il fine di disorientare l'attenzione dei profani, allo stesso modo in cui un simbolo può essere dissimulato intenzionalmente in un motivo ornamentale più o meno complicato; soprattutto nel Medioevo, gli esempi di questo genere abbondano, non fosse che in Dante e nei ' Fedeli d'Amore '. Il fatto che il senso superiore sia meno trasparente in Chrétien de Troyes, ad esempio, che non in Robert de Boron, non prova dunque necessariamente che il primo ne sia stato meno cosciente del secondo; ancora meno se ne dovrebbe concludere che tale senso sia assente nei suoi scritti, il che sarebbe un errore paragonabile a quello che consiste nell'attribuire agli antichi alchimisti preoccupazioni di ordine unicamente materiale, per la sola ragione che non hanno giudicato opportuno scrivere a tutte lettere che la loro scienza era in realtà di natura spirituale.[4] In più, la questione dell'' iniziazione ' degli autori dei romanzi ha forse meno importanza di quanto si potrebbe credere a prima vista, poiché, in ogni modo, essa non cambia per nulla le apparenze sotto le quali il tema viene presentato; dal momento che si tratta d'una ' esteriorizzazione ' di dati esoterici, ma che non può essere considerata in nessuna maniera una ' volgarizzazione ', è facile capire che dev'essere così. Diremo di più: un profano può persino, per una tale ' esteriorizzazione ', esser servito da ' portavoce ' a una organizzazione iniziatica, che l'avrà scelto a questo fine semplicemente per le sue qualità di poeta o di scrittore, o per qualunque altra ragione contingente. Dante scriveva con perfetta conoscenza di causa; Chrétien de Troyes, Robert de Boron e molti altri furono probabilmente assai meno coscienti di quel che esprimevano, e forse alcuni di loro non lo furono affatto; ma in fondo poco importa, poiché, se c'era dietro a loro un'organizzazione iniziatica, di qualunque genere fosse, il pericolo di una deformazione dovuta alla loro incomprensione riusciva per ciò stesso scongiurato, potendo questa organizzazione guidarli costantemente senza che essi lo sospettassero, sia per il tramite di alcuni suoi membri che gli fornivano gli elementi da utilizzare, sia mediante suggerimenti o influenze di un altro tipo, più sottili e meno ' tangibili ', ma non per questo meno reali ed efficaci. Non si stenterà a comprendere che tutto ciò non ha niente a che vedere con la presunta ' ispirazione ' poetica, come la intendono i moderni, e che non è altro in realtà se non immaginazione pura e semplice, e neppure con la ' letteratura ', nel senso profano della parola; e aggiungeremo subito che non si tratta nemmeno di ' misticismo '; ma quest'ultimo punto riguarda direttamente altre questioni, che dobbiamo esaminare ora più specificamente.

Non ci pare dubbio che le origini della leggenda del Graal debbano essere riferite alla trasmissione di elementi tradizionali,

---

4. Se Waite crede, come sembra, che certe cose siano troppo ' materiali ' per essere compatibili con l'esistenza di un significato superiore nei testi in cui s'incontrano, potremmo chiedergli che cosa pensa, per esempio, di Rabelais o di Boccaccio.

di ordine iniziatico, dal druidismo al cristianesimo; essendosi operata regolarmente questa trasmissione, qualunque ne siano state d'altronde le modalità, tali elementi fecero da allora parte integrante dell'esoterismo cristiano; siamo perfettamente d'accordo con Waite su questo secondo punto, ma dobbiamo dire che il primo sembra essergli sfuggito. L'esistenza dell'esoterismo cristiano nel Medioevo è una cosa assolutamente certa; abbondano prove di ogni genere, e i dinieghi dovuti all'incomprensione moderna, sia che provengano da partigiani o da avversari del cristianesimo, non provano nulla contro questo fatto; abbiamo avuto abbastanza spesso occasione di parlare di questo problema perché sia necessario insistervi qui. Ma anche tra coloro che ammettono l'esistenza di tale esoterismo, ve ne sono parecchi i quali se ne fanno un'idea più o meno inesatta, e questo ci pare essere anche il caso di Waite, a giudicare dalle sue conclusioni; ci sono anche qui delle confusioni e dei malintesi che occorre dissipare.

Anzitutto, si noti bene che diciamo ' esoterismo cristiano ' e non ' cristianesimo esoterico '; non si tratta infatti di una forma speciale di cristianesimo, si tratta del lato ' interiore ' della tradizione cristiana; ed è facile capire che vi è in questo più di una semplice sfumatura. Inoltre, quando v'è modo di distinguere in una forma tradizionale due facce, una exoterica e l'altra esoterica, deve restare inteso che esse non si riferiscono allo stesso ambito, come d'altra parte non può esserci fra di loro né conflitto né opposizione di sorta; in particolare, quando l'exoterismo assume il carattere specificamente religioso, come nel nostro caso, l'esoterismo corrispondente, pur stabilendovi la sua base e il suo supporto, non ha in se stesso niente a che vedere con l'ambito religioso e si situa in un ordine totalmente diverso. Ne consegue immediatamente che quest'esoterismo non può in alcun caso essere rappresentato da ' Chiese ' o da ' sette ' qualsiasi, che, per definizione, sono sempre religiose e dunque exoteriche; anche questo è un punto che abbiamo già trattato in altre circostanze, e che ci basta dunque richiamare sommariamente. Certe ' sette ' sono potute nascere da una confusione tra i due ambiti, e da una erronea ' esteriorizzazione ' di dati esoterici mal compresi e male applicati; ma le vere organizzazioni iniziatiche, che si mantengono strettamente sul loro proprio terreno, rimangono per forza estranee a tali deviazioni, e la loro stessa ' regolarità ' le costringe a riconoscere soltanto ciò che presenta un carattere d'ortodossia, fosse pure nell'ordine exoterico. Tutto questo conferma che coloro i quali vogliono riferire a delle ' sette ' quel che concerne l'esoterismo o l'iniziazione, sbagliano strada e possono solo smarrirsi; non c'è alcun bisogno di un più ampio esame per scartare ogni ipotesi di questo genere; e, se si trovano in qualche ' setta ' elementi che sembrano essere di natura esoterica, bisogna concludere, non che essi hanno avuto lì la loro origine, ma, al contrario, che vi sono stati distorti dal loro vero significato.

Stando così le cose, alcune apparenti difficoltà risultano subito risolte, o, per meglio dire, ci si accorge che non sussistono affatto: così, non c'è motivo di chiedersi quale possa essere, in rapporto all'ortodossia cristiana intesa nel senso consueto, la posizione di una linea di trasmissione al di fuori della ' successione apostolica ', come quella in questione in alcune versioni della leggenda del Graal; se si tratta di una gerarchia iniziatica, la gerarchia religiosa non potrebbe in alcun modo esser toccata dalla sua esistenza, che d'altronde essa non deve conoscere ' ufficialmente ', se così si può dire, poiché essa stessa esercita una giurisdizione legittima soltanto nell'ambito exoterico. Parimenti, quando si tratta di una formula segreta in relazione con determinati riti, vi è una singolare ingenuità, diciamolo francamente, a chiedersi se la perdita o l'omissione di questa formula rischi di invalidare la celebrazione stessa della messa; la messa, in sé, è un rito religioso, e quello invece è un rito iniziatico; ciascuno vale nel suo ordine, e, anche se entrambi hanno in comune un carattere ' eucaristico ', questo non cambia nulla a tale distinzione essenziale, come il fatto che uno stesso simbolo possa essere interpretato a un tempo dai due punti di vista exoterico ed esoterico, non impedisce che essi siano interamente distinti e si riferiscano ad ambiti totalmente diversi; quali che possano essere talora le somiglianze esteriori, che si spiegano d'altronde con determinate corrispondenze, la portata e lo scopo dei riti iniziatici sono del tutto diversi da quelli dei riti religiosi. A maggior ragione, non si deve andare a cercare se la formula misteriosa in questione non potrebbe essere identificata con una formula in uso in questa o quella Chiesa avente un rituale più o meno speciale; per prima cosa, finché si tratta di Chiese ortodosse, le varianti del rituale sono del tutto secondarie e non possono in alcun modo vertere su qualcosa d'essenziale; in secondo luogo, i diversi rituali non possono mai essere altro che religiosi, e, come tali, perfettamente equivalenti, e la considerazione dell'uno o dell'altro non ci avvicina ulteriormente al punto di vista iniziatico; quante ricerche e discussioni inutili si eviterebbero se, prima di tutto, si tenessero ben presenti i princìpi.

Ora, il fatto che gli scritti concernenti la leggenda del Graal siano emanati, direttamente o indirettamente, da una organizzazione iniziatica, non significa che costituiscano un rituale d'iniziazione, come certuni hanno supposto abbastanza bizzarramente; ed è curioso notare che non si è mai azzardata un'ipotesi del genere, almeno per quanto ci risulta, per opere che tuttavia descrivono assai più manifestamente un processo iniziatico, come *La Divina Commedia* o *Le Roman de la Rose*; è del tutto evidente che gli scritti che presentano un carattere esoterico non sono per questo dei rituali. Waite, che respinge con buone ragioni tale supposizione, ne mette in risalto le inverosimiglianze: tale è, segnatamente, il fatto che il preteso aspirante avrebbe una domanda da fare, invece di avere al contrario da rispondere alle domande dell'iniziatore, come avviene generalmente; e potremmo aggiungere che le divergenze esistenti fra le diverse versioni sono incompatibili con il carattere di un rituale, che ha necessariamente una forma fissa e ben definita; ma in che cosa tutto ciò impedisce che la leggenda si ricolleghi, a qualche altro titolo, a quelli che Waite chiama *Instituted Mysteries*, e che noi chiamiamo più semplicemente organizzazioni iniziatiche? Il fatto è che egli se ne fa un'idea troppo limitata, e inesatta per più di un verso: da una parte, sembra concepirle come qualcosa di quasi esclusivamente ' cerimoniale ', il che, notiamolo di sfuggita, è un modo di vedere abbastanza tipicamente anglosassone; d'altra parte, seguendo un errore assai diffuso, sul quale abbiamo già avuto molte occasioni di insistere, se le rappresenta più o meno come delle ' società ', mentre, se alcune di esse sono arrivate ad assumere tale forma, è solo per effetto di una sorta di degenerazione affatto moderna. Egli ha senza dubbio conosciuto, per esperienza diretta, un buon numero di queste associazioni pseudo-iniziatiche che pullulano ai nostri giorni in Occidente, e se pare esserne stato piuttosto deluso, è nondimeno rimasto, in un certo senso, influenzato da quello che ha visto: vogliamo dire che, incapace di percepire chiaramente la differenza tra l'iniziazione autentica e la pseudo-iniziazione, egli attribuisce a torto alle vere e proprie organizzazioni iniziatiche caratteri paragonabili a quelli delle contraffazioni con le quali s'è trovato in contatto; e questo equivoco comporta anche altre conseguenze, che interessano direttamente, come vedremo, le conclusioni positive del suo studio.

È evidente, infatti, che tutto quanto è d'ordine iniziatico non potrebbe in alcun modo rientrare in una cornice così angusta come quella delle ' società ' costituite alla maniera moderna; ma precisamente laddove Waite non trova più nulla che somigli da vicino o da lontano alle sue ' società ', egli si perde, e giunge ad ammettere la supposizione fantastica di una iniziazione che possa esistere al di fuori di ogni organizzazione e di ogni trasmissione regolare; non possiamo far di meglio qui che rinviare agli studi che abbiamo precedentemente dedicato a questo problema. Il fatto è che, al di fuori delle dette ' società ', egli non sembra vedere altra possibilità che quella d'una cosa vaga e indefinita che egli chiama « Chiesa segreta » o « Chiesa interiore », secondo espressioni desunte da mistici come Eckartshausen e Lopukin, nelle quali la parola stessa ' Chiesa ' indica che ci si trova in realtà ricondotti puramente e semplicemente al punto di vista religioso, magari da qualcuna di quelle varietà più o meno aberranti nelle quali il misticismo tende spontaneamente a svilupparsi dal momento in cui sfugge al controllo di una ortodossia religiosa. Di fatto Waite è anch'egli fra coloro, disgraziatamente così numerosi oggi, che, per diverse ragioni, confondono misticismo con iniziazione; e giunge a parlare più o meno indifferentemente dell'una o dell'altra di queste due cose, incompatibili fra loro, come se fossero quasi sinonimi. Ciò che egli crede essere l'iniziazione si risolve, in definitiva, in una semplice ' esperienza mistica '; e ci domandiamo persino se, in fondo, egli non concepisca questa ' esperienza ' come qualcosa di ' psicologico ', il che ci ricondurrebbe a un livello ancora inferiore a quello del misticismo inteso in senso proprio, giacché i veri stati mistici sfuggono già interamente all'ambito della psicologia, malgrado tutte le teorie moderne del genere di quella il cui esponente più conosciuto è William James. Quanto agli stati interiori la cui realizzazione dipende dall'ordine iniziatico, essi non sono né stati psicologici né stati mistici; sono qualcosa di molto più profondo, e, nello stesso tempo, non appartengono assolutamente a quel genere di cose delle quali non si può dire né da dove vengano né cosa siano esattamente, ma implicano al contrario una conoscenza esatta e una tecnica precisa; qui la sentimentalità e l'immaginazione non hanno più la minima parte. Trasporre le verità dell'ordine religioso nell'ordine iniziatico, non equivale a dissolverle nelle nuvole di un ' ideale ' qualsiasi; equivale, al contrario, a penetrarne il senso più profondo e più ' positivo ' al tempo stesso, allontanando tutte le nubi che impediscono e limitano la vista intellettuale dell'umanità ordinaria. A dire il vero, in una concezione come quella di Waite, non è di trasposizione che si tratta, ma tutt'al più, se si vuole, di una specie di prolungamento o di estensione in senso ' orizzontale ', poiché tutto ciò che è misticismo è incluso nell'ambito religioso e non va oltre; e, per andare effettivamente oltre, occorre ben altro che l'aggregazione a una ' Chiesa ' definita ' interiore ' soprattutto, a quel che pare, perché essa ha un'esistenza semplicemente ' ideale ', il che, tradotto in termini più chiari, equivale a dire che essa non è, di fatto, che una organizzazione di sogno.

Qui non potrebbe certo trovarsi il ' segreto del Santo Graal ', non più d'altronde di qualunque altro segreto iniziatico reale; se si vuol sapere dove si trova questo segreto, occorre riportarsi alla costituzione assai ' positiva ' dei centri spirituali, come abbiamo indicato abbastanza esplicitamente nel nostro studio sul *Roi du Monde*. Ci limiteremo, a questo riguardo, a osservare che Waite tocca a volte argomenti la cui portata sembra sfuggirgli: così gli succede di parlare, a diverse riprese, di cose ' sostituite ', che possono essere parole o oggetti simbolici; ora, questo può riferirsi sia ai diversi centri secondari in quanto immagini o riflessi del Centro supremo, sia alle fasi successive dell'' oscurazione ' che si produce gradualmente, in conformità con le leggi cicliche, nella manifestazione di questi centri medesimi in rapporto al mondo esteriore. D'altronde, il primo di questi due casi rientra in un certo modo nel secondo, poiché la costituzione stessa dei centri secondari, corrispondenti alle forme tradizionali particolari, qualunque esse siano, segna già un primo grado di oscurazione rispetto alla tradizione primordiale; infatti, il Centro supremo, da quel momento, non è più in contatto diretto con l'esterno e il legame è mantenuto solo per il tramite di centri secondari. D'altra parte, se uno di questi ultimi viene a scomparire, si può dire che è in qualche maniera riassorbito nel Centro supremo, di cui era solo un'emanazione; anche qui, del resto, ci sono dei gradi da osservare: può accadere che un tal centro divenga solamente più nascosto e più chiuso, e questo fatto può esser rappresentato dallo stesso simbolismo della sua scomparsa completa, essendo ogni allontanamento dall'esterno, nello stesso tempo e in una misura equivalente, un ritorno verso il Principio. Vogliamo alludere qui al simbolismo della scomparsa finale del Graal: sia stato esso rapito in Cielo, secondo certe versioni, o trasportato nel ' Regno del prete Gianni ', secondo altre, ciò significa esattamente la stessa cosa, e di questo Waite sembra non avere quasi il minimo sospetto.[5]

Si tratta sempre del medesimo ritrarsi dall'esterno verso l'interno, in rapporto allo stato del mondo a una determinata epoca, o, per parlare più esattamente, di quella porzione del mondo che è in relazione con la forma tradizionale considerata; questo ritrarsi d'altronde si applica solo al lato esoterico della tradizione, essendo rimasto il lato exoterico, nel caso del cristianesimo, apparentemente inalterato; ma è proprio dal lato esoterico che sono stabiliti e mantenuti i legami effettivi e coscienti

---

5.   Dal fatto che una lettera attribuita al prete Gianni è manifestamente apocrifa, Waite pretende di concludere per la sua inesistenza, il che è un'argomentazione per lo meno singolare; la questione dei rapporti della leggenda del Graal con l'ordine del Tempio è da lui trattata in un modo non molto meno sommario; sembra che egli abbia, inconsciamente senza dubbio, una certa fretta di liberarsi di queste cose troppo significative e inconciliabili con il suo ' misticismo '; e, in genere, le versioni tedesche della leggenda ci paiono meritare una maggiore considerazione di quella che Waite non accordi loro.

con il Centro supremo. Qualcosa ne deve sussistere ugualmente, ma in modo per così dire invisibile, abbastanza perché questa forma tradizionale rimanga viva; se fosse altrimenti, ciò equivarrebbe a dire che lo 'spirito' se n'è ritirato completamente e resta soltanto un corpo morto. È detto che il Graal non fu più visto come prima, ma non è detto che nessuno lo vide più; sicuramente, in teoria almeno, è sempre presente a coloro che sono 'qualificati'; ma, di fatto, essi sono divenuti sempre più rari, al punto da non costituire ormai che un'infima eccezione; e, dall'epoca in cui si dice che i Rosacroce si ritirarono in Asia, lo s'intenda letteralmente o simbolicamente, quali possibilità di pervenire all'iniziazione effettiva possono essi ancora trovare aperte dinanzi a sé nel mondo occidentale?

Abbiamo già esposto altrove il ruolo della psicoanalisi nell'opera di sovversione che, succedendo alla 'solidificazione' materialistica del mondo, costituisce la seconda fase dell'azione antitradizionale caratteristica dell'epoca moderna.[1] Occorre ritornare su questo argomento, poiché constatiamo che da qualche tempo l'offensiva psicoanalitica si spinge sempre più lontano, nel senso che, affrontando direttamente la tradizione con il pretesto di spiegarla, essa tende ora a deformarne la nozione stessa nella maniera più pericolosa. A questo riguardo, è il caso di fare una distinzione tra i vari tipi, non ugualmente 'avanzati', della psicoanalisi: nella forma in cui era stata concepita inizialmente da Freud, essa si trovava ancora limitata fino a un certo punto dall'atteggiamento materialistico che egli intese sempre conservare; essa, beninteso, aveva già un carattere chiaramente 'satanico', ma almeno questo le impediva di pretendere d'affrontare certi ambiti, o, anche se osava farlo, ne ricavava, di fatto, soltanto contraffazioni abbastanza grossolane, che generavano confusioni ancora relativamente facili da dissipare. Così, quando Freud parlava di « simbolismo », ciò che egli designava abusivamente così non era in realtà che un semplice prodotto dell'immaginazione umana, variabile da un individuo all'altro, e senza in verità nulla di comune con l'autentico simbolismo tradizionale. Questa non era che una prima tappa, e spettava ad altri psicoanalisti di modificare le teorie del loro 'maestro' nel senso di una falsa spiritualità, allo scopo di poterle applicare, grazie a una confusione assai più sottile, a una interpretazione del simbolismo tradizionale stesso. Fu soprattutto il caso di C.G. Jung, i cui primi tentativi in questo campo risalgono già a parecchio tempo fa;[2] occorre notare, perché è molto significativo, che, per questa interpretazione, egli partì da un paragone che credette di poter stabilire tra certi simboli e alcuni disegni tracciati da malati; e bisogna riconoscere che in effetti questi disegni presentano talora, con i simboli veri e propri, una specie di rassomiglianza 'parodistica' che è senz'altro piuttosto inquietante, se pensiamo alla natura di ciò che li ispira. Tutto questo fu aggravato notevolmente dal fatto che Jung, per spiegare cose di cui i fattori puramente individuali non sembravano poter rendere conto, fu spinto a formulare l'ipotesi di un presunto « inconscio collettivo », esistente in un certo modo

---

1. Si veda *Le Règne de la Quantité et les Signes des Temps*, cap. XXXIV.
2. Si veda a questo proposito A. Préau, *La Fleur d'or et le Taoïsme sans Tao*.

nello – o sotto – lo psichismo di tutti gli individui umani, e al quale credette di poter riferire nello stesso tempo e indistintamente l'origine dei simboli medesimi e quella delle loro caricature patologiche. Va da sé che tale termine di ' inconscio ' è del tutto improprio, e che ciò che serve a designare, nella misura in cui può avere una qualche realtà, rientra in quello che gli psicologi chiamano più abitualmente il ' subconscio ', cioè l'insieme dei prolungamenti inferiori della coscienza. Abbiamo già fatto notare altrove la confusione che viene operata costantemente fra il ' subconscio ' e il ' superconscio ' : benché quest'ultimo sfugga completamente per sua stessa natura al campo di indagine degli psicologi, questi non mancano mai, quando giungano a conoscenza di qualche sua manifestazione, di attribuirla al ' subconscio '. Proprio questa confusione ritroviamo anche qui : che le produzioni dei malati osservate dagli psichiatri derivino dal ' subconscio ', è cosa pacifica; ma, per contro, tutto ciò che è d'ordine tradizionale, e in particolare il simbolismo, può essere riferito solo al ' superconscio ', vale a dire al mezzo con cui si stabilisce una comunicazione con il sopra-umano, mentre il ' subconscio ' tende al contrario verso l'infra-umano. Vi è dunque in questo una vera e propria inversione assolutamente caratteristica del genere di spiegazione di cui stiamo trattando; e quel che le dà una parvenza di giustificazione è il fatto che, in casi come quello citato, il ' subconscio ', grazie al suo contatto con influenze psichiche dell'ordine meno elevato, ' scimmiotta ' effettivamente il ' superconscio '. Di qui nasce, in coloro che si lasciano prendere da queste contraffazioni e sono incapaci di discernerne la vera natura, l'illusione che porta a quella che abbiamo chiamato una ' spiritualità alla rovescia '.

Con la teoria dell'' inconscio collettivo ', si crede di poter spiegare il fatto che il simbolo è ' anteriore al pensiero individuale ' e che lo supera; la vera questione, che sembra non ci si ponga neppure, sarebbe di sapere in quale direzione lo supera, se verso il basso come parrebbe indicare quest'appello al preteso ' inconscio ', o verso l'alto come affermano al contrario espressamente tutte le dottrine tradizionali. Abbiamo colto in un recente articolo una frase in cui questa confusione appare nel modo più chiaro possibile: « L'interpretazione dei simboli... è la porta aperta sul Gran Tutto, cioè la strada che conduce verso la luce totale attraverso il dedalo dei bassifondi oscuri della nostra individualità ». Disgraziatamente è molto probabile che, smarrendosi in questi « bassifondi oscuri », si arrivi a tutt'altra cosa che alla « luce totale »; notiamo anche il pericoloso equivoco del « Gran Tutto », che, come la ' coscienza cosmica ' nella quale alcuni aspirano a fondersi, non può esser qui niente di più né di diverso dallo psichismo diffuso delle regioni meno elevate del mondo sottile; ed è così che l'interpretazione psicoanalitica dei simboli e la loro interpretazione tradizionale conducono in realtà a esiti diametralmente opposti.

È il caso di fare ancora un'altra importante osservazione: tra le diverse cose che si pretende di spiegare con l'"inconscio collettivo', bisogna naturalmente annoverare il 'folklore', ed è questo uno dei casi in cui la teoria può presentare una qualche parvenza di verità. Per essere più esatti, bisognerebbe parlare a tale riguardo di una specie di 'memoria collettiva', che è come un'immagine o un riflesso, nell'ambito umano, di quella 'memoria cosmica' che corrisponde a uno degli aspetti del simbolismo della luna. Soltanto, voler spiegare con la natura del 'folklore' l'origine stessa della tradizione, significa commettere un errore del tutto simile a quello, così diffuso oggigiorno, che fa considerare 'primitivo' ciò che è solo il prodotto di una degenerazione. È infatti evidente che il 'folklore', essendo essenzialmente costituito da elementi appartenenti a tradizioni estinte, rappresenta inevitabilmente uno stato di degenerazione in rapporto a quella; ma d'altronde è il solo mezzo con il quale se ne può salvare qualcosa. Bisognerebbe anche domandarsi in quali condizioni la conservazione di questi elementi è stata affidata alla 'memoria collettiva'; come abbiamo già avuto occasione di dire, non possiamo vedervi che il risultato di un'azione perfettamente cosciente degli ultimi rappresentanti di antiche forme tradizionali che erano sul punto di sparire. Quel che è certo è che la mentalità collettiva, nella misura in cui esiste qualcosa che può essere chiamato così, si riduce propriamente a una memoria, il che si esprime in termini di simbolismo astrologico, dicendo che è di natura lunare; in altri termini, essa può svolgere una certa funzione di conservazione, nella quale consiste precisamente il 'folklore', ma è totalmente incapace di produrre o di elaborare alcunché, e soprattutto cose di ordine trascendente come è per definizione ogni dato tradizionale.

L'interpretazione psicoanalitica mira in realtà a negare questa trascendenza della tradizione, ma, potremmo dire, in un modo nuovo e diverso da quelli che avevano avuto corso fino a quel momento: non si tratta più, come avviene con il razionalismo sotto tutte le sue forme, di una negazione brutale, o di una pura e semplice ignoranza dell'esistenza di qualsiasi elemento 'non umano'. Sembra si ammetta al contrario che la tradizione ha un carattere 'non umano', ma alterando completamente il significato di questo termine; è così che alla fine dell'articolo da noi già citato sopra leggiamo quanto segue: « Ritorneremo forse su queste interpretazioni psicoanalitiche del nostro tesoro spirituale, la cui 'costante' attraverso tempi e civiltà diversi ne dimostra il carattere tradizionale, non umano, se si prende la parola 'umano' nel senso di separativo, di individuale ». È forse qui che appare nel modo più chiaro quale sia, in ultima analisi, la vera intenzione di tutto questo, intenzione che, vogliamo pur crederlo, non è sempre cosciente in coloro che scrivono cose di questo genere, poiché dev'essere ben inteso che non è qui in causa questa o quella individualità, fosse pure quella di un caposcuola come Jung, ma l'ispirazione altamente sospetta da cui provengono tali interpretazioni. Non c'è bisogno di essere andati molto avanti nello studio delle dottrine tradizionali per sapere che, quando si parla di un elemento 'non umano', quel che s'intende dire, e che appartiene essenzialmente agli stati sopraindividuali dell'essere, non ha assolutamente niente a che vedere con un fattore 'collettivo', che rientra essenzialmente nell'ambito individuale umano, allo stesso modo di ciò che viene qui definito 'separativo', e che inoltre, per il suo carattere 'subconscio', può in ogni caso aprire una comunicazione con altri stati soltanto nella direzione dell'infra-umano. Si coglie dunque a prima vista il procedimento di sovversione che consiste nell'impadronirsi di alcune nozioni tradizionali e nel capovolgerle in qualche maniera sostituendo il 'subconscio' al 'superconscio', l'infra-umano al sopra-umano. Questo sovvertimento non è forse ben altrimenti pericoloso che una semplice negazione? E si penserà forse che esageriamo se diciamo che esso contribuisce a preparare la strada a una vera 'contro-tradizione', destinata a servire da veicolo a quella 'spiritualità alla rovescia', di cui, verso la fine del ciclo attuale, il 'regno dell'anticristo', deve segnare il trionfo apparente e passeggero?

6. *La Scienza delle lettere*

Nei preliminari a uno studio su *La Théodicée de la Kabbale*, Warrain, dopo aver detto che « l'ipotesi cabalistica è che la lingua ebraica sia la lingua perfetta insegnata da Dio al primo uomo », crede di dover fare delle riserve sulla « pretesa illusoria di possedere gli elementi puri della lingua naturale, mentre non se ne possiedono che deformati frammenti ». Egli ammette comunque che « rimane probabile che le lingue antiche provengano da una lingua ieratica composta da ispirati », che « devono esserci dunque delle parole che esprimono l'essenza delle cose e i loro rapporti numerici », e che « si può dire altrettanto per le arti divinatorie ». Pensiamo che sarà bene fare qualche precisazione su tale questione; ma teniamo a far notare subito che Warrain si pone da un punto di vista che si può dire soprattutto filosofico, mentre noi intendiamo tenerci qui strettamente, come d'altronde facciamo sempre, sul terreno iniziatico e tradizionale.

Un primo punto sul quale importa attirare l'attenzione è questo: l'affermazione secondo la quale la lingua ebraica sarebbe la lingua stessa della rivelazione primitiva sembra di fatto avere soltanto un carattere meramente exoterico e non essere al fondo della dottrina cabalistica ma, in realtà, coprire semplicemente qualcosa di assai più profondo. Ne è prova il fatto che la stessa cosa si riscontra anche per altre lingue, e che questa affermazione di ' primordialità ' non potrebbe, presa alla lettera, essere giustificata in tutti i casi, poiché vi sarebbe una contraddizione evidente. È così in particolare per la lingua araba, ed è persino un'opinione abbastanza comunemente diffusa, nei paesi in cui essa è in uso, che essa sarebbe stata la lingua originale dell'umanità; ma quel che è notevole, e che ci ha fatto pensare che lo stesso valga anche per la lingua ebraica, è che quest'opinione popolare è così poco fondata e così sprovvista d'autorità da essere in contraddizione formale con il vero insegnamento tradizionale dell'Islam, secondo il quale la lingua ' adamitica ' era la « lingua siriaca » *loghah sûryâniyah*, che non ha d'altronde nulla a che vedere con il paese designato attualmente con il nome di Siria, né con qualcuna delle lingue più o meno antiche di cui gli uomini hanno conservato il ricordo fino ai nostri giorni. Questa *loghah sûryâniyah* è propriamente, secondo l'interpretazione data al suo nome, la lingua dell'« illuminazione solare », *shems-ishrâqyah*; di fatto, *Sûryâ* è il nome sanscrito del Sole, e ciò sembrerebbe indicare che la sua radice *sur*, una di quelle che designano la luce, apparteneva anch'essa a questa lingua originaria. Si tratta dunque di quella Siria primitiva di cui Omero parla come d'un'isola situata « al di là di Ogigia », il che la identifica con la *Tula* iperborea, e « dove sono le rivoluzioni del Sole ». Secondo Giuseppe, la capitale di questo paese si chiamava Eliopoli, « città del sole »,[1] nome dato in seguito alla città d'Egitto chiamata anche *On*, allo stesso modo che Tebe sarebbe stato inizialmente uno dei nomi della capitale di Ogigia. I successivi trasferimenti di questi nomi e di molti altri ancora sarebbero particolarmente interessanti da studiare per quel che concerne la costituzione dei centri spirituali secondari di diversi periodi, costituzione che è in stretto rapporto con quella stessa delle lingue destinate a servire da 'veicolo' alle forme tradizionali corrispondenti. Queste sono le lingue alle quali si può propriamente dare il nome di 'lingue sacre'; e precisamente sulla distinzione che dev'essere fatta tra queste lingue sacre e le lingue volgari o profane, poggia essenzialmente la giustificazione dei metodi cabalistici, come anche dei procedimenti similari che si trovano in altre tradizioni.

Possiamo dir questo: esattamente come ogni centro spirituale secondario è come un'immagine del Centro supremo e primordiale, secondo quanto abbiamo spiegato nel nostro studio sul *Roi du Monde*, ogni lingua sacra, o 'ieratica' se si vuole, può esser considerata un'immagine o un riflesso della lingua originaria, la quale è la lingua sacra per eccellenza; quest'ultima è la 'Parola perduta', o piuttosto nascosta agli uomini dell'' età oscura', allo stesso modo che il Centro supremo è divenuto invisibile e inaccessibile per essi. Ma non si tratta di « deformati frammenti », bensì di regolari adattamenti resi necessari dalle circostanze di tempo e di luogo, vale a dire insomma dal fatto che, secondo quanto insegna Seyidi Mohyiddin ibn Arabi all'inizio della seconda parte di *El-Futûhâtul-Mekkiyah*, ogni profeta o rivelatore doveva per forza usare un linguaggio suscettibile di esser compreso da coloro ai quali si rivolgeva, dunque in special modo appropriato alla mentalità di un determinato popolo e di una determinata epoca. Questa è la ragione della diversità stessa delle forme tradizionali, ed è questa diversità che comporta, come conseguenza immediata, quella delle lingue che devono servire a esse come rispettivi mezzi d'espressione; sono dunque tutte le lingue sacre a dover essere veramente considerate opera di 'ispirati', senza di che non potrebbero esser atte al compito cui sono essenzialmente destinate. Per quanto riguarda la lingua primitiva, la sua origine doveva essere 'non umana', come quella della

---

1. Cfr. *La Cittadella solare* dei Rosacroce, *La città del sole* di Campanella, ecc. A questa prima Eliopoli dovrebbe in realtà essere riferito il simbolismo ciclico della Fenice.

tradizione primordiale medesima; e ogni lingua sacra partecipa ancora di questo carattere in quanto è, nella sua struttura (*el-mabâni*) e nel suo significato (*el-maâni*), un riflesso di questa lingua primitiva. La qual cosa si può d'altronde tradurre in diverse maniere, che non hanno la stessa importanza in tutti i casi, poiché interviene anche qui il problema dell'adattamento: tale è per esempio la forma simbolica dei segni impiegati nella scrittura;[2] tale anche, e più particolarmente per l'ebraico e l'arabo, la corrispondenza dei numeri con le lettere, e di conseguenza con le parole composte di esse.

Certo è difficile per gli Occidentali rendersi conto di cosa siano veramente le lingue sacre, dal momento che, almeno nelle condizioni attuali, non hanno contatto diretto con nessuna di esse; e possiamo a questo proposito richiamarci a ciò che abbiamo detto in modo più generale in altre occasioni sulla difficoltà di assimilazione delle ' scienze tradizionali ', assai maggiore di quella degli insegnamenti d'ordine puramente metafisico, per via del loro carattere specializzato che le lega indissolubilmente a questa o quella forma determinata, e non permette di trasferirle tali e quali da una civiltà a un'altra, pena il renderle interamente inintelligibili, o l'ottenere un risultato del tutto illusorio, se non addirittura completamente falso. Così, per comprendere effettivamente tutta la portata del simbolismo delle lettere e dei numeri, bisogna viverlo, in qualche modo, nella sua applicazione persino nelle circostanze della vita quotidiana, com'è possibile in alcuni paesi orientali; ma sarebbe assolutamente chimerico pretendere di introdurre considerazioni e applicazioni di questo genere nelle lingue europee, per le quali esse non sono fatte, e in cui il valore numerico delle lettere, in particolare, è inesistente. Gli esperimenti che alcuni hanno voluto tentare in quest'ordine di idee, al di fuori di ogni dato tradizionale, son dunque erronei sin dalla partenza; e che si siano talora ottenuti ugualmente alcuni risultati giusti, per esempio dal punto di vista ' onomantico ', non prova il valore e la legittimità dei procedimenti, ma soltanto l'esistenza di una sorta di facoltà ' intuitiva ' (che, beninteso, non ha niente in comune con la vera e propria intuizione intellettuale) in coloro che li hanno messi in atto,

2. Questa forma può d'altronde aver subìto modificazioni corrispondenti a riadattamenti tradizionali ulteriori, come avvenne per l'ebraico dopo la cattività di Babilonia; diciamo che si tratta di un riadattamento, poiché è inverosimile che l'antica scrittura si sia realmente perduta nel breve periodo di settant'anni, ed è anche sorprendente che in genere non ci si renda conto di ciò. Fatti dello stesso tipo hanno dovuto verificarsi, in epoche più o meno remote, anche per altre scritture, in particolare per l'alfabeto sanscrito, e, in una certa misura, per gli ideogrammi cinesi.

come del resto succede frequentemente nelle ' arti divinatorie '.[3]

Per esporre il principio metafisico della « scienza delle lettere » (in arabo *ilmul-hurûf*), Seyidi Mohyiddin, in *El-Futûhâtul-Mekkiyah*, considera l'universo come simbolizzato da un libro: è il simbolo assai noto del *Liber Mundi* dei Rosacroce, e anche del *Liber Vitae* apocalittico.[4] I caratteri di questo libro sono, in linea di principio, scritti tutti simultaneamente e indivisibilmente dalla « penna divina » (*El-Qalamul-ilâhi*); queste ' lettere trascendenti ' sono le essenze eterne o le idee divine; ed essendo ogni lettera al tempo stesso un numero, si osserverà l'accordo di questo insegnamento con la dottrina pitagorica. Queste medesime ' lettere trascendenti ', che sono tutte le creature, dopo essere state condensate principialmente nell'onniscienza divina, sono, grazie al soffio divino, discese ai gradi inferiori e hanno composto e formato l'Universo manifestato. S'impone qui un collegamento con il ruolo che svolgono ugualmente le lettere nella dottrina cosmogonica del *Sepher Ietsirah*; la ' scienza delle lettere ' ha d'altronde un'importanza quasi eguale nella cabala ebraica e nell'esoterismo islamico.[5]

Partendo da questo principio, si comprenderà senza fatica come venga stabilita una corrispondenza fra le lettere e le diverse parti dell'Universo manifestato, e più particolarmente del nostro mondo; l'esistenza delle corrispondenze planetarie e zodiacali è, a questo riguardo, abbastanza conosciuta perché occorra insistervi ulteriormente, ed è sufficiente notare che questo pone la ' scienza delle lettere ' in stretto rapporto con l'astrologia considerata come scienza ' cosmologica '.[6] D'altra parte, in virtù dell'analogia costitutiva fra il « microcosmo » (*el-kawnus-seghir*) e il « macrocosmo » (*el-kawnul-kebir*), queste stesse lettere corrispondono

3. Sembra che si possa dire altrettanto, a dispetto dell'apparenza ' scientifica ' dei metodi, per quanto riguarda i risultati ottenuti dall'astrologia moderna, così remota dalla vera astrologia tradizionale; quest'ultima, le cui chiavi sembrano irrimediabilmente perdute, era d'altronde ben diversa da una semplice ' arte divinatoria ', benché evidentemente suscettibile di applicazioni di quest'ordine, ma a titolo del tutto secondario e ' accidentale '.

4. Abbiamo già avuto occasione di segnalare il rapporto che esiste fra il simbolismo del ' Libro della Vita ' e quello dell'' Albero della Vita ': le foglie dell'albero e i caratteri del libro rappresentano del pari tutti gli esseri dell'universo (i ' diecimila esseri ' della tradizione estremo-orientale).

5. Bisogna poi osservare che il ' Libro del Mondo ' è nello stesso tempo il « Messaggio divino » (*Er-Risâlatul-ilâhiyah*), archetipo di tutti i Libri sacri; le scritture tradizionali non sono altro che traduzioni di esso in linguaggio umano. Ciò è affermato espressamente dal *Veda* e dal *Corano*; l'idea del ' Vangelo eterno ' mostra anche che questa stessa concezione non è del tutto estranea al cristianesimo, o almeno che non lo è sempre stata.

6. Ci sono anche altre corrispondenze, con gli elementi, le qualità sensibili, le sfere celesti, ecc.; le lettere dell'alfabeto arabo, che sono ventotto, si trovano parimenti in relazione con le case lunari.

pure alle diverse parti dell'organismo umano; e, a questo proposito, segnaleremo incidentalmente che esiste un'applicazione
terapeutica della ' scienza delle lettere ', essendo ogni lettera ado-
perata in un certo modo per guarire le malattie che colpiscono
in particolare l'organo corrispondente.

Da ciò che è stato appena detto risulta anche che la ' scienza
delle lettere ' dev'essere considerata entro ordini diversi, che si
possono in definitiva riferire ai ' tre mondi ': intesa nel suo
senso superiore, è la conoscenza di tutte le cose nel principio
stesso, in quanto essenze eterne al di là di ogni manifestazione;
in un senso che si può dire mediano, è la cosmogonia, cioè la conoscenza della produzione o della formazione del mondo manifestato; infine, nel senso inferiore, è la conoscenza delle virtù dei
nomi e dei numeri, in quanto esprimono la natura di ogni essere,
conoscenza che permette, a titolo d'applicazione, di esercitare per
mezzo di essi, e per effetto di tale corrispondenza, un'azione di
ordine ' magico ' sugli esseri stessi e sugli avvenimenti che li
concernono. Infatti, secondo quanto dice Ibn Khaldûn, le formule scritte, essendo composte dei medesimi elementi che costituiscono la totalità degli esseri, hanno per questo la facoltà di
agire su di loro; ed è anche il motivo per cui la conoscenza del
nome di un essere, espressione della sua propria natura, può
dare un potere su di lui; è questa applicazione della ' scienza
delle lettere ' a essere abitualmente designata con il nome di
sîmîa.[7] Si deve osservare che ciò va molto più in là di un semplice procedimento ' divinatorio ': si può anzitutto, per mezzo
di un calcolo (*hisâb*) effettuato sui numeri corrispondenti alle
lettere e ai nomi, giungere alla previsione di certi avvenimenti;[8]
ma questo costituisce in qualche modo soltanto un primo grado,
il più elementare di tutti, ed è possibile effettuare in seguito, sui
risultati di tale calcolo, delle mutazioni che dovranno avere l'effetto di provocare una modificazione corrispondente negli avvenimenti stessi.

Anche qui, bisogna del resto distinguere gradi assai differenti,
come nella conoscenza stessa di cui tutto ciò è solo un'applicazione pratica: quando quest'azione si esercita soltanto sul mondo
sensibile, non si tratta che del grado più basso, ed è in tal caso
che si può parlare propriamente di ' magia '; ma è facile rendersi

7. La parola *sîmîa* non sembra puramente araba; essa viene verosimilmente dal
greco *sêmeia*, « segni », il che ne fa quasi l'equivalente del nome della *gematria*
cabalistica, anch'esso termine di origine greca, e derivato non da *geometria* come
si dice il più delle volte, ma da *grammateia* (da *grammata*, « lettere »).
8. Si può anche, in certi casi, ottenere con un calcolo dello stesso genere la soluzione di problemi di ordine dottrinale; e questa soluzione si presenta talvolta
sotto una forma simbolica estremamente notevole.

conto che si ha a che fare con qualcosa di tutt'altro ordine quando si tratta di un'azione che si ripercuota nei mondi superiori. In quest'ultimo caso ci si trova evidentemente nell'ordine 'iniziatico' nel senso più completo della parola; e può operare attivamente in tutti i mondi soltanto colui che è pervenuto al grado dello « zolfo rosso » (*El-Kebritul-ahmar*), designazione che indica un'assimilazione, per taluni forse un po' inattesa, della 'scienza delle lettere' con l'alchimia.[9] Di fatto, queste due scienze, intese nel loro senso profondo, sono in realtà una sola; e quel che esprimono entrambe, sotto apparenze molto diverse, non è nient'altro che il processo medesimo dell'iniziazione, il quale riproduce d'altronde rigorosamente il processo cosmogonico, dato che la realizzazione totale delle possibilità di un essere si effettua necessariamente passando per le stesse fasi di quella dell'Esistenza universale.[10]

---

9. Seyidi Mohyiddin è chiamato *Es-Sheikhul-akbarwa el-Kebritul-ahmar*.

10. È perlomeno curioso notare che il simbolismo massonico stesso, nel quale d'altronde la 'Parola perduta' e la sua ricerca svolgono un ruolo importante, caratterizza i gradi iniziatici con espressioni manifestamente desunte dalla 'scienza delle lettere': compitare, leggere, scrivere. Il 'Maestro', che ha tra i suoi attributi la 'lavagna', se fosse veramente quel che deve essere, sarebbe capace non solo di leggere, ma anche di scrivere sul 'Libro della Vita', cioè di cooperare coscientemente alla realizzazione del piano del 'Grande Architetto dell'Universo'; si può giudicare da questo quale distanza separi il possesso nominale di tale grado dal suo possesso effettivo!

Wa eç-çâffâti çaffan,
Faz-zâjirâti zajran,
Fat-tâliyâti dhikran...
« Per coloro che sono schierati in ordine,
E che cacciano respingendo,
E che recitano l'invocazione... »
Corano, XXXVII, 1-3.

Si parla spesso, in varie tradizioni, di un linguaggio misterioso chiamato ' lingua degli uccelli ': designazione evidentemente simbolica, poiché l'importanza stessa attribuita alla conoscenza di questo linguaggio, come prerogativa di un'alta iniziazione, non permette di prenderla alla lettera. Si legge nel *Corano*: « E Salomone fu l'erede di David; e disse: " O uomini! siamo stati istruiti al linguaggio degli uccelli (*ullimna mantiqat-tayri*) e colmati di ogni cosa... " » (XXVII, 15). Altrove, si vedono eroi vincitori del drago, come Sigfrido nella leggenda nordica, comprendere subito dopo il linguaggio degli uccelli; e ciò permette di interpretare agevolmente il simbolismo in questione. Infatti, la vittoria sul drago ha per conseguenza immediata la conquista dell'immortalità, raffigurata da qualche oggetto al quale il drago impediva di avvicinarsi; e tale conquista dell'immortalità implica essenzialmente la reintegrazione nel centro dello stato umano, cioè nel punto in cui si stabilisce la comunicazione con gli stati superiori dell'essere. Appunto questa comunicazione viene rappresentata dalla comprensione del linguaggio degli uccelli; e, di fatto, gli uccelli sono presi di frequente come simbolo degli angeli, vale a dire precisamente degli stati superiori. Abbiamo avuto occasione di citare altrove [1] la parabola evangelica in cui si parla, in questo senso, degli « uccelli del cielo » che vengono a posarsi sui rami dell'albero, di quello stesso albero che rappresenta l'asse che passa per il centro di ogni stato dell'essere e congiunge tutti gli stati fra di loro.[2]

Nel testo coranico che abbiamo riprodotto in epigrafe, il termine *eç-çâffât* designa letteralmente gli uccelli, ma si applica sim-

---

1. *L'Homme et son devenir selon le Védânta*, cap. III.
2. Nel simbolo medioevale del *Peridexion* (corruzione di *Paradision*), si vedono gli uccelli sui rami dell'albero e il drago ai suoi piedi (si veda *Le Symbolisme de la Croix*, cap. IX). In uno studio sul simbolismo dell'' uccello del paradiso ' (« Le Rayonnement intellectuel », maggio-giugno 1930), L. Charbonneau-Lassay ha riprodotto una scultura in cui quest'uccello è raffigurato unicamente con una testa e un paio d'ali, forma sotto la quale sono spesso rappresentati gli angeli.

bolicamente agli angeli (*el-malaikah*); e così il primo versetto significa la costituzione delle gerarchie celesti o spirituali.[3] Il secondo versetto esprime la lotta degli angeli contro i demòni, delle potenze celesti contro le potenze infernali, cioè l'opposizione tra gli stati superiori e gli stati inferiori;[4] è, nella tradizione indù, la lotta dei *Dêva* contro gli *Asura*, e anche, secondo un simbolismo del tutto simile a quello di cui ci occupiamo, il combattimento del *Garuda* contro il *Nâga*, nel quale ritroviamo del resto il serpente o il drago di cui s'è parlato un momento fa; il *Garuda* è l'aquila, e, altrove, è sostituito da altri uccelli come l'ibis, la cicogna, l'airone, tutti nemici e distruttori dei rettili.[5] Infine, nel terzo versetto, si vedono gli angeli recitare il *dhikr*, la qual cosa, nell'interpretazione più consueta, si deve intendere riferita alla recitazione del *Corano*; non, beninteso, del *Corano* espresso in linguaggio umano, ma del suo prototipo eterno iscritto sulla « tavola custodita » (*el-lawhul-mahfûz*), che si estende dai cieli alla terra come la scala di Giacobbe, e quindi attraverso tutti i gradi dell'Esistenza universale.[6] Parimenti, nella tradizione indù, è detto che i *Dêva*, nella loro lotta contro gli *Asura*, si protessero (*achhan dayan*) con la recitazione degli inni del *Vêda*, e che per questa ragione gli inni ricevettero il nome di *chhanda*, parola che designa propriamente il « ritmo ». La stessa idea è d'altronde contenuta nella parola *dhikr*, che si applica, nell'esoterismo islamico, a formule ritmate corrispondenti esattamente ai *mantra* indù, formule la cui ripetizione ha lo scopo di produrre un'armonizzazione dei diversi elementi dell'essere, e di determinare vibrazioni suscettibili, con la loro ripercussione attraverso la serie degli stati, in gerarchia indefinita, di aprire una

---

3. La parola *çaff*, « rango », è una di quelle, numerose d'altronde, nelle quali taluni han voluto trovare l'origine dei termini *çûfî* e *taçawwuf*; per quanto questa derivazione non sembri accettabile dal punto di vista puramente linguistico, è pur vero che, al pari di molte altre dello stesso genere, essa rappresenta una delle idee contenute realmente in questi termini, poiché le 'gerarchie spirituali' s'identificano essenzialmente con i gradi dell'iniziazione.
4. Questa opposizione si traduce in ogni essere con quella delle due tendenze ascendente e discendente, chiamate *sattwa* e *tamas* dalla dottrina indù. È anche ciò che il mazdeismo simboleggia per mezzo dell'antagonismo della luce e delle tenebre, personificate rispettivamente in *Ormuzd* e *Ahriman*.
5. Si vedano, a questo proposito, i notevoli lavori di Charbonneau-Lassay sui simboli animali del Cristo. È importante notare che l'opposizione simbolica dell'uccello e del serpente si applica solo quando quest'ultimo è considerato sotto il suo aspetto malefico; al contrario, sotto il suo aspetto benefico, esso si unisce talora all'uccello, come nella figura del *Quetzalcohuatl* delle antiche tradizioni americane; del resto anche nel Messico troviamo il combattimento dell'aquila contro il serpente. Per l'associazione dell'uccello con il serpente, si può richiamare il testo evangelico: « Siate dolci come colombe e prudenti come serpi » (*Matteo*, x, 16).
6. Sul simbolismo del Libro, a cui ciò si riferisce direttamente, si veda *Le Symbolisme de la Croix*, cap. XIV.

comunicazione con gli stati superiori, che è d'altronde, in generale, la ragione d'essere essenziale e primordiale di tutti i riti.

Quanto sopra ci riporta direttamente a quel che dicevamo all'inizio sulla ' lingua degli uccelli ' che possiamo anche chiamare ' lingua angelica ', e la cui immagine nel mondo umano è il linguaggio ritmato, poiché proprio sulla ' scienza del ritmo ', che comporta d'altronde molteplici applicazioni, si basano in definitiva tutti i mezzi che si possono usare per entrare in comunicazione con gli stati superiori. Per questa ragione una tradizione islamica dice che Adamo, nel Paradiso terrestre, parlava in versi, cioè in linguaggio ritmato; si tratta di quella « lingua siriaca » (*loghah sûryâniyah*) di cui abbiamo parlato nel nostro precedente studio sulla ' scienza delle lettere ', e che si deve considerare la traduzione diretta dell'' illuminazione solare ' e ' angelica ' quale si manifesta al centro dello stato umano. È anche la ragione per la quale i Libri sacri sono scritti in linguaggio ritmato, linguaggio che ne fa ben altro che quei semplici ' poemi ' nel senso puramente profano che vuol vedervi il partito preso antitradizionale dei ' critici ' moderni; e d'altronde la poesia, originariamente, non era quella vana ' letteratura ' che è diventata per una degenerazione che trova la sua spiegazione nel cammino discendente del ciclo umano, e aveva un vero e proprio carattere sacro.[7] Se ne possono ritrovare le tracce sino all'antichità classica occidentale, ove la poesia era ancora chiamata ' lingua degli Dèi ', espressione equivalente a quelle da noi indicate poiché gli ' Dèi ', vale a dire i *Dêva*[8] sono, come gli angeli, la rappresentazione degli stati superiori. In latino, i versi erano chiamati *carmina*, designazione che si riferiva al loro uso nella celebrazione dei riti, dal momento che la parola *carmen* è identica al sanscrito *Karma*, che deve essere preso qui nel suo senso speciale di « azione rituale »;[9] e il poeta stesso, interprete della ' lingua sacra ' attraverso la quale traspare il Verbo divino, era *vates*, termine che lo caratterizzava come dotato di un'ispirazione in qualche modo profetica. Più tardi, per un'altra degenerazione,

---

7. Si può dire d'altronde, in linea di massima, che le arti e le scienze sono diventate profane appunto per tale degenerazione, che le ha spogliate del loro carattere tradizionale e, quindi, di ogni significato d'ordine superiore; ci siamo spiegati su quest'argomento nell'*Esotérisme de Dante*, cap. II, e nella *Crise du monde moderne*, cap. IV.
8. Il sanscrito *Dêva* e il latino Deus sono la stessa identica parola.
9. La parola ' poesia ' deriva anch'essa dal verbo greco *poiein*, che ha lo stesso significato della radice sanscrita *Kri*, da cui viene *Karma*, e che si ritrova nel verbo latino *creare* inteso nella sua accezione primitiva; all'origine, si trattava dunque di tutt'altro che della semplice produzione di un'opera artistica o letteraria, nel senso profano che Aristotele sembra aver avuto unicamente presente parlando di quelle che ha chiamato « scienze poetiche ».

il *vates* non fu più che un volgare « indovino »,[10] e il *carmen* (da cui la parola francese *charme*) un « incantesimo », cioè un'operazione di bassa magia; ecco ancora un esempio del fatto che la magia, e persino la stregoneria, è quanto sussiste come ultimo vestigio delle tradizioni scomparse.

Pensiamo che queste poche indicazioni basteranno a mostrare quanto abbiano torto coloro che si fanno beffe dei racconti in cui si parla della 'lingua degli uccelli'; è veramente troppo facile e troppo semplice liquidare come 'superstizioni' tutto quel che non si capisce; ma gli antichi, da parte loro, sapevano assai bene cosa dicevano quando impiegavano il linguaggio simbolico. La vera e propria ' superstizione ', nel senso strettamente etimologico (*quod superstat*), è ciò che sopravvive a se stesso, vale a dire, in una parola, la 'lettera morta'; ma questa stessa conservazione, per quanto possa sembrare poco degna d'interesse, non è tuttavia così disprezzabile, poiché lo spirito, che « soffia dove vuole » e quando vuole, può sempre rivivificare i simboli e i riti, e restituir loro, con il senso perduto, la pienezza della virtù originale.

10. La stessa parola ' indovino ' è altrettanto deviata dal suo senso, poiché etimologicamente non è altro che *divinus*, qui col significato di « interprete degli dèi ». Gli ' auspici ' (da *aves spicere*, « osservare gli uccelli »), presagi tratti dal volo e dal canto degli uccelli, sono in special modo da accostare alla 'lingua degli uccelli', intesa allora nel senso più materiale, ma comunque identificata ancora con la ' lingua degli dèi ' poiché si riteneva che questi ultimi manifestassero la loro volontà tramite tali presagi. Gli uccelli svolgevano così una funzione di ' messaggeri ' analoga a quella generalmente attribuita agli angeli (donde il loro stesso nome, giacché questo è l'esatto significato della parola greca *angelos*), benché considerata in un aspetto assai inferiore.

Simboli del centro e del mondo

8. L'idea del Centro nelle tradizioni antiche

Abbiamo già avuto occasione di alludere al ' Centro del Mondo ' e ai vari simboli che lo rappresentano; è opportuno ora ritornare su quest'idea del Centro, che ha una grandissima importanza in tutte le tradizioni antiche, indicando alcuni dei principali significati che a essa sono connessi. Per i moderni, infatti, quest'idea non evoca più immediatamente tutto ciò che vi scorgevano gli antichi; anche qui come in tutto quel che ha attinenza col simbolismo, molte cose sono state dimenticate, e certi modi di pensare sembrano divenuti totalmente estranei alla maggior parte dei nostri contemporanei; conviene dunque insistervi proprio perché l'incomprensione è generale e completa.

Il Centro è, prima di tutto, l'origine, il punto di partenza di tutte le cose; è il punto principiale, senza forma e senza dimensioni, dunque invisibile, e, di conseguenza, la sola immagine che si possa dare dell'Unità primordiale. Da esso sono prodotte, per irradiazione, tutte le cose, come l'Unità produce tutti i numeri, senza che la sua essenza ne riesca modificata o intaccata in alcuna maniera. Vediamo qui un parallelismo completo fra due modi di espressione: il simbolismo geometrico e il simbolismo numerico, tanto che possono essere usati indifferentemente e si può passare dall'uno all'altro nella maniera più naturale. Non bisogna dimenticare, del resto, che, nell'un caso come nell'altro, si tratta sempre di simbolismo: l'unità aritmetica non è l'Unità metafisica, ne è solo una figura, ma una figura nella quale non c'è niente di arbitrario, poiché esiste tra l'una e l'altra una relazione analogica reale, ed è questa relazione che permette di trasporre l'idea dell'Unità oltre l'ambito della quantità, nell'ordine trascendentale. Lo stesso vale per l'idea del Centro in quanto è suscettibile di un'analoga trasposizione, per mezzo della quale si spoglia del suo carattere spaziale, non più evocato se non a titolo di simbolo: il punto centrale è il Principio, l'Essere puro; e lo spazio che esso empie del suo irradiamento e non esiste che per questo stesso irradiamento (il *Fiat Lux* della *Genesi*), senza il quale lo spazio non sarebbe che ' privazione ' e nulla, è il Mondo nel senso più ampio della parola, l'insieme di tutti gli esseri e di tutti gli stati d'esistenza che costituiscono la manifestazione universale.

La rappresentazione più semplice dell'idea da noi appena formulata, è il punto al centro del cerchio (fig. 1): il punto è l'emblema del Principio, il cerchio quello del Mondo. È impossibile far risalire l'uso di questa raffigurazione a una qualsiasi origine

nel tempo, poiché la si incontra frequentemente su oggetti preistorici; indubbiamente bisogna scorgervi uno dei segni che si ricollegano direttamente alla tradizione primordiale. Talvolta, il
punto è circondato da più cerchi concentrici, che sembrano rappresentare i diversi stati o gradi dell'esistenza manifestata, dispo-
nentisi gerarchicamente secondo la loro maggiore o minore distanza dal Principio primordiale. Il punto al centro del cerchio è
stato anche assunto, e probabilmente fin da un'epoca assai remota,
come una figura del sole, perché esso nell'ordine fisico è realmente il Centro o il ' Cuore del Mondo '; e tale figura è rimasta sino
ai nostri giorni come segno astrologico e astronomico usuale del
sole. Forse per questa ragione la maggior parte degli archeologi,
dovunque incontrano questo simbolo, pretendono di assegnargli
un significato esclusivamente ' solare ', mentre esso ha in realtà
un senso ben altrimenti vasto e profondo; dimenticano, o ignorano, che il sole, dal punto di vista di tutte le tradizioni antiche,
è in sé soltanto un simbolo, quello del vero ' Centro del Mondo '
che è il Principio divino.

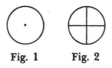

Fig. 1   Fig. 2

Il rapporto che esiste tra il centro e la circonferenza, o tra ciò
che rispettivamente rappresentano, è già indicato abbastanza chiaramente dal fatto che la circonferenza non potrebbe esistere senza
il suo centro, mentre questo è del tutto indipendente da quella.
Tale rapporto può essere raffigurato in modo ancor più evidente
ed esplicito con raggi provenienti dal centro e terminanti sulla
circonferenza; questi raggi possono evidentemente esser tracciati
in numero variabile, dal momento che sono realmente in quantità indefinita come i punti della circonferenza; ma, di fatto, si
sono sempre scelti, per le raffigurazioni di questo genere, dei
numeri che hanno di per se stessi un particolare valore simbolico.
Qui, la forma più semplice è quella che presenta solo quattro
raggi che dividono la circonferenza in parti eguali, cioè due
diametri retti formanti una croce all'interno della circonferenza
(fig. 2). Questa nuova figura ha lo stesso significato generale
della prima, ma vi si aggiungono alcuni significati secondari che
vengono a completarla: la circonferenza, se la si immagina percorsa in un certo senso, è l'immagine di un ciclo di manifestazione, del genere di quei cicli cosmici di cui la dottrina indù
in particolare fornisce una teoria estremamente sviluppata. Le

divisioni determinate sulla circonferenza dalle estremità dei bracci della croce corrispondono allora ai diversi periodi o fasi in cui si divide il ciclo; e una tale divisione può esser considerata, per così dire, con metri diversi, a seconda che si tratti di cicli più o meno estesi: si avranno così, per esempio, e per limitarci al solo ordine dell'esistenza terrestre, i quattro momenti principali della giornata, le quattro fasi della lunazione, le quattro stagioni dell'anno, e anche, secondo la concezione che troviamo tanto nelle tradizioni dell'India e dell'America centrale che in quelle dell'antichità greco-latina, le quattro ère dell'umanità. Qui ci limiteremo a indicare sommariamente queste considerazioni, per fornire un'idea complessiva di quel che esprime il simbolo in questione; esse sono d'altronde legate più direttamente a quanto avremo da dire in seguito.

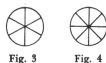

Fig. 3   Fig. 4

Tra le figure che comportano un maggior numero di raggi, dobbiamo menzionare in special modo le ruote o 'rotelle', che ne hanno per solito sei o otto (figg. 3 e 4). La 'rotella' celtica, che si è perpetuata attraverso quasi tutto il Medioevo, si presenta sotto l'una o l'altra di queste forme; queste stesse figure, e soprattutto la seconda, s'incontrano assai spesso nei paesi orientali, particolarmente in Caldea e in Assiria, in India (ove la ruota è chiamata *chakra*) e nel Tibet. D'altra parte, c'è una stretta parentela fra la ruota a sei raggi e il monogramma di Cristo, che ne differisce in definitiva solo per il fatto che la circonferenza alla quale appartengono le estremità dei raggi di solito non è tracciata; ora, la ruota, invece di essere semplicemente un segno 'solare', come s'insegna comunemente ai nostri tempi, è prima di tutto un simbolo del Mondo, cosa che si potrà capire senza difficoltà. Nel linguaggio simbolico dell'India, si parla costantemente della « ruota delle cose » o della « ruota della vita », il che corrisponde evidentemente a questo significato; si parla anche della « ruota della Legge », espressione che il buddismo ha desunto, come molte altre, dalle dottrine anteriori, e che, almeno in origine, si riferisce soprattutto alle teorie cicliche. Bisogna anche aggiungere che anche lo Zodiaco viene rappresentato sotto forma di una ruota, naturalmente a dodici raggi, e che d'altronde il suo nome in sanscrito significa letteralmente « ruota dei segni »; si potrebbe anche tradurlo con « ruota dei numeri », secondo il senso principale della parola *râshi* che serve a designare i segni dello Zodiaco.[1]

Vi è inoltre una certa connessione tra la ruota e vari simboli floreali; avremmo anche potuto, per lo meno in certi casi, parlare di una vera e propria equivalenza.[2] Se si considerano certi fiori simbolici quali il loto, il giglio o la rosa,[3] il loro sbocciare rappresenta fra l'altro (poiché si tratta di simboli dai molteplici significati), e grazie a una somiglianza assai comprensibile, lo sviluppo della manifestazione; lo sbocciare è d'altronde un irradiamento intorno al Centro, dato che anche qui si tratta di figure 'centrate', il che giustifica la loro assimilazione alla ruota.[4] Nella tradizione indù, il Mondo è talora rappresentato sotto forma di un loto al centro del quale si eleva il *Mêru*, la Montagna sacra che simboleggia il Polo.

Ma torniamo ai significati del Centro. Finora ci siamo soffermati soltanto sul primo e più importante, quello che ne fa l'immagine del Principio; ne troveremo un altro nel fatto che il Centro è propriamente il 'mezzo', il punto equidistante da tutti i punti della circonferenza, e che divide il diametro in due parti uguali. Fin qui, il Centro era considerato in qualche modo prima della circonferenza, la quale ha realtà solo in quanto irradiamento di esso; ora invece lo consideriamo in rapporto alla circonferenza realizzata, vale a dire che si tratterà dell'azione del Principio in seno alla creazione. Il mezzo fra gli estremi rappresentati da punti opposti della circonferenza è il luogo ove le tendenze contrarie, che fanno capo a tali estremi, per così dire si neutralizzano e si trovano in perfetto equilibrio. Alcune scuole di esoterismo musulmano, che attribuiscono alla croce un valore simbolico della più grande importanza, chiamano « stazione di-

1.   Osserviamo anche che la 'ruota della Fortuna', nel simbolismo dell'antichità occidentale, ha strettissimi rapporti con la 'ruota della Legge', e anche, per quanto ciò non appaia forse altrettanto chiaramente a prima vista, con la ruota zodiacale.

2.   Fra gli altri indizi di questa equivalenza, durante il Medioevo, abbiamo visto la ruota a otto raggi e un fiore a otto petali raffigurati l'una di fronte all'altro su una medesima pietra scolpita, incastrata nella facciata dell'antica chiesa Saint-Mexme di Chinon, che risale molto probabilmente all'epoca carolingia.

3.   Il giglio ha sei petali; il loto, nelle rappresentazioni del tipo più corrente, ne ha otto; le due forme corrispondono dunque alle ruote a sei e otto raggi. In quanto alla rosa, essa è raffigurata con un numero variabile di petali che può modificarne il significato o almeno dargli delle sfumature diverse. Sul simbolismo della rosa, si veda l'interessantissimo articolo di Charbonneau-Lassay (« Regnabit », marzo 1926).

4.   Nella figura del monogramma di Cristo con la rosa, di epoca merovingia, riprodotta da Charbonneau-Lassay (« Regnabit », marzo 1926, p. 298), la rosa centrale ha sei petali orientati secondo i bracci del monogramma; inoltre, quest'ultimo è incluso in un cerchio, il che ne fa apparire nel modo più chiaro l'identità con la ruota a sei raggi.

vina » (*el-maqâmul-ilâhî*) il centro di questa croce, che esse designano come il luogo in cui si unificano tutti i contrari, in cui si risolvono tutte le opposizioni. L'idea che si esprime qui in modo particolare è quindi l'idea di equilibrio, che fa tutt'uno con quella di armonia; non sono due idee differenti, bensì due aspetti della stessa idea. Vi è inoltre un terzo aspetto, legato in special modo al punto di vista morale (benché suscettibile di accogliere anche altri significati), ed è l'idea di giustizia; si può, così, ricollegare tutto quanto abbiamo detto alla concezione platonica secondo la quale la virtù consiste in un giusto mezzo fra due estremi. Da un punto di vista molto più universale, le tradizioni estremo-orientali parlano continuamente dell'« Invariabile Mezzo », che è il punto in cui si manifesta l'« Attività del Cielo »; e, secondo la dottrina indù, al centro di ogni essere, come di ogni stato dell'esistenza cosmica, risiede un riflesso del Principio supremo.

L'equilibrio stesso, d'altronde, non è a dire il vero che il riflesso, nell'ordine della manifestazione, dell'immutabilità assoluta del Principio; per esaminare le cose sotto questo nuovo profilo, bisogna considerare la circonferenza in movimento attorno al suo centro, che, solo, non partecipa a questo movimento. Il nome stesso della ruota (*rota*) evoca immediatamente l'idea di rotazione; e questa rotazione è la figura del continuo mutamento al quale sono sottoposte tutte le cose manifestate, movimento nel quale c'è soltanto un punto che rimane fisso e immutabile, e questo punto è il Centro. Il che ci riporta alle concezioni cicliche cui abbiamo accennato in precedenza: il percorso di un ciclo qualsiasi, o la rotazione della sua circonferenza, è la successione, sia secondo la modalità temporale, sia secondo qualunque altra modalità; la fissità del Centro è l'immagine dell'eternità, in cui tutte le cose sono presenti in perfetta simultaneità. La circonferenza può girare solo intorno a un centro fisso; allo stesso modo, il mutamento, che non basta a se stesso, presuppone necessariamente un principio al di fuori del mutamento: è il « motore immobile » di Aristotele, che è ancora una volta rappresentato dal Centro. Il Principio immutabile è dunque nello stesso tempo, e proprio per il fatto che tutto ciò che esiste, tutto ciò che cambia o si muove non ha realtà che per esso e dipende totalmente da esso, è, dicevamo, ciò che fornisce al movimento il suo impulso iniziale, e anche ciò che in seguito lo governa e lo dirige, che gli dà la sua legge, essendo in qualche modo la conservazione dell'ordine del Mondo nient'altro che un prolungamento dell'atto creatore. Esso è, secondo un'espressione indù, l'« ordinatore interno » (*antaryâmî*), poiché dirige tutte le cose dall'interno, risiedendo nel punto più interno di tutti, che è il Centro.

Invece della rotazione di una circonferenza intorno al suo centro, si può anche considerare quella di una sfera intorno a un asse fisso; il significato simbolico è esattamente lo stesso. Per questo le rappresentazioni dell'' Asse del Mondo ' sono così numerose e importanti in tutte le tradizioni antiche; e il loro significato generale è in fondo lo stesso di quello delle figure del ' Centro del Mondo ', salvo forse per il fatto che esse evocano più direttamente il ruolo del Principio immutabile nei riguardi della manifestazione universale, che non gli altri aspetti sotto i quali può essere ugualmente considerato il Centro. Quando la sfera, terrestre o celeste, ruota intorno al suo asse, ci sono su di essa due punti che rimangono fissi: sono i poli, che sono le estremità dell'asse o i suoi punti d'incontro con la superficie della sfera; per questo l'idea del Polo è anch'essa un equivalente dell'idea del Centro. Il simbolismo che si riferisce al Polo, e che assume talora forme assai complesse, si ritrova anch'esso in tutte le tradizioni, e vi occupa un posto considerevole; che la maggior parte degli studiosi moderni non se ne siano accorti, è la riprova che la vera comprensione dei simboli sfugge loro completamente.

' Una delle figure più sorprendenti, nelle quali si riassumono le idee che abbiamo appena esposto, è quella dello *swastika* (figg. 5 e 6), che è essenzialmente il ' segno del Polo '; pensiamo per altro che finora nell'Europa moderna non se ne sia mai fatto conoscere il vero significato. Si è cercato vanamente di spiegare questo simbolo con le teorie più fantasiose, giungendo addirittura a vedervi lo schema di uno strumento primitivo destinato alla produzione del fuoco; in verità, se esso ha talvolta un certo rapporto con il fuoco, è per tutt'altra ragione. Il più delle volte, se n'è fatto un segno ' solare ', cosa che esso è potuto divenire soltanto accidentalmente e in modo abbastanza indiretto; potremmo ripetere qui quel che dicevamo prima a proposito della ruota e del punto al centro del cerchio. I più vicini alla verità sono stati quelli che hanno ritenuto lo *swastika* un simbolo del movimento, ma anche questa interpretazione è insufficiente, poiché non si tratta di un movimento qualunque, ma di un movimento di rotazione che si

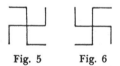

Fig. 5   Fig. 6

compie intorno a un centro o a un asse immutabile; ed è precisamente il punto fisso l'elemento essenziale a cui si riferisce direttamente il simbolo in questione. Gli altri significati sono tutti derivati da quello: il Centro imprime il movimento a ogni cosa e, siccome il movimento rappresenta la vita, lo *swastika* diventa per ciò un simbolo della vita, o, più esattamente, della funzione vivificante del Principio in rapporto all'ordine cosmico.

Se confrontiamo lo *swastika* con la figura della croce inscritta nella circonferenza (fig. 2), possiamo renderci conto che sono, in fondo, due simboli equivalenti; ma la rotazione, invece di esser rappresentata dal tracciato della circonferenza, è indicata nello *swastika* soltanto dalle linee aggiunte alle estremità dei bracci della croce e formanti con essi degli angoli retti; queste linee sono delle tangenti alla circonferenza, che segnano la direzione del movimento nei punti corrispondenti. Poiché la circonferenza rappresenta il Mondo, il fatto che essa sia per così dire sottintesa indica assai chiaramente che lo *swastika* non è una figura del Mondo, bensì dell'azione del Principio in rapporto al Mondo.[5]

Se si riferisce lo *swastika* alla rotazione di una sfera quale la sfera celeste intorno al suo asse, occorre supporla tracciata nel piano equatoriale, e allora il punto centrale sarà la proiezione dell'asse su questo piano, che gli è perpendicolare. In quanto al senso della rotazione indicata dalla figura, la sua importanza è soltanto secondaria; di fatto, si incontrano entrambe le forme da noi sopra riprodotte,[6] e questo senza che sia necessario vedervi sempre un'intenzione di stabilire fra di esse una qualche opposizione.[7] Sappiamo bene che, in certi paesi e in certe epoche, si sono potuti produrre degli scismi i cui seguaci hanno volontariamente dato alla figura un'orientazione contraria a quella in uso nell'ambiente da cui si separavano, per affermare il loro antagonismo con una manifestazione esteriore; ma questo non intacca minimamente il significato essenziale del simbolo, che rimane lo stesso in tutti i casi.

5. La stessa osservazione varrebbe anche per il monogramma di Cristo paragonato alla ruota.
6. La parola *swastika* è, in sanscrito, la sola che serva a designare in tutti i casi il simbolo in questione; il termine *sauwastika*, che taluni hanno applicato a una delle due forme per distinguerla dall'altra (che allora sarebbe l'unico vero *swastika*), è in realtà soltanto un aggettivo derivato da *swastika*, e indica ciò che si riferisce a questo simbolo o ai suoi significati.
7. La stessa osservazione si potrebbe fare per altri simboli, e in particolare per il monogramma di Cristo costantiniano, nel quale la P è talvolta rovesciata; talvolta si è pensato che bisognasse allora considerarla un segno dell'Anticristo; questa intenzione può effettivamente esser esistita in certi casi, ma ve ne sono altri in cui è manifestamente impossibile ammetterla (nelle catacombe, per esempio). Allo stesso modo, il 'quatre de chiffre' corporativo, che del resto è soltanto una modificazione di questa medesima P del monogramma di Cristo [si veda, sotto, il cap. 67], è indifferentemente volto nell'un senso o nell'altro, senza che si possa nemmeno attribuire questo fatto a una rivalità fra corporazioni o al loro desiderio di distinguersi, poiché si trovano le due forme nei segni appartenenti a una stessa corporazione.

Lo *swastika* è lungi dall'essere un simbolo esclusivamente orientale come si crede talora; in realtà, è uno di quelli più generalmente diffusi, e lo si incontra quasi dappertutto, dall'Estremo Oriente all'Estremo Occidente, poiché esiste persino tra certi popoli indigeni dell'America del Nord. Al giorno d'oggi, è conservato soprattutto nell'India e nell'Asia centrale e orientale, e probabilmente solo in quelle regioni se ne conosce ancora il vero significato; tuttavia anche in Europa non è interamente scomparso.[8] In Lituania e in Curlandia, i contadini tracciano ancora questo segno nelle loro case; molto probabilmente non ne conoscono più il senso e vi scorgono solo una specie di talismano protettore; ma la cosa forse più curiosa è che essi gli danno il suo nome sanscrito di *swastika*.[9] Nell'antichità, troviamo questo segno in particolare tra i Celti e nella Grecia pre-ellenica;[10] e, sempre in Occidente, come ha detto Charbonneau-Lassay,[11] esso fu anticamente uno degli emblemi di Cristo, e restò in uso come tale fin verso la fine del Medioevo. Come il punto al centro del cerchio e come la ruota, questo segno risale incontestabilmente alle ere preistoriche; e da parte nostra non esitiamo a scorgervi un vestigio della tradizione primordiale.

Ma non abbiamo ancora esaurito la serie dei significati del Centro: se esso è anzitutto un punto di partenza, è anche un punto d'arrivo; tutto è derivato da esso, e tutto deve alla fine ritornarvi. Poiché tutte le cose esistono grazie al Principio e non potrebbero sussistere senza di esso, dev'esserci tra questo e quelle un legame permanente, raffigurato dai raggi che uniscono il centro con tutti i punti della circonferenza; ma tali raggi possono essere percorsi nei due sensi: dal centro alla circonferenza, e dalla circonferenza, di ritorno, verso il centro. Si direbbero due fasi complementari, la prima delle quali è rappresentata da un movimento centrifugo e la seconda da un movimento centripeto; queste due fasi possono esser paragonate a quelle della respirazione, secondo un simbolismo al quale si riferiscono spesso le dottrine indù; e, d'altra parte, vi si ritrova anche un'analogia

8. Non alludiamo qui all'uso del tutto artificiale dello *swastika*, in particolare da parte di taluni gruppi politici tedeschi, che ne hanno fatto con totale arbitrio un segno di antisemitismo, con il pretesto che tale emblema sarebbe proprio della presunta ' razza ariana '; questa è pura fantasia.
9. Il lituano è d'altronde, fra tutte le lingue indoeuropee, quella che ha una maggiore somiglianza col sanscrito.
10. Esistono diverse varianti dello *swastika*, per esempio una forma a bracci curvi (simile a due S incrociate), che abbiamo già visto in particolare su una moneta gallica. D'altra parte, certe figure che hanno conservato un carattere puramente decorativo, come quella cui si dà il nome di ' greca ', sono all'origine derivate dallo *swastika*.
11. « Regnabit », marzo 1926, pp. 302-303.

non meno notevole con la funzione fisiologica del cuore. Infatti, il sangue parte dal cuore, si diffonde per tutto l'organismo vivificandolo, poi ritorna al cuore; la funzione di quest'ultimo come centro organico è dunque veramente completa e corrisponde esattamente all'idea che dobbiamo farci, in modo generale, del Centro nella pienezza del suo significato.

Tutti gli esseri, che dipendono dal loro Principio in tutto quel che sono, devono, consciamente o inconsciamente, aspirare a ritornare verso di esso; questa tendenza al ritorno verso il Centro possiede anche, in tutte le tradizioni, la sua rappresentazione simbolica. Vogliamo parlare dell'orientazione rituale, che è propriamente la direzione verso un centro spirituale, immagine terrestre e sensibile del vero 'Centro del Mondo'; l'orientazione delle chiese cristiane non ne è in fondo che un caso particolare e si riferisce essenzialmente alla stessa idea, comune a tutte le religioni. Nell'Islam, quest'orientazione (*qibla*) è quasi la materializzazione, se così possiamo dire, dell'intenzione (*niyya*) in forza della quale tutte le potenze dell'essere devono esser dirette verso il Principio divino;[12] e si potrebbero facilmente trovare molti altri esempi. Ci sarebbe molto da dire su tale questione; avremo senza dubbio altre occasioni di tornarvi sopra nel seguito di questi studi; ci accontentiamo quindi, per il momento, di accennare brevemente all'ultimo aspetto del simbolismo del Centro.

In sintesi, il Centro è al tempo stesso il principio e la fine di tutte le cose; è, secondo un simbolismo conosciutissimo, l'*alpha* e l'*omega*. Meglio ancora, è il principio, il mezzo e la fine; e questi tre aspetti sono rappresentati dai tre elementi del monosillabo *Aum*, al quale Charbonneau-Lassay aveva alluso in quanto emblema di Cristo e la cui associazione allo *swastika*, tra i segni del monastero dei Carmelitani di Loudun, ci sembra particolarmente significativa. Infatti, questo simbolo, molto più completo dell'*alpha* e dell'*omega*, e suscettibile di assumere significati che potrebbero dar luogo a sviluppi pressoché indefiniti, è, per una delle concordanze più straordinarie che si possano incontrare, comune all'antica tradizione indù e all'esoterismo cristiano del Medioevo; e, in entrambi i casi, è ugualmente e per eccellenza un simbolo del Verbo, che è realmente il vero 'Centro del Mondo'.

---

12. La parola « intenzione » dev'essere presa qui nel suo senso strettamente etimologico (da *in-tendere*, tendere verso).

L'uso dei fiori nel simbolismo è, come si sa, molto diffuso e si ritrova nella maggior parte delle tradizioni; è anche molto complesso, ed è nostra intenzione indicare qui solo alcuni dei suoi significati più generali. È evidente infatti che, a seconda che sia preso come simbolo questo o quel fiore, il senso deve variare, almeno nelle sue modalità secondarie, e parimenti che, come avviene in genere nel simbolismo, ogni fiore può avere in se stesso una pluralità di significati, legati per altro tra di loro da certe corrispondenze.

Uno dei significati principali è quello che si riferisce al principio femminile o passivo della manifestazione, cioè a *Prakriti*, la sostanza universale; e, a tale riguardo, il fiore equivale a un certo numero di altri simboli, fra i quali uno dei più importanti è la coppa. Come quest'ultima, infatti, il fiore evoca con la sua stessa forma l'idea di un ' ricettacolo ', ciò che di fatto è *Prakriti* in rapporto alle influenze emanate da *Purusha*, e anche nel linguaggio corrente si parla del ' calice ' di un fiore. D'altra parte, lo sbocciare di questo fiore rappresenta al tempo stesso lo sviluppo della manifestazione, considerata come produzione di *Prakriti*; e questo duplice senso è particolarmente chiaro nel caso del loto, che è in Oriente il fiore simbolico per eccellenza, il cui carattere specifico è di sbocciare sulla superficie delle acque; quest'ultima, come abbiamo spiegato altrove, rappresenta sempre l'ambito di un certo stato di manifestazione, o il piano di riflessione del ' Raggio celeste ' che esprime l'influenza esercitata da *Purusha* su quest'ambito per realizzare le possibilità che vi sono potenzialmente contenute, avvolte nell'indifferenziazione primordiale di *Prakriti*.[1]

L'accostamento con la coppa, che abbiamo ora indicato, deve naturalmente far pensare al simbolismo del Graal nelle tradizioni occidentali; ed è appunto il caso di fare, a questo proposito, un'osservazione assai degna d'interesse. Si sa che, tra i vari altri oggetti che la leggenda associa al Graal, figura in particolare una lancia che, nell'adattamento cristiano, non è altro che la lancia del centurione Longino, dalla quale fu aperta nel fianco di Cristo la ferita donde sgorgarono il sangue e l'acqua raccolti da Giuseppe d'Arimatea nella coppa della Cena; ma è altrettanto vero che questa lancia o qualche suo equivalente esisteva già, come simbolo in qualche modo complementare alla coppa, nelle tra-

---

1. Si veda *Le Symbolisme de la Croix*, cap. XXIV.

dizioni anteriori al cristianesimo.[2] La lancia, quando è posta verticalmente, è una delle figure dell'' Asse del Mondo ', che s'identifica con il ' Raggio celeste ' di cui parlavamo un momento fa; e si possono anche richiamare, a tale proposito, le frequenti assimilazioni del raggio solare ad armi come la lancia o la freccia, sulle quali non è il caso di insistere ulteriormente. Da un altro lato, in alcune rappresentazioni, gocce di sangue cadono dalla lancia stessa nella coppa; ora queste gocce di sangue non sono qui nient'altro, nel loro significato principiale, che l'immagine delle influenze emanate da *Purusha*, il che evoca d'altronde il simbolismo vedico del sacrificio di *Purusha* all'origine della manifestazione;[3] e questo ci ricondurrà direttamente alla questione del simbolismo floreale, da cui con tali considerazioni ci siamo allontanati solo in apparenza.

Nel mito di Adone (il cui nome, del resto, significa « il Signore »), quando l'eroe è colpito a morte dal grifo di un cinghiale, che svolge qui la stessa funzione della lancia, il suo sangue, spandendosi per terra, fa nascere un fiore; e sarebbe senza dubbio abbastanza facile trovare altri esempi analoghi. Ciò si ritrova pure nel simbolismo cristiano: è così che Charbonneau-Lassay ha segnalato « un ferro da ostie del secolo XII, in cui si vede il sangue delle piaghe del Crocifisso cadere in goccioline che si trasformano in rose, e la vetrata del secolo XIII della cattedrale di Angers ove il sangue divino, che scorre in ruscelli, sboccia ancora sotto forma di rose ».[4] La rosa è in Occidente, con il giglio, uno dei più consueti equivalenti di ciò che è il loto in Oriente; qui sembra d'altronde che il simbolismo del fiore sia riferito unicamente alla produzione della manifestazione,[5] e che *Prakriti* sia rappresentata piuttosto dallo stesso suolo vivificato dal sangue; ma vi sono anche dei casi in cui sembra che le cose stiano altrimenti. Nello stesso articolo che abbiamo appena citato, Charbonneau-Lassay riproduce un disegno ricamato su una cartagloria dell'abbazia di Fontevrault, che risale alla prima metà del secolo XVI

2. Cfr. *Le Roi du Monde*, cap. v. Si potrebbero riportare, tra i diversi casi in cui la lancia è usata come simbolo, alcune curiose somiglianze che giungono fino a certi particolari: così, presso i Greci, si riteneva che la lancia di Achille guarisse le ferite che le causava; la leggenda medioevale attribuisce la stessa virtù alla lancia della Passione.
3. Si potrebbe anche, sotto certi aspetti, far qui un accostamento con il conosciutissimo simbolismo del pellicano.
4. « Regnabit », gennaio 1925. Segnaliamo anche, in riferimento a un simbolismo affine, la raffigurazione delle cinque piaghe di Cristo con cinque rose, una posta al centro della croce e le altre quattro tra i suoi bracci, insieme che costituisce anche uno dei principali simboli rosacrociani.
5. Deve restare ben inteso, perché questa interpretazione non possa dar luogo ad alcuna obiezione, che vi è una relazione strettissima fra ' Creazione ' e ' Redenzione ', che non sono altro che due aspetti dell'operazione del Verbo divino.

ed è conservata oggi nel museo di Napoli, in cui si vede la rosa posta ai piedi di una lancia eretta verticalmente, lungo la quale piovono gocce di sangue. La rosa vi appare associata alla lancia esattamente come lo è altrove la coppa, e sembra proprio raccogliere delle gocce di sangue piuttosto che provenire dalla trasformazione di una di esse; è evidente del resto che i due significati non si oppongono per nulla, ma piuttosto si completano, giacché queste gocce, cadendo sulla rosa, la vivificano e la fanno sbocciare; e va da sé che questa funzione simbolica del sangue ha, in tutti i casi, la sua ragione nel rapporto diretto di quest'ultimo con il principio vitale, qui trasposto nell'ordine cosmico. La pioggia di sangue equivale anche alla ' rugiada celeste ' che, secondo la dottrina cabalistica, emana dall'' Albero della Vita ', altra figura dell'' Asse del Mondo ', e quindi l'influenza vivificante è collegata principalmente alle idee di rigenerazione e di resurrezione, manifestamente connesse all'idea cristiana della Redenzione; e questa stessa rugiada svolge pure un ruolo importante nel simbolismo alchimistico e rosacrociano.[6]

Quando si considera che il fiore rappresenta lo sviluppo della manifestazione, vi è equivalenza fra esso e altri simboli, tra i quali bisogna annoverare specialmente quello della ruota, che s'incontra quasi dappertutto, con un numero di raggi variabile a seconda delle raffigurazioni, ma che ha sempre di per sé un valore simbolico particolare. I tipi più consueti sono le ruote a sei e a otto raggi; la ' rotella ' celtica, che si è perpetuata attraverso quasi tutto il Medioevo occidentale, si presenta sotto l'una o l'altra di queste forme; le medesime figure, e soprattutto la seconda, si ritrovano spessissimo nei paesi orientali, in particolare in Caldea e in Assiria, in India e nel Tibet. Ora la ruota è sempre, anzitutto, un simbolo del Mondo; nel linguaggio simbolico della tradizione indù, si parla costantemente della ' ruota delle cose ' o della ' ruota della vita ', il che corrisponde chiaramente a tale significato; e non meno frequenti nella tradizione estremo-orientale sono le allusioni alla ' ruota cosmica '. Ciò è sufficiente a stabilire la stretta parentela di queste figure con i fiori simbolici, il cui sbocciare è d'altronde allo stesso modo un irradiamento intorno al centro, poiché anch'essi sono delle figure ' centrate '; e si sa che, nella tradizione indù, il Mondo è talvolta rappresentato sotto forma di un loto al centro del quale sorge il *Mêru*, la ' montagna polare '. Vi sono d'altronde delle corrispondenze manifeste, che rinforzano ulteriormente tale equivalenza tra il nu-

___

6. Cfr. *Le Roi du Monde*, cap. III. La somiglianza che esiste fra il nome della rugiada (*ros*) e quello della rosa (*rosa*) non può del resto passare inosservata a coloro che sanno quanto sia frequente l'uso di un certo simbolismo fonetico.

mero dei petali di questi fiori e quello dei raggi della ruota;
così, il giglio ha sei petali, e il loto, nelle rappresentazioni del
tipo più comune, ne ha otto, in modo che essi corrispondono
rispettivamente alle ruote a sei e a otto raggi di cui abbiamo
appena parlato.[7] In quanto alla rosa, essa viene raffigurata con
un numero variabile di petali; ci limiteremo a far notare a questo proposito che in genere i numeri cinque e sei si riferiscono
rispettivamente al ' microcosmo ' e al ' macrocosmo '; inoltre,
nel simbolismo alchimistico, la rosa a cinque petali, posta al
centro della croce che rappresenta i quattro elementi, è anche,
come abbiamo già segnalato in un altro studio, il simbolo della
' quintessenza ', la quale svolge d'altra parte, relativamente alla
manifestazione corporea, un ruolo analogo a quello di *Prakriti*.[8]
Infine, menzioneremo ancora la parentela dei fiori a sei petali
e della ruota a sei raggi con certi altri simboli non meno diffusi,
come quello del ' monogramma di Cristo ', sui quali ci proponiamo di tornare in altra occasione.[9] Per questa volta, ci basterà
aver mostrato le due analogie più importanti dei simboli floreali,
con la coppa in quanto si riferiscono a *Prakriti*, e con la ruota
in quanto si riferiscono alla manifestazione cosmica; il rapporto
di questi due significati è d'altronde, in definitiva, un rapporto
da principio a conseguenza, poiché *Prakriti* è la radice stessa di
ogni manifestazione.

7. Abbiamo notato, come esempio chiarissimo di una simile equivalenza nel
Medioevo, la ruota a otto raggi e un fiore a otto petali raffigurati l'una di fronte
all'altro su una stessa pietra scolpita, incastrata nella facciata dell'antica chiesa
Saint-Mexme di Chinon, risalente con ogni probabilità all'epoca carolingia. La
ruota si trova d'altronde spessissimo raffigurata sulle chiese romaniche, e lo stesso
rosone gotico, assimilato dal suo nome ai simboli floreali, sembra proprio esserne
derivato, così che esso si ricollegherebbe, per una ininterrotta filiazione, all'antica
' rotella ' celtica.
8. *La Théorie hindoue des cinq éléments.*
9. Charbonneau-Lassay ha segnalato l'associazione della rosa stessa con il monogramma di Cristo (« Regnabit », numero del marzo 1926) in una figura di questo
genere che egli ha riprodotto da un mattone merovingio; la rosa centrale ha sei
petali, orientati secondo i bracci del monogramma; inoltre, questo è chiuso in un
cerchio, il che ne fa apparire nel modo più chiaro l'identità con la ruota a sei raggi.

Paul Le Cour ha segnalato, in « Atlantis » (luglio-agosto 1928), un curioso simbolo tracciato su una pietra druidica scoperta verso il 1800 a Suèvres (Loir-et-Cher), che era stata precedentemente studiata da E.-C. Florance, presidente della Società di Storia naturale e di Antropologia del Loir-et-Cher. Questi pensa addirittura che la località ove fu trovata la pietra potrebbe essere stato il luogo della riunione annuale dei druidi, che secondo Cesare era situato ai confini del paese dei Carnuti.[1] La sua attenzione fu attirata dal fatto che si trova lo stesso segno su un sigillo d'un oculista gallo-romano, rinvenuto verso il 1870 a Villefranche-sur-Cher (Loir-et-Cher); ed espresse il parere che esso potesse rappresentare una triplice cinta sacra. Questo simbolo è effettivamente costituito da tre quadrati concentrici, legati fra di loro da quattro linee ad angolo retto (fig. 7).

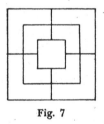

Fig. 7

Nel momento stesso in cui usciva l'articolo di « Atlantis », veniva segnalata a Florance l'esistenza del medesimo simbolo inciso su una grossa pietra di basamento di un contrafforte della chiesa di Sainte-Gemme (Loir-et-Cher), pietra che sembra d'altronde di provenienza anteriore alla costruzione della chiesa, e che potrebbe risalire anch'essa al druidismo. È sicuro del resto che, come molti altri simboli celtici, e in particolare quello della ruota, questa figura è rimasta in uso fino al Medioevo, giacché Charbonneau-Lassay l'ha rilevata tra i ' graffiti ' del torrione di Chinon,[2] assieme a un'altra non meno antica, formata da otto raggi e circoscritta da un quadrato (fig. 8), che si trova sul ' betilo ' di Kermaria studiato da J. Loth[3] e al quale abbiamo già

1. Cesare dice: *in finibus Carnutum*; l'interpretazione ci sembra prestarsi a qualche dubbio, poiché *fines* non significa sempre « confini », ma designa spesso il paese medesimo. D'altra parte, non sembra si sia trovato a Suèvres niente che richiami l'*Omphalos*, che nel *Mediolanon* o *Medionemeton* della Gallia, doveva, secondo l'uso dei popoli celtici, essere raffigurato da un menhir.
2. *Le Coeur rayonnant du donjon de Chinon.*
3. *L' ' Omphalos ' chez les Celtes*, nella « Revue des Études anciennes », luglio-settembre 1915.

avuto occasione di alludere altrove.[4] Le Cour informa che il simbolo del triplice quadrato si trova anche a Roma, nel chiostro di San Paolo, del secolo XIII, e che, d'altra parte, non era conosciuto nell'antichità soltanto dai Celti, poiché egli stesso l'ha notato parecchie volte sull'Acropoli di Atene, sulle lastre del Partenone e su quelle dell'Eretteo.

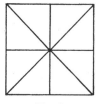

Fig. 8

L'interpretazione del simbolo in questione come figura di una triplice cinta ci pare assai giusta; e Le Cour stabilisce a questo proposito un collegamento con ciò che dice Platone, il quale, parlando della metropoli degli Atlantidi, descrive il palazzo di Poseidone come un edificio al centro di tre cinte concentriche collegate fra di loro da canali, il che costituisce effettivamente una figura analoga a quella in questione, però circolare anziché quadrata.

Ora, quale può essere il significato di queste tre cinte? Abbiamo subito pensato che dovesse trattarsi di tre gradi di iniziazione, sicché il loro insieme avrebbe rappresentato, in certo modo, la figura della gerarchia druidica; e il fatto che la medesima figura si trovi anche altrove indicherebbe che esistevano, in altre forme tradizionali, delle gerarchie costituite sullo stesso modello, cosa questa perfettamente normale. La divisione dell'iniziazione in tre gradi è d'altronde la più frequente e, potremmo dire, quella fondamentale; tutte le altre rappresentano in definitiva, rispetto a essa, soltanto delle suddivisioni o degli sviluppi più o meno complicati. Ci ha fornito quest'idea l'essere venuti una volta a conoscenza di documenti i quali, in certi sistemi massonici di alti gradi, descrivono questi gradi precisamente come altrettante cinte successive tracciate intorno a un punto centrale;[5] sicuramente, tali documenti sono incomparabilmente meno antichi dei monumenti di cui si parla qui, ma si può ugualmente trovarvi un'eco di tradizioni a essi molto anteriori, e in ogni caso ci for-

---

4. *Le Roi du Monde*, cap. XI. L' ' *Omphalos* ', *symbole du Centre*, in « Regnabit », giugno 1926.
5. Le Cour annota che il punto centrale è segnato sulla maggior parte delle figure che egli ha visto sull'Acropoli di Atene.

nivano nella circostanza un punto di partenza per interessanti accostamenti.

È opportuno notar bene che la spiegazione che ne proponiamo non è per nulla incompatibile con certe altre, come quella accolta da Le Cour, secondo la quale le tre cinte si riferirebbero ai tre cerchi dell'esistenza riconosciuti dalla tradizione celtica; questi tre cerchi, che si ritrovano sotto altra forma nel cristianesimo, sono d'altronde la stessa cosa dei 'tre mondi' della tradizione indù. In quest'ultima, d'altra parte, i cerchi celesti sono talvolta rappresentati come altrettante cinte concentriche circondanti il *Mêru*, cioè la Montagna sacra che simboleggia il 'Polo' o l''Asse del Mondo', ed è anche questa una notevolissima concordanza. Lungi dall'escludersi, le due spiegazioni si accordano perfettamente, e si potrebbe anche dire che in un certo senso coincidono, giacché, se si tratta d'iniziazione reale, i suoi gradi corrispondono ad altrettanti stati dell'essere, e sono questi stati che tutte le tradizioni descrivono come altrettanti mondi diversi, perché si deve tenere ben presente che la 'localizzazione' ha soltanto carattere simbolico. Abbiamo già spiegato, a proposito di Dante, come i cieli siano propriamente delle 'gerarchie spirituali', cioè dei gradi d'iniziazione,[6] e va da sé che essi si riferiscono al tempo stesso ai gradi dell'esistenza universale, poiché, come dicevamo allora,[7] in virtù dell'analogia costitutiva del Macrocosmo e del Microcosmo, il processo iniziatico riproduce rigorosamente il processo cosmogonico. Aggiungeremo che, in linea di massima, è proprio di ogni interpretazione veramente iniziatica di non essere mai esclusiva, ma, al contrario, di abbracciare sinteticamente tutte le altre interpretazioni possibili; è per questa ragione inoltre che il simbolismo, con i suoi significati molteplici e sovrapposti, è il mezzo di espressione normale di ogni vero insegnamento iniziatico.

Grazie a questa stessa spiegazione, il senso delle quattro linee disposte a forma di croce che collegano le tre cinte diventa immediatamente chiaro: sono dei canali, attraverso i quali l'insegnamento della dottrina tradizionale si comunica dall'alto in basso, a partire dal grado supremo che ne è il depositario, distribuendosi gerarchicamente negli altri gradi. La parte centrale della figura corrisponde dunque alla « fonte d'insegnamento » di cui parlano Dante e i 'Fedeli d'Amore',[8] e la disposizione cruciforme dei quattro canali che ne dipartono li identifica ai quattro fiumi del *Pardes*.

6. *L'Esotérisme de Dante*, cap. II.
7. *Ibidem*, cap. VI.
8. Si veda il nostro articolo in « Le Voile d'Isis », febbraio 1929.

A tale proposito, conviene osservare che tra le due forme circolare e quadrata della figura delle tre cinte c'è un'importante sfumatura da notare: esse si riferiscono rispettivamente al simbolismo del Paradiso terrestre e a quello della Gerusalemme celeste, secondo quanto abbiamo spiegato in una nostra opera.[9] Infatti, vi è sempre analogia e corrispondenza tra l'inizio e la fine di qualunque ciclo, ma, alla fine, il cerchio è sostituito dal quadrato, e ciò indica la realizzazione di quella che gli ermetisti designavano simbolicamente come « quadratura del cerchio »:[10] la sfera, che rappresenta lo sviluppo delle possibilità mediante espansione del punto primordiale e centrale, si trasforma in un cubo quando questo sviluppo è completo ed è raggiunto l'equilibrio finale per il ciclo considerato.[11] Applicando specificamente queste considerazioni alla questione che ora ci occupa, diremo che la forma circolare deve rappresentare il punto di partenza di una tradizione, ed è proprio questo il caso dell'Atlantide,[12] e la forma quadrata il suo termine, che corrisponde alla costituzione di una forma tradizionale derivata. Nel primo caso, il centro

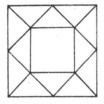

Fig. 9

della figura sarebbe allora la fonte della dottrina, mentre, nel secondo, ne sarebbe più propriamente il serbatoio, avendo qui l'autorità spirituale soprattutto una funzione di conservazione; ma, naturalmente, il simbolismo della « fonte d'insegnamento »

9. *Le Roi du Monde*, cap. XI; sui rapporti fra il Paradiso terrestre e la Gerusalemme celeste, si veda anche *L'Esotérisme de Dante*, cap. VIII.
10. Questa quadratura non può essere ottenuta nel ' divenire ' o nel movimento stesso del ciclo, perché esprime la fissazione che risulta dal ' passaggio al limite '; e, essendo ogni movimento ciclico propriamente indefinito, il limite non può esser raggiunto percorrendo successivamente e analiticamente tutti i punti corrispondenti a ogni momento dello sviluppo della manifestazione.
11. Sarebbe facile far qui un accostamento con il simbolo massonico della ' pietra cubica ', che ugualmente si riferisce all'idea di compimento e di perfezione, cioè alla realizzazione della pienezza delle possibilità implicate in un certo stato.
12. Bisogna d'altronde precisare che la tradizione atlantidea non è tuttavia la tradizione primordiale per il presente *Manvantara*, e che essa è solo secondaria in rapporto alla tradizione iperborea; solo relativamente si può prenderla come punto di partenza, per quanto concerne un determinato periodo il quale costituisce soltanto una delle suddivisioni del *Manvantara*.

si applica a entrambi i casi.[13] Dal punto di vista del simbolismo numerico, bisogna ancora notare che l'insieme dei tre quadrati costituisce il duodenario. Disposti altrimenti (fig. 9), questi tre quadrati, ai quali s'aggiungono pure quattro linee in croce, costituiscono la figura nella quale gli antichi astrologi inscrivevano lo zodiaco;[14] tale figura era considerata d'altronde quella della Gerusalemme celeste con le sue dodici porte, tre per ogni lato, e vi è in ciò un rapporto evidente con il significato che abbiamo appena indicato per la forma quadrata. Ci sarebbero senza dubbio ancora molti altri accostamenti da esaminare, ma pensiamo che queste poche note, per quanto incomplete, contribuiranno già a portar qualche lume sulla misteriosa questione della triplice cinta druidica.

13. L'altra figura che abbiamo riprodotto sopra (fig. 8) si presenta spesso anche sotto forma circolare: è allora una delle varietà più comuni della ruota, e questa ruota a otto raggi è per certi versi un equivalente del loto a otto petali, più proprio delle tradizioni orientali, così come la ruota a sei raggi equivale al giglio, che ha sei petali (si vedano i nostri articoli su *Le Chrisme et le Coeur dans les anciennes marques corporatives* e su *L'idée du Centre dans les traditions antiques*, in « Regnabit », novembre 1925 e maggio 1926 [quest'ultimo pubblicato sopra come cap. 8]).
14. Le quattro linee in croce sono poste allora diagonalmente in rapporto ai due quadrati estremi, e lo spazio compreso fra di essi si trova diviso in dodici triangoli rettangoli uguali.

Uno degli attributi più noti, ma in genere non dei meglio compresi, degli ordini cavallereschi, e più particolarmente dei Templari, è quello di 'custodi della Terra santa'. Se ci si attiene al significato più esteriore, questo attributo trova una giustificazione immediata nella relazione esistente fra l'origine di tali Ordini e le Crociate, giacché, per i Cristiani come per gli Ebrei, sembra proprio che 'Terra santa' non designi nient'altro che la Palestina. Tuttavia, il problema diventa più complesso quando ci si accorge che varie organizzazioni orientali, il cui carattere iniziatico è fuor di dubbio, come gli Assassini e i Drusi, si sono ugualmente fregiati del titolo di 'custodi della Terra santa'. In questo caso non può più trattarsi della Palestina; ed è notevole d'altronde che queste organizzazioni presentino un numero abbastanza grande di tratti comuni con gli ordini cavallereschi occidentali, e che addirittura alcune di esse siano state storicamente in relazione con questi ultimi. Che cosa dunque bisogna intendere in realtà per 'Terra santa', e a cosa corrisponde esattamente questo ruolo di 'custodi' che sembra legato a un determinato genere d'iniziazione, che si può chiamare iniziazione 'cavalleresca', dando a questo termine un'estensione maggiore di quanto non si faccia di solito, ma che le analogie esistenti fra le sue diverse forme basterebbero ampiamente a legittimare?

Abbiamo già mostrato altrove, e in particolare nel nostro studio sul *Roi du Monde*, che l'espressione 'Terra santa' ha un certo numero di sinonimi: 'Terra pura', 'Terra dei Santi', 'Terra dei Beati', 'Terra dei Viventi', 'Terra d'Immortalità', che queste designazioni equivalenti s'incontrano nelle tradizioni di tutti i popoli, e che esse si applicano essenzialmente sempre a un centro spirituale la cui localizzazione in una regione determinata può d'altronde, secondo i casi, venir intesa letteralmente o simbolicamente, o in entrambi i sensi. Ogni 'Terra santa' è designata ancora con espressioni come 'Centro del Mondo' o 'Cuore del Mondo', e ciò richiede qualche spiegazione, perché queste designazioni uniformi, benché di diversa applicazione, potrebbero facilmente generare confusioni.

Se consideriamo per esempio la tradizione ebraica, vediamo che si parla, nel *Sepher Ietsirah*, del « Palazzo santo » o « Palazzo interiore », che è il vero 'Centro del Mondo', nel senso cosmogonico di questo termine; e vediamo anche che tale « Palazzo santo » ha la sua immagine nel mondo umano nella residenza in un certo luogo della *Shekinah*, che è la 'presenza reale' della

Divinità.[1] Per il popolo d'Israele, la residenza della *Shekinah* era il Tabernacolo (*Mishkan*), che, per tale ragione, era considerato il ' Cuore del Mondo ', perché era effettivamente il centro spirituale della sua tradizione. Questo centro, d'altronde, all'inizio non fu assolutamente un luogo fisso; quando si tratta di un popolo nomade, come in questo caso, il suo centro spirituale deve spostarsi con esso, rimanendo tuttavia lo stesso nel corso dello spostamento. « La residenza della *Shekinah* » dice Vulliaud « divenne fissa soltanto il giorno in cui fu costruito il tempio, per il quale Davide aveva preparato l'oro, l'argento, e tutto quel ch'era necessario a Salomone per compiere l'opera.[2] Il Tabernacolo della Santità di *Jehovah*, la residenza della *Shekinah*, è il Santo dei Santi che è il cuore del Tempio, che è a sua volta il centro di Sion (Gerusalemme), come la santa Sion è il centro della Terra d'Israele, come la Terra d'Israele è il centro del mondo ».[3] Si può notare che vi è qui una progressiva estensione dell'idea del centro nelle successive applicazioni che ne sono fatte, di modo che la denominazione di ' Centro del Mondo ' o di ' Cuore del Mondo ' è infine estesa all'intera Terra d'Israele, in quanto essa è considerata la ' Terra santa '; e occorre aggiungere che, sotto lo stesso profilo, essa riceve pure, fra le altre denominazioni, quella di « Terra dei Viventi ». Si parla della « Terra dei Viventi che comprende sette terre », e Vulliaud osserva che « questa Terra è Canaan in cui vivevano sette popoli »,[4] il che è letteralmente esatto, per quanto sia ugualmente possibile un'interpretazione simbolica. L'espressione ' Terra dei Viventi ' è un esatto sinonimo di ' dimora d'immortalità ', e la liturgia cattolica la applica alla dimora celeste degli eletti, che era infatti raffigurata dalla Terra promessa, giacché Israele, penetrandovi, doveva veder la fine delle sue tribolazioni. Da un altro punto di vista ancora, la Terra d'Israele, in quanto centro spirituale, era un'immagine del Cielo, poiché, secondo la tradizione giudaica, « Tutto quel che fanno gli Israeliti sulla terra è compiuto secondo i tipi di ciò che avviene nel mondo celeste ».[5]

Quanto è detto qui degli Israeliti può ugualmente valere per tutti i popoli che possiedono una tradizione veramente ortodossa;

---

1. Si vedano i nostri articoli su *Le Coeur du Monde dans la Kabbale hébraïque* e *La Terre sainte et le Coeur du Monde*, nella rivista « Regnabit », luglio-agosto e settembre-ottobre 1926.
2. È opportuno notare che le espressioni qui usate evocano l'assimilazione frequentemente stabilita fra la costruzione del Tempio, considerata nel suo significato ideale, e la ' Grande Opera ' degli ermetisti.
3. *La Kabbale juive*, I, p. 509.
4. *La Kabbale*, II, p. 116.
5. *Ibidem*, I, p. 501.

e, di fatto, il popolo d'Israele non è il solo ad aver assimilato il proprio paese al ‘Cuore del Mondo’ e ad averlo considerato come un'immagine del Cielo, due idee che, del resto, sono in realtà una sola. L'uso dello stesso simbolismo si ritrova presso altri popoli i quali possedevano anch'essi una ‘Terra santa’, cioè un paese ov'era stabilito un centro spirituale avente per loro una funzione paragonabile a quella del Tempio di Gerusalemme per gli Ebrei. A tale riguardo, la ‘Terra santa’ equivale all'*Omphalos*, che era sempre l'immagine visibile del ‘Centro del Mondo’ per il popolo della regione in cui era posto.[6]

Il simbolismo in questione s'incontra in particolare presso gli antichi Egizi; infatti secondo Plutarco, « gli Egizi dànno al loro paese il nome *Chemia*,[7] e lo paragonano a un cuore ».[8] La ragione fornitane da quest'autore è abbastanza strana: « Questo paese è infatti caldo, umido, compreso nelle parti meridionali della terra abitata, estesa a Mezzogiorno, come nel corpo dell'uomo il cuore si trova a sinistra », poiché « gli Egizi considerano l'Oriente come il volto del mondo, il Nord come la sua destra e il Mezzogiorno la sinistra ».[9] Si tratta solo di somiglianze piuttosto superficiali, e la vera ragione dev'essere tutt'altra, giacché lo stesso paragone con il cuore è stato pure applicato a ogni terra alla quale veniva attribuito un carattere sacro e ‘centrale’ in senso spirituale, qualunque fosse la sua posizione geografica. D'altronde, al dire di Plutarco stesso, il cuore, che rappresentava l'Egitto, rappresentava al tempo stesso il Cielo: « Gli Egizi » egli dice « raffigurano il cielo che non può invecchiare perché è eterno, con un cuore posto su un braciere che ne alimenta l'ardore con la fiamma ».[10] Così, mentre il cuore è esso stesso raffigurato da un vaso che non è altro se non quello designato nelle leggende medioevali come « Santo Graal », esso è a sua volta, e simultaneamente, il geroglifico dell'Egitto e quello del Cielo.

La conclusione da trarre da queste considerazioni, è che vi sono altrettante ‘Terre sante’ particolari quante forme tradizio-

6. Si veda il nostro articolo su *Les pierres de foudre* [qui sotto, come cap. 25].
7. *Kêmi*, in lingua egiziana, significa « terra nera », designazione di cui si ritrova l'equivalente anche presso altri popoli; da questa parola è venuta quella di *alchimia* (*al* non è che l'articolo in arabo), che designava originariamente la scienza ermetica, cioè la scienza sacerdotale dell'Egitto.
8. *Iside e Osiride*, 33; traduzione francese di Mario Meunier, p. 116.
9. *Ibidem*, 32, p. 112. In India, è al contrario il Mezzogiorno a esser designato come il « lato destro » (*dakshina*); ma, malgrado le apparenze, in fondo è la stessa cosa, giacché bisogna intendere con ciò il lato che si ha alla propria destra quando ci si volge verso Oriente, ed è facile rappresentarsi il lato destro del mondo come quello che si estende alla destra di colui che lo contempla, e inversamente, come avviene per due persone poste l'una di fronte all'altra.
10. *Iside e Osiride*, 10, p. 49. Si osserverà che questo simbolo, con il significato che gli viene qui attribuito, sembra poter essere accostato a quello della fenice.

nali regolari, poiché esse rappresentano i centri spirituali corrispondenti rispettivamente a queste diverse forme; ma, se lo stesso simbolismo si applica uniformemente a tutte le ' Terre sante ', la ragione è che tali centri spirituali hanno tutti una analoga costituzione, spesso fin nei minimi particolari, poiché sono altrettante immagini di un medesimo centro unico e supremo, che solo è il vero ' Centro del Mondo ', ma di cui assumono gli attributi partecipando alla sua natura mediante una comunicazione diretta, nella quale risiede l'ortodossia tradizionale, e rappresentandolo effettivamente, in modo più o meno esteriore, in tempi e luoghi determinati. In altri termini, esiste una ' Terra santa ' per eccellenza, prototipo di tutte le altre, centro spirituale a cui tutti gli altri sono subordinati, sede della tradizione primordiale da cui tutte le tradizioni particolari sono derivate per adattamento a queste o quelle condizioni definite proprie a un popolo o a un'epoca. Questa ' Terra santa ' per eccellenza, è il « paese supremo », secondo il senso del termine sanscrito *Paradêsha*, di cui i Caldei hanno fatto *Pardes* e gli Occidentali *Paradiso*; è infatti il ' Paradiso terrestre ', punto di partenza di ogni tradizione, che ha al suo centro la fonte unica da cui partono i quattro fiumi che scorrono verso i quattro punti cardinali,[11] e che è anche la ' dimora d'immortalità ', com'è facile rendersi conto riportandosi ai primi capitoli della *Genesi*.[12]

Non possiamo pensare di tornare qui su tutte le questioni concernenti il Centro supremo, da noi già trattate altrove più o meno compiutamente: la sua conservazione in modo più o meno nascosto a seconda dei periodi, dall'inizio alla fine del ciclo, cioè dal ' Paradiso terrestre ' fino alla ' Gerusalemme celeste ' che ne rappresentano le due fasi estreme; i molteplici nomi sotto i quali viene designato, come quelli di *Tula*, di *Luz*, di *Salem*, di *Agarttha*; i diversi simboli che lo raffigurano, come la montagna, la caverna, l'isola e molti altri ancora, in immediato rapporto, per lo più, con il simbolismo del ' Polo ' o dell'' Asse del Mondo '. A queste raffigurazioni possiamo aggiungere anche quelle che ne fanno una città, una roccaforte, un tempio o un palazzo, a

---

11. Questa fonte è identica alla ' fonte d'insegnamento ' alla quale abbiamo avuto occasione di alludere proprio qui diverse volte.

12. Per questo la ' fonte d'insegnamento ' è nello stesso tempo la « fontana della giovinezza » (*fons juventutis*), poiché chi vi beve è liberato dalla condizione temporale; essa è d'altronde situata ai piedi dell'' Albero della Vita ' (si veda il nostro studio su *Le Langage secret de Dante et des ' Fidèles d'Amour '* in « Le Voile d'Isis », febbraio 1929) e le sue acque si identificano evidentemente con ' l'elisir di lunga vita ' degli ermetisti (l'idea di ' longevità ' ha qui lo stesso significato che nelle tradizioni orientali) o con la ' bevanda d'immortalità ', di cui si parla ovunque sotto nomi diversi.

seconda dell'aspetto sotto il quale più specialmente lo si considera; ed è l'occasione di richiamare, assieme al Tempio di Salomone che si ricollega più direttamente al nostro argomento, la triplice cinta di cui abbiamo di recente parlato come di una rappresentazione della gerarchia iniziatica di certi centri tradizionali,[13] e anche il misterioso labirinto, che, in una forma più complessa, si ricollega a una concezione similare, con la differenza che vi è messa in evidenza soprattutto l'idea di un 'progredire' verso il centro nascosto.[14]

Dobbiamo aggiungere ora che il simbolismo della 'Terra santa' ha un duplice senso: che sia riferito al Centro supremo o a un centro subordinato, esso rappresenta non solo questo centro stesso, ma anche, per un'associazione d'altronde affatto naturale, la tradizione che ne emana o che vi è conservata, vale a dire, nel primo caso, la tradizione primordiale, e, nel secondo, una determinata forma tradizionale particolare.[15] Questo duplice significato si ritrova similmente, e in modo nettissimo, nel simbolismo del 'Santo Graal', che è a un tempo un vaso (*grasale*) e un libro (*gradale* o *graduale*); quest'ultimo aspetto designa manifestamente la tradizione, mentre l'altro concerne più direttamente lo stato corrispondente all'effettivo possesso di tale tradizione, cioè lo 'stato edenico' se si tratta della tradizione primordiale; e colui che è pervenuto a questo stato è, per ciò stesso, reintegrato nel *Pardes*, in modo che si può dire che la sua dimora è ormai nel 'Centro del Mondo'.[16]

Non senza motivi accostiamo questi due simbolismi, giacché la loro stretta somiglianza mostra che, quando si parla della

13. Si veda il nostro articolo su *La triple enceinte druidique* [qui sopra, come cap. 10]; vi abbiamo segnalato precisamente il rapporto di questa figura, sotto le due forme, circolare e quadrata, con il simbolismo del 'Paradiso terrestre' e della 'Gerusalemme celeste'.

14. Il labirinto cretese era il palazzo di *Minosse*, nome identico a quello di *Manu*, che designa quindi il legislatore primordiale. D'altra parte, si può capire, da quel che diciamo qui, la ragione per cui il percorso del labirinto tracciato sul pavimento di certe chiese, nel Medioevo, era considerato sostitutivo del pellegrinaggio in Terrasanta per coloro che non potevano compierlo; bisogna ricordarsi che il pellegrinaggio è precisamente una delle figure dell'iniziazione, di modo che il 'pellegrinaggio in Terrasanta' è, in senso esoterico, lo stesso che la 'ricerca della Parola perduta' o la 'cerca del Santo Graal'.

15. Analogicamente, dal punto di vista cosmogonico, il 'Centro del Mondo' è il punto originale da cui viene proferito il Verbo creatore, ed è anche il Verbo stesso.

16. È importante ricordarsi, a questo proposito, che in tutte le tradizioni i luoghi simboleggiano essenzialmente degli stati. D'altra parte faremo notare che c'è un'evidente parentela fra il simbolismo del vaso o della coppa e quello della fontana di cui s'è parlato sopra; si è anche visto che, presso gli Egizi, il vaso era il geroglifico del cuore, centro vitale dell'essere. Ricordiamo infine quel che abbiamo già detto in altre occasioni a proposito del vino come sostituto del *soma* vedico e come simbolo della dottrina nascosta; in tutto ciò, sotto una forma o un'altra, si tratta sempre della 'bevanda d'immortalità' e della restaurazione dello 'stato primordiale'.

'cavalleria del Santo Graal' o dei 'custodi della Terra santa', si deve intendere con queste due espressioni esattamente la stessa cosa; ci resta da spiegare, nella misura del possibile, in cosa consista propriamente la funzione di tali 'custodi', funzione che fu in particolare quella dei Templari.[17]

Per capirlo bene, bisogna distinguere fra i detentori della tradizione, la cui funzione è di conservarla e di trasmetterla, e coloro che ne ricevono soltanto, in maggior o minor grado, una comunicazione e, potremmo dire, una partecipazione.

I primi, depositari e dispensatori della dottrina, sono alla sorgente, che è propriamente il centro stesso; di qui, la dottrina si comunica e si distribuisce gerarchicamente nei vari gradi iniziatici, secondo le correnti rappresentate dai fiumi del *Pardes*, o, se si vuol riprendere la raffigurazione che abbiamo studiato qui recentemente, attraverso i canali che, andando dall'interno verso l'esterno, legano tra di loro le cinte successive corrispondenti a questi diversi gradi.

Tutti coloro che partecipano alla tradizione non sono quindi giunti allo stesso grado e non svolgono la stessa funzione; bisognerebbe anche fare una distinzione tra queste due cose, che, per quanto generalmente si corrispondano in qualche modo, non sono tuttavia strettamente solidali, giacché può capitare che un uomo sia intellettualmente qualificato per raggiungere i gradi più elevati, ma non per questo adatto a svolgere tutte le funzioni nell'organizzazione iniziatica. Qui sono soltanto le funzioni che dobbiamo prendere in considerazione; e, da questo punto di vista, diremo che i 'custodi' si tengono al limite del centro spirituale, preso nel senso più vasto, o all'ultima cinta, quella da cui il centro è nello stesso tempo separato dal 'mondo esterno' e messo in rapporto con esso. Di conseguenza, questi 'custodi' hanno una duplice funzione: da un lato, sono propriamente i difensori della 'Terra santa', nel senso che impediscono l'accesso a coloro che non possiedono le qualificazioni richieste per penetrarvi, e costituiscono quella che abbiamo chiamato la sua 'copertura esterna', ossia la nascondono agli occhi profani; dall'altro, assicurano comunque anche certe relazioni regolari con l'esterno, come spiegheremo in seguito.

È evidente che il ruolo di difensore è, per parlare il linguaggio della tradizione indù, una funzione da Kshatriya; e precisamente, ogni iniziazione 'cavalleresca' è essenzialmente atta alla natura

---

17. Saint-Yves d'Alveydre, per designare i 'custodi' del Centro supremo, usa l'espressione « Templari dell'*Agarttha* »; le considerazioni che esponiamo qui faranno vedere l'esattezza di tale termine, di cui egli stesso non aveva forse colto pienamente il significato.

propria degli uomini che appartengono alla casta guerriera, cioè agli Kshatriya. Da qui vengono i caratteri speciali di questa iniziazione, il particolare simbolismo di cui essa fa uso, e segnatamente l'intervento di un elemento affettivo, designato in modo esplicito dal termine 'Amore'; ci siamo già spiegati sufficientemente a tale proposito per non doverci soffermare ulteriormente.[18] Ma, nel caso dei Templari c'è da fare un'ulteriore considerazione: per quanto la loro iniziazione sia stata essenzialmente 'cavalleresca', come conveniva alla loro natura e alla loro funzione, essi avevano un duplice carattere, a un tempo militare e religioso; e così doveva essere se erano, come abbiamo buone ragioni di pensare, fra i 'custodi' del Centro supremo, ove l'autorità spirituale e il potere temporale sono riuniti nel loro principio comune, e che comunica il segno di tale riunione a tutto ciò che gli è direttamente collegato. Nel mondo occidentale, in cui lo spirituale assume la forma specificamente religiosa, i veri 'custodi della Terra santa', finché ebbero un'esistenza in qualche modo 'ufficiale', dovevano essere cavalieri, ma dei cavalieri che fossero nello stesso tempo monaci; e in effetti proprio questo furono i Templari.

Questo ci induce direttamente a parlare della seconda funzione dei 'custodi' del Centro supremo, funzione che consiste, dicevamo or ora, nell'assicurare certe relazioni esterne, e soprattutto, aggiungeremo, nel mantenere i legami fra la tradizione primordiale e le tradizioni secondarie e derivate. Perché possa essere così, bisogna che ci siano, per ogni forma tradizionale, una o più organizzazioni costituite in questa forma, secondo tutte le apparenze, ma composte di uomini coscienti di ciò che è al di là di ogni forma, vale a dire dell'unica dottrina fonte ed essenza di tutte le altre, che altro non è se non la tradizione primordiale.

Nel mondo della tradizione giudaico-cristiana, era abbastanza naturale che una simile organizzazione dovesse prendere come simbolo il Tempio di Salomone; il quale, d'altra parte, per il fatto di avere da molto tempo cessato di esistere materialmente, poteva solo avere un significato ideale, come immagine del Centro supremo, al pari di ogni centro spirituale subordinato; e la stessa etimologia del nome di Gerusalemme indica abbastanza chiaramente che essa è solo un'immagine visibile della misteriosa *Salem* di Melchisedec. Se tale fu il carattere dei Templari, per svolgere il compito loro assegnato che concerneva una determinata tradizione, vale a dire quella dell'Occidente, essi dove-

18. Si veda *Le Langage secret de Dante et des 'Fidèles d'Amour'*, in «Le Voile d'Isis», febbraio 1929.

vano rimanere esteriormente legati alla forma di questa tradizione; ma, nello stesso tempo, la coscienza interiore della vera unità dottrinale doveva renderli capaci di comunicare con i rappresentanti delle altre tradizioni:[19] è ciò che spiega le loro relazioni con certe organizzazioni orientali, e, naturalmente, con quelle che svolgevano altrove un ruolo simile al loro.

D'altra parte, si può comprendere come, in queste condizioni, la distruzione dell'ordine del Tempio abbia comportato per l'Occidente la rottura delle relazioni regolari con il ' Centro del Mondo '; ed è proprio al secolo XIV che bisogna far risalire la deviazione che doveva inevitabilmente risultare da questa rottura, e che è andata gradualmente accentuandosi fino alla nostra epoca.

Non è comunque da dire che ogni legame sia stato spezzato di colpo; abbastanza a lungo, delle relazioni poterono essere mantenute in una certa misura, ma solo di nascosto, per il tramite di organizzazioni come quella della ' Fede Santa ' o dei ' Fedeli d'Amore ', come la ' Massenia del Santo Graal ' e probabilmente molte altre ancora, tutte eredi dello spirito dell'ordine del Tempio, e per la maggior parte a esso collegate per filiazione più o meno diretta. Coloro che conservarono questo spirito vivente e ispirarono queste organizzazioni senza costituirsi da parte loro in alcun raggruppamento definito, furono quelli che vennero chiamati, con un nome essenzialmente simbolico, i Rosacroce; ma venne il giorno in cui gli stessi Rosacroce dovettero lasciare l'Occidente, le cui condizioni erano divenute tali che la loro azione non poteva più esservi esercitata, e si dice che si ritirassero allora in Asia, in qualche modo riassorbiti verso il Centro supremo di cui erano quasi un'emanazione. Per il mondo occidentale, non c'è più una ' Terra santa ' da custodire, poiché il cammino che vi conduce è oggi ormai interamente smarrito; quanto tempo durerà ancora questa situazione, e bisogna poi sperare che la comunicazione possa presto o tardi essere ristabilita? È una domanda alla quale non spetta a noi dare una risposta; oltre al fatto che non vogliamo rischiare nessuna predizione, la soluzione dipende soltanto dall'Occidente stesso, poiché solo ritornando a condizioni normali e ritrovando lo spirito della propria tradizione, se ne ha ancora in sé la possibilità, esso potrà vedere aprirsi di nuovo la via che conduce al ' Centro del Mondo '.

19. Ciò si riferisce a quel che è stato chiamato simbolicamente il ' dono delle lingue '; su quest'argomento, rimanderemo al nostro articolo contenuto nel numero speciale del « Voile d'Isis », dedicato ai Rosacroce.

Fra le località, spesso difficili da identificare, che hanno una parte nella leggenda del Santo Graal, alcuni attribuiscono un'importanza tutta particolare a Glastonbury, che sarebbe il luogo in cui si stabilì Giuseppe d'Arimatea dopo il suo arrivo in Gran Bretagna, e in cui si son volute vedere molte altre cose ancora, come diremo in seguito. Senza dubbio, vi sono in ciò delle assimilazioni contestabili, alcune delle quali sembrano implicare vere e proprie confusioni; ma può darsi comunque che, all'origine di queste stesse confusioni, vi siano ragioni non prive di interesse dal punto di vista della ' geografia sacra ' e delle successive localizzazioni di alcuni centri tradizionali. Tenderebbero a indicarlo le singolari scoperte esposte in un'opera anonima pubblicata recentemente,[1] certi punti della quale meriterebbero forse qualche riserva, ad esempio per quel che concerne l'interpretazione dei nomi di luogo la cui origine, più verosimilmente, è abbastanza recente, ma la cui parte essenziale, corroborata da documenti, potrebbe difficilmente esser considerata puramente fantasiosa. Glastonbury e la regione circostante del Somerset avrebbero costituito, in un'epoca molto remota e che può esser detta ' preistorica ', un enorme ' tempio stellare ', determinato dal tracciato sul suolo di effigi giganteschi rappresentanti le costellazioni e disposte in una figura circolare che è come un'immagine della volta celeste proiettata sulla superficie della terra. Sarebbe insomma un complesso di lavori che richiamerebbe quelli degli antichi *mound-builders* dell'America del Nord; la disposizione naturale dei fiumi e delle colline avrebbe d'altronde potuto suggerire questo tracciato, il che indicherebbe che l'ubicazione non fu scelta arbitrariamente, bensì in virtù di una certa ' predeterminazione '; non è men vero che, per completare e ultimare il disegno, ci fu bisogno di quella che l'autore chiama « un'arte fondata sui princìpi della Geometria ».[2] Se queste figure hanno potuto conservarsi in modo da essere ancora riconoscibili oggigiorno, ciò dipende dal fatto, si suppone, che i monaci di Glastonbury, fino all'epoca della Riforma, le conservarono con cura, e implica che essi dovevano aver custodito la conoscenza della tradizione ereditata dai loro lontani predecessori, i druidi, e

---

1. *A Guide to Glastonbury's Temple of the Stars, its giant effigies described from air views, maps, and from « The High History of the Holy Graal »*, John M. Watkins, London.
2. Quest'espressione è visibilmente destinata a far intendere che la tradizione da cui quest'arte derivava si è perpetuata in quella che è divenuta in seguito la tradizione massonica.

senza dubbio da altri ancora prima di questi, poiché, se le deduzioni tratte dalla posizione delle costellazioni rappresentate sono
esatte, l'origine di queste figure risalirebbe a circa tremila anni
prima dell'èra cristiana.[3]

Nel suo complesso, la figura circolare in questione è un enorme
Zodiaco, nel quale l'autore vuol vedere il prototipo della ' Tavola
rotonda '; e, di fatto, quest'ultima, intorno alla quale siedono
dodici personaggi principali, è realmente legata a una rappresentazione del ciclo zodiacale. Questo non vuol dire però che
tali personaggi siano soltanto le costellazioni, interpretazione
troppo ' naturalistica ', poiché la verità è che le costellazioni stesse sono dei simboli; e conviene pure ricordare che questa costituzione ' zodiacale ' si ritrova assai generalmente nei centri spirituali corrispondenti a forme tradizionali diverse.[4] Così ci pare
molto dubbio che tutte le storie concernenti i ' Cavalieri della
Tavola rotonda ' e la ' ricerca del Graal ' possano essere solo una
descrizione ' drammatizzata ', se così si può dire, delle effigi stel-
lari di Glastonbury e della topografia del paese; ma che esse
presentino una corrispondenza con queste è cosa tanto meno
inverosimile in quanto del tutto conforme, in fondo, alle leggi
generali del simbolismo; e non sarebbe neppure il caso di meravigliarsi che tale corrispondenza possa essere abbastanza precisa
da esser verificata fin nei particolari secondari della leggenda,
cosa che non ci proponiamo comunque di fare qui.

Detto questo, è importante notare che lo Zodiaco di Glastonbury presenta alcune particolarità che, dal nostro punto di vista,
potrebbero esser ritenute segni della sua ' autenticità '; e, anzitutto, sembra proprio che il segno della Bilancia ne sia assente.
Ora, come abbiamo spiegato altrove,[5] la Bilancia celeste non fu
sempre zodiacale, ma fu dapprima polare, essendo stato questo
nome applicato originariamente sia all'Orsa Maggiore, sia all'insieme dell'Orsa Maggiore e dell'Orsa Minore, costellazioni al
cui simbolismo si ricollega direttamente, per una notevole coincidenza, il nome di *Arturo*. Sarebbe il caso di ammettere che questa figura, al centro della quale il Polo è d'altronde contrassegnato da una testa di serpente che si riferisce manifestamente al

---

3. Da vari indizi sembrerebbe anche che i Templari abbiano avuto parte in
questa conservazione, il che sarebbe conforme alla loro presunta connessione con
i ' Cavalieri della Tavola rotonda ' e al compito di ' custodi del Graal ' che viene
loro attribuito. È da notare d'altronde che le sedi dei Templari sembra fossero
situate frequentemente in prossimità di luoghi ove si trovano monumenti megalitici o altre vestigia preistoriche, e forse bisogna vedere in questo più di una
semplice coincidenza.
4. Si veda *Le Roi du Monde*, cap. v.
5. *Ibidem*, cap. x.

' Drago celeste ',[6] debba essere riferita a un periodo anteriore al trasferimento della Bilancia nello Zodiaco; e, d'altra parte, cosa particolarmente importante da considerare, il simbolo della Bilancia polare è in relazione con il nome di *Tula* dato originariamente al centro iperboreo della tradizione primordiale, centro di cui il ' tempio stellare ' in questione fu senz'altro una delle immagini costituitesi, nella successione dei tempi, come sedi di poteri spirituali emanati o derivati più o meno direttamente da questa stessa tradizione.[7]

In altra occasione,[8] abbiamo menzionato, in relazione alla designazione della lingua ' adamitica ' come ' lingua siriaca ', la Siria primitiva il cui nome significa propriamente « terra solare », e di cui Omero parla come di un'isola situata « al di là di Ogigia », ciò che permette di identificarla solo con la *Thule* o *Tula* iperborea; e « ivi sono le rivoluzioni del Sole », espressione enigmatica che può naturalmente riferirsi al carattere ' circumpolare ' di queste rivoluzioni, ma può anche, nello stesso tempo, alludere a un tracciato del ciclo zodiacale su questa terra, il che spiegherebbe come un tracciato simile sia stato riprodotto in una regione destinata a essere un'immagine di tale centro. Giungiamo qui a spiegare le confusioni segnalate all'inizio del capitolo, poiché esse sono potute sorgere in modo pressoché normale dall'assimilazione dell'immagine al centro originale; e, in particolare, è assai difficile vedere più che un equivoco nell'identificazione di Glastonbury con l'isola di Avalon.[9] Effettivamente, una simile identificazione è incompatibile col fatto che quest'isola è sempre considerata un luogo inaccessibile; e, d'altra parte, è anche in contraddizione con l'opinione, molto più plausibile, che vede nella regione stessa del Somerset il ' regno dei Logri ', di cui è infatti detto che si trovava in Gran Bretagna; e può darsi che tale ' regno dei Logri ', che sarebbe stato considerato come

6. Cfr. il *Sepher Ietsirah*: « Il Drago è in mezzo al cielo come un re sul suo trono ». La « Saggezza del Serpente », alla quale l'autore allude a questo proposito, potrebbe, in un certo senso, identificarsi con quella dei sette *Rishi* polari. È anche curioso notare che il drago, presso i Celti, è il simbolo del capo, e che Arturo è figlio di *Uther Pendragon*.

7. Ciò permette anche di comprendere certi rapporti notati dall'autore fra il simbolismo del Polo e quello del ' Paradiso terrestre ', in particolare per quanto riguarda la presenza dell'albero e del serpente; in tutto questo, si tratta infatti sempre della raffigurazione del centro primordiale, e i ' tre punti del triangolo ' sono pure in relazione con tale simbolismo.

8. Si veda il nostro studio su *La Science des lettres* [qui sopra, come cap. 6].

9. Si è anche voluto vedervi l' ' isola di vetro ' di cui si parla in alcune parti della leggenda del Graal; è probabile che, anche qui, si tratti di una confusione con qualche altro centro più nascosto, o, se si vuole, più lontano nello spazio e nel tempo, benché questa designazione indubbiamente non si applichi al centro primordiale stesso.

territorio sacro, abbia tratto il suo nome da quello del Lug celtico, il quale evoca a un tempo l'idea del ' Verbo ' e quella della ' Luce '. In quanto al nome di *Avalon*, esso è visibilmente identico a quello di *Ablun* o *Belen*, cioè dell'Apollo celtico e iperboreo,[10] di modo che l'isola di Avalon è ancora un'altra designazione della ' terra solare ', che fu d'altronde trasportata simbolicamente dal Nord all'Ovest in una certa epoca, in corrispondenza con uno dei principali mutamenti sopraggiunti nelle forme tradizionali nel corso del nostro *Manvantara*.[11]

Queste considerazioni ci conducono ad altre constatazioni forse ancor più strane: un'idea a prima vista apparentemente inesplicabile è quella di riferire ai Fenici l'origine dello Zodiaco di Glastonbury; è vero che è invalsa l'abitudine di attribuire a questo popolo molte cose più o meno ipotetiche, ma la stessa affermazione della sua esistenza in un'epoca così remota ci pare ancor più contestabile. Soltanto, c'è da notare che i Fenici abitavano la Siria ' storica '; il nome del popolo sarebbe stato oggetto dello stesso ' trasferimento ' di quello del paese? Lo farebbe se non altro supporre la sua connessione con il simbolismo della Fenice; infatti, secondo Giuseppe, la capitale della Siria primitiva era Eliopoli, la « Città del Sole », il cui nome fu più tardi dato alla città egiziana di *On*; e alla prima Eliopoli, non a quella d'Egitto, dovrebbe in realtà essere riferito il simbolismo ciclico della Fenice e delle sue resurrezioni. Ora, secondo Diodoro Siculo, uno dei figli di *Helios* o del sole, chiamato *Actis*, fondò la città di Eliopoli; e si dà il caso che il nome *Actis* esista come toponimo nelle vicinanze di Glastonbury, e in condizioni che lo mettono precisamente in rapporto con la Fenice, nella quale, secondo altri accostamenti, il ' principe di Eliopoli ' stesso sarebbe stato trasformato. Naturalmente l'autore, ingannato dalle molteplici e successive applicazioni degli stessi nomi, crede si tratti qui della Eliopoli d'Egitto, come crede di poter parlare letteralmente dei Fenici ' storici ', cosa in fondo tanto più comprensibile in quanto gli antichi, in epoca ' classica ', facevano

10. Si sa che il Mont-Saint-Michel era anticamente chiamato Tombelaine, cioè il *Tumulus* o il monte di *Belen* (e non la ' tomba di Elena ' secondo un'interpretazione del tutto moderna e fantasiosa); la sostituzione del nome dell'arcangelo solare a quello di *Belen* non muta evidentemente per nulla il senso; e, fatto curioso, si trova anche Saint Michaels Hill nella regione corrispondente all'antico ' regno dei Logri '.
11. Questo trasferimento, come quello del *sapta-riksha* dall'Orsa Maggiore alle Pleiadi, corrisponde in particolare a un cambiamento del punto di partenza dell'anno, dapprima solstiziale e poi equinoziale. Il significato di « pomo » attribuito al nome di *Avalon*, senza dubbio secondariamente, nelle lingue celtiche, non è per nulla in opposizione con quel che abbiamo appena detto, poiché si tratta allora dei pomi d'oro del ' Giardino delle Esperidi ', cioè dei frutti solari dell'' Albero del Mondo '.

già abbastanza spesso confusioni simili; unicamente la conoscenza della vera origine iperborea delle tradizioni, che egli non sembra sospettare, può permettere di ristabilire il senso reale di tutte queste designazioni.

Nello Zodiaco di Glastonbury, il segno dell'Acquario è rappresentato, in modo abbastanza imprevisto, da un uccello nel quale l'autore pensa a ragione di poter riconoscere la Fenice, e che porta un oggetto che non è altro se non la 'coppa d'immortalità', cioè il Graal stesso; e l'accostamento fatto a questo riguardo con il *Garuda* indù è certo giustissimo.[12] D'altra parte, secondo la tradizione araba, il *Rukh* o Fenice non si posa mai a terra in altro luogo che sulla montagna di *Qâf*, che è la 'montagna polare'; ed è da questa stessa 'montagna polare', designata con altri nomi, che proviene, nelle tradizioni indù e persiana, il *soma*, che s'identifica all'*amrita* o all'' ambrosia ', bevanda o cibo d'immortalità.[13]

C'è anche la figura di un altro uccello più difficile da interpretare esattamente, che occupa forse il posto del segno della Bilancia, ma la cui posizione è, in ogni caso, molto più vicina al Polo che allo Zodiaco, giacché una delle sue ali corrisponde addirittura alle stelle dell'Orsa Maggiore, il che, dopo quanto abbiamo detto, potrebbe in definitiva soltanto confermare questa supposizione. In quanto alla natura dell'uccello, vengono prese in considerazione due ipotesi: quella di una colomba, che potrebbe in effetti aver qualche rapporto con il simbolismo del Graal, e quella di un'oca o, diremmo piuttosto, di un cigno che cova l'' Uovo del Mondo ', cioè di un equivalente dello *Hamsa* indù; a dire il vero, quest'ultima ci pare decisamente preferibile, essendo il simbolo del cigno strettamente legato all'Apollo iperboreo, e in particolare proprio sotto il profilo che abbiamo qui considerato, poiché i Greci facevano di *Kyknos* il figlio di Apollo e di *Hyria*, cioè del Sole e della ' terra solare ', poiché *Hyria* non è che un'altra forma di *Syria*, di modo che si tratta sempre dell'' isola sacra ', e sarebbe abbastanza sorprendente se non s'incontrasse il cigno nella sua rappresentazione.[14]

---

12. Si veda il nostro studio su *La Langue des Oiseaux* [qui sopra, come cap. 7]. Il segno dell'Acquario è di solito rappresentato da Ganimede, di cui si conosce la relazione con l'' ambrosia ' da un lato, e dall'altro con l'aquila di Zeus, indentica essa stessa a *Garuda*.
13. Si veda *Le Roi du Monde*, capp. v e vi.
14. L'accostamento delle due figure di *Hamsa* e di *Garuda* è anch'esso normale, poiché succede persino che esse siano riunite in quella di un solo uccello, nel quale sembra si debba vedere l'origine prima dell'aquila araldica bicipite, benché essa appaia piuttosto come un doppio *Garuda*, avendo naturalmente l'uccello *Hamsa-Garuda* una testa di cigno e una d'aquila.

Ci sarebbero ancora molti altri punti che meriterebbero sicuramente di attirare l'attenzione, come, per esempio, l'accostamento del nome ' Somerset ' con quello di ' paese dei Cimmerii ' e con vari nomi di popoli la cui somiglianza indica, con ogni probabilità, più una comunanza di tradizione che non un'affinità di razza; ma questo ci porterebbe troppo lontano, e ciò che abbiamo detto è sufficiente a mostrare l'ampiezza di un campo di ricerche quasi interamente inesplorato, e a far intravedere le conseguenze che si potrebbero trarre per quanto concerne i legami tra le varie tradizioni e la loro filiazione a partire dalla tradizione primordiale.

In un libro sulle caste, A.M. Hocart segnala il fatto che « nel-
l'organizzazione della città, i quattro gruppi sono situati ai diversi punti cardinali all'interno della cinta quadrangolare o circolare »; d'altronde questa ripartizione non è propria solo del-
l'India, ma se ne trovano numerosi esempi fra i popoli più dispa-
rati; e il più delle volte ogni punto cardinale è messo in corrispondenza con uno degli elementi o una delle stagioni, oppure
con un colore emblematico della casta che vi era situata.[1] Nel-
l'India, i Brahmani occupavano il nord, gli Kshatriya l'est, i
Vaishya il sud, gli Shûdra l'ovest; si aveva così una divisione
in ' quartieri' nel senso proprio della parola, che, all'origine,
designa evidentemente un quarto della città, per quanto nell'uso
moderno questo significato preciso sembri esser stato più o meno
completamente dimenticato. Va da sé che questa ripartizione è
in stretto rapporto con la più generale questione dell'orientazione, che, per l'insieme della città come per ogni edificio in particolare, svolgeva notoriamente un'importante funzione in tutte le
antiche civiltà tradizionali.

Tuttavia, Hocart si trova imbarazzato a spiegare la collocazione propria di ciascuna delle quattro caste;[2] quest'imbarazzo, in
fondo, proviene unicamente dall'errore che egli commette considerando la casta regale, cioè quella degli Kshatriya, come la
prima; partendo quindi dall'est, egli non può trovare nessun ordine regolare di successione, e, in particolare, la collocazione dei
Brahmani a nord diviene in questo modo del tutto inintelligi-
bile. Al contrario, non c'è alcuna difficoltà se si osserva l'ordine
normale, cioè se si comincia dalla casta che è in realtà la prima,
quella dei Brahmani: bisogna partire allora da nord, e, girando
in un senso di *pradakshinâ*, si trovano le quattro caste in una
successione perfettamente regolare; non rimane quindi altro che
comprendere in maniera più completa le ragioni simboliche di
questa distribuzione secondo i punti cardinali.

Tali ragioni si fondano essenzialmente sul fatto che la pianta
tradizionale della città è un'immagine dello Zodiaco; e si ritrova
qui immediatamente la corrispondenza dei punti cardinali con
le stagioni: infatti, come abbiamo spiegato altrove, il solstizio
d'inverno corrisponde al nord, l'equinozio di primavera all'est,
il solstizio d'estate al sud e l'equinozio d'autunno all'ovest. Nella
divisione in ' quartieri', ciascuno di essi dovrà naturalmente cor-

1. *Les Castes*, pp. 46 e 49.
2. *Ibid.*, p. 55.

rispondere all'insieme formato da tre dei dodici segni zodiacali: uno dei segni solstiziali o equinoziali, che si possono chiamare segni 'cardinali', e i due segni adiacenti a esso. Vi saranno dunque tre segni compresi in ogni 'quadrante', se la forma della cinta è circolare, o su ogni lato, se è quadrangolare; quest'ultima forma è d'altronde più appropriata a una città, poiché esprime l'idea di stabilità che conviene a una costruzione fissa e permanente, e anche perché non è dello Zodiaco celeste in se stesso che si tratta, bensì di un'immagine e quasi di una sorta di proiezione terrestre di esso. Ricorderemo incidentalmente a questo proposito che, per ragioni senza dubbio analoghe, gli antichi astrologhi tracciavano i loro oroscopi in forma quadrata, nella quale ogni lato era parimenti occupato da tre segni zodiacali; ritroveremo d'altronde questa disposizione nel corso delle considerazioni che seguono.

Da quel che si è detto, si vede che la distribuzione delle caste nella città segue esattamente il cammino del ciclo annuale, che normalmente inizia col solstizio d'inverno; è vero che certe tradizioni fanno cominciare l'anno in un altro punto solstiziale o equinoziale, ma allora si tratta di forme tradizionali che sono più particolarmente in relazione con determinati periodi ciclici secondari; il problema non si pone per la tradizione indù, che rappresenta la continuazione più diretta della tradizione primordiale, e inoltre insiste in modo del tutto speciale sulla divisione del ciclo annuale nelle sue due metà, ascendente e discendente, che si aprono rispettivamente alle due 'porte' solstiziali d'inverno e d'estate, il che costituisce in effetti il punto di vista, si può dire, propriamente fondamentale a tal riguardo. D'altra parte, il nord, essendo considerato il punto più elevato (*uttara*), e segnando anche il punto di partenza della tradizione, conviene nel modo più naturale ai Brahmani; gli Kshatriya si pongono al punto che segue nella corrispondenza ciclica, cioè a est, lato del sol levante; dal confronto di queste due posizioni, si potrebbe inferire abbastanza legittimamente che, mentre il carattere del sacerdozio è 'polare', quello della regalità è 'solare', ipotesi confermata anche da molte altre considerazioni simboliche; e forse questo carattere 'solare' è da mettere in relazione con il fatto che gli *Avatâra* dei tempi 'storici' sono usciti dalla casta degli Kshatriya. I Vaishya, che vengono in terzo luogo, prendono posto a sud, e con loro termina la successione delle caste 'due volte nate'; per gli Shûdra rimane soltanto l'ovest, considerato dappertutto il lato dell'oscurità.

Tutto ciò è dunque perfettamente logico, alla sola condizione che non ci siano errori sul punto di partenza che conviene assumere; e, per giustificare più completamente il carattere 'zodiacale' della pianta tradizionale delle città, citeremo ora alcuni fatti i quali mostrano che, se la divisione di esse rispondeva principalmente alla divisione quaternaria del ciclo, vi sono dei casi in cui era chiaramente indicata una suddivisione duodenaria. Ne abbiamo un esempio nella fondazione delle città secondo il rito che i Romani avevano ricevuto dagli Etruschi: l'orientazione era segnata da due strade ad angolo retto: il *cardo*, che andava da sud a nord, e il *decumanus*, che andava da ovest a est; alle estremità di queste due strade erano le porte della città, che si trovavano così situate esattamente ai quattro punti cardinali. La città era divisa in tal maniera in quattro quartieri, che tuttavia non corrispondevano precisamente ai punti cardinali come nell'India, ma piuttosto ai punti intermedi; va da sé che bisogna tener conto della differenza delle forme tradizionali, che esige adattamenti diversi, ma il principio della divisione è comunque lo stesso. Inoltre, ed è il punto che importa presentemente sottolineare, a questa divisione in quartieri si sovrapponeva una divisione in 'tribù', vale a dire, secondo il senso etimologico della parola, una divisione ternaria; ciascuna delle tre 'tribù' comprendeva quattro 'curie', ripartite nei quattro quartieri, di modo che si aveva così, in definitiva, una divisione duodenaria.

Un altro esempio è quello degli Ebrei, fornito da Hocart stesso, benché egli non sembri notare l'importanza del duodenario: « Gli Ebrei » egli dice [3] « conoscevano la divisione sociale in quattro quartieri; le loro dodici tribù territoriali erano ripartite in quattro gruppi di tre tribù, di cui una principale: Giuda era accampata a est, Ruben a sud, Ephraim a ovest e Dan a nord. I Leviti formavano un cerchio interno attorno al Tabernacolo ed erano anch'essi divisi in quattro gruppi posti ai quattro punti cardinali; il gruppo principale era posto a est ».[4] A dire il vero, non si tratta qui dell'organizzazione di una città, ma inizialmente di quella di un accampamento, e, più tardi, della ripartizione del territorio di un intero paese; ma, evidentemente, non c'è alcuna differenza dal punto di vista in cui noi ci poniamo. La difficoltà a stabilire un paragone esatto con ciò che esiste altrove proviene dal fatto che pare non siano mai state assegnate funzioni sociali definite a ciascuna tribù, il che non permette di assimilarle a caste propriamente dette; tuttavia, su un punto almeno, si può osservare una nettissima somiglianza con la disposizione adottata in India, giacché la tribù regale, che era quella di Giuda, si trovava ugualmente posta a est. D'altra parte, c'è anche

---

3. *Les Castes*, p. 127.
4. *Numeri*, II e III.

una notevole differenza: la tribù sacerdotale, quella di Lèvi, non annoverata fra le dodici, non aveva posto sui lati del quadrilatero, e, di conseguenza, non doveva esserle assegnato alcun territorio; la sua ubicazione all'interno dell'accampamento può spiegarsi col fatto che essa era espressamente assegnata al servizio di un unico santuario, che era originariamente il Tabernacolo, e la cui posizione normale era al centro. Quel che comunque ora ci importa, è la constatazione che le dodici tribù erano ripartite a tre a tre sui quattro lati di un quadrilatero, lati situati rispettivamente nelle direzioni dei quattro punti cardinali; è abbastanza risaputo che esisteva effettivamente una corrispondenza simbolica fra le dodici tribù d'Israele e i dodici segni dello Zodiaco, il che non lascia alcun dubbio sul carattere e il significato della ripartizione; aggiungeremo soltanto che la tribù principale di ciascun lato corrisponde manifestamente a uno dei quattro segni ' cardinali ', e le altre due corrispondono ai due segni adiacenti.

Se ora ci si riferisce alla descrizione apocalittica della ' Gerusalemme celeste ', è facile vedere che la sua pianta riproduce esattamente quella dell'accampamento degli Ebrei; e, nello stesso tempo, questa pianta è pure identica alla figura oroscopica quadrata che abbiamo sopra menzionato. La città, costruita effettivamente in forma quadrata, ha dodici porte, sulle quali sono scritti i nomi delle dodici tribù d'Israele; e queste porte sono ripartite allo stesso modo sui quattro lati: « tre porte a oriente, tre a settentrione, tre a mezzogiorno e tre a occidente ». È evidente che queste dodici porte corrispondono anch'esse ai dodici segni zodiacali, mentre le quattro porte principali, cioè quelle che sono in mezzo ai lati del quadrato, corrispondono ai segni solstiziali ed equinoziali; e i dodici aspetti del Sole che si riferiscono a ciascun segno, cioè i dodici *Aditya* della tradizione indù, appaiono sotto la forma dei dodici frutti dell'' Albero della Vita ', il quale, posto al centro della città, « dà il suo frutto ogni mese », cioè precisamente secondo le posizioni successive del Sole nello Zodiaco nel corso del ciclo annuale. Infine, questa città « che discende dal cielo in terra » rappresenta abbastanza chiaramente, per lo meno in uno dei suoi significati, la proiezione dell'' archetipo ' celeste nella costituzione della città terrestre; e pensiamo che tutto quel che abbiamo ora esposto mostri a sufficienza come questo ' archetipo ' sia simboleggiato essenzialmente dallo Zodiaco.

Nel corso dei nostri studi, siamo stati condotti a diverse riprese a fare allusione alla *Tetraktys* pitagorica, e ne abbiamo indicato allora la formula numerica: $1 + 2 + 3 + 4 = 10$, mostrando
la relazione che unisce direttamente il denario al quaternario.
È nota d'altronde l'importanza tutta particolare che vi attribui-
vano i Pitagorici, e che si traduceva segnatamente nel fatto che
essi prestavano giuramento « per la santa *Tetraktys* »; è forse passata più inosservata l'altra formula di giuramento, che era « per
il quadrato di quattro »; vi è fra le due un rapporto evidente,
giacché il numero quattro è, si potrebbe dire, la loro base comune. Si potrebbe dedurne, fra le altre conseguenze, che la dottrina pitagorica doveva presentarsi con un carattere più ' cosmologico ' che puramente metafisico, il che non costituisce d'altronde un caso eccezionale quando si è in presenza di tradizioni occidentali, dal momento che abbiamo già avuto l'occasione di fare
un'analoga osservazione per quel che concerne l'ermetismo. Il
motivo di questa deduzione, che può a prima vista sembrare
strana a chi non è abituato all'uso del simbolismo numerico, è
che il quaternario è sempre e dovunque considerato propriamente il numero della manifestazione universale; esso segna dunque,
a tale riguardo, il punto di partenza stesso della ' cosmologia ',
mentre i numeri che lo precedono, cioè l'unità, il binario e il
ternario, si riferiscono strettamente all'' ontologia '; l'evidenzia-
zione più particolare del quaternario corrisponde quindi proprio
per ciò a quella del punto di vista ' cosmologico ' medesimo.
All'inizio dei *Rasâil Ikhwân Eç-Çafâ*, i quattro termini del
quaternario fondamentale sono così enumerati: 1° il Principio,
designato come *El-Bârî*, il « Creatore » (il che indica che non si
tratta del Principio supremo, ma solo dell'Essere, in quanto principio primo della manifestazione, che d'altronde è effettivamente
l'Unità metafisica); 2° lo Spirito universale; 3° l'Anima universale; 4° la *Hylè* primordiale. Non svilupperemo ora i diversi
punti di vista dai quali questi termini potrebbero esser considerati; si potrebbe in particolare farli corrispondere rispettivamente ai quattro ' mondi ' della Cabala ebraica, che hanno pure
il loro esatto equivalente nell'esoterismo islamico. Quel che importa per il momento, è che il quaternario così costituito sia
ritenuto presupposto dalla manifestazione, nel senso che la presenza di tutti i suoi termini è necessaria allo sviluppo completo
delle possibilità che essa comporta; e, si aggiunge, per questo
nell'ordine delle cose manifestate si ritrova sempre in special
modo il segno (si potrebbe dire quasi il ' sigillo ') del quaternario: donde, per esempio, i quattro elementi (l'Etere non vi è

infatti annoverato, trattandosi soltanto degli elementi ' differenziati '), i quattro punti cardinali (o le quattro regioni dello spazio che vi corrispondono, con i quattro ' pilastri ' del mondo),
le quattro fasi in cui si divide naturalmente ogni ciclo (le età
della vita umana, le stagioni nel ciclo annuale, le fasi lunari
in quello mensile, ecc.), e così di seguito; si potrebbe in tal modo
trovare una moltitudine indefinita di applicazioni del quaternario, legate tutte fra loro, d'altronde, da rigorose corrispondenze
analogiche, poiché non sono, in fondo, che altrettanti aspetti più
o meno speciali di uno stesso ' schema ' generale della manifestazione.

Tale ' schema ', sotto la sua forma geometrica, è uno dei simboli più diffusi, uno di quelli che sono veramente comuni a tutte
le tradizioni: è il cerchio diviso in quattro parti uguali da una
croce formata da due diametri ortogonali; e si può subito notare
che questa figura esprime precisamente la relazione del quaternario col denario, com'è espressa, sotto forma numerica, dalla formula che abbiamo ricordato all'inizio. Infatti, il quaternario è
rappresentato geometricamente dal quadrato, se lo si considera
sotto il profilo ' statico ', ma se lo si considera sotto quello ' dinamico ' come in questo caso, lo è dalla croce; essa, ruotando intorno al suo centro, genera la circonferenza, che, con il centro,
rappresenta il denario, il quale è, come abbiamo detto prima, il
ciclo numerico completo. Questo viene appunto chiamato ' cir-
colatura del quadrante ', rappresentazione geometrica di ciò che
esprime aritmeticamente la formula $1 + 2 + 3 + 4 = 10$; inversamente, il problema ermetico della ' quadratura del cerchio '
(espressione di solito così mal compresa) non è altro se non ciò
che rappresenta la divisione quaternaria del cerchio, che si suppone dato, con due diametri ortogonali, e si esprimerà numericamente con la stessa formula, scritta però in senso inverso:
$10 = 1 + 2 + 3 + 4$, per mostrare che l'intero sviluppo della manifestazione è così ricondotto al quaternario fondamentale.

Detto questo, ritorniamo al rapporto fra la *Tetraktys* e il quadrato di quattro: i numeri 10 e 16 occupano lo stesso posto, il
quarto, rispettivamente nella serie dei numeri triangolari e in
quella dei numeri quadrati. È noto che i numeri triangolari sono
i numeri ottenuti facendo la somma dei numeri interi consecu-
tivi dall'unità fino a ciascuno dei termini successivi della serie;
l'unità stessa è il primo numero triangolare, come pure il primo
numero quadrato, poiché, essendo il principio e l'origine della
serie dei numeri interi, essa deve esserlo ugualmente di ogni
altra serie che ne è derivata. Il secondo numero triangolare è
$1 + 2 = 3$, il che mostra d'altronde che, dal momento in cui
l'unità ha prodotto il binario mediante la propria polarizzazio-

ne, si ha immediatamente per ciò stesso il ternario; e la sua rappresentazione geometrica è evidente: 1 corrisponde al vertice del triangolo, 2 agli estremi della base, e il triangolo medesimo, nel suo complesso, è naturalmente la figura del numero 3. Se si considerano poi indipendentemente i tre termini del ternario, la loro somma dà il terzo numero triangolare: $1 + 2 + 3 = 6$; essendo questo numero senario il doppio del ternario, si può dire che esso implica un nuovo ternario, riflesso del primo, come nel ben noto simbolo del ' sigillo di Salomone '; ma ciò potrebbe dar luogo ad altre considerazioni che sarebbero fuori del nostro argomento. Continuando la serie, si ha, per il quarto numero triangolare, $1 + 2 + 3 + 4 = 10$, cioè la *Tetraktys*; e si vede così, come abbiamo già spiegato, che il quaternario contiene in certo modo tutti i numeri, giacché contiene il denario, donde la formula del *Tao-te-King* da noi precedentemente citata: « uno ha prodotto due, due ha prodotto tre, tre ha prodotto tutti i numeri », il che equivale ancora a dire che tutta la manifestazione è come avvolta nel quaternario, o, inversamente, che esso costituisce la base completa del suo sviluppo integrale.

La *Tetraktys*, in quanto numero triangolare, era naturalmente rappresentata da un simbolo che nel suo complesso era di forma ternaria, mentre ciascun lato esterno comprendeva quattro elementi; e tale simbolo si componeva in tutto di dieci elementi, raffigurati da altrettanti punti, nove dei quali si trovavano così sul perimetro del triangolo e uno al suo centro. Si osserverà che si ritrova in questa disposizione, malgrado la differenza delle forme geometriche, l'equivalente di quel che abbiamo indicato a proposito della rappresentazione del denario con il cerchio, poiché, anche qui, 1 corrisponde al centro e 9 alla circonferenza. Osserviamo pure incidentalmente, a tal riguardo, che proprio perché 9, e non 10, è il numero della circonferenza, la divisione di questa si effettua normalmente secondo i multipli di 9 (90 gradi per il quadrante, e quindi 360 per l'intera circonferenza), il che si trova d'altra parte in relazione diretta con tutta la questione dei ' numeri ciclici '.

Il quadrato di quattro è, geometricamente parlando, un quadrato i cui lati comprendono quattro elementi, come quelli del triangolo di cui abbiamo appena parlato; se si considerano misurati i lati stessi dal numero di questi elementi, ne risulta che i lati del triangolo e quelli del quadrato saranno uguali. Si potranno allora riunire le due figure facendo coincidere la base del triangolo con il lato superiore del quadrato, come nel seguente tracciato (in cui, per maggior chiarezza, abbiamo segnato i punti non sui lati stessi, ma all'interno delle figure, il che permette di contare distintamente quelli che appartengono rispettivamente al triangolo e al quadrato); e l'insieme così ottenuto dà luogo ancora a parecchie importanti osservazioni. An-

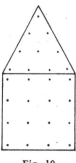

Fig. 10

zitutto, se si considerano soltanto il triangolo e il quadrato come tali, quest'insieme è una rappresentazione geometrica del settenario, in quanto somma del ternario e del quaternario: $3 + 4 = 7$; si può dire, più precisamente, secondo la disposizione stessa della figura, che questo settenario è formato dall'unione di un ternario superiore e di un quaternario inferiore, il che è suscettibile di varie applicazioni. Per limitarci a quel che ci interessa qui in modo particolare, basterà dire che, nella corrispondenza fra i numeri triangolari e i numeri quadrati, i primi devono esser riferiti a un ambito più elevato dei secondi, donde si può inferire che, nel simbolismo pitagorico, la *Tetraktys* doveva avere un ruolo superiore a quello del quadrato di quattro; e, di fatto, tutto ciò che se ne conosce sembra proprio indicare che era realmente così.

Ora, c'è qualcos'altro di più singolare, e che, per quanto si riferisca a una diversa forma tradizionale, non può certo esser ritenuto una semplice ' coincidenza ': i due numeri 10 e 16, contenuti rispettivamente nel triangolo e nel quadrato hanno per somma 26; ora, il numero 26 è il valore numerico totale delle lettere che formano il tetragramma ebraico *iod-hé-vau-hé*. Inoltre, 10 è il valore della prima lettera *iod* e 16 è quello dell'insieme delle altre tre lettere *hé-vau-hé*; questa divisione del tetragramma è perfettamente normale, e la corrispondenza delle sue due parti è anch'essa molto significativa: la *Tetraktys* si identifica così allo *iod* nel triangolo, mentre il resto del tetragramma si inscrive nel quadrato posto al di sotto di quello.

D'altra parte, il triangolo e il quadrato contengono entrambi quattro file di punti; occorre notare, benché la cosa abbia in fondo solo un'importanza secondaria, e unicamente per sottolineare ancora una volta le concordanze di diverse scienze tradizionali, che le quattro file di punti si ritrovano nelle figure della geomanzia, figure che d'altronde, per le combinazioni quaternarie di 1 e 2, sono $16 = 4^2$; e la geomanzia, come indica il suo nome, è in speciale relazione con la terra, simboleggiata, nella tradizione estremo-orientale, dalla forma quadrata.

Infine, se si considerano le forme solide corrispondenti, nella geometria tridimensionale, alle figure piane in questione, al quadrato corrisponde un cubo, e al triangolo una piramide quadrangolare avente per base la faccia superiore del cubo; l'insieme forma quella che il simbolismo massonico designa come 'pietra cubica a punta', e che, nell'interpretazione ermetica, è considerata una figura della 'pietra filosofale'. Vi sono ancora altre osservazioni da fare su quest'ultimo simbolo; ma, poiché esse non hanno più alcun rapporto con il problema della *Tetraktys*, sarà preferibile esaminarle separatamente.

Per tornare su alcune considerazioni che si riferiscono alla figura della ' pietra cubica a punta ', alla quale abbiamo appena alluso, diremo anzitutto che questa figura, in antichi documenti, è completata, in modo abbastanza inatteso, dall'aggiunta di un'ascia che sembra posta in equilibrio sul vertice stesso della piramide. Questa particolarità ha dato spesso da pensare agli specialisti del simbolismo massonico, la maggior parte dei quali non ne ha potuto fornire alcuna spiegazione soddisfacente; tuttavia, si è suggerito che l'ascia potrebbe qui non essere altro che il geroglifico della lettera ebraica *qoph*, ed è questa effettivamente la vera soluzione; ma gli accostamenti che è il caso di fare a questo riguardo sono ancor più significativi se si considera la lettera araba corrispondente *qâf*, e ci è parso interessante darne un'idea, malgrado il carattere di stranezza che queste cose rischiano di assumere agli occhi del lettore occidentale, che naturalmente non è abituato a tal genere di considerazioni.

Il significato più generale che si attribuisce alla lettera in questione sia in ebraico che in arabo, è quello di « forza » o di « potenza » (in arabo *qowah*), che può d'altronde, a seconda dei casi, esser d'ordine materiale o d'ordine spirituale;[1] ed è proprio a questo significato che corrisponde, nel modo più immediato, il simbolismo di un'arma come l'ascia. Nel caso che stiamo esaminando ora, deve evidentemente trattarsi di una potenza spirituale; ciò risulta dal fatto che l'ascia vien messa in rapporto diretto, non con il cubo, ma con la piramide; e ci si potrà ricordare di quel che abbiamo già esposto in altre occasioni sull'equivalenza dell'ascia con il *vajra*, che è anch'esso, prima di tutto, il segno della potenza spirituale. C'è di più: l'ascia è posta, non in un punto qualunque, ma, come abbiamo detto, al vertice della piramide, il quale viene spesso considerato come rappresentazione del vertice di una gerarchia spirituale o iniziatica; questa posizione sembra dunque indicare la più alta potenza spirituale attiva nel mondo, cioè quello che tutte le tradizioni designano come ' Polo '; anche qui, ricorderemo il carattere ' assiale ' delle armi simboliche in genere e dell'ascia in particolare, che è manifestamente in perfetto accordo con una tale interpretazione.

Ora, è degno di nota che il nome stesso della lettera *qâf* sia anche quello, nella tradizione araba, della Montagna sacra o po-

---

1. La distinzione fra questi due significati è indicata in arabo da una differenza nell'ortografia della parola *qowah* per il primo e *qowd* per il secondo.

lare;[2] la piramide, che è essenzialmente un'immagine di quest'ultima, porta dunque, mediante questa lettera, o l'ascia che la sostituisce, la propria designazione come tale, quasi per non lasciar sussistere alcun dubbio sul significato che conviene riconoscerle tradizionalmente. Inoltre, se il simbolo della montagna o della piramide è riferito all'' Asse del Mondo ', il suo vertice, su cui è posta questa lettera, si identifica in special modo col Polo medesimo; ora *qâf* equivale numericamente a *maqâm*,[3] il che designa tale punto come il ' Luogo ' per eccellenza, cioè l'unico punto che rimane fisso e invariabile in tutte le rivoluzioni del mondo.

La lettera *qâf* è, inoltre, la prima del nome arabo del Polo, *Qutb*, e, anche a questo titolo, può servire a designarlo abbreviativamente, secondo un procedimento di frequentissimo impiego;[4] ma vi sono ancora altre concordanze non meno sorprendenti. Così la sede (la parola araba è *markaz*, che significa propriamente « centro ») del Polo supremo (chiamato *El-Qutb El-Ghawth*, per distinguerlo dai sette *Aqtâb* o Poli secondari e subordinati [5]) è descritta simbolicamente in una posizione fra cielo e terra, in un punto che si trova esattamente al di sopra della *Kaabah*, la quale ha precisamente la forma di un cubo ed è, anch'essa, una delle rappresentazioni del ' Centro del Mondo '. Si può dunque considerare che la piramide, invisibile perché di natura puramente spirituale, si elevi al di sopra di questo cubo, che, dal canto suo, è visibile perché si riferisce al mondo elementare, contrassegnato dal numero quaternario; e, nello stesso tempo, questo cubo, sul quale poggia così la base della piramide o della gerarchia, di cui essa è figura e di cui il *Qutb* occupa

---

2. Alcuni vogliono identificare la montagna di *Qâf* con il Caucaso (*qâf-qâsiyah*); se questa assimilazione dovesse esser presa letteralmente nel senso geografico attuale, sarebbe certamente erronea, poiché non si accorderebbe per nulla con ciò che è detto della Montagna sacra, la quale non può esser raggiunta « né per terra né per mare » (*lâ bil-barr wa lâ bil-bahr*); ma bisogna notare che il nome Caucaso è stato attribuito anticamente a parecchie montagne situate in regioni del tutto diverse, il che fa pensare che può ben essere stata originariamente una delle designazioni della Montagna sacra, di cui allora gli altri Caucasi non sarebbero che altrettante ' localizzazioni ' secondarie.

3. *Qâf* = $100 + 1 + 80 = 181$; *maqâm* = $40 + 100 + 1 + 40 = 181$. In ebraico, si ritrova la stessa equivalenza numerica fra *qoph* e *maqom*; d'altronde queste parole differiscono dai loro corrispondenti arabi solo per la sostituzione di *waw* ad *alif*, di cui esistono numerosi altri esempi (*nâr* e *nûr*, *âlam* e *ôlam*, ecc.); il totale è allora 186.

4. È così che la lettera *mîm*, per esempio, serve talvolta a designare il *Mahdi*; Mohyiddin ibn Arabi, in particolare, le dà in certi casi questo significato.

5. I sette *Aqtâb* corrispondono alle ' sette Terre ', che si ritrovano anche in altre tradizioni; e questi sette Poli terrestri sono un riflesso dei sette Poli celesti, che presiedono rispettivamente ai sette Cieli planetari.

il vertice, è anche, per la sua forma, un simbolo della stabilità perfetta. ·

Il *Qutb* supremo è assistito dai due *Imâm* di destra e di sinistra, e il ternario così formato si trova ancora rappresentato, nella piramide, dalla forma triangolare di ciascuna faccia. D'altra parte, l'unità e il binario che costituiscono questo ternario corrispondono alle lettere *alif* e *be*, nei loro rispettivi valori numerici. La lettera *alif* presenta la forma di un asse verticale; la sua punta superiore e i due estremi in opposizione orizzontale della lettera *be* formano, secondo uno schema di cui si potrebbero trovare gli equivalenti in vari simboli appartenenti ad altre tradizioni, i tre angoli del triangolo iniziatico, che in effetti dev'esser considerato propriamente come uno dei 'sigilli' del Polo.

Aggiungiamo ancora, su quest'ultimo punto, che la lettera *alif* è considerata in modo del tutto speciale come 'polare' (*qutbâniyah*); il suo nome e la parola *Qutb* sono numericamente equivalenti: $alif = 1 + 30 + 80 = 111; Qutb = 100 + 9 + 2 = 111$. Questo numero 111 rappresenta l'unità espressa nei tre mondi, il che conviene perfettamente a caratterizzare la funzione stessa del Polo.

Queste osservazioni probabilmente si sarebbero potute sviluppare ulteriormente, ma pensiamo di aver detto abbastanza perché anche coloro che sono più estranei alla scienza tradizionale delle lettere e dei numeri debbano almeno riconoscere che sarebbe assai difficile vedere in tutto ciò solo un semplice insieme di 'coincidenze'!

Il nome degli Etiopi significa letteralmente « visi bruciati » (*Aithi-ôps*),[1] e perciò « visi neri »; comunemente lo si interpreta come designazione di un popolo di razza nera, o almeno dalla carnagione nera.[2] Tuttavia, questa spiegazione troppo 'semplicistica' appare poco soddisfacente se si osserva che gli antichi diedero di fatto lo stesso nome di Etiopia a paesi diversissimi, ad alcuni dei quali esso non converrebbe per nulla, dato che in particolare perfino l'Atlantide, si dice, fu chiamata Etiopia; per contro, non sembra che tale denominazione sia mai stata applicata ai paesi abitati da popoli propriamente appartenenti alla razza nera. Deve quindi esserci dell'altro, e ciò diventa ancor più evidente quando si constata altrove l'esistenza di parole o espressioni similari, tanto che ci si trova naturalmente condotti a cercare quale significato simbolico possano in realtà avere.

I Cinesi si designavano anticamente come « popolo nero » (*li-min*); quest'espressione si trova in particolare nel *Chou-king* (regno dell'imperatore *Chouen*, 2317-2208 prima dell'èra cristiana). Molto più tardi, all'inizio della dinastia *Tsing* (III secolo prima dell'èra cristiana), l'imperatore diede al suo popolo un altro nome analogo,[3] quello di « teste nere » (*kien-cheou*); e, fatto anch'esso singolare, si trova esattamente la stessa espressione in Caldea (*nishi salmat kakkadi*) almeno mille anni prima di quest'epoca. Inoltre, è da notare che i caratteri *kien* e *he*, che significano « nero », rappresentano la fiamma; con questo, il senso dell'espressione 'teste nere' si avvicina ancor più a quello del nome degli Etiopi. Gli orientalisti, che il più delle volte ignorano per partito preso ogni simbolismo, vogliono spiegare i termini 'popolo nero' e 'teste nere' come se designassero il 'popolo dai capelli neri'; disgraziatamente, se questo carattere conviene in effetti ai Cinesi, esso non potrebbe in alcun modo distinguerli dai popoli vicini, sicché anche questa spiegazione appare in fondo del tutto insignificante.

D'altra parte, certuni hanno pensato che il 'popolo nero' fosse propriamente la massa del popolo, alla quale sarebbe stato attribuito il colore nero come in India agli Shûdra, e con lo stesso senso di indistinzione e di anonimato; ma sembra proprio

---

1. Dalla stessa radice *aith* deriva anche la parola *Aithêr*, potendo l'Etere venir considerato in qualche modo come un fuoco superiore, quello del 'Cielo empireo'.
2. Gli abitanti del paese conosciuto ancor oggi con il nome di Etiopia, per quanto abbiano la carnagione scura, non appartengono alla razza nera.
3. Si sa che, in Cina, l'attribuzione agli esseri e alle cose delle loro 'designazioni corrette' faceva tradizionalmente parte delle funzioni del sovrano.

che sia stato l'intero popolo cinese a esser designato così, senza fare alcuna differenza fra la massa e l'*élite*, e, se le cose stanno così, allora il simbolismo in questione non è più valido. Del resto, se si pensa, non solo che le espressioni di questo genere hanno conosciuto un impiego così esteso nello spazio e nel tempo, come abbiamo indicato (ed è possibile che ne esistano altri esempi), ma anche che gli antichi Egizi, da parte loro, davano al proprio paese il nome di *Kêmi* o « terra nera », ci si renderà conto che è sicuramente del tutto inverosimile che tanti popoli diversi abbiano adottato, per se stessi o per il proprio paese, una designazione che avrebbe avuto un senso peggiorativo. Non è dunque a tale senso inferiore del color nero che conviene far appello, bensì piuttosto al suo senso superiore, poiché, come abbiamo spiegato in altre occasioni, esso presenta un duplice simbolismo, come per altro avviene per l'anonimato al quale facevamo allusione poco fa a proposito della massa del popolo, che ha pure due significati opposti.[4]

Si sa che, nel suo senso superiore, il color nero simboleggia essenzialmente lo stato principiale di non-manifestazione, e che così in particolare bisogna intendere il nome di *Krishna*, in opposizione a quello di *Arjuna* che significa « bianco »; essi rappresentano rispettivamente il non-manifestato e il manifestato, l'immortale e il mortale, il ' Sé ' e l'" io ', *Paramâtmâ* e *jîvâtmâ*.[5] Soltanto, ci si può chiedere come un simbolismo del non-manifestato sia applicabile a un popolo o a un paese; dobbiamo riconoscere che il rapporto non appare chiaramente a prima vista, ma comunque esiste realmente nei casi in questione. D'altronde, non dev'essere senza ragione che in molti di questi casi il color nero viene riferito più particolarmente alle ' facce ' o alle ' teste ', termini di cui abbiamo già indicato altrove il significato simbolico, in connessione con le idee di ' vertice ' e di ' principio '.[6]

Per capire questo fatto, bisogna ricordarsi che i popoli di cui sopra sono quelli che si consideravano situati in una posizione ' centrale '; si conosce in particolare, a questo riguardo, la designazione della Cina come « Regno di Mezzo » (*Tchoung-kouo*), come il fatto che l'Egitto era assimilato dai suoi abitanti al ' Cuore del Mondo '. Questa posizione ' centrale ' è d'altronde perfettamente giustificata dal punto di vista simbolico, giacché ciascun paese al quale essa veniva attribuita era effettivamente

---

4. Sul duplice senso dell'anonimato, si veda *Le Règne de la quantité et les signes des temps*, cap. IX.
5. Si veda in particolare *Le blanc et le noir* [qui sotto, come cap. 47].
6. Si veda *La pierre angulaire* [qui sotto, come cap. 43].

la sede del centro spirituale di una tradizione, emanazione e immagine del centro spirituale supremo, e suo rappresentante per coloro che appartenevano alla tradizione considerata, di modo che era per loro veramente il 'Centro del mondo'.[7] Ora, il centro è, per via del suo carattere principiale, quel che si potrebbe chiamare il 'luogo' della non-manifestazione; in quanto tale, il color nero, inteso nel suo senso superiore, gli conviene quindi realmente. Occorre per altro notare che, per contro, il colore bianco si addice anch'esso sotto un altro profilo al centro, vogliamo dire in quanto è il punto di partenza di una 'irradiazione' assimilata a quella della luce;[8] si potrebbe dire dunque che il centro è 'bianco' esteriormente e in rapporto alla manifestazione che procede da esso, mentre è 'nero' interiormente e in se stesso; e quest'ultimo punto di vista è naturalmente quello degli esseri i quali, per una ragione come quella da noi appena ricordata, si situano simbolicamente proprio al centro.

7. Si veda *La Grande Triade*, cap. xvi.
8. Si veda *Les sept rayons et l'arc-en-ciel* [qui sotto, come cap. 57].

Nella *Grande Triade*, a proposito del simbolismo polare e
della parola cinese *i*, che designa l'unità (la Stella polare è chiamata *Tai-i*, cioè « Grande Unità »), siamo stati condotti a fornire
alcune indicazioni sul simbolismo massonico della lettera G, la
cui posizione normale è ugualmente ' polare ', e a fare un accostamento con la lettera I, che rappresentava ' il primo nome di
Dio ' per i ' Fedeli d'Amore '.[1] Questo accostamento si giustificava
col fatto che la lettera G, che non potrebbe di per se stessa essere
considerata un vero e proprio simbolo in quanto appartiene alle
lingue moderne in cui non c'è nulla di sacro né di tradizionale,
ma che *stands for God* nei rituali inglesi ed è infatti l'iniziale
della parola *God*, è stata ritenuta, almeno in certi casi, sostitutiva dello *iod* ebraico, simbolo del Principio o dell'Unità, in
virtù di un'assimilazione fonetica fra *God* e *iod*.[2] Queste brevi
osservazioni hanno costituito il punto di partenza di ricerche che
hanno dato luogo a nuove constatazioni assai interessanti;[3] per
questo crediamo utile tornare sull'argomento per completare
quel che abbiamo già detto.

Anzitutto, si deve notare che, in un antico catechismo del
grado di Compagno,[4] alla domanda: *What does that G denote?*
si risponde espressamente: *Geometry or the Fifth Science* (cioè
la scienza che occupa il quinto posto nella enumerazione tradizionale delle ' sette arti liberali ', di cui abbiamo segnalato in
altre occasioni la trasposizione esoterica nelle iniziazioni del Medioevo); questa interpretazione non contraddice d'altronde in alcun modo l'affermazione che questa stessa lettera *stands for God*,
essendo Dio specificamente designato in questo grado come
« Grande Geometra dell'Universo »; e, d'altra parte, le conferisce tutta la sua importanza il fatto che, nei più antichi manoscritti conosciuti della massoneria operativa, la ' Geometria ' è

---

1. *La Grande Triade*, cap. xxv.
2. L'autore di un'opera sul simbolismo massonico ha creduto di doverci rivol-
gere a questo proposito una critica, formulata anche in termini assai poco corte-
si, come se noi fossimo responsabili di questa assimilazione fonetica; ma noi non
abbiamo tuttavia a questo riguardo una responsabilità maggiore di quella dei
massoni inglesi che un tempo identificarono le tre lettere della medesima parola
God con le iniziali delle tre parole ebraiche *Gamel, Oz, Dabar* (Bellezza, Forza,
Saggezza); checché si pensi del valore di tali accostamenti (e ve ne sono altri ancora), si è in ogni caso obbligati a tenerne conto almeno storicamente.
3. Marius Lepage, *La Lettre G*, in « Le Symbolisme », numero del novembre
1948; articolo nello « Speculative Mason », numero del luglio 1949, scritto in occasione del precedente, e da cui è tratta la maggior parte delle informazioni che
utilizziamo qui.
4. Prichard, *Masonry Dissected* (1730).

costantemente identificata con la massoneria stessa; vi è quindi in ciò qualcosa che non può essere considerato trascurabile. Risulta inoltre, come vedremo subito, che la lettera G, in quanto iniziale di *Geometry*, ha preso il posto del suo equivalente greco Γ, il che viene giustificato sufficientemente dall'origine stessa della parola ' Geometria ' (e, almeno qui, non abbiamo più a che fare con una lingua moderna); inoltre, la lettera Γ presenta di per sé un certo interesse, dal punto di vista del simbolismo massonico, per via della sua forma che è quella di una squadra,[5] cosa che non accade evidentemente per la lettera latina G.[6] Ora, prima di spingerci oltre, ci si potrebbe domandare se questo non sia in contrasto con la spiegazione della G come sostitutiva dello *iod* ebraico, o almeno, visto che anche questa sostituzione ha avuto luogo, se non sarebbe il caso di pensare, in tali circostanze, che essa sia stata operata solo a posteriori e più o meno tardivamente; di fatto, siccome la lettera G pare esser stata propria del grado di maestro, questa deve essere la spiegazione accettata da coloro che seguono l'opinione corrente su quest'ultimo grado. Per contro, per quelli che come noi si rifiutano, per diverse ragioni, di considerare questo grado il prodotto di un'elaborazione ' speculativa ' del secolo XVIII, e che vi scorgono una specie di ' condensazione ' del contenuto di certi gradi superiori della massoneria operativa, destinata a colmare nella misura del possibile una lacuna dovuta all'ignoranza in cui si trovavano riguardo a questi i fondatori della Grande Loggia d'Inghilterra, la cosa appare sotto una luce assai diversa: si tratta allora di una sovrapposizione di due significati diversi, ma che non si escludono per nulla, fatto che non ha sicuramente niente di eccezionale nel simbolismo; inoltre, quel che nessuno sembra aver osservato finora, è che le due interpretazioni, rifacendosi rispettivamente al greco e all'ebraico, si accordano perfettamente con il carattere proprio dei due gradi corrispondenti, ' pitagorico ' per il secondo, e ' salomonico ' per il terzo, e forse è soprattutto questo, in fondo, che permette di comprendere realmente la questione.

Detto ciò, possiamo tornare all'interpretazione ' geometrica '

---

5. Ricordiamo che la squadra a bracci disuguali, che è più precisamente la forma di questa lettera, rappresenta i due lati dell'angolo retto del triangolo rettangolo 3-4-5, che ha, come abbiamo spiegato altrove, un'importanza tutta particolare nella massoneria operativa (si veda *Parole perdue et mots substitués*, in « Études Traditionnelles », dicembre 1948).

6. Tutte le considerazioni che alcuni hanno voluto trarre dalla forma della lettera G (somiglianza con la forma di un nodo, con quella del simbolo alchemico del sale, ecc.) hanno manifestamente un carattere del tutto artificiale e anche piuttosto fantasioso; esse non hanno il minimo rapporto con i significati riconosciuti di questa lettera, e non poggiano d'altronde su alcun dato autentico.

del grado di Compagno; quel che ne abbiamo detto finora non è ancora la parte più interessante riguardo al simbolismo della massoneria operativa. Nello stesso catechismo sopra citato, si trova anche questa specie d'enigma: *By letters four and science five, this G aright doth stand in a due art and proportion*.[7] Qui, *science five* designa evidentemente la « quinta,scienza », cioè la Geometria; in quanto al significato di *letters four*, si potrebbe, a prima vista e per simmetria, esser tentati di supporvi un errore per cui occorra leggere *letter* al singolare, di modo che si tratterebbe della « quarta lettera », cioè, nell'alfabeto greco, della lettera Δ, che è infatti simbolicamente interessante per la sua forma triangolare; ma, siccome questa spiegazione avrebbe il grande difetto di non presentare alcun rapporto intelligibile con la lettera G, è molto più verosimile che si tratti realmente di « quattro lettere », e che l'espressione d'altronde anormale *science five*, invece di *fifth science*, sia stata messa lì intenzionalmente per rendere l'enunciato ancor più enigmatico. Ora, il punto che può sembrare più oscuro è questo: perché si parla di quattro lettere, o, se è invece sempre dell'iniziale della parola *Geometry* che si tratta, perché deve essere quadruplicata *to stand aright in due art and proportion*? La risposta, che deve trovarsi in rapporto con la posizione ' centrale ' o ' polare ' della lettera G, può essere data solo per mezzo del simbolismo operativo, ed è qui d'altronde che appare la necessità di prendere questa lettera, come indicàvamo sopra, nella sua forma greca Γ. Infatti, l'accostamento di quattro Γ posti ad angolo retto gli uni rispetto agli altri forma lo *swastika*, « simbolo, come lo è pure la lettera G, della Stella polare, che è essa stessa il simbolo, e per il massone operativo la sede effettiva, del Sole centrale nascosto dell'Universo, *Iah* »,[8] il che richiama evidentemente molto da vicino il *Tai-i* della tra-

---

7. Non dobbiamo dimenticare di menzionare per inciso che, in risposta alla domanda *Who doth that G denote?* (*who* e non più *what* come in precedenza quando si trattava della Geometria), questo catechismo contiene ancora la seguente frase: *The Grand Architect and contriver of the Universe, or He that was taken up to the Pinnacle of the Holy Temple*; si osserverà che il « Grande Architetto dell'Universo » viene qui identificato con Cristo (dunque col *Logos*), messo a sua volta in rapporto con il simbolismo della ' pietra angolare ' inteso secondo il senso che abbiamo spiegato; il « pinnacolo del Tempio » (e si noterà la curiosa somiglianza di questa parola con l'ebraico *pinnah* che significa « angolo ») è naturalmente il vertice o il punto più elevato, e, come tale, equivale a quel che è la « chiave di volta » (*Keystone*) nell'*Arch Masonry*.

8. Nell'articolo dello « Speculative Mason », da cui è tratta questa citazione, lo *swastika* è chiamato inesattamente *gammadion*, designazione che, come abbiamo segnalato a diverse riprese, era in realtà applicata anticamente a tutt'altre figure (si veda in particolare *El-Arkân*, in cui ne abbiamo dato la riproduzione), ma non è men vero che si può ritenere che lo *swastika* per quanto non abbia mai portato questo nome, sia formato da quattro *gamma*, di modo che questa rettificazione di terminologia non cambia nulla alla nostra argomentazione.

dizione estremo-orientale.[9] Nel passo della *Grande Triade* che richiamavamo all'inizio, abbiamo già segnalato l'esistenza, nel rituale operativo, di uno strettissimo rapporto fra la lettera G e lo *swastika*; tuttavia, non eravamo allora a conoscenza delle informazioni che, facendo intervenire il Γ greco, rendono questo rapporto ancor più diretto e ne completano la spiegazione.[10] È opportuno notare anche che la parte ricurva dei bracci dello *swastika* è considerata rappresentare l'Orsa Maggiore, vista in quattro posizioni diverse nel corso della sua rivoluzione intorno alla Stella polare, alla quale naturalmente corrisponde il centro in cui si uniscono i quattro *gamma*, e che queste quattro posizioni sono messe in relazione con i quattro punti cardinali e le quattro stagioni; è noto quale sia l'importanza dell'Orsa Maggiore in tutte le tradizioni in cui interviene il simbolismo polare.[11] Se si considera che tutto ciò appartiene a un simbolismo che può veramente dirsi 'ecumenico' e che indica per ciò stesso un legame abbastanza diretto con la tradizione primordiale, si può capire senza fatica perché « la teoria polare sia sempre stata uno dei più grandi segreti dei veri maestri massoni ».[12]

9. Aggiungeremo che il nome divino *Iah*, appena menzionato, è messo più specificamente in rapporto con il primo dei tre Grandi Maestri nel settimo grado della massoneria operativa.

10. Si potrebbe forse obiettare che la documentazione inedita fornita dallo « Speculative Mason », e che concerne lo *swastika*, proviene da Clement Stretton, e che questi si dice sia stato il principale autore di una 'restaurazione' dei rituali operativi nella quale certi elementi, perduti in seguito a circostanze mai completamente chiarite, sarebbero stati sostituiti da 'prestiti' tratti dai rituali speculativi di cui nulla garantisce la conformità con ciò che esisteva anticamente; ma questa obiezione non vale nel nostro caso, poiché si tratta qui di cosa di cui non si trova la minima traccia nella massoneria speculativa.

11. Si veda ugualmente *La Grande Triade*, cap. xxv, a proposito della 'Città dei Salici' e della sua rappresentazione simbolica con uno staio pieno di riso.

12. Può essere interessante segnalare ancora che, nella Cabala, lo *iod* si considera formato dall'unione di tre punti che rappresentano le tre *middoth* supreme e sono disposti a squadra; quest'ultima è d'altronde volta in senso contrario a quella che forma la lettera greca Γ, il che potrebbe corrispondere ai due sensi opposti di rotazione dello *swastika*.

Simboli della manifestazione ciclica

18. *Alcuni aspetti del simbolismo di Giano*

Abbiamo fatto allusione a diverse riprese, nelle nostre opere, al simbolismo di Giano; per trattare a fondo questo simbolismo dai complessi e molteplici significati, e per segnalare tutti i suoi legami con un gran numero di figurazioni analoghe che s'incontrano in altre tradizioni, occorrerebbe un volume intero. Per il momento, ci è parso interessante riunire alcuni dati concernenti certi aspetti di tale simbolismo e in particolare riprendere, in modo più esauriente di quanto non abbiamo potuto fare sinora, le considerazioni che spiegano l'accostamento che talvolta è stato fatto fra Giano e Cristo, in una maniera che può sembrare strana a prima vista, ma che è nondimeno perfettamente giustificata.

Fig. 11

Infatti, è stato pubblicato, qualche anno fa, da Charbonneau-Lassay su « Regnabit »,[1] un curioso documento che raffigura esplicitamente Cristo sotto le sembianze di Giano, e noi stessi l'abbiamo in seguito commentato nella medesima rivista[2] (fig. 11). È un cartiglio dipinto su una pagina staccata da un libro manoscritto di chiesa del secolo XV trovata a Luchon, che conclude il foglietto del mese di gennaio sul calendario liminare di questo libro. In cima al medaglione interno figura il monogramma IHS sormontato da un cuore; il rimanente del medaglione è occupato da un busto di *Janus Bifrons*, con un viso maschile e uno

---

1. *Un ancien emblème du mois de janvier*, in « Regnabit », maggio 1925.
2. *A propos de quelques symboles hermético-religieux*, in « Regnabit », dicembre 1925.

femminile, come si vede assai frequentemente; esso porta una corona sulla testa, e tiene con una mano uno scettro e con l'altra una chiave.

« Sui monumenti romani, » scriveva Charbonneau-Lassay riproducendo questo documento « Giano si mostra, come sul cartiglio di Luchon, con la corona in testa e lo scettro nella mano destra, perché è re; tiene con l'altra mano una chiave che apre e chiude le epoche; per questo, per estensione di concetto, i Romani gli consacravano le porte delle case e delle città... Anche Cristo, come l'antico Giano, porta lo scettro regale cui ha diritto in nome del Padre Celeste e dei suoi antenati di quaggiù; e con l'altra mano tiene la chiave dei segreti eterni, la chiave tinta del suo sangue che aprì all'umanità perduta la porta della vita. Per questo, nella quarta grande antifona prima di Natale, la liturgia sacra lo acclama così: " *O Clavis David, et Sceptrum domus Israel!*... Tu sei, o Cristo atteso, la Chiave di David e lo Scettro della casa d'Israele. Tu apri, e nessuno può chiudere; e quando chiudi, nessuno può più aprire " [3]... ».

L'interpretazione più comune dei due volti di Giano vede in essi la rappresentazione rispettivamente del passato e del futuro; questa interpretazione, pur essendo molto incompleta, da un certo punto di vista è comunque esatta. Per questo, in un numero abbastanza grande di rappresentazioni, i due volti sono quelli di un uomo anziano e di un uomo giovane; non è però il caso dell'emblema di Luchon, un esame attento del quale non permette di dubitare che si tratti del Giano androgino, o *Janus-Jana*;[4] ed è quasi superfluo far notare lo stretto rapporto di questa forma di Giano con certi simboli ermetici come il *Rebis*.[5]

Considerando il simbolismo di Giano come riferito al tempo, è il caso di fare un'osservazione molto importante: fra il passato che non è più e il futuro che non è ancora, il vero volto di Giano, quello che guarda il presente, non è, si dice, né l'uno né l'altro di quelli visibili. Questo terzo volto, infatti, è invisibile perché il presente, nella manifestazione temporale, non è che un istante inafferrabile;[6] ma, quando ci si innalza al di sopra delle condizioni di questa manifestazione transitoria e contingente, il presente contiene al contrario ogni realtà. Il terzo volto

3. *Breviario romano*, uffizio del 20 dicembre.
4. Il nome di *Diana*, la dea lunare, non è che un'altra forma di *Jana*, l'aspetto femminile di *Janus*.
5. La sola differenza è che questi simboli sono generalmente *Sol-Luna*, sotto varie forme, mentre sembra che *Janus-Jana* sia piuttosto *Lunus-Luna*, essendo la sua testa spesso sormontata dalla mezzaluna.
6. È pure per questa ragione che certe lingue, come l'ebraico e l'arabo, non hanno una forma verbale che corrisponda al presente.

di Giano corrisponde, in un altro simbolismo, quello della tradizione indù, all'occhio frontale di *Shiva*, anch'esso invisibile, poiché non è rappresentato da nessun organo corporeo, e che raffigura il 'senso dell'eternità'. È detto che uno sguardo di questo terzo occhio riduce tutto in cenere, cioè distrugge ogni manifestazione; ma quando la successione è tramutata in simultaneità, tutte le cose rimangono nell'' eterno presente ', di modo che l'apparente distruzione non è in verità che una ' trasformazione ', nel senso più rigorosamente etimologico della parola.

Da queste poche considerazioni, è già facile capire che Giano rappresenta veramente Colui che è, non soltanto il ' Signore del triplice tempo ' (designazione applicata nella dottrina indù pure a *Shiva*),[7] ma anche e soprattutto il ' Signore dell'Eternità '. Cristo, scriveva ancora a questo proposito Charbonneau-Lassay, domina il passato e il futuro; coeterno al Padre, egli è come lui l'' Antico dei Giorni ': « in principio era il Verbo » dice san Giovanni. È anche il padre e il signore dei secoli a venire: *Jesu pater futuri saeculi*, ripete ogni giorno la Chiesa romana, ed Egli stesso si è proclamato l'inizio e la fine di tutte le cose: « Io sono l'*alpha* e l'*omega*, il principio e la fine ». « È il ' Signore dell'Eternità ' ».

È del tutto evidente, infatti, che il ' Signore dei tempi ' non può essere soggetto da parte sua al tempo, che ha in lui il suo principio, allo stesso modo che, secondo l'insegnamento di Aristotele, il primo motore di tutte le cose, o il principio del moto universale, è necessariamente immobile. È proprio il Verbo eterno che i testi biblici designano spesso come l'' Antico dei Giorni ', il Padre delle èere o dei cicli d'esistenza (che è il senso proprio e primitivo della parola latina *saeculum*, come del greco *aiôn* e dell'ebraico *ôlam* che essa traduce); e convien notare che la tradizione indù gli dà anche il titolo di *Purâna-Purusha*, il cui significato è strettamente equivalente.

Ritorniamo ora alla raffigurazione che abbiamo preso come punto di partenza di queste osservazioni: vi si scorgono, dicevamo, lo scettro e la chiave nelle mani di Giano: come la corona (che può tuttavia esser vista anche come simbolo di potenza e di elevazione nel senso più generale, nell'ordine spirituale come nell'ordine temporale, e che qui ci sembra aver piuttosto questa accezione), lo scettro è l'emblema del potere regale, e la chiave, dal suo canto, è allora più specificamente quella del potere sacerdotale. Si osservi che lo scettro è a sinistra della figura, dal lato del volto maschile, e la chiave a destra, dal lato del volto fem-

---

7. Il tridente (*trishûla*), attributo di *Shiva*, è il simbolo del triplice tempo (*trikâla*).

minile; ora, secondo il simbolismo impiegato dalla Cabala ebraica, alla destra e alla sinistra corrispondono rispettivamente due attributi divini: la Misericordia (*Hesed*) e la Giustizia (*Din*),[8] che si addicono manifestamente anche a Cristo, in special modo quando lo si considera nella sua funzione di Giudice dei vivi e dei morti. Gli Arabi, facendo un'analoga distinzione negli attributi divini e nei nomi che vi corrispondono, dicono « Bellezza » (*Djemâl*) e « Maestà » (*Djelâl*); e si potrebbe anche comprendere, con queste ultime designazioni, come questi due aspetti siano stati rappresentati con un volto femminile e uno maschile.[9] Insomma, la chiave e lo scettro, sostituendosi qui all'insieme delle due chiavi che è forse un emblema più consueto di Giano, servono a rendere ancora più chiaro uno dei significati di tale emblema, quello di un duplice potere che procede da un principio unico: potere sacerdotale e potere regale, riuniti, secondo la tradizione giudaico-cristiana, nella persona di Melchisedec, il quale è, come dice san Paolo, « fatto simile al Figlio di Dio ».[10]

Abbiamo appena detto che Giano porta più frequentemente due chiavi; queste chiavi sono quelle delle due porte solstiziali, *Janua Coeli* e *Janua Inferni*, che corrispondono rispettivamente al solstizio d'inverno e al solstizio d'estate, cioè ai due punti estremi della corsa del sole nel ciclo annuale, poiché Giano, in quanto 'Signore dei tempi', è lo *Janitor* che apre e chiude questo ciclo. D'altra parte, era anche il dio dell'iniziazione ai misteri: *initiatio* deriva da *in-ire*, « entrare » (il che si ricollega pure al simbolismo della 'porta'), e, secondo Cicerone, il nome di Giano ha la stessa radice del verbo *ire*, « andare »; questa radice *i* si trova d'altronde in sanscrito con lo stesso senso del latino, e, in tale lingua, essa ha fra i suoi derivati il termine *yâna*, « via », la cui forma s'avvicina singolarmente al nome stesso di Giano. « Io sono la Via » ha detto Cristo;[11] dobbiamo scorgervi la pos-

---

8. Nel simbolo dell'albero sefirotico, che rappresenta l'insieme degli attributi divini, le due 'colonne' laterali sono rispettivamente quelle della Misericordia e della Giustizia; alla sommità della 'colonna di mezzo' è la « Corona » (*Kether*), che domina queste due 'colonne' laterali; la posizione analoga della corona di Giano nella nostra figura, in rapporto alla chiave e allo scettro, ci pare dar luogo a un accostamento che giustifica quel che abbiamo appena detto sul suo significato: sarebbe il potere principiale, unico e totale, da cui procedono i due aspetti designati dagli altri due emblemi.

9. Nel *Roi du Monde* abbiamo spiegato più esaurientemente il simbolismo della destra e della sinistra, della 'mano di giustizia' e della 'mano benedicente', indicato anche in parecchi Padri della Chiesa, e in particolare in sant'Agostino.

10. *Epistola agli Ebrei*, VII, 3.

11. Nella tradizione estremo-orientale, la parola *Tao*, il cui senso letterale è ancora « Via », serve come designazione del Principio supremo; e il carattere ideografico che lo rappresenta è formato dai segni della testa e dei piedi, equivalenti all'*alpha* e all'*omega*.

sibilità di un altro accostamento? Quel che diremo ora sembra esser di natura tale da giustificarlo; e si avrebbe gran torto, in tema di simbolismo, a trascurare certe somiglianze verbali, le cui ragioni sono spesso profondissime, benché sfortunatamente sfuggano ai filologi moderni, i quali ignorano tutto quel che può legittimamente portare il nome di ' scienza sacra '.

Comunque, siccome Giano era considerato il dio dell'iniziazione, le sue due chiavi, una d'oro e l'altra d'argento, erano quelle dei ' grandi misteri ' e dei ' piccoli misteri '; per usare un altro linguaggio equivalente, la chiave d'argento è quella del ' Paradiso terrestre ', e la chiave d'oro quella del ' Paradiso celeste '. Queste stesse chiavi erano uno degli attributi del sovrano pontificato, al quale era essenzialmente attribuita la funzione di ' ierofante '; come la barca, che era anche un simbolo di Giano,[12] esse sono rimaste fra i principali emblemi del papato; e le parole evangeliche relative al ' potere delle chiavi ' sono in perfetto accordo con le tradizioni antiche, uscite tutte dalla grande tradizione primordiale. D'altra parte c'è un rapporto abbastanza diretto fra il senso appena indicato e quello secondo cui la chiave d'oro rappresenta il potere spirituale e la chiave d'argento il potere temporale (quest'ultima, allora, talvolta sostituita, come abbiamo visto, dallo scettro):[13] Dante, infatti, assegna come funzioni all'Imperatore e al Papa di condurre l'umanità rispettivamente al ' Paradiso terrestre ' e al ' Paradiso celeste '.[14]

Inoltre, in virtù di un certo simbolismo astronomico che sembra esser stato comune a tutti i popoli antichi, vi sono anche dei legami strettissimi fra le due interpretazioni secondo le quali le chiavi di Giano erano sia quelle delle due porte solstiziali, sia quelle dei ' grandi misteri ' e dei ' piccoli misteri '.[15] Il simbolismo al quale alludiamo è quello del ciclo zodiacale, e non è senza ragione che quest'ultimo, con le sue due metà, ascendente e discendente, che hanno i loro rispettivi punti di partenza ai due solstizi d'inverno e d'estate, si trovi raffigurato sul portale

12. La barca di Giano era una barca che poteva andare nei due sensi, sia in avanti, sia indietro, il che corrisponde ai due volti di Giano stesso.
13. Lo scettro e la chiave sono d'altronde l'uno e l'altro in relazione simbolica con l'' Asse del Mondo '.
14. *De Monarchia*, III, 16. Forniamo la spiegazione di questo passo di Dante in *Autorité spirituelle et Pouvoir temporel.*
15. Dobbiamo ricordare di sfuggita, per quanto l'abbiamo già segnalato in parecchie occasioni, che Giano aveva un'altra funzione ancora: era il dio delle corporazioni di artigiani o *Collegia fabrorum*, che celebravano in suo onore le due feste solstiziali d'inverno e d'estate. In seguito, quest'uso si conservò sempre nelle corporazioni di costruttori; ma, con il cristianesimo, queste feste solstiziali si identificarono con le due feste di san Giovanni, l'invernale e l'estiva (donde l'espressione ' Loggia di San Giovanni ' conservatasi fin nella massoneria moderna); ecco un esempio dell'adattamento dei simboli precristiani, troppo spesso misconosciuto o mal interpretato dai moderni.

di tante chiese medioevali.[16] Si vede qui apparire un altro significato dei due volti di Giano: egli è il ' Signore delle due vie '
alle quali dànno accesso le due porte solstiziali, quelle due vie
di destra e di sinistra (giacché vi si ritrova quell'altro simbolismo
che segnalavamo sopra) rappresentate dai pitagorici con la lettera
Y,[17] e raffigurate anche, sotto una forma exoterica, dal mito di
Ercole fra la virtù e il vizio. Sono le medesime due vie che la
tradizione indù, dal canto suo, designa come « via degli dèi »
(*dêva-yâna*) e « via degli antenati » (*piri-yâna*); e *Ganêsha*, il cui
simbolismo ha numerosi punti di contatto con quello di Giano,
è anch'egli il ' Signore delle due vie ', per una conseguenza immediata del suo carattere di ' Signore della conoscenza ', il che
ci riconduce all'idea dell'iniziazione ai misteri. Infine, queste
due vie sono pure, in un certo senso, come le porte per le quali
vi si accede, quella dei cieli e quella degli inferi;[18] e si osserverà
che i due lati ai quali esse corrispondono, la destra e la sinistra,
sono quelli in cui si dispongono gli eletti e i dannati nelle rappresentazioni del Giudizio finale, le quali pure, per una coincidenza assai significativa, si trovano così frequentemente sul portale delle chiese, e non in un'altra parte qualunque dell'edificio.[19]
Queste rappresentazioni, come quelle dello Zodiaco, esprimono,
pensiamo, qualcosa di assolutamente fondamentale nella concezione dei costruttori di cattedrali, i quali si proponevano di dare
alle loro opere un carattere ' pantacolare ', nel vero senso della
parola,[20] cioè di farne una specie di compendio sintetico del-
l'Universo.[21]

16. Ciò si ricollega manifestamente a quanto segnalato nella nota precedente a
proposito delle tradizioni conservate dalle corporazioni di costruttori.
17. Questo antico simbolo si è conservato fino a un'epoca abbastanza recente:
l'abbiamo ritrovato in particolare nel marchio dello stampatore Nicolas du Chemin, disegnato da Jean Cousin, in *Le Champ fleuri* di Geoffroy Tory (Parigi,
1529), ove esso è designato con il nome di « lettera pitagorica », e anche, al museo
del Louvre, su vari mobili del Rinascimento.
18. Nei simboli del Rinascimento appena menzionati, le due vie sono, sotto questo
profilo, designate rispettivamente come *via arcta* e *via lata*, « via stretta » e « via
larga ».
19. Sembra talora che quel che in certi casi è riferito alla destra lo sia alla sinistra
in altri, e inversamente; succede però che tale contraddizione sia solo apparente,
giacché bisogna sempre cercare in rapporto a che cosa si prende la destra e la
sinistra; quando è reale, essa si spiega con certe concezioni ' cicliche ' abbastanza
complesse, che influiscono sulle corrispondenze esaminate. Segnaliamo questo unicamente allo scopo di non dissimulare una difficoltà della quale è il caso di tener
conto per interpretare correttamente un numero rilevante di simboli.
20. Si deve scrivere ' pantacolo ' (*pantaculum*, alla lettera « piccolo tutto »), e non
' pentacolo ' come si fa troppo spesso; questo errore ortografico ha fatto credere a
taluni che la parola avesse un rapporto con il numero 5 e dovesse esser preso
come un sinonimo di ' pentagramma '.
21. Questa concezione è d'altronde in qualche modo implicita nella pianta stessa
della cattedrale; ma non possiamo, almeno per il momento, metterci a giustificare tale affermazione, cosa che ci condurrebbe troppo lontano.

Nel corso dei nostri diversi studi, abbiamo spesso avuto occasione di alludere al simbolismo del ciclo annuale, con le sue due metà, ascendente e discendente, e specialmente a quello delle due porte solstiziali, che aprono e chiudono rispettivamente le due metà del ciclo, e sono in rapporto con la figura di *Janus* presso i Latini, e con quella di *Ganêsha* presso gli Indù.[1] Per capir bene tutta l'importanza di questo simbolismo, bisogna ricordarsi che, in virtù dell'analogia di ciascuna parte dell'universo con il tutto, vi è corrispondenza fra le leggi di tutti i cicli, di qualunque ordine siano, in modo che il ciclo annuale, per esempio, potrà essere preso come un'immagine ridotta, e di conseguenza più accessibile, dei grandi cicli cosmici (e un'espressione come quella di 'grande anno' lo indica abbastanza chiaramente), e come un compendio, se così si può dire, del processo stesso della manifestazione universale; è questo d'altronde che dà all'astrologia tutto il suo significato in quanto scienza propriamente 'cosmologica'.

Se è così, i due 'punti di arresto' del cammino solare (tale è il senso etimologico della parola 'solstizio') devono corrispondere ai due termini estremi della manifestazione, sia nel suo complesso, sia in ciascuno dei cicli che la costituiscono, cicli di numero indefinito, che non sono altro se non i diversi stati o gradi dell'Esistenza universale. Se si vuol applicare ciò più in particolare a un ciclo della manifestazione individuale, come quello dell'esistenza nello stato umano, si potrà facilmente capire perché le due porte solstiziali siano tradizionalmente designate come 'porta degli uomini' e 'porta degli dèi'. La 'porta degli uomini', corrispondente al solstizio d'estate e al segno zodiacale del Cancro, è l'ingresso nella manifestazione individuale; la 'porta degli dèi', corrispondente a sua volta al solstizio d'inverno e al segno zodiacale del Capricorno, è l'uscita da questa manifestazione e il passaggio agli stati superiori, poiché gli 'dèi' (i *dêva* della tradizione indù), come gli 'angeli' secondo un'altra terminologia, rappresentano propriamente, dal punto di vista metafisico, gli stati sopra-individuali dell'essere.[2]

Se si considera la distribuzione dei segni zodiacali secondo i quattro trigoni elementari, si vede che il segno del Cancro corrisponde al 'fondo delle Acque', cioè, in senso cosmogonico, all'ambiente embriogenico nel quale sono deposti i germi del

1. Si veda in particolare *Le Roi du Monde*, cap. III.
2. Questo punto è ampiamente spiegato in *Les États multiples de l'être*.

mondo manifestato, germi corrispondenti, nell'ordine 'macrocosmico', al *Brahmânda* o 'Uovo del Mondo', e, nell'ordine 'microcosmico', al *pinda*, prototipo formale dell'individualità preesistente in modo sottile fin dall'origine della manifestazione ciclica, come costitutivo di una delle possibilità che dovranno svilupparsi nel corso di tale manifestazione.[3] Questo può anche esser riferito al fatto che lo stesso segno del Cancro è il domicilio della Luna, la cui relazione con le Acque è ben nota, e che rappresenta, come queste Acque medesime, il principio passivo e plastico della manifestazione: la sfera lunare è propriamente il 'mondo della formazione', o l'ambito dell'elaborazione delle forme nello stato sottile, punto di partenza dell'esistenza nel modo individuale.[4]

Nel simbolo astrologico del Cancro ♋, si vede il germe allo stato di semi-sviluppo che è appunto lo stato sottile; si tratta dunque, non dell'embrione corporeo, ma proprio del prototipo formale di cui abbiamo appena parlato, e la cui esistenza si situa nell'ambito psichico o 'mondo intermedio'. D'altronde, la sua figura è quella dell'*u* sanscrito, elemento di spirale che costituisce, nell'*akshara* o monosillabo sacro *Om*, il termine intermedio fra il punto (*m*), che rappresenta la non-manifestazione principiale, e la linea retta (*a*), che rappresenta lo sviluppo completo della manifestazione nello stato grossolano o corporeo.[5]

Inoltre, questo germe è doppio, posto in due posizioni inverse l'una all'altra che rappresentano per ciò stesso due termini complementari: sono lo *yang* e lo *yin* della tradizione estremo-orientale, ove il simbolo *yin-yang* che li riunisce ha precisamente una forma simile. Questo simbolo, in quanto rappresentativo delle rivoluzioni cicliche, le cui fasi sono legate alla prevalenza alternante dello *yang* e dello *yin*, è in rapporto con altre figure di grande importanza dal punto di vista tradizionale, come quella dello *swastika*, e anche quella della doppia spirale che si riferisce al simbolismo dei due emisferi. Questi, uno luminoso e l'altro

---

3. Si veda *L'Homme et son devenir selon le Vêdânta*, capp. XIII e XIX. L'analogia costitutiva del 'microcosmo' e del 'macrocosmo', considerati sotto questo profilo, viene espressa nella dottrina indù da questa formula: *Yathâ pinda Tathâ Brahmânda*, « come l'embrione individuale (sottile), così l'Uovo del Mondo ».
4. *Ibidem*, cap. XXI. Abbiamo segnalato in varie occasioni l'identità del « mondo della formazione », o *Ietsirah* secondo la terminologia della Cabala ebraica, con l'ambito della manifestazione sottile.
5. Su queste forme geometriche che corrispondono rispettivamente ai tre *mâtrâ* di *Om*, si veda *ibidem*, cap. XVI. Conviene ricordare a questo proposito che il punto è il principio primordiale di tutte le forme geometriche, come il non-manifestato lo è di tutti gli stati della manifestazione, e che, essendo informale e 'senza dimensioni', esso è, nel suo ordine, l'unità vera e indivisibile, ciò che ne fa un simbolo naturale dell'Essere puro.

oscuro (*yang*, nel suo significato originale, è il lato della luce, e *yin* il lato dell'ombra), sono le due metà dell'' Uovo del Mondo ', assimilate rispettivamente al Cielo e alla Terra.[6] Sono anche, per ogni essere, e sempre in virtù dell'analogia del ' microcosmo ' con il ' macrocosmo ', le due metà dell'Androgino primordiale, in genere descritto simbolicamente come di forma sferica;[7] la forma sferica è quella dell'essere completo che è virtualmente nel germe originale, e deve essere ricostituito nella sua pienezza effettiva al termine dello sviluppo ciclico individuale.

C'è da osservare, d'altra parte, che la sua forma è anche lo schema della conchiglia (*shankha*), che è evidentemente in relazione diretta con le Acque, ed è ugualmente rappresentata come involucro dei germi del ciclo futuro durante i periodi di *pralaya* o di ' dissoluzione esterna ' del mondo. Questa conchiglia racchiude il suono primordiale e imperituro (*akshara*), il monosillabo *Om*, che è, coi suoi tre elementi (*mâtrâ*), l'essenza del triplice *Vêda*; ed è così che il *Vêda* sussiste perpetuamente, essendo in se stesso anteriore a tutti i mondi, ma in qualche modo nascosto o avviluppato durante i cataclismi cosmici che separano i diversi cicli, per essere poi manifestato di nuovo all'inizio di ciascuno di essi.[8] Lo schema può d'altronde essere completato e reso uguale a quello dell'*akshara* stesso, se la linea retta (*a*) ricopre e chiude la conchiglia (*u*), che contiene nel suo interno il punto (*m*), o principio essenziale degli esseri;[9] la linea retta rappresenta allora nello stesso tempo, nel senso orizzontale, la ' superficie delle Acque ', cioè l'ambiente sostanziale in cui si produrrà lo sviluppo dei germi (rappresentato nel simbolismo orientale dallo sbocciare del fiore di loto) dopo la fine del periodo di oscuramento intermedio (*sandhyâ*) fra due cicli. Si avrà allora, seguendo la stessa rappresentazione schematica, una figura che potrà essere descritta come il rovesciamento della conchiglia, che s'apre per lasciar

6. Questi due emisferi erano raffigurati presso i Greci dai copricapi rotondi dei *Dioscuri*, che sono le due metà dell'uovo di Leda, cioè dell'uovo di cigno, che, come pure l'uovo di serpente, rappresenta l'' Uovo del Mondo ' (cfr. lo *Hamsa* della tradizione indù).

7. Si veda per esempio il discorso che Platone, nel *Simposio*, mette in bocca ad Aristofane, e di cui la maggior parte dei commenti moderni ha il torto di disconoscere il valore simbolico, pur così evidente. Abbiamo sviluppato le considerazioni concernenti questa forma sferica nel *Symbolisme de la Croix*.

8. L'affermazione della perpetuità del *Vêda* deve essere ricollegata direttamente alla teoria cosmologica della primordialità del suono (*shabda*) fra le qualità sensibili (come qualità propria dell'Etere, *Akâsha*, che è il primo degli elementi); e questa stessa teoria deve essere accostata a quella della ' creazione dal Verbo ' nelle tradizioni occidentali: il suono primordiale, è la Parola divina « dalla quale tutte le cose sono state fatte ».

9. Per una concordanza abbastanza notevole, questo schema è anche quello dell'orecchio umano, l'organo dell'udito, che, per essere atto alla percezione del suono, deve effettivamente avere una struttura conforme alla natura di esso.

sfuggire i germi, secondo la linea retta orientata questa volta in senso verticale discendente, che è quello dello sviluppo della manifestazione a partire dal suo principio non manifestato.[10]

Di queste due posizioni della conchiglia, che si ritrovano nelle due metà del simbolo del Cancro, la prima corrisponde alla figura dell'arca di Noè (o di *Satyavrata* nella tradizione indù) che si può rappresentare come la metà inferiore di una circonferenza, chiusa dal suo diametro orizzontale, e contenente all'interno il punto nel quale si sintetizzano tutti i germi allo stato puramente potenziale.[11] La seconda posizione è simboleggiata dall'arcobaleno, che appare ' nelle nubi ', cioè nella regione delle Acque superiori, nel momento che segna il ristabilimento dell'ordine e il rinnovamento di tutte le cose, mentre l'arca, durante il cataclisma, galleggiava sull'oceano delle Acque inferiori; è quindi la metà superiore della stessa circonferenza, e l'unione delle due figure, inverse e complementari l'una dell'altra, forma una sola figura circolare o ciclica completa, ricostituzione della forma sferica primordiale: questa circonferenza è la sezione verticale della sfera la cui sezione orizzontale è rappresentata dalla cinta circolare del Paradiso terrestre.[12] Nello *yin-yang* estremo-orientale, si ritrovano nella parte interna le due semicirconferenze, ma spostate per uno sdoppiamento del centro, che sta a rappresentare una polarizzazione – per ogni stato di manifestazione – analoga a quella di *Sat*, o dell'Essere puro, in *Purusha-Prakriti* per la manifestazione universale.[13]

Queste considerazioni non hanno la pretesa di essere complete, e senza dubbio corrispondono solo ad alcuni aspetti del segno del Cancro; ma potranno almeno servire da esempio per mostrare che l'astrologia tradizionale è ben altro che un '' arte divinatoria ' o una ' scienza congetturale ' come pensano i moderni. Essa contiene in realtà tutto quel che si ritrova, sotto espressioni diverse, in altre scienze dello stesso ordine, come abbiamo già indicato nel nostro studio sulla ' scienza delle lettere ', il che conferisce a queste scienze un valore propriamente iniziatico, che consente di ritenerle parte veramente integrante della ' Scienza sacra '.

10. Questa nuova figura è quella data nell'*Archeometro* per la lettera *heth*, zodiacale del Cancro.
11. La semicirconferenza deve essere considerata qui un equivalente morfologico dell'elemento di spirale esaminato in precedenza; ma, in questo, si scorge chiaramente lo sviluppo che si effettua a partire dal punto-germe iniziale.
12. Si veda *Le Roi du Monde*, cap. xi. Ciò ha pure un rapporto con i misteri della lettera *nûn* nell'alfabeto arabo.
13. È una prima distinzione o differenziazione, ma ancora senza separazione dei complementari; è a questo stadio che corrisponde propriamente la costituzione dell'Androgino, mentre, anteriormente a tale differenziazione, si può parlare solo della ' neutralità ' che è quella dell'Essere puro (si veda *Le Symbolisme de la Croix*, cap. xxviii).

Kâna el-insânu hayyatan fil-qidam.
(« L'uomo fu un tempo serpente »).

In un curioso libro inglese sugli 'ultimi tempi', *The Antichrist (Personal. Future)* di E.H. Moggridge, c'è un punto che ha particolarmente attirato la nostra attenzione e sul quale vorremmo apportare qualche chiarimento: è l'interpretazione dei nomi di Nimrod e di Sheth. A dire il vero, l'assimilazione stabilita dall'autore fra l'uno e l'altro suscita molte riserve, ma vi è almeno un certo rapporto reale, e gli accostamenti tratti dal simbolismo animale ci sembrano molto fondati.

Precisiamo anzitutto che *namar* in ebraico, come *nimr* in arabo, è propriamente l'« animale chiazzato », nome comune alla tigre, alla pantera e al leopardo; e si può dire, anche attenendosi al senso più esteriore, che questi animali rappresentano effettivamente il 'cacciatore' che fu Nimrod secondo la Bibbia. Ma, inoltre, la tigre, considerata in un senso d'altronde non necessariamente sfavorevole, è, come l'orso nella tradizione nordica, un simbolo dello Kshatriya; e la fondazione di Ninive e dell'impero assiro da parte di Nimrod sembra in effetti corrispondere a una rivolta degli Kshatriya contro l'autorità della casta sacerdotale caldea. Di qui la relazione leggendaria stabilita fra Nimrod e i *Nephilim* o altri 'giganti' antidiluviani, che pure rappresentano gli Kshatriya in periodi anteriori; e di qui anche l'epiteto di 'nemrodiano' applicato al potere temporale che si afferma indipendente dall'autorità spirituale.

Ora, qual è il rapporto di tutto ciò con Sheth? La tigre e gli altri animali simili sono, in quanto 'distruttori', emblemi del *Set* egiziano, fratello e assassino di Osiride, al quale i Greci diedero il nome di Tifone; e si può dire che lo spirito 'nemrodiano' procede dal principio tenebroso designato dal nome di *Set*, senza per ciò pretendere che quest'ultimo sia da identificare con Nimrod stesso; c'è in questo una distinzione che è più di una semplice sfumatura. Ma il punto che sembra dar luogo a maggiori difficoltà è il significato malefico del nome di *Set* o *Sheth*, che d'altra parte, per il fatto di designare il figlio di Adamo, lungi dal significare la distruzione, evoca al contrario l'idea di stabilità e di restaurazione dell'ordine. Del resto, se si vogliono stabilire degli accostamenti biblici, il ruolo di Set nei confronti di Osiride richiamerà quello di Caino nei confronti di Abele; e noteremo, a tale proposito, che alcuni fanno di Nimrod uno dei 'cainiti' che sarebbero sfuggiti al cataclisma diluviano. Ma il Sheth della Genesi è contrapposto a Caino, ben lungi quindi dal poter essergli assimilato; come mai dunque il suo nome si ritrova qui?

Di fatto, la parola *Sheth* nella stessa lingua ebraica ha realmente i due significati contrari, quello di « fondamento » e quello di « tumulto » e di « rovina »;[1] e l'espressione *beni-Sheth* (figlio di Sheth) si trova anch'essa con questo duplice significato. È vero che i linguisti vogliono vedervi due parole distinte, provenienti da due radici verbali diverse, *shith* per il primo e *shath* per il secondo; ma la distinzione di queste due radici appare del tutto secondaria e, in ogni caso, i loro elementi costitutivi essenziali sono effettivamente identici. In realtà, non si deve vedervi altro che una applicazione di quel duplice senso dei simboli al quale abbiamo avuto spesso occasione di alludere; e questa applicazione si riferisce più in particolare al simbolismo del serpente.

Infatti, se la tigre o il leopardo sono un simbolo del *Set* egiziano, il serpente ne è un altro,[2] e lo si comprende agevolmente, solo che lo si consideri sotto l'aspetto malefico che gli viene più comunemente attribuito; ma si dimentica quasi sempre che il serpente ha pure un aspetto benefico, che si trova d'altronde anche nel simbolismo dell'antico Egitto, particolarmente sotto la forma del serpente regale, *uraeus* o basilisco.[3] Persino nell'iconografia cristiana, il serpente è talora un simbolo di Cristo;[4] e il *Sheth* biblico, di cui abbiamo segnalato altrove il ruolo nella leggenda del Graal,[5] è spesso considerato una ' prefigurazione ' di Cristo.[6] Si può dire che i due *Sheth* non sono altro, in fondo, che i due serpenti del caduceo ermetico:[7] sono, se si vuole, la vita e la morte, prodotte entrambe da un potere unico nella sua essenza, ma duplice nella sua manifestazione.[8]

1. La parola è identica nei due casi, ma, fatto abbastanza curioso, è maschile nel primo e femminile nel secondo.
2. È abbastanza notevole che il nome greco *Typhon* sia anagrammaticamente formato dagli stessi elementi di *Python*.
3. Ricordiamo anche il serpente che rappresenta *Kneph*, e produce l'" Uovo del Mondo ' con la sua bocca (simbolo del Verbo); si sa che questo, per i druidi, era anche l'" uovo di serpente ' (rappresentato dal riccio di mare fossile).
4. Nel *Roi du Monde*, cap. III, abbiamo segnalato a questo riguardo la raffigurazione dell'" anfisbena ' o serpente a due teste, una delle quali rappresenta Cristo e l'altra Satana.
5. *Le Roi du Monde*, cap. V.
6. È verosimile che gli Gnostici detti ' Sethiani ' non differissero in realtà dagli ' Ofiti ', per i quali il serpente (*ophis*) era il simbolo del Verbo e della Saggezza (*Sophia*).
7. È abbastanza curioso che il nome di Sheth, ricondotto ai suoi elementi essenziali *ST* nell'alfabeto latino (che è solo una forma di quello fenicio) dia la figura del ' serpente di bronzo '. A proposito di quest'ultimo, segnaliamo che in realtà in ebraico la stessa parola significa « serpente » (*nahash*) e « bronzo » o « rame » (*nehash*); in arabo si trova un altro accostamento non meno strano: *nahas* « calamità », e *nahâs* « rame ».
8. Si potrà riandare, su questo punto, allo studio che abbiamo dedicato alle ' pietre del fulmine ' [qui sotto, come cap. 25].

Se ci fermiamo a questa interpretazione in termini di vita e di morte, per quanto essa non sia in definitiva che un'applicazione particolare della considerazione di due termini contrari o antagonisti, la ragione è che il simbolismo del serpente è effettivamente legato, prima di tutto, all'idea stessa di vita:[9] in arabo, il serpente è *el-hayyah*, e la vita *el-hayâh* (ebraico *hayah*, nello stesso tempo « vita » e « animale », dalla radice *hayi* comune alle due lingue).[10] Questo, che si ricollega al simbolismo dell'' Albero della Vita ',[11] consente al tempo stesso di intravedere un singolare rapporto del serpente con Eva (*Hawâ*, « la vivente »); e si possono qui richiamare le raffigurazioni medioevali della ' tentazione ' in cui il corpo del serpente arrotolato all'albero è sormontato da un busto di donna.[12] Cosa non meno strana, nel simbolismo cinese, *Fo-hi* e sua sorella *Niu-Koua*, che si dice abbiano regnato insieme, e formano una coppia fraterna come se ne trovano anche nell'antico Egitto (e sino all'epoca dei Tolomei), sono talvolta rappresentati con un corpo di serpente e una testa umana; e succede pure che questi due serpenti siano allacciati come quelli del caduceo, alludendo senza dubbio al complementarismo dello *yang* e dello *yin*.[13] Senza insistervi ulteriormente, il che rischierebbe di portarci molto lontano, possiamo vedere in tutto ciò l'indicazione che il serpente ha avuto, in epoche senza dubbio remotissime, un'importanza che oggi non si sospetta più; e se si studiassero da vicino tutti gli aspetti del suo simbolismo, particolarmente in Egitto e nell'India, si potrebbe esser condotti a constatazioni abbastanza inattese.

A proposito del duplice senso dei simboli, è da notare che il numero 666 non ha neanch'esso un significato esclusivamente malefico; anche se è il « numero della Bestia », è anzitutto un numero solare, e, come abbiamo detto altrove,[14] è quello di *Hakathriel* o ' Angelo della Corona '. D'altra parte, questo numero è dato pure dal nome di *Sorath*, che è, secondo i cabalisti, il demonio solare, opposto in quanto tale all'arcangelo *Mikael*, e questo è in relazione con i due volti di *Metraton*;[15] *Sorath* è inoltre l'ana-

9. Questo significato è evidente in particolare per il serpente che si arrotola attorno al bastone di Esculapio.

10. *El-Hay* è uno dei principali nomi divini; si deve tradurlo non con « il Vivente » come si fa spesso, ma con « il Vivificante », colui che dà la vita o è il principio della vita.

11. Si veda *Le Symbolisme de la Croix*, cap. xxv.

12. Se ne trova un esempio nel portale sinistro di Notre-Dame di Parigi.

13. Si dice che *Niu-Koua* fuse delle pietre di cinque colori (bianco, nero, rosso, giallo, blu) per riparare uno strappo nel cielo, e anche che tagliò i quattro piedi della tartaruga per porvi le quattro estremità del mondo.

14. *Le Roi du Monde*, cap. v.

15. *Ibidem*, cap. iii.

gramma di *sthur*, che significa « cosa nascosta » : si tratta forse del « nome di mistero » di cui parla l'Apocalisse? Ma, se *sathar* significa « nascondere », significa pure « proteggere » e, in arabo, la stessa parola *satar* evoca quasi unicamente l'idea di protezione, e spesso anche di una protezione divina e provvidenziale;[16] anche qui, le cose sono quindi molto meno semplici di quanto non credano coloro che le considerano unilateralmente.

Ma torniamo agli animali simbolici del *Set* egiziano: c'è ancora il coccodrillo, il che si spiega da sé, e l'ippopotamo, nel quale taluni hanno voluto vedere il *Behemoth* del Libro di Giobbe, e forse non senza qualche ragione, per quanto questa parola (plurale di *behemah*, in arabo *bahîmah*) sia propriamente una designazione collettiva di tutti i grandi quadrupedi.[17] Ma un altro animale che qui ha almeno altrettanta importanza, per quanto sorprendente ciò possa sembrare, è l'asino, e più specificamente l'asino rosso,[18] che veniva rappresentato come una delle entità più temibili fra tutte quelle che doveva incontrare il morto nel corso del suo viaggio nell'oltretomba, o, quel che esotericamente è lo stesso, l'iniziato nel corso delle sue prove; non potrebbe essere questa, più ancora che l'ippopotamo, la « bestia scarlatta » dell'Apocalisse? [19] In ogni caso, uno degli aspetti più tenebrosi dei misteri ' tifoniani ' era il culto del ' dio dalla testa d'asino ', al quale si sa che i primi cristiani furono talora falsamente accusati di ricollegarsi;[20] abbiamo qualche ragione di pensare che, sotto una forma o un'altra, esso sia durato fino ai nostri giorni, e alcuni affermano addirittura che deve durare fino al termine del ciclo attuale.

Da quest'ultimo punto, vogliamo trarre almeno una conclusio-

---

16.   Si potrebbe, senza troppa fantasia linguistica, accostarvi il greco *sôter*, « salvatore »? E c'è bisogno di dire a questo proposito che può e deve esserci una singolare somiglianza fra le designazioni di Cristo (*El-Messîh*) e quelle dell'Anticristo (*El-Messîkh*)?

17.   La radice *baham* o *abham* significa « esser muto », e anche « esser nascosto »; se il senso generale di *Behemoth* si ricollega alla prima di queste due idee, la seconda può evocare più specificamente l'animale « che si nasconde sotto le canne »; e, qui, il collegamento con il significato dell'altra radice *sathar*, di cui abbiamo appena parlato, è pure assai curioso.

18.   Ancora uno strano accostamento linguistico: in arabo « asino » si dice *himar* (in ebraico *hemor*), e « rosso » *ahmar*; l" asino rosso ' sarebbe dunque, come il ' serpente di bronzo ', una specie di ' pleonasmo ' in simbolismo fonetico.

19.   Nell'India, l'asino è la cavalcatura simbolica di *Mudêvî*, aspetto ' infernale ' della *Shakti*.

20.   Il ruolo dell'asino nella tradizione evangelica, alla nascita di Cristo e al suo ingresso in Gerusalemme, può sembrare in contraddizione con il carattere malefico che gli viene altrove quasi dovunque attribuito; e la ' festa dell'asino ' che si celebrava nel Medioevo non sembra sia mai stata spiegata in modo soddisfacente: ci guarderemo bene dal rischiare la minima interpretazione su quest'argomento assai oscuro.

ne: al declino di una civiltà, è il lato inferiore della sua tradizione che persiste più a lungo, il lato 'magico' in particolare, che contribuisce d'altronde, con le deviazioni alle quali dà luogo, a completare la sua rovina; è quanto sarebbe avvenuto, si dice, per l'Atlantide. È anche la sola cosa i cui resti siano sopravvissuti nel caso delle civiltà interamente scomparse; la constatazione è facile da farsi per l'Egitto, per la Caldea, per il druidismo stesso; e senza dubbio il 'feticismo' dei popoli negri ha un'origine simile. Si potrebbe dire che la stregoneria è fatta delle vestigia delle civiltà morte; sarà forse per questo che il serpente, nelle epoche più recenti, ha conservato quasi solo il suo significato malefico, e il drago, antico simbolo estremo-orientale del Verbo, suscita soltanto idee 'diaboliche' nello spirito degli Occidentali moderni?

A proposito di una ' teoria della festa ' formulata da un socio-
logo, abbiamo segnalato [1] che tale teoria aveva, fra gli altri difetti, quello di voler ridurre tutte le feste a un solo tipo, costituito da quelle che si possono chiamare feste ' carnevalesche ',
espressione che ci pare abbastanza chiara per essere facilmente
compresa da tutti, poiché il carnevale rappresenta effettivamente ciò che ne rimane ancor oggi in Occidente; e dicevamo
allora che si pongono, a proposito di questo genere di feste, delle
questioni che meritano un esame più approfondito. Infatti, l'impressione che se ne trae è sempre, anzitutto, un'impressione di
' disordine ' nel senso più completo della parola; come mai quindi si constata la loro esistenza, non solo in un'epoca come la nostra, in cui si potrebbe in fondo, se non avessero un'origine così
remota, considerarle semplicemente come una delle numerose
manifestazioni dello squilibrio generale, ma anche, e persino con
uno sviluppo molto maggiore, in civiltà tradizionali con le quali
a prima vista esse sembrano incompatibili?

Non è inutile citare qui alcuni esempi precisi, e menzioneremo anzitutto, a questo riguardo, certe feste di carattere veramente strano che si celebravano nel Medioevo: la ' festa dell'asino ',
in cui quest'animale, il cui simbolismo propriamente ' satanico '
è assai noto in tutte le tradizioni,[2] veniva introdotto addirittura
nel coro della chiesa, ove occupava il posto d'onore e riceveva i
più straordinari segni di venerazione; e la ' festa dei folli ', in
cui il basso clero si abbandonava agli atti più sconvenienti, pa-
rodiando al tempo stesso la gerarchia ecclesiastica e la liturgia
medesima.[3] Com'è possibile spiegare che cose simili, il cui carattere più evidente è incontestabilmente quello parodistico o addirittura sacrilego,[4] abbiano potuto, in un'epoca come quella,
non solo essere tollerate, ma persino ammesse più o meno ufficialmente?

---

1. Si veda « Études Traditionnelles », aprile 1940, p. 169.
2. Sarebbe un errore voler opporre a questo il ruolo svolto dall'asino nella tradizione evangelica, poiché, in realtà, il bue e l'asino, posti ai due lati opposti
della mangiatoia alla nascita di Cristo, simboleggiano rispettivamente l'insieme
delle forze benefiche e quello delle forze malefiche; si ritrovano d'altronde nella
crocifissione, sotto forma del buono e del cattivo ladrone. Quanto poi a Cristo
sulla groppa di un asino, al suo ingresso in Gerusalemme, egli rappresenta il
trionfo sulle forze malefiche, trionfo la cui realizzazione costituisce propriamente la ' redenzione '.
3. Questi ' folli ' portavano d'altronde un copricapo a lunghe orecchie, manifestamente destinato a evocare l'idea di una testa d'asino, e questo particolare
non è il meno significativo dal punto di vista in cui ci poniamo.
4. L'autore della teoria alla quale abbiamo alluso non ha difficoltà a riconoscervi
la parodia e il sacrilegio, ma, riferendoli alla sua concezione della ' festa ' in ge-

Menzioneremo anche i saturnali degli antichi Romani, da cui il carnevale moderno sembra d'altronde trarre origine direttamente, per quanto non ne sia più, a dire il vero, che un ricordo assai pallido: durante queste feste, gli schiavi comandavano ai padroni e questi li servivano;[5] si aveva allora l'immagine di un vero 'mondo alla rovescia', in cui tutto si faceva contrariamente all'ordine normale.[6] Per quanto si pretenda comunemente che ci fosse in queste feste un richiamo dell'' età dell'oro', tale interpretazione è manifestamente falsa, dal momento che non si tratta affatto di una specie di 'uguaglianza' che a rigore potrebbe esser considerata una rappresentazione, nella misura in cui lo consentono le presenti condizioni,[7] dell'indifferenziazione iniziale delle funzioni sociali; si tratta di un rovesciamento dei rapporti gerarchici, il che è completamente diverso, e un tale rovesciamento costituisce, in modo generale, uno dei caratteri più evidenti del 'satanismo'. Bisogna vedervi dunque piuttosto qualcosa che si riferisce all'aspetto 'sinistro' di Saturno, aspetto che non gli appartiene certo in quanto dio dell'' età dell'oro', ma al contrario in quanto egli attualmente è solo il dio decaduto di un'èra trascorsa.[8]

Si vede da tali esempi che vi è sempre, nelle feste di questo genere, un elemento 'sinistro' e anche 'satanico', ed è da notare in modo del tutto particolare che proprio questo elemento piace al volgo ed eccita la sua allegria: è infatti qualcosa di molto adatto, anzi più adatto di ogni altra cosa, a dar soddisfazione alle tendenze dell'' uomo decaduto', in quanto queste tendenze lo

nerale, pretende di farne degli elementi caratteristici del 'sacro' medesimo, il che non solo è un paradosso piuttosto esagerato, ma, bisogna dirlo chiaramente, una pura e semplice contraddizione.
5. Si riscontrano anche, in paesi diversi, casi di feste dello stesso genere in cui si giungeva fino a conferire temporaneamente a uno schiavo o a un criminale le insegne della regalità, con tutto il potere che esse comportano, salvo a condannarli a morte quando la festa era terminata.
6. Lo stesso autore parla anche lui, a questo proposito, di « atti alla rovescia », e persino di « ritorno al caos », il che contiene una parte di verità, ma, per una sbalorditiva confusione di idee, vuole assimilare tale caos all'' età dell'oro'.
7. Vogliamo dire le condizioni del *Kali-Yuga* o dell'' età del ferro' di cui fanno parte tanto l'epoca romana quanto la nostra.
8. Che gli dèi antichi diventino in certo modo dei demòni, è un fatto abbastanza generalmente constatato, e di cui l'atteggiamento dei cristiani nei riguardi degli dèi del 'paganesimo' è solo un caso particolare, ma che non sembra esser mai stato spiegato a dovere; non possiamo d'altronde insistere qui su tale punto, che ci condurrebbe fuori tema. Resta inteso che tutto questo va riferito unicamente a certe condizioni cicliche, e perciò non intacca né modifica in nulla il carattere essenziale di questi stessi dèi in quanto simboli non temporali di princìpi di ordine sopra-umano, di modo che, accanto a tale aspetto malefico accidentale, l'aspetto benefico sussiste sempre, malgrado tutto, e anche quando è più completamente misconosciuto dalla 'gente dell'esterno'; l'interpretazione astrologica di Saturno potrebbe fornire a questo riguardo un esempio chiarissimo.

spingono a sviluppare soprattutto le possibilità meno elevate del suo essere. Ora, proprio in ciò risiede la vera ragione delle feste in questione: si tratta insomma di ' canalizzare ' in qualche maniera tali tendenze e di renderle il più possibile inoffensive, dandogli l'occasione di manifestarsi, ma solo per periodi brevissimi e in circostanze ben determinate, e assegnando così a questa manifestazione degli stretti limiti che non le è permesso oltrepassare.[9] Se infatti queste tendenze non potessero ricevere quel minimo di soddisfazione richiesto dall'attuale stato dell'umanità, rischierebbero, per così dire, di esplodere,[10] e di estendere i loro effetti all'intera esistenza, sia dell'individuo sia della collettività, provocando un disordine ben altrimenti grave di quello che si produce soltanto per qualche giorno riservato particolarmente a questo scopo. Tale disordine è d'altra parte tanto meno temibile in quanto viene quasi ' regolarizzato ', poiché, da un lato, questi giorni sono come avulsi dal corso normale delle cose, in modo da non esercitare su di esso alcuna influenza apprezzabile, e comunque, dall'altro lato, il fatto che non vi sia niente di imprevisto ' normalizza ' in qualche modo il disordine stesso e lo íntegra nell'ordine totale.

Oltre a questa spiegazione generale, perfettamente evidente quando si voglia riflettervi bene, ci sono alcune osservazioni utili da fare, per quanto concerne più in particolare le ' mascherate ', che svolgono un'importante funzione nel carnevale propriamente detto e in altre feste più o meno simili; e tali osservazioni riconfermeranno quel che abbiamo appena detto. Infatti, le maschere di carnevale sono generalmente orride ed evocano il più delle volte forme animali o demoniache, tanto da essere quasi una sorta di ' materializzazione ' figurativa di quelle tendenze inferiori, o addirittura ' infernali ', cui è permesso così di esteriorizzarsi. Del resto, ognuno sceglierà naturalmente fra queste maschere, senza neppure averne una chiara coscienza, quella che meglio gli conviene, cioè quella che rappresenta quanto è più conforme alle sue tendenze, sicché si potrebbe dire che la maschera, che si presume nasconda il vero volto dell'individuo, faccia invece apparire agli occhi di tutti quello che egli porta

9. Ciò è in rapporto con la questione dell'' inquadramento ' simbolico, sulla quale ci proponiamo di tornare.
10. Alla fine del Medioevo, quando le feste grottesche di cui abbiamo parlato furono soppresse o caddero in disuso, si produsse un'espansione della stregoneria senza alcuna proporzione con quel che s'era visto nei secoli precedenti; fra questi due fatti esiste un rapporto abbastanza diretto, per quanto in genere inavvertito, il che d'altronde è tanto più sorprendente in quanto vi sono alcune somiglianze abbastanza singolari fra tali feste e il sabba degli stregoni, ove pure tutto si faceva ' alla rovescia '.

realmente in se stesso, ma che deve abitualmente dissimulare. È bene notare, perché ne precisa ancor più il carattere, che vi è in questo quasi una parodia del 'rovesciamento' che, come abbiamo spiegato altrove,[11] si produce a un certo grado dello sviluppo iniziatico; parodia, diciamo, e contraffazione veramente 'satanica', perché qui il 'rovesciamento' è un'esteriorizzazione, non più della spiritualità, ma, all'opposto, delle possibilità inferiori dell'essere.[12]

Per terminare questi brevi cenni, aggiungeremo che, se le feste di questo genere vanno sempre più perdendo importanza e sembrano ormai suscitare a malapena l'interesse della folla, il fatto è che, in un'epoca come la nostra, hanno veramente perduto la loro ragione d'essere:[13] come potrebbe, infatti, esserci ancora il problema di 'circoscrivere' il disordine e di rinchiuderlo entro limiti rigorosamente definiti, quando esso è diffuso dappertutto e si manifesta costantemente in tutti gli ambiti in cui si esercita l'attività umana? Così, la scomparsa quasi completa di queste feste, di cui, se ci si limitasse alle apparenze esteriori e da un punto di vista semplicemente 'estetico', ci si potrebbe rallegrare per via dell'aspetto 'laido' che inevitabilmente assumono, questa scomparsa, diciamo, costituisce al contrario, se si va al fondo delle cose, un sintomo assai poco rassicurante, poiché testimonia che il disordine ha fatto irruzione nell'intero corso dell'esistenza e si è a tal punto generalizzato da far sì che noi viviamo in realtà, si potrebbe dire, in un sinistro 'carnevale perpetuo'.

---

11. Si veda *L'Esprit est-il dans le corps ou le corps dans l'esprit?*
12. C'erano anche, in certe civiltà tradizionali, periodi speciali in cui, per ragioni analoghe, si consentiva alle 'influenze erranti' di manifestarsi liberamente, prendendo comunque tutte le precauzioni necessarie in un caso simile; queste influenze corrispondono naturalmente, nell'ordine cosmico, a quel che è lo psichismo inferiore nell'essere umano, e di conseguenza, fra la loro manifestazione e quella delle influenze spirituali esiste lo stesso rapporto inverso che esiste fra le due specie di esteriorizzazione appena menzionate; di più, in queste condizioni, non è difficile capire come la mascherata stessa paia raffigurare in qualche modo un'apparizione di 'larve' o di spettri maligni.
13. Ciò equivale a dire che esse propriamente non sono più che 'superstizioni', nel senso etimologico della parola.

Il simbolismo del pesce, che s'incontra in numerose forme tradizionali, ivi compreso il cristianesimo, è assai complesso e presenta molteplici aspetti che occorre distinguere con precisione. Per quanto concerne le origini prime di questo simbolo, sembra si debba riconoscergli una provenienza nordica, o addirittura iperborea; la sua presenza è stata infatti segnalata nella Germania settentrionale e in Scandinavia,[1] e, in tali regioni, esso è verosimilmente più vicino al suo punto di partenza che non nell'Asia centrale, ove fu senza dubbio portato dalla grande corrente che, derivata direttamente dalla Tradizione primordiale, doveva poi dar origine alle dottrine dell'India e della Persia. È da notare d'altronde che, in generale, certi animali acquatici svolgono soprattutto un ruolo nel simbolismo dei popoli nordici: citeremo come esempio soltanto il polipo, particolarmente diffuso presso gli Scandinavi e i Celti, e che si ritrova pure nella Grecia arcaica, come uno dei principali motivi dell'ornamentazione micenea.[2]

Un altro fatto che viene ancora in appoggio a queste considerazioni è che, in India, la manifestazione sotto forma di pesce (*Matsya-avatâra*) è ritenuta la prima fra tutte le manifestazioni di *Vishnu*,[3] quella che si pone all'inizio stesso del ciclo attuale, trovandosi così in relazione immediata con il punto di partenza della Tradizione primordiale. Non bisogna dimenticare, a questo riguardo, che *Vishnu* rappresenta il Principio divino considerato specialmente sotto il suo aspetto di conservatore del mondo; questo compito è assai vicino a quello di ' Salvatore ', o piuttosto quest'ultimo ne è quasi un caso particolare; ed è veramente come ' Salvatore ' che *Vishnu* appare in alcune sue manifestazioni, corrispondenti a fasi critiche della storia del mondo.[4] Ora, l'idea di ' Salvatore ' è pure collegata in modo esplicito al simbolismo

1.   Cfr. L. Charbonneau-Lassay, *Le Poisson*, in « Regnabit », dicembre 1926.
2.   I tentacoli del polipo sono in genere diritti nelle raffigurazioni scandinave, mentre sono arrotolati a spirale negli ornamenti micenei; in questi ultimi, si vede apparire assai frequentemente lo *swastika* oppure certe figure che ne sono manifestamente derivate. Il simbolo del polipo si riferisce al segno zodiacale del Cancro, che corrisponde al solstizio d'estate e al ' fondo delle Acque '; è facile da ciò capire come esso abbia potuto talora essere preso in un ' senso malefico ', essendo il solstizio d'estate la *Janua Inferni*.
3.   Dobbiamo far notare che non diciamo ' incarnazioni ', come si suol fare in Occidente, perché questa parola è del tutto inesatta; il senso proprio del termine *avatâra* è « discesa » del Principio divino nel mondo manifestato.
4.   Segnaliamo anche, a questo proposito, che l'ultima manifestazione, il *Kalkin-avatâra*, « Colui che è montato sul cavallo bianco », e che deve venire alla fine di questo ciclo, è descritta nei *Purâna* in termini rigorosamente identici a quelli che si trovano nell'*Apocalisse*, in cui sono riferiti alla ' seconda venuta ' di Cristo.

cristiano del pesce, poiché l'ultima lettera dell'*Ichthus* greco si interpreta come iniziale di *Sôter*;[5] questo non ha nulla di straordinario, senza dubbio, quando si tratta di Cristo, ma vi sono tuttavia emblemi che alludono più direttamente a qualcun altro dei suoi attributi, e non esprimono formalmente questo ruolo di ' Salvatore '.

In forma di pesce, *Vishnu*, alla fine del *Manvantara* che precede il nostro, appare a *Satyavrata*,[6] che sta per divenire, sotto il nome di *Vaivaswata*,[7] il *Manu* o il Legislatore del ciclo attuale. Gli annuncia che il mondo sta per essere distrutto dalle acque, e gli ordina di costruire l'arca nella quale dovranno essere chiusi i germi del mondo futuro; poi, sempre sotto la medesima forma, guida egli stesso l'arca sulle acque durante il cataclisma; e questa rappresentazione dell'arca condotta dal pesce divino è tanto più notevole in quanto se ne ritrova l'equivalente nel simbolismo cristiano.[8]

C'è, nel *Matsya-avatâra*, ancora un altro aspetto che deve attirare particolarmente la nostra attenzione: dopo il cataclisma, cioè proprio all'inizio del presente *Manvantara*, egli porta agli uomini il *Vêda*, che occorre intendere, secondo il significato etimologico della parola (derivata dalla radice *vid*, « sapere »), come la Scienza per eccellenza o la Conoscenza sacra nella sua integralità: è un'allusione fra le più chiare alla Rivelazione primordiale, o all'origine ' non umana ' della Tradizione. È detto che il *Vêda* sussiste perpetuamente, essendo in se stesso anteriore a tutti i mondi; ma esso è in qualche modo nascosto o avviluppato durante i cataclismi cosmici che separano i diversi cicli, e deve poi esser manifestato di nuovo. L'affermazione della perpetuità del

---

5. Quando il pesce è preso come simbolo di Cristo, il suo nome greco *Ichthus* viene considerato formato dalle parole *Iêsous Christos Theou Uios Sôter*.

6. Questo nome significa letteralmente « votato alla Verità »; e tale idea della ' Verità ' si ritrova nella designazione del *Satya-Yuga*, il primo dei quattro periodi nei quali si divide il *Manvantara*. Si può anche notare la somiglianza della parola *Satya* con il nome di *Saturno*, considerato precisamente nell'antichità occidentale il reggente dell'' età dell'oro '; e, nella tradizione indù, la sfera di Saturno è chiamata *Satya-Loka*.

7. Derivato da *Vivaswat*, uno dei dodici *Aditya*, considerati come altrettante forme del Sole, in corrispondenza con i dodici segni dello Zodiaco, e di cui è detto che devono apparire simultaneamente alla fine del ciclo (cfr. *Le Roi du Monde*, capp. IV e XI).

8. Charbonneau-Lassay cita, nello studio sopra menzionato, « l'ornamento pontificale decorato con figure ricamate che avvolgeva i resti di un vescovo lombardo del secolo VIII o IX, e sul quale si vede una barca portata da un pesce, immagine di Cristo che sostiene la sua Chiesa ». Ora, l'arca è stata spesso considerata una figura della Chiesa, come la barca (che fu anticamente, assieme alle chiavi, uno degli emblemi di Giano; cfr. *Autorité spirituelle et pouvoir temporel*, cap. VIII); quindi è proprio la stessa idea che troviamo in tal modo espressa sia nel simbolismo indù sia in quello cristiano.

Vêda è d'altronde in relazione diretta con la teoria cosmologica della primordialità del suono tra le qualità sensibili (in quanto qualità propria dell'etere, *âkâsha*, che è il primo degli elementi [9]); e questa teoria non è altro, in fondo, se non quella che altre tradizioni esprimono parlando della creazione da parte del Verbo: il suono primordiale è la Parola divina mediante la quale, secondo il primo capitolo della Genesi ebraica, tutte le cose sono state create.[10] Per questo è detto che i *Rishi*, ossia i Sapienti delle prime età, hanno « udito » il *Vêda*: la Rivelazione, essendo un'opera del Verbo come la creazione stessa, è propriamente un" audizione ' per colui che la riceve; e il termine che la designa è quello di *Shruti*, che significa letteralmente « ciò che è udito ».[11]

Durante il cataclisma che separa questo *Manvantara* dal precedente, il *Vêda* era chiuso, in uno stato di ' avviluppamento ' nella conchiglia (*shankha*), uno dei principali attributi di *Vishnu*. Il fatto è che si ritiene che la conchiglia contenga il suono primordiale e imperituro (*akshara*), cioè il monosillabo *Om*, che è per eccellenza il nome del Verbo manifestato nei tre mondi, nello stesso tempo in cui è, per un'altra corrispondenza dei suoi tre elementi o *mâtrâ*, l'essenza del triplice *Vêda*.[12] D'altra parte, questi tre elementi, ricondotti alle loro forme geometriche essenziali e disposti graficamente in un certo modo, formano lo schema stesso della conchiglia; e, per una concordanza abbastanza singolare, esso risulta essere pure lo schema dell'orecchio umano, l'organo dell'udito, che effettivamente, per essere atto alla percezione del suono, deve avere una disposizione conforme alla natura di quest'ultimo. Tutto ciò giunge visibilmente a toccare alcuni tra i più profondi misteri della cosmologia; ma chi, nelle condizioni di spirito che costituiscono la mentalità moderna, può ancora comprendere le verità rivelate da questa scienza tradizionale?

Come *Vishnu* in India, e pure sotto forma di pesce, l'*Oannes* caldeo, che alcuni hanno esplicitamente considerato una figura di Cristo,[13] insegna anch'egli agli uomini la dottrina primordiale:

9. Cfr. il nostro studio su *La Théorie hindoue des cinq éléments*, in « Études Traditionnelles », agosto-settembre 1935.
10. Cfr. pure l'inizio del Vangelo di san Giovanni.
11. Sulla distinzione tra la *Shruti* e la *Smriti* e sui loro rapporti, si veda *L'Homme et son devenir selon le Vêdânta*, cap. I. Dev'essere ben inteso che, se usiamo qui la parola ' rivelazione ' invece di ' ispirazione ', è per meglio sottolineare la concordanza dei diversi simbolismi tradizionali, e che d'altronde, come tutti i termini teologici, essa è suscettibile di una trasposizione che vada oltre il senso specifico datole in modo esclusivo in Occidente.
12. Sulla presenza di questo stesso ideogramma AUM nell'antico simbolismo cristiano, cfr. *Le Roi du Monde*, cap. IV.
13. È interessante notare a questo riguardo che la testa di pesce, che formava il copricapo dei sacerdoti di *Oannes*, è anche la mitra dei vescovi cristiani.

sorprendente esempio dell'unità che esiste fra le tradizioni più diverse, e che resterebbe inesplicabile se non si ammettesse il loro collegamento con una fonte comune. Sembra d'altronde che il simbolismo di *Oannes* o di *Dagon* non sia soltanto quello del pesce in generale, ma debba essere accostato più specificamente a quello del delfino; quest'ultimo, presso i Greci, era legato al culto di *Apollo* [14] e aveva dato il suo nome a *Delfi*; ed è assai significativo che si riconoscesse formalmente la provenienza iperborea di tale culto. Quel che fa pensare che sia il caso di stabilire un simile accostamento (che non risulta chiaramente indicato, per contro, nel caso della manifestazione di *Vishnu*), è soprattutto la stretta connessione che esiste fra il simbolo del delfino e quello della 'Donna del mare' (l'*Afrodite Anadiomene* dei Greci);[15] essa si presenta, precisamente, sotto vari nomi (in particolare quelli di *Istar*, di *Atergatis* e di *Derceto*), come la paredra di *Oannès* o dei suoi equivalenti, cioè come rappresentazione di un aspetto complementare dello stesso principio (quel che la tradizione indù chiamerebbe la sua *Shakti*).[16] È la 'Signora del Loto' (*Istar*, come Esther in ebraico, significa « loto », e qualche volta anche « giglio », due fiori che, nel simbolismo, si sostituiscono spesso l'un l'altro),[17] come la *Kuan-yn* estremo-orientale, che è pure, sotto una delle sue forme, la 'Dea del fondo dei mari '.

Per completare queste osservazioni, aggiungeremo ancora che la figura dell'*Ea* babilonese, il 'Signore dell'Abisso', rappresentato come un essere mezzo capra e mezzo pesce,[18] è identica a quella del Capricorno zodiacale, di cui forse è stata addirittura il prototipo; ora, è importante ricordarsi, a questo proposito, che il segno del Capricorno corrisponde, nel ciclo annuale, al solstizio d'inverno. Il *Makara*, che, nello Zodiaco indù, occupa il posto

14. Ciò spiega il collegamento del simbolo del delfino con l'idea della luce (cfr. L. Charbonneau-Lassay, *Le Dauphin et le crustacé*, in « Regnabit », gennaio 1927, e *Le Bestiaire du Christ*, capp. xcviii, v). Conviene notare anche il ruolo di salvatore dei naufraghi attribuito dagli antichi al delfino, e di cui la leggenda di Arione offre uno degli esempi più noti.
15. Non bisogna confondere questa 'Donna del mare' con la sirena, per quanto essa sia talvolta rappresentata sotto simile forma.
16. La *Dea Syra* è propriamente la « Dea solare », allo stesso modo in cui la Siria primitiva è la « Terra del Sole », come abbiamo già spiegato, essendo il suo nome identico a *Sûrya*, nome sanscrito del Sole.
17. In ebraico, i due nomi *Esther* e *Sushanah* hanno lo stesso significato, e, inoltre, sono numericamente equivalenti; il loro numero comune è 661, e, ponendo davanti a ciascuno di essi la lettera *he*, segno dell'articolo determinativo, il cui valore è 5, si ottiene 666, fatto da cui taluni non hanno mancato di trarre deduzioni più o meno fantasiose; noi intendiamo, da parte nostra, dare quest'indicazione unicamente a titolo di semplice curiosità.
18. Inoltre, *Ea* tiene davanti a sé, come lo scarabeo egiziano, una palla che rappresenta l'' Uovo del Mondo '.

del Capricorno, non manca di presentare una certa somiglianza con il delfino; l'opposizione simbolica esistente fra questo e il polipo deve dunque ricondursi a quella dei due segni solstiziali del Capricorno e del Cancro (quest'ultimo, in India, è rappresentato dal granchio), o della *Janua Coeli* e della *Janua Inferni*;[19] e ciò spiega anche il fatto che questi due animali si siano trovati in certi casi associati, per esempio sotto il tripode di Delfi e sotto gli zoccoli dei destrieri del carro solare, a indicare i due punti estremi raggiunti dal Sole nel suo cammino annuale. È importante non far confusione con un altro segno zodiacale, quello dei Pesci, il cui simbolismo è diverso e dev'essere riferito esclusivamente a quello del pesce comune, considerato in particolare in rapporto all'idea di ' principio di vita ' e di ' fecondità ' (intesa soprattutto in senso spirituale, come la ' posterità ' nel linguaggio tradizionale estremo-orientale); sono, questi, altri aspetti che possono d'altronde essere pure riferiti al Verbo, ma che devono nondimeno essere distinti nettamente da quelli che lo fanno apparire, come abbiamo visto, sotto i suoi due attributi di ' Rivelatore ' e di ' Salvatore '.

---

19. Il ruolo del delfino come guida delle anime beate verso le ' isole Fortunate ' si riferisce evidentemente anch'esso alla *Janua Coeli*.

La lettera *nûn*, nell'alfabeto arabo come in quello ebraico, occupa il quattordicesimo posto e ha il valore numerico 50; ma, nell'alfabeto arabo, tale posizione è degna di nota anche per un'altra ragione, cioè perché conclude la prima metà dell'alfabeto, in quanto il numero totale delle sue lettere è 28, invece delle 22 dell'alfabeto ebraico. Inoltre, nelle sue corrispondenze simboliche nell'ambito della tradizione islamica, questa lettera rappresenta soprattutto *El-Hût*, la balena, il che d'altronde si accorda con il senso originario della stessa parola *nûn* che la designa, e che significa pure « pesce »; ed è per via di questo significato che *Seyidnâ Yûnus* (il profeta Giona) viene chiamato *Dhûn-Nûn*. Tutto ciò è naturalmente in relazione con il simbolismo generale del pesce, e più specificamente con alcuni aspetti da noi esaminati nel precedente studio, e in particolare, come vedremo, quello del ' pesce-salvatore ', sia esso il *Matsya-avatâra* della tradizione indù o l'*Ichthus* dei primi cristiani. A questo proposito la balena svolge pure la stessa funzione svolta altrove dal delfino, e, come questo, corrisponde al segno zodiacale del Capricorno in quanto porta solstiziale che dà accesso alla ' via ascendente '; ma è forse con il *Matsya-avatâra* che la somiglianza è più sorprendente, come mostrano le considerazioni tratte dalla forma della lettera *nûn*, specie se le si accosta alla storia biblica del profeta Giona.

Per capir bene di che cosa si tratta, occorre anzitutto ricordarsi che *Vishnu*, il quale si manifesta sotto forma di pesce (*Matsya*), ordina a *Satyavrata*, il futuro *Manu Vaivaswata*, di costruire l'arca in cui dovranno essere rinchiusi i germi del mondo futuro, e che, sotto questa stessa forma, egli guida poi l'arca sulle acque durante il cataclisma che segna la separazione dei due *Manvantara* successivi. Il ruolo di *Satyavrata* è qui simile a quello di *Seyidnâ Nûh* (Noè), la cui arca contiene pure tutti gli elementi che serviranno alla restaurazione del mondo dopo il diluvio; poco importa d'altronde che l'applicazione che ne vien fatta sia diversa, nel senso che il diluvio biblico, nel suo significato più immediato, sembra segnare l'inizio di un ciclo più limitato del *Manvantara*; se non si tratta dello stesso evento, si tratta almeno di due eventi analoghi, in cui lo stato anteriore del mondo viene distrutto per far posto a un nuovo stato.[1] Se ora paragoniamo la storia di Giona a quanto abbiamo appena ricordato, vediamo che la balena, invece di svolgere soltanto la funzione del pesce

1. Cfr. *Le Roi du Monde*, cap. XI.

che guida l'arca, si identifica in realtà con l'arca stessa; infatti, Giona rimane chiuso nel corpo della balena, come *Satyavrata* e Noè nell'arca, per un periodo che è per lui, se non per il mondo esterno, anche un periodo di 'oscuramento', corrispondente all'intervallo fra due stati o due modalità d'esistenza; anche qui, la differenza è solo secondaria, dal momento che le stesse figure simboliche sono sempre, di fatto, suscettibili di una duplice applicazione, macrocosmica e microcosmica. Si sa d'altronde che l'uscita di Giona dal ventre della balena è sempre stata ritenuta un simbolo di resurrezione, dunque del passaggio a un nuovo stato; e ciò dev'essere accostato, d'altra parte, al senso di 'nascita' che, nella Cabala ebraica soprattutto, si annette alla lettera *nûn*, e che bisogna intendere spiritualmente come una 'nuova nascita', cioè una rigenerazione dell'essere individuale o cosmico.

Lo indica molto chiaramente la forma della lettera araba *nûn*: questa lettera è costituita dalla metà inferiore di una circonferenza, e da un punto che è il centro della circonferenza stessa. Ora, la semicirconferenza inferiore è anche la figura dell'arca galleggiante sulle acque, e il punto che si trova al suo interno rappresenta il germe che vi è contenuto o nascosto; la posizione centrale di tale punto mostra d'altronde che si tratta del 'germe d'immortalità', del 'nucleo' indistruttibile che sfugge a tutte le dissoluzioni esterne. Si può anche osservare che la semicirconferenza, con la sua convessità rivolta verso il basso, è uno degli equivalenti schematici della coppa; come questa, ha dunque, in qualche modo, il significato di una 'matrice' nella quale è rinchiuso il germe non ancora sviluppato, che s'identifica, come vedremo in seguito, con la metà inferiore o 'terrestre' dell'' Uovo del Mondo '.[2] Sotto questo aspetto di elemento 'passivo' della trasmutazione spirituale, *El-Hût* è anche, in qualche maniera, la figura di ogni individualità, in quanto essa porta il 'germe d'immortalità' nel suo centro, rappresentato simbolicamente dal cuore; e possiamo ricordare a tale proposito gli stretti rapporti, da noi già esposti in altre occasioni, esistenti tra il simbolismo del cuore e quelli della coppa e dell'' Uovo del Mondo '. Lo sviluppo del germe spirituale implica l'uscita dell'essere dal suo stato individuale, e dall'ambiente cosmico che ne costituisce il luogo proprio, come Giona è 'resuscitato' uscendo dal corpo della balena; e, se ci si ricorda di quanto abbiamo scritto precedentemente, non si faticherà a comprendere come quest'uscita

---

2. Per un curioso accostamento, il significato di 'matrice' (la *yoni* sanscrita) si trova pure contenuto nella parola greca *delphus*, che è nello stesso tempo il nome del delfino.

sia anche l'equivalente dell'uscita dalla caverna iniziatica, la cui concavità è pure rappresentata da quella della semicirconferenza del *nûn*. La ' nuova nascita ' presuppone necessariamente la morte al vecchio stato, che si tratti di un individuo o di un mondo; morte e nascita o resurrezione, sono due aspetti inseparabili l'uno dall'altro, poiché non sono in realtà 'che le due facce opposte di uno stesso cambiamento di stato. Il *nûn*, nell'alfabeto, segue immediatamente il *mîm*, che ha tra i suoi principali significati quello di morte (*el-mawt*), e la cui forma rappresenta l'essere completamente ripiegato su se stesso, ridotto in qualche modo a pura virtualità, cui corrisponde ritualmente l'atteggiamento della prosternazione; ma questa virtualità, che può sembrare un annientamento transitorio, diventa ben presto, per una concentrazione di tutte le possibilità essenziali dell'essere in un punto unico e indistruttibile, il germe stesso da cui usciranno tutti i suoi sviluppi negli stati superiori.

Conviene dire che il simbolismo della balena non ha soltanto un aspetto ' benefico ', ma anche un aspetto ' malefico ', il che, a parte le considerazioni di ordine generale sul duplice senso dei simboli, si giustifica ancor più specificamente grazie al suo legame con le due forme della morte e della resurrezione sotto le quali appare ogni cambiamento di stato, a seconda che lo si consideri da un lato o dall'altro, cioè in rapporto allo stato antecedente o allo stato conseguente. La caverna è a un tempo un luogo di sepoltura e un luogo di ' rinascita ', e, nella storia di Giona, la balena svolge precisamente questa duplice funzione; del resto, non si potrebbe forse dire che lo stesso *Matsya-avatâra* si presenta dapprima sotto l'apparenza nefasta di annunciatore di un cataclisma, per poi divenire il ' salvatore ' in questo stesso cataclisma? D'altra parte, l'aspetto ' malefico ' della balena si ricollega manifestamente al *Leviatano* ebraico;[3] ma è soprattutto rappresentato, nella tradizione araba, dalle « figlie della balena » (*benât el-Hût*), che, dal punto di vista astrologico, equivalgono a *Râhn* e *Kêtu* nella tradizione indù, segnatamente per quanto concerne le eclissi, e che, si dice, « berranno il mare » nell'ultimo giorno del ciclo, il giorno in cui « gli astri sorgeranno a Occidente e tramonteranno a Oriente ». Non possiamo insistere ulteriormente su questo punto senza uscire del tutto dal nostro tema; ma dobbiamo almeno richiamare l'attenzione sul fatto che si ritrova qui ancora una relazione immediata con la fine del ciclo e il cambiamento

---

3. Il *Makara* indù, che è anche un mostro marino, benché abbia prima di tutto il significato ' benefico ' connesso al segno del Capricorno, di cui occupa il posto nello Zodiaco, ha nondimeno in molte sue raffigurazioni, alcuni particolari che ricordano il simbolismo ' tifoniano ' del coccodrillo.

di stato che ne consegue, poiché tutto ciò è assai significativo e fornisce una nuova conferma delle precedenti considerazioni.

Ritorniamo ora alla forma della lettera *nûn*, che fornisce l'occasione per una osservazione importante dal punto di vista dei rapporti che esistono fra gli alfabeti delle diverse lingue tradizionali: nell'alfabeto sanscrito, la lettera corrispondente *na*, ricondotta ai suoi elementi geometrici fondamentali, si compone anch'essa di una semicirconferenza e di un punto; ma qui, essendo la convessità volta verso l'alto, è la metà superiore della circonferenza, e non più la sua metà inferiore come nel *nûn* arabo. È dunque la stessa figura rovesciata, o, per essere più esatti, sono due figure rigorosamente complementari l'una dell'altra; infatti, se le si riunisce, i due punti centrali naturalmente si confondono e si ha il cerchio con il punto al centro, figura del ciclo completo, che è nello stesso tempo il simbolo del Sole nell'ordine astrologico e quello dell'oro nell'ordine alchimistico.[4] Come la semicirconferenza inferiore è la figura dell'arca, la semicirconferenza superiore è quella dell'arcobaleno, a essa analogo nella più stretta accezione della parola, cioè mediante l'applicazione del ' senso inverso '; sono anche le due metà dell'' Uovo del Mondo ', una ' terrestre ', nelle ' acque inferiori ', l'altra ' celeste ', nelle ' acque superiori '; e la figura circolare, che era completa all'inizio del ciclo, prima della separazione delle due metà, deve ricostituirsi alla fine del ciclo stesso.[5] Si potrebbe quindi dire che l'unione delle due figure in questione rappresenta il compimento del ciclo mediante la congiunzione del suo inizio e della sua fine, tanto più che, nel caso che siano riferite più particolarmente al simbolismo ' solare ', la figura del *na* sanscrito corrisponde al Sole nascente e quella del *nûn* arabo al Sole calante. D'altra parte, la figura circolare completa è abitualmente pure il simbolo del numero 10, dove 1 è il centro e 9 la circonferenza; ma qui, essendo ottenuta dall'unione di due *nûn*, essa vale $2 \times 50 = 100 = 10^2$, il che indica come il congiungimento debba operarsi nel ' mondo intermedio '; esso è infatti impossibile nel mondo inferiore, ambito della divisione e della ' separatività ', e, per contro, è sempre esistente nel mondo superiore, ove è realizzato principialmente in modo permanente e immutabile nell'' eterno presente '.

A queste già lunghe osservazioni, aggiungeremo solo una parola per sottolinearne il rapporto con una questione alla quale

---

4. Si potrà ricordare qui il simbolismo del ' Sole spirituale ' e dell'' Embrione d'oro › (*Hiranyagarbha*) nella tradizione indù; inoltre, secondo certe corrispondenze, il *nûn* è la lettera planetaria del Sole.
5. Cfr. *Le Roi du Monde*, cap. XI.

si è alluso di recente:[6] quel che abbiamo detto nelle ultime osservazioni permette di intravedere che il compimento del ciclo, quale noi l'abbiamo considerato, deve avere una certa correlazione, nell'ordine storico, con l'incontro delle due forme tradizionali che corrispondono al suo inizio e alla sua fine, e che hanno rispettivamente come lingue sacre il sanscrito e l'arabo: la tradizione indù, in quanto rappresenta l'eredità più diretta della Tradizione primordiale, e la tradizione islamica, in quanto ‘ sigillo della Profezia ’ e, di conseguenza, forma ultima dell'ortodossia tradizionale per il ciclo attuale.

---

6. F. Schuon, *Le Sacrifice*, in « Études Traditionnelles », aprile 1938, p. 137, nota 2.

Presso i Celti, il cinghiale e l'orso simboleggiavano rispettivamente i rappresentanti dell'autorità spirituale e quelli del potere temporale, cioè le due caste dei druidi e dei cavalieri, equivalenti, almeno originariamente e nei loro attributi essenziali, a ciò che sono in India le caste dei Brahmani e degli Kshatriya. Come abbiamo indicato altrove,[1] questo simbolismo, di origine chiaramente iperborea, è uno dei segni del collegamento diretto della tradizione celtica con la Tradizione primordiale del presente *Manvantara*, quali che siano gli altri elementi, provenienti da tradizioni anteriori, ma già secondarie e derivate, che si sono potuti aggiungere a tale corrente principale, venendo così a esserne in qualche modo assimilati. Quel che vogliamo dire è che la tradizione celtica potrebbe verosimilmente essere considerata uno dei 'punti di congiunzione' della tradizione atlantidea con la tradizione iperborea, dopo la fine del periodo secondario in cui questa tradizione atlantidea rappresentò la forma predominante e quasi il 'sostituto' del centro originario ormai inaccessibile all'umanità comune;[2] e, anche su questo punto, lo stesso simbolismo da noi appena menzionato può fornire alcune indicazioni non prive d'interesse.

Osserviamo anzitutto l'importanza attribuita al simbolo del cinghiale anche dalla tradizione indù – derivata pur essa direttamente dalla tradizione primordiale – la quale afferma espressamente nel *Vêda* la propria origine iperborea. Il cinghiale (*varâha*) non vi rappresenta soltanto, come è noto, il terzo dei dieci *avatâra* di *Vishnu* nel *Manvantara* attuale; ma il nostro *Kalpa* intero, cioè tutto il ciclo della manifestazione del nostro mondo, vi è designato come *Shwêta-varâha-Kalpa*, il « ciclo del cinghiale bianco ». Stando così le cose, e se si considera l'analogia che esiste necessariamente fra il ciclo maggiore e i cicli subordinati, è naturale che il segno del *Kalpa*, se così ci si può esprimere, si ritrovi al punto di partenza del *Manvantara*; per questo la 'terra sacra' polare, sede del centro spirituale primordiale di questo *Manvantara* è chiamata anche *Vârâhî* o « terra del cinghiale ».[3] D'altron-

---

1. *Autorité spirituelle et pouvoir temporel*, cap. I.
2. Cfr. *Le Roi du Monde*, cap. X, in particolare per quanto concerne i rapporti fra la *Tula* iperborea e la *Tula* atlantidea (essendo *Tula* una delle prime designazioni dei centri spirituali); si veda anche il nostro articolo *Atlantide et Hyperborée*, in « Le Voile d'Isis », ottobre 1929.
3. Si veda, sempre a questo proposito, *Atlantide et Hyperborée*, in « Le Voile d'Isis », ottobre 1929; in questo articolo abbiamo fatto notare che, contrariamente a quel che sembra aver pensato Saint-Yves d'Alveydre, il nome *Vârâhî* non si applica assolutamente all'Europa; a dire il vero, quest'ultima non fu mai altro che la 'Terra del Toro', il che si riferisce a un periodo assai lontano dalle origini.

de, poiché ivi risiedeva l'autorità spirituale primitiva, di cui ogni altra autorità legittima dello stesso ordine è solo un'emanazione, è altrettanto naturale che i rappresentanti di una tale autorità abbiano anch'essi ricevuto il simbolo del cinghiale come segno distintivo e lo abbiano in seguito conservato; per questa ragione i druidi si fregiavano dell'appellativo di ' cinghiali ', per quanto, siccome il simbolismo ha sempre molteplici aspetti, si possa vedere in ciò anche un'allusione all'isolamento nel quale essi si tenevano nei confronti del mondo esterno, essendo il cinghiale sempre considerato come il ' solitario '; e bisogna aggiungere, del resto, che questo isolamento, realizzato materialmente, fra i Celti come fra gli Indù, sotto forma di ritiro nella foresta, non è privo di rapporti con i caratteri della ' primordialità ', di cui almeno un riflesso ha sempre dovuto mantenersi in ogni autorità spirituale degna della funzione che svolge.

Ma torniamo al nome *Vârâhî*, che dà luogo a osservazioni particolarmente importanti: *Vârâhî* è considerata un aspetto della *Shakti* di *Vishnu* (e più specialmente in rapporto con il suo terzo *avatâra*), il che, dato il carattere ' solare ' di questi, mostra immediatamente la sua identità con la ' terra solare ' o ' Siria ' primitiva di cui abbiamo parlato in altre occasioni,[4] la quale è anch'essa una designazione della *Tula* iperborea, cioè del centro spirituale primordiale. D'altra parte, la radice *var*, per il nome del cinghiale, si ritrova nelle lingue nordiche sotto la forma *bor*;[5] l'equivalente esatto di *Vârâhî* è dunque ' Borea ', e la verità è che il nome consueto di ' Iperborea ' fu impiegato dai Greci solo in un'epoca in cui essi avevano già perduto il senso di tale antica designazione; sarebbe quindi meglio, malgrado l'uso prevalso da allora, qualificare la tradizione primordiale, non come ' iperborea ', ma semplicemente ' borea ', affermando con ciò inequivocabilmente la sua connessione con la ' Borea ' o ' terra del cinghiale '.

Ma c'è di più: la radice *var* o *vri*, in sanscrito, ha il significato di « coprire », « proteggere » e « nascondere »; e, come mostrano il nome di *Varuna* e il suo equivalente greco *Ouranos*, serve a designare il cielo, sia perché esso copre la terra sia perché rappresenta i mondi superiori, nascosti ai sensi.[6] Ora, tutto ciò si applica perfettamente ai centri spirituali, sia perché essi sono nascosti agli occhi dei profani, sia perché proteggono il mondo

4. Si veda *La Science des lettres* e *La Terre du Soleil* [pubblicati sopra, il primo come cap. 6, il secondo come cap. 12].
5. Da cui l'inglese *boar*, e anche il tedesco *Eber*.
6. Si veda *Le Roi du Monde*, cap. VII, ove abbiamo indicato inoltre che la stessa parola *coelum* ha in origine il medesimo significato.

con la loro influenza invisibile, sia infine perché sono, sulla terra, quasi delle immagini del mondo celeste stesso. Aggiungiamo che la medesima radice ha pure un altro senso, quello di « scelta » o di « elezione » (*vara*), che, evidentemente, conviene anch'esso alla regione ovunque designata con nomi come quelli di 'terra degli eletti ', ' terra dei santi ', o ' terra dei beati'.[7]

Si sarà notata, in quel che abbiamo detto or ora, l'unione dei due simbolismi ' polare ' e ' solare '; ma, per quel che concerne propriamente il cinghiale, è l'aspetto ' polare ' che specialmente importa; ciò risulta del resto dal fatto che il cinghiale rappresentava anticamente la costellazione divenuta più tardi l'Orsa Maggiore.[8] Vi è, in questa sostituzione di nomi, un segno di ciò che i Celti simboleggiavano precisamente con la lotta del cinghiale e dell'orso, cioè la rivolta dei rappresentanti del potere temporale contro la supremazia dell'autorità spirituale, con le diverse vicissitudini che ne derivarono nel corso delle successive epoche storiche. Le prime manifestazioni di questa rivolta, infatti, risalgono a molto più addietro della storia ordinariamente conosciuta, e a prima anche dell'inizio del *Kali-Yuga*, nel quale essa doveva avere la sua maggiore estensione; per questo il nome *bor* si è potuto trasferire dal cinghiale all'orso,[9] e la stessa ' Borea ' – la ' terra del cinghiale ' – è potuta in seguito diventare a un certo momento la ' terra dell'orso ', durante un periodo di predominio degli Kshatriya al quale, secondo la tradizione indù, mise fine *Parashu-Râma*.[10]

Nella stessa tradizione indù, il nome più consueto dell'Orsa Maggiore è *sapta-riksha*; e il termine sanscrito *riksha* è il nome dell'orso, linguisticamente identico a quello che esso porta in diverse altre lingue: il celtico *arth*, il greco *arktos*, e anche il latino *ursus*. Tuttavia, ci si può chiedere se è proprio questo il senso originario dell'espressione *sapta-riksha*, o se non c'è stata invece, in corrispondenza alla sostituzione di cui abbiamo appena parlato, una specie di sovrapposizione di parole etimologicamente distinte, ma avvicinate o addirittura identificate dall'applicazione di un certo simbolismo fonetico. Infatti, *riksha* è pure, in generale, una stella, cioè in definitiva una « luce » (*archis*, dalla

---

7. Segnaliamo ancora, a titolo di possibile accostamento, la radice germanica *ur* che ha un senso di ' primordialità '.
8. Ricorderemo che questa costellazione ha ricevuto ancora molti altri nomi, fra cui quello di Bilancia; ma sarebbe fuori luogo occuparcene ora.
9. In inglese *bear*, in tedesco *Bär*.
10. Abbiamo già avuto occasione di segnalare, a tale proposito, che Fabre d'Olivet e coloro che l'hanno seguito, come Saint-Yves d'Alveydre, sembrano aver fatto una confusione piuttosto strana fra *Parashu-Râma* e *Râma-Chandra*, cioè fra il sesto e il settimo *avatâra* di *Vishnu*.

radice *arch* o *ruch*, « brillare » o « illuminare »); e, d'altra parte, il *sapta-riksha* è la dimora simbolica dei sette *Rishi*, i quali, oltre al fatto che il loro nome si riferisce alla 'visione', quindi alla luce, sono anche le sette 'Luci', dalle quali fu trasmessa al ciclo attuale la Sapienza dei cicli anteriori.[11] L'accostamento così stabilito fra l'orso e la luce non costituisce d'altronde un caso isolato nel simbolismo animale, giacché se ne riscontra uno del tutto simile per il lupo, sia presso i Celti che presso i Greci,[12] donde risultò la sua attribuzione al dio solare Belen, o Apollo.

In un determinato periodo, il nome *sapta-riksha* fu applicato non più all'Orsa Maggiore ma alle Pleiadi, che comprendono anch'esse sette stelle; tale trasferimento da una costellazione polare a una zodiacale corrisponde a un passaggio dal simbolismo solstiziale al simbolismo equinoziale, passaggio che implica un cambiamento nel punto di partenza del ciclo annuale, così come nell'ordine di prevalenza dei punti cardinali che sono in relazione con le diverse fasi di questo ciclo.[13] Tale cambiamento è qui quello dal nord all'ovest, che si riferisce al periodo atlantideo; e ciò risulta chiaramente confermato dal fatto che, per i Greci, le Pleiadi erano figlie di Atlante e, come tali, chiamate anche Atlantidi. I trasferimenti di questo genere sono d'altra parte spesso la causa di molteplici confusioni, avendo ricevuto gli stessi nomi applicazioni diverse a seconda dei periodi, e questo sia per le regioni terrestri che per le costellazioni celesti, di modo che non è sempre facile determinare a cosa si riferiscano esattamente in ciascun caso; e del resto ciò è realmente possibile solo a condizione di ricollegare le loro diverse 'localizzazioni' ai caratteri propri delle forme tradizionali corrispondenti, come abbiamo fatto per quelle del *sapta-riksha*.

Presso i Greci, la rivolta degli Kshatriya era raffigurata dalla caccia al cinghiale calidonio, che d'altronde rappresenta manifestamente la versione nella quale gli stessi Kshatriya esprimono la pretesa di attribuirsi una vittoria definitiva, giacché il cinghiale vi è da loro ucciso; e Ateneo riferisce, seguendo autori più antichi, che il cinghiale calidonio era bianco,[14] il che lo iden-

---

11. Si osserverà la persistenza di queste 'sette Luci' nel simbolismo massonico: la presenza di uno stesso numero di persone che le rappresentino è necessaria per la costituzione di una loggia 'giusta e perfetta', così come per la validità della trasmissione iniziatica. Segnaliamo anche che le sette stelle di cui si parla all'inizio dell'*Apocalisse* (I, 16 e 20) sarebbero, secondo certe interpretazioni, quelle dell'Orsa Maggiore.
12. In greco, il lupo è *lukos* e la luce *luké*; da cui l'epiteto a doppio senso dell'Apollo Licio.
13. Lo spostamento della Bilancia nello Zodiaco ha naturalmente anch'esso un significato simile.
14. *Deipnosophistarum*, IX, 13.

tifica di fatto allo *Shwêta-varâha* della tradizione indù.[15] Dal nostro punto di vista non meno significativo è il fatto che il primo colpo sia stato portato da Atalanta, la quale, si dice, era stata nutrita da un'orsa; e il nome di Atalanta potrebbe indicare che la rivolta ebbe inizio o nell'Atlantide stessa, o almeno fra gli eredi della sua tradizione.[16] D'altra parte, il nome di Calidone si ritrova esattamente in quello di *Caledonia*, antico nome della Scozia: al di fuori di ogni questione di ' localizzazione ' particolare, è propriamente il paese dei ' Kaldes ' o Celti;[17] e la foresta di Calidone non si distingue in realtà da quella di Brocelandia, il cui nome è ancora lo stesso, benché sotto una forma modificata, e preceduto dalla parola *bro*, o *bor*, cioè dal nome stesso del cinghiale.

Il fatto che l'orso sia spesso inteso simbolicamente sotto l'aspetto femminile, come abbiamo appena visto a proposito di Atalanta, e come si vede anche dalle denominazioni delle costellazioni dell'Orsa Maggiore e dell'Orsa Minore, non è neppure privo di significato in rapporto alla sua attribuzione alla casta guerriera, detentrice del potere temporale, e questo per diverse ragioni. Anzitutto, questa casta svolge normalmente una funzione ' ricettiva ', ossia femminile, nei confronti della casta sacerdotale, poiché da quest'ultima essa riceve non solo l'insegnamento della dottrina tradizionale, ma anche la legittimazione del proprio potere, nella quale consiste a rigore il ' diritto divino '. In seguito, quando la casta guerriera, rovesciando i normali rapporti di subordinazione, aspira alla supremazia, il suo predominio è generalmente accompagnato da quello degli elementi femminili nel simbolismo della forma tradizionale da essa modificata, e talora, come conseguenza di questa modificazione, anche dall'istituzione di una forma femminile di sacerdozio, come fu quella delle druidesse presso i Celti. Ci limitiamo qui soltanto ad accennare a quest'ultimo punto, il cui sviluppo ci porterebbe lontano, soprattutto se volessimo cercare altrove esempi concordanti; ma quest'indicazione basta a far capire perché sia l'orsa, e non l'orso, a essere opposta simbolicamente al cinghiale.

Conviene aggiungere che i due simboli del cinghiale e dell'orso non appaiono sempre necessariamente in opposizione o in lotta,

---

15. È quasi superfluo ricordare che il bianco è anche il colore attribuito simbolicamente all'autorità spirituale; e si sa che i druidi, in particolare, portavano vestiti bianchi.

16. Si possono fare anche altri accostamenti curiosi a tale riguardo, in particolare fra i pomi d'oro di cui si parla nella leggenda di Atalanta e quelli del giardino delle Esperidi o « figlie dell'Occidente », che pure erano figlie di Atlante come le Pleiadi.

17. È del resto probabile che il nome dei Celti, come quello dei Caldei, che gli è identico, non fosse in origine quello di un popolo particolare, ma quello di una casta sacerdotale, che esercitava l'autorità spirituale presso popoli diversi.

ma, in certi casi, possono anche rappresentare l'autorità spirituale
e il potere temporale, o le due caste dei druidi e dei cavalieri,
nei loro rapporti normali e armonici, come si vede in particolare
nella leggenda di Merlino e di re Artù. Infatti, Merlino il druido
è anch'egli il cinghiale della foresta di Brocelandia (ove del
resto, alla fine, non è ucciso come il cinghiale calidonio, ma solo
addormentato da una potenza femminile); il re Artù porta
un nome derivato da quello dell'orso, *arth*;[18] più precisamente,
questo nome è identico a quello della stella *Arcturus*, tenuto
conto della leggera differenza dovuta alle loro derivazioni rispettivamente celtica e greca. Questa stella si trova nella costellazione del Bovaro, o di Boote, e, per il tramite di questi nomi, si
possono vedere ancora riuniti i segni di due periodi differenti: il
' guardiano dell'Orsa ' diventò il Bovaro quando l'Orsa stessa o il
sapta-riksha diventò i *septem triones*, cioè i « sette buoi » (donde
la denominazione « Settentrione » per designare il nord); ma non
abbiamo qui da occuparci di queste trasformazioni, relativamente
recenti in rapporto all'oggetto delle nostre considerazioni.[19]

Dalle osservazioni appena esposte sembra delinearsi una conclusione per quanto concerne il ruolo rispettivo delle due correnti che contribuirono a formare la tradizione celtica; all'origine, l'autorità spirituale e il potere temporale non erano separati
come due funzioni differenziate, ma uniti nel loro principio comune, e si ritrova ancora un vestigio di quest'unione nel nome
stesso dei druidi (*dru-vid*, « forza-saggezza »; questi due termini
erano simboleggiati dalla quercia e dal vischio);[20] a questo titolo,
e anche in quanto rappresentavano più particolarmente l'autorità
spirituale, alla quale è riservata la parte superiore della dottrina,
essi erano i veri eredi della tradizione primordiale, e il simbolo
essenzialmente ' boreo ', quello del cinghiale, era loro proprio.
In quanto ai cavalieri, che avevano come simbolo l'orso (o l'orsa
di Atalanta), si può pensare che la parte della tradizione a essi
più specialmente destinata comportasse soprattutto gli elementi
derivati dalla tradizione atlantidea; e questa distinzione potrebbe
forse anche aiutare a spiegare alcuni punti più o meno enig-
matici della storia ulteriore delle tradizioni occidentali.

18. Si trova pure in Scozia, come nome di famiglia, *Mac-Arth* o « figlio dell'orso »,
che indica evidentemente l'appartenenza a un clan guerriero.
19. Artù è il figlio di Uther Pendragon, il « capo dei cinque », cioè il re supremo
che risiede nel quinto regno, quello di *Mide* o di ' mezzo ' situato al centro dei
quattro regni subordinati che corrispondono ai quattro punti cardinali (si veda
Le Roi du Monde, cap. IX); e questa posizione è paragonabile a quella del Drago celeste quando, contenendo la stella polare, era « in mezzo al cielo come un re
sul suo trono », secondo l'espressione del *Sepher Ietsirah*. Cfr. *La Terre du Soleil*.
20. Si veda *Autorité spirituelle et pouvoir temporel*, cap. IV, in cui abbiamo indicato l'equivalenza di questo simbolismo con quello della Sfinge.

Alcune armi simboliche

In un articolo del numero speciale del « Voile d'Isis » dedicato ai Tarocchi, Auriger, a proposito dell'arcano XVI, ha scritto questa frase: « Sembra che esista una relazione fra la grandine di pietre che circonda la Torre colpita dal fulmine e la parola *Beith-el*, dimora divina, da cui derivò betili, termine con cui i Semiti designavano gli aeroliti o pietre del fulmine ». Questo accostamento è stato suggerito dal nome ' Casa di Dio ' dato a questo arcano, nome che costituisce effettivamente la traduzione letterale del *Beith-el* ebraico; ma ci sembra che si faccia qui una certa confusione fra varie cose abbastanza diverse, e che una puntualizzazione di tale questione possa offrire un certo interesse.

Anzitutto, è certo che il ruolo simbolico degli aeroliti o pietre cadute dal cielo è importantissimo, poiché si tratta delle ' pietre nere ' di cui si parla in tante tradizioni diverse, da quella che era la raffigurazione di Cibele o della ' Grande Dea ' fino a quella incassata nella *Kaaba* della Mecca, che è in relazione con la storia di Abramo. Anche a Roma c'era il *lapis niger*, senza parlare degli scudi sacri dei Salii, che si diceva fossero stati intagliati in un aerolito al tempo di Numa.[1] Queste ' pietre nere ' possono sicuramente essere classificate nella categoria dei ' betili ', cioè delle pietre considerate ' dimore divine ', o, in altri termini, quali supporti di certe ' influenze spirituali '; ma tutti i ' betili ' avevano questa provenienza? Non lo crediamo, e, in particolare, non scorgiamo alcun indizio che permetta di supporre che tale sia stato il caso della pietra alla quale Giacobbe, secondo il racconto della *Genesi*, diede il nome di *Beith-el*, attribuito per estensione al luogo stesso in cui aveva avuto la visione mentre la sua testa posava su tale pietra.

Il ' betilo ' è propriamente la rappresentazione dell'*Omphalos*, cioè un simbolo del ' Centro del Mondo ', che s'identifica nel modo più naturale con l'" abitacolo divino '.[2] Questa pietra poteva avere forme diverse, e in particolare quella di un pilastro; fu così che Giacobbe disse: « E questa pietra, che ho eretto come un pilastro, sarà la casa di Dio »; e, presso i popoli celtici, certi menhir, se non tutti, avevano lo stesso significato. L'*Omphalos* poteva esser rappresentato anche da una pietra di forma conica,

---

1. Ossendowski ha riferito la storia di una ' pietra nera ' inviata un tempo dal ' Re del Mondo ' al Dalai-Lama, poi trasportata a Urga, in Mongolia, e che scomparve un centinaio di anni or sono; non sapendo di che cosa si trattasse, egli ha cercato di spiegare alcuni fenomeni, come l'apparizione di caratteri sulla superficie di questa pietra, supponendo che fosse una specie di ardesia.
2. Tale designazione di ' abitacolo divino ', in ebraico *mishkan*, fu anche attribuita più tardi al Tabernacolo: come indica la parola stessa, è la sede della *Shekinah*.

come la ' pietra nera ' di Cibele, od ovoidale; il cono richiamava la Montagna sacra, simbolo del ' Polo ' o dell'' Asse del Mondo '; in quanto alla forma ovoidale, essa si riferisce direttamente a un altro simbolo assai importante, quello dell'' Uovo del Mondo '. In tutti i casi, il ' betilo ' era una ' pietra profetica ', una ' pietra parlante ', cioè una pietra che rendeva oracoli, o accanto alla quale erano resi oracoli, grazie alle ' influenze spirituali ' di cui essa era il supporto; e l'esempio dell'*Omphalos* di Delfi è a questo proposito assai caratteristico.

I ' betili ' sono quindi essenzialmente pietre sacre, ma non tutte di origine celeste; tuttavia, è forse vero che, almeno simbolicamente, l'idea di ' pietra caduta dal cielo ' poteva in qualche modo esservi legata. Quel che ci fa pensare che le cose stessero in questo modo è il loro rapporto con il misterioso *luz* della tradizione ebraica; questo rapporto è sicuro per le ' pietre nere ', che sono effettivamente degli aeroliti, ma non dev'essere limitato soltanto a questo caso, poiché è detto nella *Genesi*, a proposito del *Beith-el* di Giacobbe, che il primo nome di tale luogo era precisamente *Luz*. Possiamo anche ricordare in questa occasione che il Graal era stato intagliato, si diceva, in una pietra caduta anch'essa dal cielo, e fra tutte queste cose sussistono legami assai stretti; ma non vi insisteremo oltre, poiché queste considerazioni rischierebbero di condurci molto lontano dal nostro tema.[3]

Infatti, sia che si tratti dei ' betili ' in genere, sia delle ' pietre nere ' in particolare, né gli uni né le altre hanno in realtà niente in comune con le ' pietre del fulmine '; e soprattutto su questo punto la frase che ricordavamo all'inizio contiene una grave confusione, che del resto si spiega abbastanza facilmente. Si è sicuramente tentati di supporre che le ' pietre del fulmine ' o ' pietre del tuono ' debbano essere pietre cadute dal cielo, aeroliti, e invece non è così; non si potrebbe mai indovinare che cosa siano senza averlo appreso dai contadini che, per tradizione orale, ne hanno conservato il ricordo. Questi contadini commettono d'altronde anch'essi un errore di interpretazione, che mostra come il vero senso della tradizione sfugga loro, quando credono che tali pietre siano cadute con il fulmine, o che siano il fulmine stesso. Essi dicono infatti che il tuono cade in due maniere, ' in fuoco ' o ' in pietra '; nel primo caso, incendia, mentre nel secondo infrange soltanto; ma essi conoscono assai bene le ' pietre del tuono ', e si sbagliano solo attribuendo a esse, a causa della

3. Abbiamo d'altronde sviluppato più ampiamente la questione del *luz*, come quella dell'*Omphalos*, nel nostro studio sul *Roi du Monde*.

loro denominazione, un'origine celeste che non hanno né hanno mai avuto.

La verità è che le ' pietre del fulmine ' sono pietre che simboleggiano il fulmine; non sono altro che le asce di silice preistoriche, esattamente come l'" uovo di serpente ', simbolo druidico dell'" Uovo del Mondo ', non è altro, in quanto alla sua raffigurazione materiale, che il riccio di mare fossile. L'ascia di pietra è la pietra che spezza e che fende, e perciò rappresenta il fulmine; questo simbolismo risale d'altronde a un'epoca estremamente remota, e spiega l'esistenza di certe asce, chiamate dagli archeologi ' asce votive ', oggetti rituali che non hanno mai potuto avere alcuna utilizzazione pratica come armi o come strumenti qualunque.

Questo ci induce naturalmente a ricordare un punto già trattato: l'ascia di pietra di *Parashu-Râma* e il martello di pietra di Thor sono una sola e identica arma,[4] e aggiungeremo che tale arma è il simbolo del fulmine. Si vede così anche che il simbolismo delle ' pietre del fulmine ' è di origine iperborea, cioè si ricollega alla più antica tradizione dell'umanità attuale; a quella che è veramente la tradizione primitiva per il presente *Manvantara*.[5]

È opportuno notare, d'altra parte, la funzione importantissima che svolge il fulmine nel simbolismo tibetano; il *vajra*, che lo rappresenta, è una delle principali insegne dei dignitari del lamaismo.[6] Nello stesso tempo, il *vajra* simboleggia il principio maschile della manifestazione universale, e così il fulmine è associato all'idea della ' paternità divina ', associazione che si ritrova altrettanto chiaramente nell'antichità occidentale, poiché il fulmine vi è il principale attributo di *Zeus Pater* o *Ju-piter*, il ' padre degli dèi e degli uomini ', che del resto fulmina i Titani e i Giganti così come Thor e *Parashu-Râma* distruggono gli equivalenti di questi con le loro armi di pietra.[7]

4. Si veda l'articolo di P. Genty su *Thor et Parashu-Râma*, in « Le Voile d'Isis », dicembre 1928.
5. Segnaliamo a questo proposito che alcuni, per una strana confusione, parlano oggi di ' Atlantide iperborea '; l'Iperborea e l'Atlantide sono due regioni distinte, come il nord e l'ovest sono due punti cardinali differenti, e, in quanto punto di partenza di una tradizione, la prima è assai anteriore alla seconda. Riteniamo tanto più necessario richiamare l'attenzione su questo fatto in quanto coloro che fanno questa confusione hanno creduto di potercela attribuire, mentre è chiaro che non l'abbiamo mai commessa e non vediamo neppure, in tutto quel che abbiamo scritto, che cosa potrebbe fornire il minimo pretesto a una simile interpretazione.
6. *Vajra* è il termine sanscrito che designa il fulmine; la forma tibetana di questa parola è *dorje*.
7. È interessante osservare che i fulmini di Giove sono forgiati da Vulcano, il che stabilisce un certo rapporto fra il ' fuoco celeste ' e il ' fuoco sotterraneo ' rapporto che non esiste nel caso in cui si tratta di armi di pietra: il ' fuoco

C'è anche, a tale proposito, e addirittura nel mondo moderno, un altro accostamento veramente singolare: Leibniz, nella sua *Monadologia*, dice che « tutte le monadi create nascono, per così dire, da *folgorazioni* continue della Divinità di attimo in attimo »; egli associa in questo modo, conformemente al dato tradizionale da noi appena ricordato, il fulmine (*fulgur*) all'idea di produzione degli esseri. È probabile che i suoi commentatori universitari non se ne siano mai accorti, non più di quanto abbiano notato, e si capisce perché, che le teorie dello stesso filosofo sull'‘animale’ indistruttibile e ‘ridotto in piccolo’ dopo la morte erano direttamente ispirate alla concezione ebraica del *luz* come ‘nucleo d'immortalità’.[8]

Noteremo ancora un ultimo punto, che riguarda il simbolismo massonico del maglio: non solo c'è un rapporto evidente fra il maglio e il martello, che non sono per così dire se non due forme di uno stesso strumento, ma lo storico massonico inglese R.F. Gould pensa che il ‘maglio del Maestro’, di cui ricollega d'altra parte il simbolismo a quello del *Tau*, per via della sua forma, tragga la sua origine dal martello di Thor. I Galli avevano d'altronde un ‘Dio col maglio’, che figura su un altare scoperto a Mayence; sembra addirittura che si tratti del *Dis pater*, il cui nome è assai vicino a quello di *Zeus pater*, e che i druidi, a quanto dice Cesare, davano come padre alla razza gallica.[9] Così, questo maglio appare ancora come un equivalente simbolico del *vajra* delle tradizioni orientali, e, per una coincidenza che non ha probabilmente nulla di fortuito, ma che parrà per lo meno inattesa a molti, si dà il fatto che i maestri massoni possiedano un attributo che ha esattamente lo stesso senso di quello dei grandi Lama tibetani; ma chi mai, nella massoneria quale essa è oggi, potrebbe vantarsi di possedere effettivamente il misterioso potere, unico nella sua essenza, benché duplice nei

---

sotterraneo’ infatti era in relazione diretta con il simbolismo metallurgico, specialmente nei misteri cabirici; Vulcano forgia anche le armi degli eroi. Bisogna del resto aggiungere che esiste un'altra versione secondo la quale il *Mioelner* o martello di Thor sarebbe metallico e sarebbe stato forgiato dai nani, che si ricollegano allo stesso ordine di entità simboliche dei Cabiri, dei Ciclopi, degli Yaksha, ecc. Notiamo anche, a proposito del fuoco, che il carro di Thor era trascinato da due arieti, e che, in India, l'ariete è il veicolo di Agni.

8. Un altro punto che possiamo solo indicare di sfuggita, è che *vajra* significa a un tempo « fulmine » e « diamante »; questo condurrebbe a esaminare ancora molti altri aspetti della questione, che non pretendiamo di trattare qui in modo completo.

9. Si vede anche, su certe monete galliche, la rappresentazione di un personaggio enigmatico, che tiene in una mano un oggetto che sembra essere un *lituus* o bastone augurale, e nell'altra un martello con il quale batte su una specie di incudine; si è data a questo personaggio, a causa di tali attributi, la designazione di « Pontefice fabbro ».

suoi effetti di contraria apparenza, di cui questo attributo è il segno? Non crediamo di esporci troppo se diciamo che, in ciò che ancora sopravvive delle organizzazioni iniziatiche occidentali, nessuno ha più neppure una pallida idea di che cosa si tratti; il simbolo resta, ma, quando lo spirito si è ritratto, esso non è più che una forma vuota; si deve malgrado tutto conservare la speranza che verrà un giorno in cui questa forma sarà rivivificata, in cui essa risponderà di nuovo alla realtà che è la sua ragione d'essere originaria e che sola gli conferisce il vero carattere iniziatico?

Parlando in precedenza dei ' fiori simbolici ', ci siamo trovati ad alludere alla lancia che, nella leggenda del Graal, appare come un simbolo complementare della coppa, ed è una delle numerose raffigurazioni dell''Asse del Mondo '.[1] Nello stesso tempo, questa lancia è anche, abbiamo detto, un simbolo del ' Raggio celeste ', e dalle considerazioni da noi sviluppate altrove[2] risulta evidente che questi due significati in fondo coincidono; ma ciò spiega anche come la lancia, al pari della spada e della freccia che ne sono in definitiva gli equivalenti, sia talvolta assimilata al raggio solare. È chiaro che i due simbolismi polare e solare non devono mai essere confusi, e che, come abbiamo spesso avvertito, il primo possiede un carattere più fondamentale e realmente ' primordiale '; ma non è men vero che quelli che si potrebbero chiamare i ' trasferimenti ' dall'uno all'altro costituiscono un fatto frequente, non privo di ragioni che cercheremo forse di spiegare più chiaramente in altra occasione.

Ci limiteremo ora a menzionare più specificamente, a tale proposito, l'attribuzione della freccia ad Apollo: è noto che, in particolare, con le sue frecce egli uccide il serpente *Pitone*, come, nella tradizione vedica, Indra uccide *Ahi* o *Vritra*, corrispondente a *Pitone*, con il *vajra* che rappresenta il fulmine; e questo accostamento non lascia dubbi sull'equivalenza simbolica originaria delle due armi in questione. Ricorderemo anche la ' freccia d'oro ' di *Abaris* o di *Zalmoxis*, di cui si parla nella storia di Pitagora; e qui si vede ancor più chiaramente come questo simbolismo si riferisca espressamente all'Apollo iperboreo, stabilendo precisamente il legame fra il suo aspetto solare e il suo aspetto polare.[3]

Se ritorniamo alla considerazione delle varie armi che rappresentano l''Asse del Mondo ', un'importante osservazione s'impone: queste armi sono, non sempre, ma almeno assai spesso, sia a doppio taglio, sia a due punte opposte. Quest'ultimo caso,

---

1. A tale riguardo, il complementarismo della lancia e della coppa è strettamente paragonabile a quello della montagna e della caverna, su cui torneremo più avanti.
2. Si veda *Le Symbolisme de la Croix*.
3. Segnaliamo pure di sfuggita, a questo proposito, che la ' coscia d'oro ' di Pitagora, che lo fa apparire in qualche modo una manifestazione dell'Apollo iperboreo, si riferisce al simbolismo della montagna polare e a quello dell'Orsa Maggiore. D'altra parte, il serpente *Pitone* è strettamente legato a Delfi, anticamente chiamato *Pito*, santuario dell'Apollo iperboreo; di qui la designazione della *Pizia*, e anche il nome di *Pitagora*, che è in realtà un nome di Apollo, « colui che conduce la Pizia », cioè l'ispiratore dei suoi oracoli.

che è in modo particolare quello del *vajra* sul quale dovremo tornare, deve evidentemente esser riferito alla dualità dei poli, considerati come le due estremità dell'asse, con tutte le corrispondenze che essa implica e che abbiamo già indicato altrove.[4] In quanto alle armi a doppio taglio, siccome la dualità si sviluppa nel medesimo senso dell'asse, bisogna vedervi una più diretta allusione alle due correnti rappresentate altrove dai due serpenti che si arrotolano intorno al bastone o al caduceo; ma poiché queste due correnti inverse sono anch'esse rispettivamente in relazione con i due poli e i due emisferi, risulta immediatamente evidente che i due simbolismi in realtà si ricollegano. In fondo, si tratta sempre di una forza duplice, unica nella sua essenza, ma con effetti apparentemente opposti nella sua manifestazione, in seguito alla ' polarizzazione ' che la condiziona, come condiziona del resto, a livelli diversi, tutti i gradi e tutte le modalità della manifestazione universale.[5]

Anche la spada può essere considerata, in linea di massima, un'arma a doppio taglio;[6] ma un esempio ancor più sorprendente è quello dell'ascia doppia, che appartiene in particolare al simbolismo egeo e cretese, cioè preellenico, ma che non gli è d'altronde esclusivamente propria. Ora, l'ascia, come abbiamo detto in precedenza,[7] è in modo del tutto speciale un simbolo del fulmine, e quindi, in questo senso, uno stretto equivalente del *vajra*; ne consegue che il confronto di queste due armi mostra bene l'identità fondamentale delle due forme di simbolismo da noi menzionate, quella delle armi a doppio taglio e quella delle armi a due punte.[8]

Le rappresentazioni del *vajra* offrono molteplici varianti; Ananda K. Coomaraswamy ha segnalato[9] che la forma più con-

---

4. *La Grande Triade*, cap. v.
5. Ciò equivale a dire che tutte le dualità cosmiche non sono in realtà che ' specificazioni ' diverse della dualità prima di *Purusha* e *Prakriti*, o, in altri termini, della polarizzazione dell'Essere in ' essenza ' e ' sostanza '.
6. In un altro dei suoi significati, la spada è un simbolo del Verbo o della Parola, con il suo duplice potere creatore e distruttore (si veda ad esempio *Apocalisse*, I, 16, e XIX, 15). È evidente del resto che questo duplice potere è analogo alla forza duplice di cui abbiamo appena parlato, o, più esattamente ancora, che si tratta unicamente di diverse applicazioni di una sola e identica cosa. Circa la spada, notiamo ancora che, secondo certi storici antichi, gli Sciti rappresentavano la Divinità con una spada piantata a terra in cima a un tumulo; essendo quest'ultimo l'immagine ridotta della montagna, si trovano qui riuniti due simboli dell'' Asse del Mondo '.
7. Si veda *Les pierres de foudre* [qui sopra, come cap. 25].
8. Il maglio o martello di Thor, altro simbolo del fulmine che abbiamo pure segnalato, presenta, per la sua forma a T, una precisa somiglianza con la doppia ascia. Faremo anche osservare, che, come il maglio e la spada, per quanto con una minor evidenza, l'ascia si ritrova ancor oggi nel simbolismo massonico.
9. *Elements of Buddhist Iconography*.

sueta, che presenta una triplice punta a ogni sua estremità, è per ciò stesso strettamente affine al *trishûla* o tridente, altra arma simbolica assai importante, il cui studio specifico però ci allontanerebbe troppo dal nostro argomento;[10] osserveremo soltanto che, mentre la punta mediana è la terminazione dell'asse stesso, le due punte laterali possono essere riferite ancora alle due correnti di destra e di sinistra di cui abbiamo parlato, e che, per questa stessa ragione, una simile triplicità si ritrova altrove nel simbolismo ' assiale ', per esempio in certe raffigurazioni dell'' Albero del Mondo '. A.K. Coomaraswamy ha pure mostrato che il *vajra* è tradizionalmente assimilato ad altri simboli conosciuti dell'' Asse del Mondo ', quali l'asse del carro le cui due ruote corrispondono al Cielo e alla Terra, il che spiega d'altronde, in particolare, certe rappresentazioni del *vajra* che pare ' sostenuto ' da un loto sul quale è posto verticalmente. Quanto al quadruplice *vajra*, formato dalla riunione di due *vajra* comuni disposti in croce, se lo si considera posto su un piano orizzontale, come suggerisce la sua designazione di *Karma-vajra*, esso è molto vicino a simboli come lo *swastika* e il *chakra*;[11] ci accontenteremo di annotare qui queste diverse indicazioni, sulle quali avremo forse occasione di tornare in altri studi, poiché quest'argomento è di quelli che non si può pretendere di esaurire.

Il *vajra*, oltre al senso di « fulmine », ha contemporaneamente anche quello di « diamante », che richiama immediatamente le idee di indivisibilità, inalterabilità e immutabilità; ed effettivamente l'immutabilità è proprio il carattere essenziale dell'asse intorno al quale si effettua la rivoluzione di tutte le cose, senza che esso vi partecipi. A tale proposito, c'è ancora un accostamento assai notevole: Platone descrive precisamente l'' Asse del Mondo ' come un asse luminoso di diamante: quest'asse è circondato da parecchi rivestimenti concentrici, di dimensioni e di colori diversi, che corrispondono alle differenti sfere planetarie, e si muovono intorno a esso.[12] D'altra parte, il simbolismo buddistico del

10. In questo caso, la doppia triplicità dei rami e delle radici ricorda ancora più esattamente quella delle due estremità del *vajra*. È noto d'altronde che, come attributo di *Shiva*, il *trishûla* è spesso riferito al « triplice tempo » (*trikâla*), cioè alle tre modalità del tempo in quanto passato, presente e futuro; ci sarebbero qui ancora degli accostamenti da fare con quel che si trova a tale riguardo in altre tradizioni, per esempio con certi aspetti del simbolismo di *Janus*.

11. Non si tratta più allora dell'asse verticale come in precedenza, ma dei due assi orizzontali della rappresentazione geometrica da noi esposta in *Le Symbolisme de la Croix*.

12. *Repubblica*, libro x (mito di Er l'Armeno). Questo insieme di rivestimenti costituisce il ' fuso della Necessità ': la Parca *Clotho* lo fa girare con la mano destra, dunque da destra a sinistra, e questo senso di rotazione non è indifferente, in rapporto alle considerazioni che abbiamo fatto a proposito del simbolismo della ' doppia spirale '.

' trono di diamante ', situato ai piedi dell'' Albero della Saggezza ' e al centro stesso della ' ruota del Mondo ', cioè nell'unico punto che rimane sempre immobile, non è, sotto questo stesso profilo, meno significativo.

Per tornare al fulmine, si ritiene che esso rappresenti, come abbiamo già indicato,[13] un duplice potere di produzione e di distruzione; volendo, si può dire potere di vita o di morte, ma, se lo si intendesse unicamente nel senso letterale, non ci si riferirebbe che a un'applicazione particolare di ciò di cui in realtà si tratta.[14] Di fatto, esso è la forza che produce tutte le ' condensazioni ' e le ' dissipazioni ' che la tradizione estremo-orientale riferisce all'azione alternata dei due principi complementari *yin* e *yang*, e che corrispondono anche alle due fasi dell'' espirazione ' e dell'' aspirazione ' universali; è ciò che la dottrina ermetica, da parte sua, chiama ' coagulazione ' e ' soluzione ';[15] e la duplice azione di questa forza è simboleggiata dalle due estremità del *vajra*, in quanto arma ' folgorante ', mentre il diamante rappresenta chiaramente la sua essenza unica e indivisibile.

Segnaleremo incidentalmente, a titolo di curiosità, poiché dal nostro punto di vista non potrebbe esser molto più di questo, un'applicazione di ordine assai inferiore, ma che si ricollega direttamente al problema delle armi simboliche: il ' potere delle punte ', ben noto in magia e anche nella fisica profana, si riferisce realmente alla ' soluzione ', cioè al secondo aspetto del duplice potere di cui abbiamo parlato. D'altra parte, una corrispondenza con il primo aspetto, o con la ' coagulazione ', si trova nell'uso magico dei nodi o ' legature '; ricorderemo a questo proposito anche il simbolismo del ' nodo gordiano ', che Alessandro tronca del resto con la sua spada, la qual cosa è pure abbastanza significativa; ma qui appare un altro problema, quello del ' nodo vitale ', che, per quanto in relazione analogica con il precedente, supera di molto l'ambito e la portata della semplice magia.[16]

Infine, dobbiamo menzionare un altro simbolo ' assiale ', che non è un'arma vera e propria, ma vi si assimila tuttavia per la

---

13. Si veda *Les pierres de foudre*.
14. Riguardo all'osservazione che abbiamo fatto in precedenza a proposito delle armi rispettive di Apollo e di Indra, faremo notare che anche il raggio solare è ritenuto, al pari del fulmine, vivificante o letale a seconda dei casi. Ricorderemo anche che la lancia della leggenda del Graal, così come la lancia di Achille, a cui l'abbiamo già accostata sotto questo profilo, aveva il duplice potere di infliggere ferite e di guarirle.
15. È l'equivalente di ciò che il linguaggio degli antichi filosofi greci designava con i termini di ' generazione ' e ' corruzione '.
16. Abbiamo alluso a tale questione, a proposito del ' punto sensibile ' delle cattedrali, in una nota intitolata *Cologne ou Strasbourg?*, in « Le Voile d'Isis », gennaio 1927.

sua forma terminante a punta: è il simbolo del chiodo; e, presso
i Romani, il chiodo (*clavus*) e la chiave (*clavis*), che la loro
lingua accostava in modo piuttosto singolare, si riferiscono entrambi al simbolismo di *Janus*.[17] La chiave, che è ancora, essa pure,
un simbolo 'assiale', ci condurrebbe ad altre considerazioni nelle
quali non vogliamo presentemente addentrarci; diremo soltanto
che il 'potere delle chiavi', o il duplice potere di 'legare' e di
'sciogliere',[18] non è veramente diverso da quello di cui abbiamo
parlato: in fondo, si tratta sempre di 'coagulazione' e di 'soluzione', nel senso ermetico dei due termini.

17. Ricorderemo ancora, per completare l'osservazione che abbiamo fatto in ultimo luogo, il potere magico attribuito ad entrambi gli oggetti, che appare, a
parte ogni questione di ordine 'fenomenico', una specie di degenerazione exoterica del loro significato tradizionale.
18. Si potrà osservare che le stesse parole hanno anche un evidente rapporto con il simbolismo delle legature o dei nodi; tutto ciò è dunque strettamente
connesso, e le varie forme che il simbolismo riveste sono sempre perfettamente coe-
renti fra di loro.

Nel mondo occidentale si è soliti considerare l'islamismo una tradizione essenzialmente guerriera e, quindi, quando vi si parla in particolare della sciabola o della spada (*es-sayf*), prendere questa parola unicamente nel suo senso più letterale, senza neppure pensar mai a chiedersi se essa non rappresenti in realtà qualcos'altro. È d'altronde incontestabile che un certo lato guerriero esista nell'islamismo, e anche che, lungi dal costituire un suo carattere peculiare, si ritrovi ugualmente nella maggior parte delle altre tradizioni, cristianesimo compreso. Anche senza ricordare che Cristo in persona ha detto: « Io non sono venuto a portare la pace, ma la spada »,[1] il che si può in fondo intendere in modo figurato, la storia della Cristianità nel Medioevo, cioè nell'epoca in cui essa ebbe la sua effettiva realizzazione nelle istituzioni sociali, ne fornisce prove largamente sufficienti; e, d'altra parte, la stessa tradizione indù, che certo non potrebbe passare per specialmente guerriera, dal momento che in genere si tende piuttosto a rimproverarle di concedere poco posto all'azione, contiene anch'essa quest'aspetto, come ci si può render conto leggendo la *Bhagavadgîtâ*. A meno di non essere accecati da certi pregiudizi, è facile capire perché sia così, poiché, nell'ambito sociale, la guerra, in quanto è diretta contro coloro che turbano l'ordine e ha lo scopo di ricondurveli, costituisce una funzione legittima, che non è in fondo se non uno degli aspetti della funzione di ' giustizia ' intesa nella sua accezione più generale. Tuttavia, questo è solo il lato più esteriore delle cose, dunque il meno essenziale: dal punto di vista tradizionale, quel che conferisce alla guerra così concepita tutto il suo valore, è il fatto che essa simboleggia la lotta che l'uomo deve condurre contro i nemici che sono dentro di lui, cioè contro tutti gli elementi in lui contrari all'ordine e all'unità. In entrambi i casi, del resto, che si tratti dell'ordine esteriore e sociale o dell'ordine interiore e spirituale, la guerra deve sempre tendere a stabilire l'equilibrio e l'armonia (e perciò essa si riferisce propriamente alla ' giustizia '), e quindi a unificare in certo modo la molteplicità degli elementi in opposizione fra di loro. Ciò equivale a dire che la sua normale conclusione, e in definitiva la sua unica ragion d'essere, è la pace (*es-salâm*), che può essere veramente ottenuta solo con la sottomissione alla volontà divina (*el-islâm*), mettendo tutti gli elementi al loro posto per farli concorrere tutti alla realizzazione cosciente di un medesimo piano; ed è quasi superfluo far notare quanto i

1. *Matteo*, x, 34.

due termini *el-islâm* e *es-salâm* siano strettamente legati l'uno all'altro nella lingua araba.[2]

Nella tradizione islamica, questi due significati della guerra, come pure il rapporto realmente esistente fra di loro, sono espressi nel modo più chiaro possibile da un *hadîth* del profeta, pronunciato al ritorno da una spedizione contro i nemici esterni: « Siamo tornati dalla piccola guerra santa alla grande guerra santa » (*Rajâna min el jihâdil-açghar ila 'l-jihâdil-akbar*). Se la guerra esteriore non è dunque che la « piccola guerra santa »,[3] mentre la guerra interiore è la « grande guerra santa », il fatto è che la prima ha solo un'importanza secondaria rispetto alla seconda, di cui è soltanto un'immagine sensibile; va da sé che, in tali condizioni, tutto quel che serve alla guerra esteriore può essere preso come simbolo di quel che concerne la guerra interiore,[4] e che ciò vale in particolare per la spada.

Coloro che non riconoscono questo significato, anche se ignorano lo *hadîth* che abbiamo appena citato, potrebbero almeno osservare che, durante la predicazione, il *khatîb*, la cui funzione non ha manifestamente nulla di guerriero nel senso comune della parola, tiene in mano una spada, e che questa, in un caso simile, non può esser altro che un simbolo, senza contare che, di fatto, la spada è di solito di legno, il che la rende evidentemente inadatta a ogni uso nei combattimenti esteriori, accentuandone quindi maggiormente il carattere simbolico.

La spada di legno risale d'altronde, nel simbolismo tradizionale, a un passato remotissimo, poiché in India è uno degli oggetti che figuravano nel sacrificio vedico;[5] questa spada (*sphya*), il palo sacrificale, il carro (o più precisamente l'asse che ne è l'elemento essenziale) e la freccia si dicono nati dal *vajra* o fulmine di Indra: « Quando Indra lanciò il fulmine su Vritra, esso, così lanciato, divenne quadruplo... I Brahmani si servono di due di queste quattro forme durante il sacrificio, mentre gli Kshatriya si servono delle altre due in battaglia...[6] Quando il sacrificatore

---

2. Abbiamo dato più ampio spazio a queste considerazioni nel *Symbolisme de la Croix*, cap. VIII.
3. È del resto evidente che lo è soltanto quando è determinata da motivi di ordine tradizionale; ogni altra guerra è *harb* e non *jihâd*.
4. Naturalmente, questo non sarebbe più vero per l'attrezzatura delle guerre moderne, non fosse che per il suo carattere 'meccanico', incompatibile con ogni vero simbolismo; per una ragione similare l'esercizio dei mestieri meccanici non può servir di base a uno sviluppo di ordine spirituale.
5. Si veda A. K. Coomaraswamy, *Le Symbolisme de l'épée*, in « Études Traditionnelles », gennaio 1938; traiamo da quest'articolo la citazione che segue.
6. La funzione dei Brahmani e quella degli Kshatriya possono esser qui riferite rispettivamente alla guerra interiore e a quella esteriore, o, seguendo la terminologia islamica, alla « grande guerra santa » e alla « piccola guerra santa ».

brandisce la spada di legno, è il fulmine che egli lancia contro il nemico... ».[7] Si tenga presente in modo del tutto particolare il rapporto di questa spada con il *vajra* in vista di quanto seguirà; aggiungeremo a tale proposito che la spada è assai spesso assimilata al lampo o da esso fatta derivare,[8] il che è rappresentato in maniera sensibile dalla forma assai nota della ' spada fiammeggiante ', indipendentemente dagli altri significati che quest'ultima può contemporaneamente avere, giacché dev'essere ben inteso che ogni vero simbolo racchiude sempre una pluralità di sensi, i quali, lungi dall'escludersi o dal contraddirsi, si accordano invece e si completano fra di loro.

Per tornare alla spada del *khatîb*, diremo che essa simboleggia anzitutto il potere della parola, cosa che dovrebbe apparire d'altronde abbastanza evidente, tanto più che si tratta di un significato attribuito assai generalmente alla spada, e neppure estraneo alla tradizione cristiana, come mostrano chiaramente questi testi dell'Apocalisse: « Ed egli teneva nella sua mano destra sette stelle; e dalla sua bocca usciva una spada a due tagli, affilata, e il suo volto era come il sole quando splende nella sua forza ».[9] « E dalla bocca gli usciva [10] una spada affilata sui due tagli per colpire con essa le nazioni... ».[11] La spada che esce dalla bocca non può evidentemente avere altro senso che quello a cui abbiamo accennato, tanto più che l'essere così descritto nei due brani non è altri che il Verbo stesso o una delle sue manifestazioni; in quanto al doppio taglio della spada, esso rappresenta un duplice potere creatore e distruttore della parola, che ci riconduce precisamente al *vajra*. Quest'ultimo, infatti, simboleggia anche una forza che, per quanto unica nella sua essenza, si manifesta sotto due aspetti in apparenza contrari, ma in realtà complementari; e questi due aspetti, così come sono raffigurati dai due tagli della spada o di altre armi simili,[12] lo sono qui dalle due punte opposte del *vajra*; questo simbolismo è valido del resto per tutto l'insieme delle forze cosmiche, di modo che l'applicazione che se ne fa alla parola

7. *Shatapatha Brâhmana*, ɪ, 2, 4.
8. In Giappone in particolare, secondo la tradizione shintoista, « la spada è derivata da un lampo-archetipo, di cui essa è la discendente o l'ipostasi » (A. K. Coomaraswamy, *ibidem*).
9. *Apocalisse*, ɪ, 16. Si osserverà qui la riunione del simbolismo polare (le sette stelle dell'Orsa Maggiore, o il *sapta-riksha* della tradizione indù) e del simbolismo solare, che ritroveremo anche nel significato tradizionale della spada.
10. Si tratta di ' colui che era montato su un cavallo bianco ', il *Kalki-avatâra* della tradizione indù.
11. *Ibidem*, xɪx, 15.
12. Ricorderemo qui in particolare il simbolo egeo e cretese della doppia ascia; abbiamo già spiegato che l'ascia è in modo del tutto speciale un simbolo del fulmine, dunque uno stretto equivalente del *vajra*.

costituisce solo un caso particolare, ma che d'altronde, in virtù della concezione tradizionale del Verbo e di tutto ciò che essa implica, può a sua volta esser preso per simboleggiare nel loro complesso tutte le altre applicazioni possibili.[13]

La spada non è soltanto assimilata simbolicamente al fulmine, ma anche, al pari della freccia, al raggio solare; vi accenna visibilmente il fatto che, nel primo dei due passi apocalittici appena citati, l'essere dalla cui bocca esce la spada ha il volto « come il sole quando splende ». È facile del resto stabilire un raffronto, sotto questo profilo, fra Apollo che uccide il serpente *Pitone* con le sue frecce e Indra che uccide il drago *Vritra* con il *vajra*; e questo accostamento non può lasciare alcun dubbio sull'equivalenza di questi due aspetti del simbolismo delle armi, i quali non sono in definitiva che due diversi modi d'espressione di una sola e identica cosa. È importante d'altronde notare che la maggior parte delle armi simboliche, e in particolare la spada e la lancia, sono assai frequentemente anche simboli dell'' Asse del Mondo '; si tratta allora di un simbolismo ' polare ', e non più di un simbolismo ' solare ', ma, per quanto i due punti di vista non debbano mai esser confusi, ci sono lo stesso fra di loro certi rapporti che permettono, si potrebbe dire, dei ' trasferimenti ' dall'uno all'altro, dal momento che l'asse si identifica talora con un ' raggio solare '.[14] In questo significato assiale, le due opposte punte del *vajra* si riferiscono alla dualità dei poli, considerati come le due estremità dell'asse, mentre, nel caso delle armi a doppio taglio, la dualità, essendo indicata nello stesso senso dell'asse, si riferisce più direttamente alle due correnti inverse della forza cosmica, rappresentate altrove anche da simboli quali i due serpenti del caduceo; ma, siccome le due correnti sono esse stesse rispettivamente in relazione con i due poli e i due emisferi,[15] si può comprendere come, malgrado la loro apparente differenza, le due figurazioni si ricongiungano in realtà in quanto al loro significato essenziale.[16]

Il simbolismo ' assiale ' ci riconduce all'idea del ristabilimento dell'armonia concepito come scopo della ' guerra santa ' nelle sue due accezioni esteriore e interiore, poiché l'asse è il luogo ove tutte le opposizioni si conciliano e svaniscono, o, in altri

---

13. Sul duplice potere del *vajra* e su altri simboli equivalenti (in particolare il ' potere delle chiavi '), si vedano le considerazioni da noi fatte nella *Grande Triade*, cap. VI.
14. Senza poter qui insistere su tale questione, dobbiamo almeno ricordare, a titolo d'esempio, l'accostamento dei due punti di vista nel simbolismo greco dell'Apollo iperboreo.
15. Anche su questo punto, rinviamo alla *Grande Triade*, cap. V.
16. Si veda *Les armes symboliques* [qui sopra, come cap. 26].

termini, il luogo dell'equilibrio perfetto, che la tradizione estre-mo-orientale designa come l'" Invariabile Mezzo '.[17] Così, sotto questo profilo, che in realtà corrisponde al punto di vista più profondo, la spada non rappresenta soltanto lo strumento, come si potrebbe credere se ci si attenesse al suo senso più immediato, ma anche il fine stesso da raggiungere, in certo qual modo sin-tetizzando l'uno e l'altro nel suo significato totale. Non abbiamo fatto altro d'altronde che riunire qui, su questo argomento, al-cune osservazioni che potrebbero dar luogo a ben altri sviluppi; ma pensiamo che, anche così, esse mostreranno sufficientemente, si tratti dell'islamismo o di qualsiasi altra forma tradizionale, quanto siano lontani dalla verità coloro i quali pretendono di attribuire alla spada solo un senso ' materiale '.

17. È ciò che rappresenta pure la spada posta verticalmente secondo l'asse di una bilancia, mentre l'insieme costituisce gli attributi simbolici della giustizia.

Nel suo studio sul celtismo, T. Basilide segnalava l'importanza di *Apollon Karneios* in quanto dio degli iperborei; il nome celtico *Belen* è d'altronde identico ad *Ablun* o *Aplun*, divenuto presso i Greci *Apollon*. Ci proponiamo di tornare un giorno in modo più completo sulla questione dell'Apollo iperboreo; per ora, ci limiteremo ad alcune considerazioni che riguardano più specificamente il nome *Karneios*, come pure quello di *Kronos* con il quale è in stretto rapporto, giacché questi due nomi hanno la stessa radice KRN, che esprime essenzialmente le idee di 'potenza' e di 'elevazione'.

Nel senso di 'elevazione', il nome *Kronos* conviene perfettamente a Saturno, che corrisponde in effetti alla più elevata delle sfere planetarie, il 'settimo cielo' o il *Satya-Loka* della tradizione indù.[1] Non si deve d'altronde considerare Saturno unicamente, e neppure in primo luogo, una potenza malefica, come sembra si tenda a fare talvolta, perché non bisogna dimenticare che egli è innanzitutto il reggente dell''età dell'oro', cioè del *Satya-Yuga* o della prima fase del *Manvantara*, che coincide precisamente con il periodo iperboreo, il che dimostra come non senza ragione *Kronos* sia identificato col dio degli iperborei.[2] È verosimile del resto che l'aspetto malefico risulti qui dalla scomparsa stessa di tale mondo iperboreo; in virtù di un analogo 'rivolgimento' ogni 'Terra degli dèi', sede di un centro spirituale, diventa una 'Terra dei Morti' quando il centro è scomparso. È anche possibile che si sia in seguito attribuito di preferenza quest'aspetto al nome *Kronos*, mentre l'aspetto benefico rimaneva al contrario legato al nome *Karneios*, per via dello sdoppiamento di questi nomi che in origine erano uno solo; ed è vero inoltre che il simbolismo del sole presenta in se stesso i due aspetti opposti, vivificante e mortifero, produttore e distruttore, come abbiamo fatto notare ultimamente a proposito delle armi che rappresentano il 'raggio solare'.[3]

---

1. Per i pitagorici, *Kronos* e *Rhea* rappresentavano rispettivamente il Cielo e la Terra: l'idea di elevazione si ritrova dunque anche in questa corrispondenza. È solo per un'assimilazione fonetica tardiva che i Greci identificarono *Kronos* o Saturno con *Chronos*, il Tempo, mentre in realtà le radici di questi due nomi sono diverse; pare che il simbolo della falce sia stato trasferito allora dall'uno all'altro, ma ciò non rientra nel nostro argomento attuale.

2. Il mare che circondava l'isola di Ogigia, consacrata a *Karneios* o a *Kronos*, era chiamato mare di Crono (Plutarco, *De facie in orbe Lunae*); Ogigia, chiamata da Omero l'« ombelico del Mondo » (rappresentato più tardi dall'*Omphalos* di Delfi), era del resto soltanto un centro secondario, che aveva sostituito la *Tule* o Siria primitiva in un'epoca molto più vicina a noi del periodo iperboreo.

3. In greco, la forma stessa del nome *Apollon* è assai vicina a quella di *Apollyon*, il « distruttore » (cfr. *Apocalisse*, IX, 11).

Karneios è il dio del *Karn*, cioè dell'' alto luogo ' che simboleggia la Montagna sacra del Polo, ed era rappresentato presso
i Celti sia dal *tumulus*, sia dal *cairn* o mucchio di pietre che ne
ha conservato il nome. La pietra è del resto spesso in rapporto
diretto con il culto di Apollo, come si vede in particolare dal-
l'*Omphalos* di Delfi, e anche dal cubo di pietra che serviva da
altare a Delo, e di cui l'oracolo ordinò di raddoppiare il volume;
ma, d'altra parte, la pietra aveva anche una relazione particolare
con *Kronos*; si tratta di un nuovo accostamento che possiamo
indicare solo di sfuggita, poiché questo punto meriterebbe di
essere trattato a parte.[4]

Nello stesso tempo, *Karneios* è anche, per il significato stesso
del suo nome, il ' dio potente ';[5] e se la montagna è, sotto uno
dei suoi aspetti, simbolo di potenza come pure di elevazione,
grazie all'idea di stabilità che vi è connessa, c'è un altro simbolo ancor più caratteristico da questo punto di vista, quello
delle corna. Ora, esisteva a Delo, oltre alla pietra cubica che
abbiamo appena menzionato, un altro altare chiamato *Keraton*,
interamente formato di corna di buoi e di capre solidamente
unite; è evidente che ciò si riferisce direttamente a *Karneios*,
la cui relazione simbolica con gli animali cornuti ha anche lasciato tracce fino ai nostri giorni.[6]

Il nome stesso di corno si ricollega d'altronde in modo mani-
festo alla radice KRN, così come quello di corona, che è un'altra espressione simbolica delle medesime idee, poiché le due
parole (in latino *cornu* e *corona*) sono assai vicine.[7] È fin troppo
evidente che la corona è l'insegna del potere e il segno di un
rango elevato perché sia necessario insistervi; e troviamo un
primo accostamento con le corna nel fatto che sia queste che
quella sono poste sulla testa, il che dà bene l'idea di un ' verti-

---

4. In genere si attribuisce ai ' betili ', che sono assimilabili all'*Omphalos*, un significato ' solare '; ma quest'ultimo si è probabilmente sovrapposto, in un certo
periodo, a un significato ' polare ' primitivo, e può darsi che sia stato così anche
per Apollo. Notiamo inoltre che Apollo è rappresentato come protettore delle
sorgenti (il *Borvo* celtico gli fu a tal riguardo assimilato); e le sorgenti sono
pure in relazione con la montagna o con la pietra che ne è un equivalente nel
simbolismo ' polare '.

5. Questo nome perciò corrisponde, in ebraico, al nome divino *Shaddai*, che de-
v'essere più particolarmente il nome del Dio di Abramo; ora, anche fra Abramo
e *Kronos* esistono rapporti abbastanza notevoli.

6. In Bretagna, san Cornelio o Cornély, sostituito ad *Apollon Karneios*, è considerato il protettore delle bestie cornute; le considerazioni che facciamo qui permet-
teranno di capire come in realtà ciò sia molto più di quel semplice ' gioco di parole ' che taluni sarebbero forse tentati di vedervi.

7. La parola greca *Keraunos*, che designa il fulmine, sembra di fatto derivata
anch'essa dalla medesima radice; osserviamo a tale proposito che il fulmine colpisce di solito le vette, i luoghi o gli oggetti elevati; e bisogna anche tener conto
dell'analogia del lampo con il raggio luminoso sul quale dovremo tornare.

ce '.[8] Ma non è tutto: la corona era originariamente un cerchio ornato di punte a forma di raggi; e le corna sono similmente considerate raffigurazioni dei raggi luminosi,[9] il che ci riconduce a certe considerazioni già fatte a proposito delle armi simboliche. È chiarissimo, del resto, che le corna possono essere assimilate ad armi, anche nel senso più letterale, da cui deriva l'idea di forza e di potenza che è stata loro attribuita sempre e dappertutto.[10] D'altra parte, i raggi luminosi sono molto adatti a valere da attributi della potenza, sia essa, a seconda dei casi, sacerdotale o regale, cioè spirituale o temporale, poiché essi la designano come un'emanazione o una delegazione della fonte stessa della luce, il che essa è infatti quando è legittima.

Si potrebbero portare facilmente molteplici esempi, di assai diversa provenienza, delle corna impiegate come simboli di potenza; se ne trovano in particolare nella Bibbia, e in modo ancor più speciale nell'*Apocalisse*;[11] ne citeremo un altro, tratto dalla tradizione araba, che designa Alessandro con il nome di *El-Iskandar dhûl-qarnein*, cioè « dalle due corna »,[12] il che si interpreta di solito nel senso di un duplice potere esteso sull'Oriente e sull'Occidente.[13] Questa interpretazione è perfettamente giusta, purché non se ne escluda un altro fatto che piuttosto la completa: Alessandro, essendo stato dichiarato figlio di Ammone dall'oracolo di questo dio, prese come emblema i due corni di ariete

---

8. Nella tradizione ebraica, *Kether* o la « Corona » occupa il vertice dell'albero sefirotico.

9. Si può trovarne un esempio particolarmente efficace nelle rappresentazioni di Mosè, perché si sa che le parvenze di corna ch'egli porta sulla fronte altro non sono che raggi luminosi. Taluni, fra i quali Huet, vescovo di Avranches, hanno voluto identificare Mosè con Dioniso, che è ugualmente raffigurato con le corna; ci sarebbero d'altronde altre relazioni curiose da esaminare, ma questo ci porterebbe troppo lontano dal nostro tema.

10. La stessa assimilazione è naturalmente valida anche per altri animali, come le zanne dell'elefante e del cinghiale, la cui forma appuntita è simile d'altronde alle corna. Aggiungiamo comunque che la dualità delle corna (e anche delle zanne) impedisce l'applicazione del simbolismo ' assiale ': esse si assimilano piuttosto, a tale riguardo, alle due punte laterali del *trishûla*; e per questo, inoltre, parliamo qui dei raggi luminosi in genere, e non del ' Raggio celeste ' che è, dal duplice punto di vista macrocosmico e microcosmico, un equivalente dell'' Asse del Mondo '.

11. Bisogna osservare che qui l'idea non è più soltanto quella di una potenza legittima, ma viene estesa a ogni potenza di qualsiasi genere, sia malefica sia benefica: ci sono le corna dell'Agnello, ma anche le corna della Bestia.

12. La parola araba *qarn* è la stessa di ' corno ', giacché la radice KRN può facilmente mutarsi in QRN, e anche in HRN, come nell'inglese *horn*. La parola *qarn* ha anche un altro significato, quello di « età » o di « ciclo », e più spesso di « secolo »; questo duplice significato provoca talora un curioso equivoco, poiché alcuni credono che l'epiteto *dhûl-qarnein* applicato ad Alessandro voglia dire che egli visse due secoli.

13. Sotto questo profilo, le due corna sono un equivalente delle due teste dell'aquila araldica.

che costituivano il principale attributo di questi;[14] e tale origine divina non faceva altro che legittimarlo quale successore degli antichi sovrani dell'Egitto, a cui essa veniva pure attribuita. Si dice anche che egli si sia fatto rappresentare così sulle sue monete, cosa che del resto, agli occhi dei Greci, lo identificava piuttosto con Dioniso, di cui evocava anche il ricordo con le sue conquiste, soprattutto con quella dell'India; e Dioniso era il figlio di Zeus, che i Greci assimilavano ad Ammone; è possibile che quest'idea non sia stata estranea ad Alessandro stesso; tuttavia, Dioniso era rappresentato di solito con corna non di ariete ma di toro, il che costituisce, dal punto di vista del simbolismo, una differenza assai importante.[15]

È qui il caso di osservare che le corna, nel loro uso simbolico, assumono due forme principali: quella delle corna di ariete, che è propriamente ' solare ', e quella delle corna di toro, che è al contrario ' lunare ', richiamando d'altronde la forma stessa della mezzaluna.[16] Si potrebbe anche, a tale proposito, riferirsi alle rispettive corrispondenze dei due segni zodiacali dell'Ariete e del Toro; ma ciò darebbe luogo soprattutto, per via dell'applicazione che se ne potrebbe fare in rapporto al predominio dell'una o dell'altra forma in diverse tradizioni, a considerazioni ' cicliche ' nelle quali ora non possiamo pensare di addentrarci.

Per terminare questi cenni, segnaleremo ancora un accostamento, per certi aspetti, fra quelle armi animali che sono le corna e quelle che si possono chiamare le armi vegetali, cioè le spine. C'è da notare, in tal senso, che molte fra le piante che svolgono un ruolo simbolico importante sono spinose;[17] anche qui, le spine, come le altre punte, evocano l'idea di un vertice o di un'elevazione, e possono anche, per lo meno in certi casi, esser prese per raffigurare i raggi luminosi.[18] Si vede dunque che il

---

14. Lo stesso Ammone era chiamato « Signore del duplice corno » (*Libro dei morti*, cap. CLXV).
15. È anche possibile che Alessandro abbia portato un elmo ornato di due corna; si sa che gli elmi cornuti erano in uso presso molti popoli antichi. Presso gli Assiro-Babilonesi, la tiara cornuta era un attributo caratteristico delle divinità.
16. A questa distinzione corrisponde quella delle due forme che gli alchimisti davano al segno del mercurio: la forma lunare viene riferita al mercurio volgare, e la forma solare al mercurio dei saggi.
17. Si possono fare gli esempi della rosa, del cardo, dell'acacia, dell'acanto, ecc.
18. Il simbolismo cristiano della corona di spine (che si dice siano spine di acacia) si ricollega così, in un modo che taluni forse troveranno inatteso, ma non per questo meno reale ed esatto, alla corona di raggi di cui abbiamo parlato sopra. C'è anche da notare che in varie regioni, i menhir sono designati con il nome di « spine » (donde, in Bretagna e altrove, nomi di luogo come la Belle-Épine, Notre-Dame-de-l'Épine, ecc.); ora, il simbolismo del menhir, come quello dell'obelisco e della colonna, si riferisce al ' raggio solare ' e nello stesso tempo all'' Asse del Mondo '.

simbolismo è sempre perfettamente coerente, e non potrebbe del resto non esserlo per il fatto stesso che non è il risultato di qualche convenzione più o meno artificiale, ma al contrario è essenzialmente fondato sulla natura stessa delle cose.

Simbolismo della forma cosmica

In un recente libro,[1] Jackson Knight espone i risultati di interessanti ricerche che hanno come punto di partenza il passo del sesto libro dell'*Eneide* in cui sono descritte le porte dell'antro della Sibilla cumana: perché il labirinto di Creta e la sua storia sono raffigurati su queste porte? Andando contro a quanto hanno sostenuto taluni che non vanno oltre le concezioni ' letterarie ' moderne, egli rifiuta giustamente di vedervi una semplice digressione più o meno inutile, ritenendo al contrario che questo passo debba avere un reale valore simbolico, fondato su una stretta relazione fra il labirinto e la caverna, collegati entrambi alla stessa idea di un viaggio sotterraneo. Secondo l'interpretazione che Jackson Knight fornisce di fatti concordanti che appartengono a epoche e regioni assai diverse, questa idea sarebbe stata legata in origine ai riti funerari, e poi, in virtù di una certa analogia, trasferita nei riti iniziatici; torneremo più in particolare su questo punto fra poco, ma dobbiamo anzitutto fare qualche riserva sul modo stesso in cui egli concepisce l'iniziazione. Sembra infatti considerarla unicamente come un prodotto del ' pensiero umano ', dotato comunque di una vitalità che gli assicura una sorta di permanenza attraverso le epoche, anche se talora esso sussiste per così dire solo allo stato latente; dopo quanto abbiamo già esposto su questo argomento, non abbiamo assolutamente bisogno di mostrare di nuovo tutto quello che c'è di insufficiente in una simile concezione, per il fatto stesso che non vi si tiene conto degli elementi ' sopra-umani ' che in realtà ne costituiscono esattamente l'essenziale. Insisteremo soltanto su questo punto: l'idea di una sussistenza allo stato latente porta all'ipotesi di una conservazione in un ' subconscio collettivo ' desunto da certe teorie psicologiche recenti; qualunque cosa si pensi di queste ultime, nell'applicazione che così se ne fa c'è un completo disconoscimento della necessità di una ' catena ' iniziatica, cioè di una trasmissione effettiva e ininterrotta. È vero che c'è un'altra questione da non confondere assolutamente con la precedente: è successo talvolta che cose di ordine propriamente iniziatico abbiano trovato espressione tramite individualità per nulla coscienti del loro vero significato, e ci siamo precedentemente spiegati su questo punto parlando della leggenda del Graal; ma, da una parte, tutto ciò non c'entra affatto con quel che concerne l'iniziazione stessa nella sua realtà, e, dall'altra, non è questo il

---

1. W.F. Jackson Knight, *Cumaean Gates, a Reference of the Sixth « Aeneid » to Initiation Pattern*, Basil Blackwell, Oxford.

caso di Virgilio, in cui vi sono, esattamente come in Dante, indicazioni decisamente troppo precise e troppo manifestamente coscienti perché sia possibile ammettere che egli sia stato estraneo a ogni collegamento iniziatico effettivo. Quello di cui parliamo non ha niente a che vedere con l'" ispirazione poetica ' come s'intende oggi, e, a tale proposito, Jackson Knight è certo troppo disposto a condividere le posizioni ' letterarie ', alle quali comunque la sua tesi si oppone per altri versi; dobbiamo nondimeno riconoscere quanto sia meritorio, per uno scrittore universitario, avere il coraggio di affrontare un simile argomento, o anche semplicemente parlare di iniziazione.

Detto questo, torniamo al problema dei rapporti fra caverna funeraria e caverna iniziatica: per quanto tali rapporti siano sicuramente reali, l'identificazione dell'una e dell'altra, in quanto al loro simbolismo, rappresenta al massimo la metà della verità. Osserviamo d'altronde che, anche dal solo punto di vista funerario, l'idea di far derivare il simbolismo dal rituale, invece di vedere al contrario nel rituale quel simbolismo in azione che esso è veramente, mette già l'autore in grande imbarazzo allorché egli constata che il viaggio sotterraneo è quasi sempre seguito da un viaggio all'aria aperta, che molte tradizioni rappresentano come una navigazione; ciò sarebbe infatti inconcepibile se si trattasse soltanto della descrizione immaginosa di un rituale di sepoltura, ma si spiega invece perfettamente quando si sa che si tratta in realtà di diverse fasi attraversate dall'essere nel corso di una migrazione veramente ' d'oltretomba ', che non concerne per nulla il corpo che egli ha lasciato dietro di sé abbandonando la vita terrestre. D'altra parte, in virtù dell'analogia esistente fra la morte intesa nel senso comune della parola e la morte iniziatica di cui abbiamo parlato in altra occasione, una medesima descrizione simbolica può essere applicata a quel che accade all'essere in entrambi i casi; per quanto riguarda la caverna e il viaggio sotterraneo, questa è la ragione dell'assimilazione proposta, nella misura in cui essa è giustificata; ma al punto in cui essa deve legittimamente fermarsi, si è ancora soltanto ai preliminari dell'iniziazione, e non all'iniziazione stessa.

Infatti, non si può vedere a rigore null'altro che una preparazione all'iniziazione nella morte al mondo profano, seguita dalla ' discesa agli Inferi ' che è, beninteso, la stessa cosa del viaggio nel mondo sotterraneo cui la caverna dà accesso; e, per quanto riguarda l'iniziazione stessa, lungi dall'essere considerata una morte, essa è al contrario considerata una ' seconda nascita ', come pure un passaggio dalle tenebre alla luce. Ora, il luogo di questa nascita è ancora la caverna, almeno nel caso in cui in essa si compia l'iniziazione, di fatto o simbolicamente, poiché è ovvio che non bisogna generalizzare troppo e che, come per il labirinto di cui parleremo in seguito, non si tratta di qualcosa di necessariamente comune a tutte le forme iniziatiche senza eccezioni. Lo stesso appare del resto, anche exotericamente, nel simbolismo cristiano della Natività, altrettanto chiaramente quanto in altre tradizioni; ed è evidente che la caverna come luogo di nascita non può avere esattamente lo stesso significato della caverna come luogo di morte o di sepoltura. Si potrebbe comunque far notare, almeno per collegare fra di loro questi due aspetti diversi e apparentemente opposti, che morte e nascita non sono in fondo che le due facce di uno stesso cambiamento di stato, e che si ritiene che il passaggio da uno stato a un altro si debba sempre effettuare nell'oscurità;[2] in tal senso, la caverna sarebbe dunque, più esattamente, il luogo stesso del passaggio: ma questo, pur essendo rigorosamente vero, si riferisce ancora solo a uno dei lati del suo complesso simbolismo.

Se l'autore non è riuscito a scorgere l'altro lato di tale simbolismo, ciò è dovuto probabilmente all'influsso esercitato su di lui dalle teorie di certi 'storici delle religioni': seguendo questi ultimi, egli ammette infatti che la caverna debba essere sempre ricollegata a culti 'ctonii', senza dubbio per la ragione, un po' troppo 'semplicistica', che essa è situata all'interno della terra; ma questo è assai lontano dalla verità.[3] Eppure egli non può fare a meno di accorgersi che la caverna iniziatica è assunta anzitutto come un'immagine del mondo;[4] ma la sua ipotesi gli impedisce di trarne la conseguenza che invece s'impone, e cioè questa: stando così le cose, la caverna deve formare un tutto completo e contenere in se stessa la rappresentazione del cielo come pure quella della terra; se accade che il cielo venga espressamente menzionato in qualche testo o raffigurato in qualche monumento, in corrispondenza con la volta della caverna, le spiegazioni proposte su questo punto diventano talmente con-

2. Si potrebbe ricordare anche, in questo senso, il simbolismo del chicco di grano nei misteri eleusini.
3. Questa interpretazione unilaterale lo porta a un singolare equivoco: tra gli altri esempi egli cita il mito scintoista della danza eseguita dinanzi all'entrata di una caverna per farne uscire la 'dea ancestrale' che vi si era nascosta; sfortunatamente per la sua tesi, non si tratta in questo caso della 'terra-madre', come egli crede e dice anche esplicitamente, bensì della dea solare, il che è affatto diverso.
4. Nella massoneria, succede lo stesso per la loggia, la cui designazione è stata da alcuni accostata alla parola sanscrita *loka*, il che è effettivamente esatto simbolicamente, se non etimologicamente; ma bisogna aggiungere che la loggia non è assimilabile alla caverna, e che l'equivalente di quest'ultima si trova solo, in questo caso, proprio all'inizio delle prove iniziatiche, di modo che non vi si connette altro senso che quello di luogo sotterraneo, in rapporto diretto con le idee di morte e di 'discesa'.

fuse e poco soddisfacenti che non è più possibile seguirle. La verità è che, lungi dall'essere un luogo tenebroso, la caverna iniziatica è illuminata internamente, sicché l'oscurità regna al contrario al di fuori di essa, essendo naturalmente il mondo profano assimilato alle 'tenebre esterne', ed essendo la 'seconda nascita' al tempo stesso un'' illuminazione'.[5] Ora, se ci si chiede perché la caverna sia considerata in questo modo dal punto di vista iniziatico, risponderemo che la soluzione di questo problema si trova, da una parte, nel fatto che il simbolo della caverna è complementare a quello della montagna, e, dall'altra, nel rapporto che unisce strettamente il simbolismo della caverna a quello del cuore; ci proponiamo di trattare separatamente questi due punti essenziali, ma non è difficile capire, da tutto quanto abbiamo già avuto occasione di esporre altrove, che ciò di cui parliamo è in relazione diretta con la raffigurazione stessa dei centri spirituali.

Sorvoleremo su altre questioni che, per quanto importanti in sé, intervengono qui solo in via accessoria, come per esempio quella del significato del 'ramo d'oro'; è assai contestabile la sua identificazione, se non forse sotto un aspetto del tutto secondario, con il bastone o la bacchetta che s'incontrano di frequente e sotto varie forme nel simbolismo tradizionale.[6] Senza insistere di più su questo argomento, esamineremo ora ciò che concerne il labirinto, il cui significato può apparire ancora più enigmatico, o almeno più segreto, di quello della caverna, e i rapporti esistenti fra questa e quello.

Il labirinto, come ha ben visto Jackson Knight, ha una duplice ragione d'essere, nel senso che permette o impedisce, secondo il caso, l'accesso a un certo luogo in cui non devono penetrare tutti indistintamente; soltanto coloro che sono 'qualificati' potranno percorrerlo fino in fondo, mentre gli altri saranno impossibilitati a penetrarvi 'o si smarriranno per strada. Si vede immediatamente come vi sia implicita un'idea di 'selezione' in evidente rapporto con l'ammissione all'iniziazione; in questo senso, il percorso del labirinto è dunque propriamente una rappresentazione delle prove iniziatiche; ed è facile rendersi con-

---

5. Anche nel simbolismo massonico, e per le stesse ragioni, le 'luci' si trovano obbligatoriamente all'interno della loggia; e la parola *loka*, che abbiamo poc'anzi ricordato, si ricollega direttamente anche a una radice il cui senso primitivo designa la luce.
6. Sarebbe certo molto più esatto assimilare questo 'ramo d'oro' al vischio druidico e all'acacia massonica, senza parlare delle 'palme' della festa cristiana che porta precisamente questo nome, in quanto simbolo e pegno di resurrezione e di immortalità.

to che, quand'esso serviva effettivamente come accesso a certi santuari, poteva esser disposto in modo tale da far sì che i riti corrispondenti fossero compiuti lungo il percorso stesso. Del resto, si trova in tutto ciò anche l'idea del ' viaggio ', sotto l'aspetto in cui essa è assimilata alle prove stesse, come si può constatare ancor oggi in certe forme iniziatiche, per esempio nella massoneria, nella quale ogni prova simbolica è designata precisamente come « viaggio ». Un altro simbolismo equivalente è quello del ' pellegrinaggio '; e ricorderemo a tale proposito i labirinti tracciati un tempo sul pavimento di certe chiese, e il cui percorso era considerato 'sostitutivo' del pellegrinaggio in Terra Santa; del resto, se il punto d'arrivo di questo percorso rappresenta un luogo riservato agli ' eletti ', tale luogo è veramente una ' Terra Santa ' nel senso iniziatico dell'espressione; in altri termini, questo punto non è altro che l'immagine di un centro spirituale, come lo è ogni luogo d'iniziazione.[7]

È ovvio, d'altra parte, che l'uso del labirinto come mezzo di difesa o di protezione sia suscettibile di varie applicazioni, al di fuori dell'ambito iniziatico; l'autore segnala infatti in particolare il suo impiego ' tattico ', all'entrata di certe città antiche e di altri luoghi fortificati. Soltanto, è errato credere che si tratti in questo caso di un uso puramente profano, che sarebbe stato addirittura il primo in ordine di tempo, e avrebbe in seguito suggerito l'idea dell'uso rituale; questo è un vero e proprio capovolgimento dei rapporti normali, conforme del resto alle concezioni moderne, ma solo a esse, e che dunque è del tutto illegittimo attribuire alle civiltà antiche. Di fatto, in ogni civiltà di carattere strettamente tradizionale, ogni cosa comincia necessariamente dal principio, o da ciò che gli è più vicino, per scendere di qui ad applicazioni via via più contingenti; e, inoltre, queste ultime non vi sono mai considerate sotto il punto di vista profano, il quale, come abbiamo già spiegato più volte, è solo il risultato di un processo degenerativo che ha fatto perdere la coscienza del loro collegamento con il principio. Nel caso in questione, ci si può accorgere abbastanza facilmente come vi sia ben altro che quello che vi scorgerebbero i ' tattici ' moderni, con la semplice osservazione che tale modo di difesa ' labirintico ' non era usato solo contro i nemici umani, ma anche contro le influenze psichiche ostili, il che indica bene come dovesse avere

---

7. Jackson Knight menziona questi labirinti, ma attribuisce loro un significato semplicemente religioso; egli sembra ignorare che il loro tracciato non si rifaceva affatto alla dottrina exoterica, ma apparteneva esclusivamente al simbolismo delle organizzazioni iniziatiche di costruttori.

un valore rituale di per sé.[8] Ma c'è di più: la fondazione delle città, la scelta della loro ubicazione e la pianta secondo cui erano costruite, erano sottomesse a regole dipendenti essenzialmente dalla 'scienza sacra', e di conseguenza assai lontane dal rispondere unicamente a fini 'utilitaristici', almeno nel senso esclusivamente materiale che si dà oggi a questa parola; per quanto estranee siano tali cose alla mentalità dei nostri contemporanei, bisogna comunque tenerle nel dovuto conto, altrimenti coloro che studiano le vestigia delle civiltà antiche non potranno mai capire il vero senso e la ragion d'essere di ciò che constatano, anche per quanto corrisponde semplicemente a quella che si è soliti chiamare oggi la sfera della 'vita ordinaria', ma che aveva allora in realtà anche un carattere propriamente rituale e tradizionale.

In quanto all'origine del nome labirinto, essa è abbastanza oscura e ha dato luogo a molte discussioni; sembra di fatto che, contrariamente a quello che alcuni hanno pensato, esso non si ricolleghi direttamente al termine *labrys*, o doppia ascia cretese, ma che entrambi derivino ugualmente da una stessa antichissima parola che designava la pietra (radice *la*, da cui *laos* in greco, *lapis* in latino), di modo che, etimologicamente, il labirinto potrebbe essere insomma solo una costruzione di pietra, appartenente al genere di costruzioni dette 'ciclopiche'. Tuttavia, questo è solo il significato più esteriore della parola, che, in un senso più profondo, si lega a tutto il complesso del simbolismo della pietra, di cui abbiamo parlato a varie riprese, sia a proposito dei betili, sia a proposito delle 'pietre del fulmine' (identificate precisamente con l'ascia di pietra o *labrys*), e che presenta molti altri aspetti ancora. Jackson Smith l'ha almeno intravisto, poiché allude agli uomini « nati dalla pietra » (il che, notiamolo di sfuggita, fornisce la spiegazione della parola greca *laos*), dei quali la leggenda di Deucalione offre l'esempio più conosciuto: questo si riferisce a un certo periodo, uno studio più preciso del quale, se fosse possibile, permetterebbe sicuramente di dare alla cosiddetta 'età della pietra' un senso ben diverso da quello attribuitole dagli studiosi di preistoria. Del resto, eccoci così ricondotti alla caverna, la quale, in quanto scavata nella roccia, naturalmente o artificialmente, si avvicina abbastanza al medesi-

---

8. Per non allontanarci troppo dal nostro tema, non insisteremo sul movimento 'labirintico' di certe processioni e 'danze rituali' che, presentando anzitutto il carattere di riti di protezione o 'apotropaici', come dice l'autore, si ricollegano pertanto direttamente al medesimo ordine di considerazioni: si tratta essenzialmente di arrestare e di sviare le influenze malefiche, con una 'tecnica' basata sulla conoscenza di certe leggi secondo le quali queste ultime esercitano la loro azione.

mo simbolismo;[9] ma dobbiamo aggiungere che questa non è una ragione per supporre che il labirinto abbia dovuto per forza essere scavato nella roccia; anche se in certi casi è forse stato così, si tratta solo di un elemento accidentale, per così dire, che non potrebbe entrare nella sua definizione, poiché, quali che siano i rapporti fra la caverna e il labirinto, è importante in ogni caso non confonderli, soprattutto quando si tratta della caverna iniziatica, che qui prendiamo in particolare considerazione.

Infatti, è del tutto evidente che, se la caverna è il luogo in cui si compie l'iniziazione stessa, il labirinto, luogo delle prove preliminari, non può esser nulla più che il cammino che vi conduce, e al tempo stesso l'ostacolo che ne impedisce l'accesso ai profani ' non qualificati '. Ricorderemo d'altronde che a Cuma il labirinto era rappresentato sulle porte, come se, in certo modo, tale raffigurazione sostituisse qui il labirinto stesso;[10] e si potrebbe dire che Enea, quando si ferma all'entrata per esaminarla, percorre in effetti il labirinto mentalmente, se non corporalmente. D'altra parte, sembra che questo modo d'accesso non sia sempre stato riservato esclusivamente a santuari posti in caverne o a esse simbolicamente assimilati, giacché, come abbiamo già spiegato, non è questo un tratto comune a tutte le forme tradizionali; e la ragion d'essere del labirinto, così com'è stata definita, può andar altrettanto bene per l'accesso a ogni luogo d'iniziazione, a ogni santuario destinato ai ' misteri ' e non ai riti pubblici. Fatta questa riserva, è comunque fondato credere che, almeno in origine, l'uso del labirinto sia stato più specialmente legato a quello della caverna iniziatica: il fatto è che entrambi sembrano essere appartenuti inizialmente alle stesse forme tradizionali, quelle dell'epoca degli ' uomini della pietra ' cui abbiamo appena alluso; avrebbero così cominciato con l'essere strettamente uniti, anche se poi non abbiano continuato a esserlo invariabilmente in tutte le forme ulteriori.

Se consideriamo il caso in cui il labirinto è unito alla caverna, quest'ultima, che esso circonda con i suoi meandri e a cui infine conduce, occupa per ciò stesso, nell'insieme così costituito, il punto più interno e centrale, il che ben corrisponde all'idea di centro spirituale, e concorda pure con il simbolismo equivalente

9. Le caverne preistoriche furono, verosimilmente, non delle abitazioni come si crede di solito, ma i santuari degli ' uomini della pietra ', intesi nel senso da noi appena indicato; quindi proprio nelle forme tradizionali del periodo di cui parliamo, la caverna avrebbe ricevuto, in rapporto con un certo ' occultamento ' della conoscenza, il carattere di simbolo dei centri spirituali, e quindi di luogo d'iniziazione.
10. Un caso simile è quello delle figure ' labirintiche ' tracciate sui muri, nella Grecia antica, per impedire l'accesso nelle case alle influenze malefiche.

del cuore, sul quale ci proponiamo di tornare. Bisogna osservare ancora che, quando la medesima caverna è al tempo stesso il luogo della morte iniziatica e quello della ' seconda nascita ', la si deve allora considerare l'accesso non solo ai domìni sotterranei o ' infernali ' ma anche ai domìni sopra-terrestri; anche questo corrisponde alla nozione di punto centrale, che è, sia nell'ordine macrocosmico sia in quello microcosmico, il luogo ove si effettua la comunicazione con tutti gli stati superiori e inferiori; e solo così la caverna può essere, come abbiamo detto, l'immagine completa del mondo, in quanto tutti questi stati devono ugualmente riflettervisi; se fosse diversamente, l'assimilazione della sua volta al cielo rimarrebbe assolutamente incomprensibile. Ma d'altra parte, se è nella caverna stessa che, fra la morte iniziatica e la ' seconda nascita ', si compie la ' discesa agli Inferi ', si vede come bisognerebbe star bene attenti a non pensare che quest'ultima sia rappresentata dal percorso del labirinto, e allora si può ancora chiedersi a cosa esso in realtà corrisponda: si tratta delle ' tenebre esteriori ', alle quali abbiamo già alluso, e alle quali si applica perfettamente lo stato di ' erranza ', se è consentito usare questo termine, di cui tale percorso è l'esatta espressione. La questione delle ' tenebre esteriori ' potrebbe dar luogo ad altre precisazioni ancora, ma questo ci porterebbe oltre i limiti del presente studio; pensiamo del resto di aver detto abbastanza per mostrare, da una parte, l'interesse che presenterebbero ricerche come quelle esposte nel libro di Jackson Knight, ma anche, dall'altra, al fine di metterne a punto i risultati e per coglierne la vera portata, la necessità di una conoscenza propriamente ' tecnica ' delle cose in questione, conoscenza senza la quale si giungerà solo a ricostruzioni ipotetiche e incomplete, le quali, anche nella misura in cui non saranno falsate da qualche idea preconcetta, rimarranno altrettanto ' morte ' quanto le vestigia stesse che ne saranno state il punto di partenza.

Abbiamo accennato in precedenza alla stretta relazione che esiste fra il simbolismo della caverna e quello del cuore, e che spiega il ruolo svolto dalla caverna dal punto di vista iniziatico, in quanto rappresentazione di un centro spirituale. Infatti, il cuore è essenzialmente un simbolo del centro, che si tratti del centro di un essere o, analogicamente, di quello di un mondo, cioè, in altri termini, sia che ci si ponga dal punto di vista microcosmico sia dal punto di vista macrocosmico; è quindi naturale, in virtù di questa relazione, che lo stesso significato convenga ugualmente alla caverna; ma dobbiamo ora spiegare più completamente proprio questa connessione simbolica.

La ' caverna del cuore ' è una nota espressione tradizionale: il termine *guhâ*, in sanscrito, designa in genere una caverna, ma si applica anche alla cavità interna del cuore, e quindi al cuore stesso; è questa ' caverna del cuore ' il centro vitale in cui risiede, non solo *jîvâtmâ*, ma anche *Atmâ* incondizionato, che è in realtà identico a Brahma stesso, come abbiamo detto altrove.[1] La parola *guhâ* è derivata dalla radice *guh*, il cui senso è « coprire » o « nascondere », senso che è pure quello di un'altra radice similare *gup*, da cui *gupta* che si applica a tutto ciò che ha un carattere segreto, a tutto ciò che non si manifesta esteriormente: è l'equivalente del greco *Kruptos*, da cui la parola ' cripta ', sinonimo di caverna. Queste idee si riferiscono al centro, in quanto esso è considerato il punto più interno, e di conseguenza il più nascosto; nello stesso tempo, si riferiscono anche al segreto iniziatico, sia in se stesso, sia in quanto è simboleggiato dalla disposizione del luogo in cui si compie l'iniziazione, luogo nascosto o ' coperto ',[2] cioè inaccessibile ai profani, sia che l'accesso ne sia impedito da una struttura ' labirintica ' o in qualsiasi altro modo (come, per esempio, i ' templi senza porte ' dell'iniziazione estremo-orientale), e sempre considerato un'immagine del centro.

D'altra parte, è importante notare che questo carattere nascosto o segreto, per quel che concerne i centri spirituali o la loro raffigurazione, implica che la verità tradizionale stessa, nella sua integralità, non sia più accessibile a tutti gli uomini indistintamente, il che indica che si tratta di un'epoca di ' oscuramento ' almeno relativo; ciò permette di ' situare ' questo simbolismo nel corso del processo ciclico; ma è questo un punto sul quale do-

---

1. *L'Homme et son devenir selon le Védânta*, cap. III (si veda *Chhândogya Upanishad*, 3° Prapâthaka, 14° Khanda, shruti 3, e 8° Prapâthaka, 1° Khanda, shruti 1).
2. Cfr. l'espressione massonica ' essere al coperto '.

vremo ritornare più esaurientemente studiando i rapporti fra la montagna e la caverna, in quanto simboli del centro. Ci accontenteremo di indicare per ora che lo schema del cuore è un triangolo con la punta rivolta verso il basso (il ' triangolo del cuore ' è un'altra espressione tradizionale); e questo stesso schema è applicato anche alla caverna, mentre quello della montagna, o della piramide che le equivale, è al contrario un triangolo con la punta volta verso l'alto; questo mostra come si tratti di un rapporto inverso, e anche in un certo senso complementare. Aggiungeremo, a proposito di questa rappresentazione del cuore e della caverna con il triangolo rovesciato, che si tratta di uno di quei casi in cui esso evidentemente non è collegato con alcuna idea di ' magia nera ', contrariamente a quanto pretendono troppo spesso coloro che hanno del simbolismo una conoscenza del tutto insufficiente.

Detto questo, torniamo a ciò che, secondo la tradizione indù, è nascosto nella ' caverna del cuore ': è il principio stesso dell'essere, che, in questo stato di ' avviluppamento ' e in rapporto alla manifestazione, è paragonato a quanto c'è di più piccolo (la parola *dahara*, che designa la cavità in cui risiede, si riferisce anch'essa a quest'idea di piccolezza), mentre esso è in realtà quanto c'è di più grande, così come il punto è spazialmente infimo e anzi nullo, per quanto sia il principio dal quale è prodotto tutto lo spazio; o, ancora, come l'unità appare il numero più piccolo, per quanto contenga tutti i numeri principialmente e produca da sé tutta la loro serie indefinita. Anche qui, troviamo dunque l'espressione di un rapporto inverso in quanto il principio è considerato secondo due punti di vista diversi; di questi due punti di vista, quello dell'estrema piccolezza concerne il suo stato nascosto e in qualche modo ' invisibile ', che per l'essere è ancora solo una ' virtualità ', ma a partire dal quale si effettuerà lo sviluppo spirituale di quest'essere; si tratta dunque, propriamente, dell'' inizio ' (*initium*) di questo sviluppo, il che si trova in relazione diretta con l'iniziazione, intesa nel senso etimologico del termine; e proprio da questo punto di vista la caverna può essere considerata il luogo della ' seconda nascita '. A questo proposito, troviamo testi come il seguente: « Sappi che questo Agni, che è il fondamento del mondo eterno (principiale), e per mezzo del quale quest'ultimo può essere raggiunto, è nascosto nella caverna (del cuore) »,[3] il che si riferisce, nell'ordine microcosmico, alla ' seconda nascita ', e anche, per trasposizione

---

3. *Katha Upanishad*, 1ª Vallî, shruti 14.

nell'ordine macrocosmico, analogicamente, alla nascita dell'*Avatâra*.

Abbiamo detto che nel cuore risiede a un tempo *jîvâtmâ*, dal punto di vista della manifestazione individuale, e *Atmâ* incondizionato o *Paramâtmâ*, dal punto di vista principiale; questi due sono distinti in modo soltanto illusorio, cioè relativamente alla manifestazione stessa, e sono identici nella realtà assoluta. Sono « i due che sono entrati nella caverna » e, nello stesso tempo, sono detti anche « dimorare sulla vetta più alta », così che i due simbolismi della montagna e della caverna si trovano qui riuniti.[4] Il testo aggiunge che « coloro che conoscono *Brahma* li chiamano ombra e luce »; ciò si riferisce più specificamente al simbolismo di *Nara-nârâyana*, di cui abbiamo parlato a proposito dell'*Atmâ-Gîta*, citando proprio questo testo: *Nara*, l'umano o il mortale, che è *jîvâtmâ*, è assimilato ad *Arjuna*, e *Nârâyana*, il divino o l'immortale, che è *Paramâtmâ*, è assimilato a *Krishna*; ora, secondo il loro senso proprio, il nome di *Krishna* designa il colore oscuro e quello di *Arjuna* il colore chiaro, ossia rispettivamente la notte e il giorno, in quanto rappresentano il non-manifestato e il manifestato.[5] Un simbolismo esattamente uguale sotto questo profilo si ritrova altrove nei Dioscuri, messi d'altra parte in relazione con i due emisferi, l'uno oscuro e l'altro illuminato, come abbiamo indicato studiando il significato della ' doppia spirale '. Da un altro lato, questi ' due ', cioè *jîvâtmâ* e *Paramâtmâ*, sono anche i « due uccelli » di cui si parla in altri testi secondo i quali essi « risiedono su uno stesso albero » (così come *Arjuna* e *Krishna* stanno su uno stesso carro), e sono detti « inseparabilmente uniti » perché, come dicevamo sopra, sono in realtà uno solo e si distinguono solo illusoriamente;[6] è importante notare a questo punto che il simbolismo dell'albero è essenzialmente ' assiale ' come quello della montagna; e la caverna, in quanto viene situata sotto la montagna o all'interno di essa, si trova anch'essa sull'asse, giacché, in ogni caso, e in qualunque modo si considerino le cose, il centro è necessariamente sempre là, essendo il luogo dell'unione dell'individuale con l'Universale.

Prima di abbandonare questo argomento, segnaleremo un'osservazione linguistica alla quale non bisogna forse attribuire un'eccessiva importanza, ma che è nondimeno curiosa: la parola

---

4. *Katha Upanishad*, 3ª Vallî, shruti 1 (cfr. *Brahma-Sûtra*, 1ª Adhyâya, 2° Pâda, sûtra 11-12).
5. Cfr. Ananda Coomaraswamy, *The Darker Side of the Dawn* e *Angel and Titan, an Essay in Vedic Ontology*.
6. *Mundaka Upanishad*, 3° Mundaka, 1° Khanda, shruti 1; *Shwêtâshwatara Upanishad*, 4° Adhyâya, shruti 6.

egiziana *hor*, che è il nome stesso di Horus, sembra significare propriamente « cuore »; *Horus* sarebbe quindi il ' Cuore del Mondo ', secondo una designazione che si trova nella maggior parte delle tradizioni, e che d'altronde conviene perfettamente all'insieme del suo simbolismo, nella misura in cui è possibile rendersene conto. Si potrebbe essere tentati, a prima vista, di accostare questa parola *hor* al latino *cor*, che ha lo stesso senso, e questo tanto più che, nelle diverse lingue, le radici similari che designano il cuore si trovano sia con l'aspirata sia con la gutturale come lettera iniziale: così, da una parte, *hrid* o *hridaya* in sanscrito, *heart* in inglese, *herz* in tedesco, e, dall'altra, *kêr* o *kardion* in greco, e *cor* (genitivo *cordis*) in latino; ma la radice comune di tutte queste parole, compresa l'ultima, è in realtà HRD o KRD, mentre non sembra si possa dire altrettanto per il termine *hor*, di modo che si tratterebbe qui, non di una reale identità di radice, ma solo di una specie di convergenza fonetica, comunque abbastanza singolare. Ma ecco la cosa forse più notevole, e che in ogni caso si ricollega direttamente al nostro tema: in ebraico, la parola *hor* o *hûr*, scritta con la lettera *heth*, significa « caverna »; non vogliamo dire che ci sia un legame etimologico fra le due parole, l'ebraica e l'egiziana, benché a rigore possano avere un'origine comune più o meno remota; ma poco importa in fondo, perché quando si sa che non può esserci da nessuna parte alcunché di puramente fortuito, l'accostamento appare comunque degno d'interesse. Non è tutto: anche in ebraico, *hor* o *har*, scritto questa volta con la lettera *he*, significa « montagna »; se si osserva che la *heth*, nell'ordine delle aspirate, è un rafforzamento o un indurimento della *he*, il che denota in qualche modo una ' compressione ', e che d'altronde questa lettera esprime di per se stessa, ideograficamente, un'idea di limite o di chiusura, si vede che, per il rapporto stesso delle due parole, la caverna è indicata come il luogo chiuso all'interno della montagna, il che è esatto sia letteralmente sia simbolicamente; e ci troviamo così ricondotti ancora una volta ai rapporti della montagna e della caverna, che dovremo esaminare ora più in particolare.

Esiste dunque uno stretto rapporto fra la montagna e la caverna, in quanto sono entrambe prese come simboli dei centri spirituali, come lo sono del resto, per evidenti ragioni, anche tutti i simboli ' assiali ' o ' polari ', tra cui la montagna è appunto uno dei principali. Ricorderemo, a tale riguardo, che la caverna dev'essere considerata situata sotto la montagna o al suo interno, in modo da trovarsi anch'essa sull'asse, il che rinsalda ulteriormente il legame esistente fra questi due simboli, che sono in qualche modo complementari l'uno dell'altro. Per ' situarli ' esattamente l'uno in rapporto all'altro bisogna comunque notare anche che la montagna ha un carattere più ' primordiale ' della caverna: ciò risulta dal fatto che essa è visibile all'esterno, che è anzi, si potrebbe dire, quel che c'è di più visibile da tutte le parti, mentre invece la caverna è, come abbiamo detto, un luogo essenzialmente nascosto e chiuso. Si può facilmente dedurne che la rappresentazione del centro spirituale tramite la montagna corrisponde propriamente al periodo originario dell'umanità terrestre, periodo durante il quale la verità era integralmente accessibile a tutti (donde il nome di *Satya-Yuga*, e la vetta della montagna è allora *Satya-Loka* o « luogo della verità »); ma quando, in seguito al cammino discendente del ciclo, questa stessa verità fu ormai solo alla portata di un'' élite ' più o meno ristretta (il che coincide con il principio dell'iniziazione intesa nel suo senso più stretto) e diventò nascosta alla maggioranza degli uomini, la caverna fu un simbolo più appropriato al centro spirituale e, quindi, ai santuari iniziatici che ne sono l'immagine. A causa di tale cambiamento, il centro, si potrebbe dire, non abbandonò la montagna, ma si ritirò soltanto dalla cima verso l'interno; d'altra parte, questo cambiamento è in qualche modo un ' capovolgimento ', per cui, come abbiamo spiegato altrove, il ' mondo celeste ' (al quale si riferisce l'elevazione della montagna al di sopra della superficie terrestre) è divenuto in un certo senso il ' mondo sotterraneo ' (per quanto in realtà non sia stato esso a cambiare, ma le condizioni del mondo esterno, e di conseguenza il suo rapporto con questo); e tale ' capovolgimento ' è raffigurato dai rispettivi schemi della montagna e della caverna, che esprimono nello stesso tempo la loro complementarità.

Come abbiamo detto precedentemente, lo schema della montagna, come quelli della piramide e del tumulo che ne sono gli equivalenti, è un triangolo con il vertice rivolto verso l'alto; quello della caverna, invece, è un triangolo con il vertice volto verso il basso, quindi invertito rispetto al precedente. Il triangolo rovesciato è anche lo schema del cuore,[1] e della coppa che gli viene generalmente assimilata nel simbolismo, come abbiamo mostrato in particolare per quanto concerne il Santo Graal.[2] Aggiungiamo che questi ultimi simboli e quelli a essi simili, da un punto di vista più generale, si riferiscono al principio passivo o femminile della manifestazione universale, o a qualche suo aspetto,[3] mentre quelli schematizzati dal triangolo diritto si riferiscono al principio attivo o maschile; si tratta quindi di una vera e propria complementarità. D'altra parte, se si dispongono i due triangoli uno sotto l'altro, il che corrisponde alla posizione della caverna sotto la montagna, si vede che il secondo può essere considerato il riflesso del primo (fig. 12); e quest'idea del riflesso conviene benissimo al rapporto fra un simbolo derivato e un simbolo primordiale, secondo ciò che abbiamo appena detto sulla relazione tra la montagna e la caverna in quanto rappresentazioni successive del centro spirituale delle diverse fasi dello sviluppo ciclico.

Qualcuno potrebbe meravigliarsi che noi raffiguriamo qui il triangolo rovesciato più piccolo del triangolo diritto, poiché, dal momento che ne è il riflesso, sembrerebbe che debba essergli uguale; ma tale differenza nelle proporzioni non è una cosa

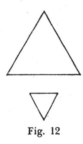

Fig. 12

eccezionale nel simbolismo: così, nella Cabala ebraica, il ' Macroprosopo ' o ' Grande Volto ' ha come riflesso il ' Microprosopo ' o ' Piccolo Volto '. Inoltre, c'è, nel presente caso, una ragione più particolare: abbiamo ricordato, a proposito del rapporto fra la caverna e il cuore, il testo delle *Upanishad* in cui è detto che il Principio, il quale risiede al « centro dell'essere », è « più piccolo di un grano di riso, più piccolo di un grano d'orzo,

---

1. Si può riferire a questa raffigurazione il fatto che il nome arabo del cuore (*qalb*) significa propriamente che esso si trova in posizione « rovesciata » (*maqlûb*) (cfr. T. Burckhardt, *Du Barzakh*, in « Études Traditionnelles », dicembre 1937).
2. Nell'antico Egitto, il vaso era il geroglifico del cuore. La ' coppa ' dei Tarocchi corrisponde anch'essa al ' cuore ' delle carte comuni.
3. In India, il triangolo rovesciato è uno fra i principali simboli della *Shakti*, come anche delle Acque primordiali.

più piccolo di un grano di senape, più piccolo di un grano di miglio, più piccolo del germe che si trova in un grano di miglio », ma anche, nello stesso tempo, « più grande della terra, più grande dell'atmosfera (o mondo intermedio), più grande del cielo, più grande di tutti questi mondi assieme »;[4] ora, nel rapporto inverso fra i due simboli che stiamo considerando, l'idea di ' grandezza ' corrisponde qui alla montagna, e quella di ' piccolezza ' alla caverna (o cavità del cuore). L'aspetto della ' grandezza ' si riferisce d'altronde alla realtà assoluta, e quello della ' piccolezza ' alle apparenze relative alla manifestazione; è dunque perfettamente normale che il primo sia qui rappresentato dal simbolo che corrisponde a una condizione ' primordiale ',[5] e il secondo da quello che corrisponde a una condizione successiva di ' oscuramento ' e di ' avviluppamento ' spirituale.

Se si vuol rappresentare la caverna situata proprio all'interno (o nel cuore, si potrebbe dire) della montagna, basta trasportare il triangolo rovesciato all'interno del triangolo diritto, in modo

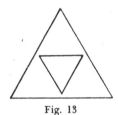

Fig. 13

da far sì che i loro centri coincidano (fig. 13); esso deve allora essere per forza più piccolo per potervi essere contenuto tutto intero, ma, a parte questa differenza, l'insieme della figura così ottenuta è manifestamente identico al simbolo del ' Sigillo di Salomone ', in cui i due triangoli opposti rappresentano allo stesso modo due princìpi complementari, nelle diverse applicazioni di cui sono suscettibili. D'altra parte, se si tracciano i lati del triangolo rovesciato uguali alla metà di quelli del triangolo diritto (li abbiamo fatti un po' minori perché i due triangoli appaiano completamente staccati l'uno dall'altro, ma, di fatto, è ovvio che l'entrata della caverna deve trovarsi alla superficie stessa della montagna, quindi che il triangolo che la rappresenta dovrebbe realmente toccare il contorno dell'altro),[6] il triangolo piccolo

4. *Chhândogya Upanishad*, 3° Prapâthaka, 14° Khanda, shruti 3.
5. È noto che Dante situa il Paradiso terrestre in cima a una montagna; questa posizione è dunque proprio quella del centro spirituale nello ' stato primordiale ' dell'umanità.
6. Si potrà notare, dallo stesso schema, che se la montagna è sostituita dalla piramide, la camera interna di questa è l'esatto equivalente della caverna.

dividerà la superficie di quello grande in quattro parti uguali, una delle quali sarà lo stesso triangolo rovesciato, mentre le altre tre saranno dei triangoli diritti; quest'ultima considerazione, come pure quella di certe relazioni numeriche che vi si riallacciano, non rientra direttamente, a dire il vero, nell'argomento che stiamo trattando, ma avremo probabilmente occasione di riprenderla in seguito nel corso di altri studi.

Dopo tutte le considerazioni esposte precedentemente sui diversi aspetti del simbolismo della caverna, ci resta da trattare ancora un altro punto importante: i rapporti di questo stesso simbolo con quello dell'" Uovo del Mondo'; ma, affinché ciò possa essere ben compreso e ricollegato in modo più diretto a quanto abbiamo detto fin qui, dobbiamo parlare anzitutto dei rapporti simbolici del cuore con l'" Uovo del Mondo'. Si potrebbe forse stupirsene a prima vista e non scorgere altro che una certa somiglianza di forma tra il cuore e l'uovo; ma anche questa somiglianza può avere un vero significato solo se esistono relazioni più profonde; ora, il fatto che l'omphalos e il betilo, che sono incontestabilmente simboli del centro, siano spesso di forma ovoidale, com'era in particolare l'*Omphalos* di Delfi,[1] ne è una riprova, come ci accingiamo ora a spiegare.

A tale riguardo, è importante prima di tutto osservare che l'" Uovo del Mondo' è la figura non del 'cosmo' nel suo stato di completa manifestazione, ma di ciò a partire da cui si effettuerà il suo sviluppo; e, se tale sviluppo è rappresentato come un'espansione che si compie in tutte le direzioni a partire dal suo punto d'inizio, è evidente che questo punto coinciderà necessariamente con il centro stesso; così, l'" Uovo del Mondo' è effettivamente 'centrale' in rapporto al 'cosmo'.[2] La figura biblica del Paradiso terrestre, che è anche il ' Centro del Mondo', è quella di una cinta circolare, che può essere considerata la sezione orizzontale di una forma ovoidale oppure sferica; aggiungiamo che, in realtà, la differenza fra queste due forme consiste essenzialmente nel fatto che quella della sfera, estendendosi ugualmente in tutti i sensi a partire dal centro, è veramente la forma primordiale, mentre quella dell'uovo corrisponde a uno stato già differenziato, che deriva dal precedente per una specie di 'polarizzazione' o di sdoppiamento del centro;[3] si può d'altronde pen-

---

1. Abbiamo esaminato più specificamente questi simboli nel *Roi du Monde*; vi abbiamo anche segnalato che, in altri casi, essi rivestono la forma conica, che è in rapporto diretto con il simbolo della montagna, di modo che si ritrovano qui ancora le due raffigurazioni complementari di cui abbiamo parlato ultimamente.
2. Il simbolo del frutto ha anch'esso, sotto questo profilo, lo stesso significato dell'uovo; vi torneremo probabilmente nel proseguimento di questi studi. Facciamo notare fin d'ora che questo simbolo ha inoltre un evidente legame con quello del ' giardino ', e quindi del Paradiso terrestre.
3. Allo stesso modo, in geometria piana, il centro unico del cerchio, sdoppiandosi, dà origine ai due fuochi di un'ellisse; questo sdoppiamento è raffigurato assai chiaramente anche nel simbolismo estremo-orientale dello *Yin-yang*, che si riallaccia anche a quello dell'" Uovo del Mondo'.

sare che questa ' polarizzazione ' si effettui dal momento in cui la sfera compie un movimento di rotazione intorno a un asse determinato, poiché, a partire da questo momento, non tutte le direzioni dello spazio svolgono uniformemente la stessa funzione; e questo segna precisamente il passaggio dall'una all'altra delle due fasi successive del processo cosmogonico che sono rispettivamente simboleggiate dalla sfera e dall'uovo.[4]

Detto questo, resta ormai solo da mostrare come ciò che è contenuto nell'' Uovo del Mondo ' sia realmente identico a ciò che, come abbiamo detto precedentemente, è anche contenuto simbolicamente nel cuore, e nella caverna in quanto ne è l'equivalente. Si tratta qui di quel ' germe ' spirituale che, nell'ordine macrocosmico, è designato dalla tradizione indù come *Hiranyagarbha*, cioè letteralmente l'« embrione d'oro »;[5] ora, questo ' germe ' è veramente l'*Avatâra* primordiale,[6] e abbiamo visto che il luogo della nascita dell'*Avatâra*, come pure di ciò che vi corrisponde dal punto di vista microcosmico, è rappresentato precisamente dal cuore o dalla caverna. Si potrebbe obiettare che, nel testo da noi citato allora,[7] come del resto in molti altri casi, l'*Avatâra* è espressamente designato come *Agni*, mentre è detto che *Brahmâ* si rinchiude nell'' Uovo del Mondo ', chiamato per questa ragione *Brahmânda*, per nascervi come *Hiranyagarbha*; ma, oltre al fatto che i diversi nomi designano in realtà solo i diversi attributi divini, che sono per forza sempre in relazione gli uni con gli altri, e non entità separate, è il caso di osservare qui in modo speciale che, essendo l'oro considerato come la ' luce minerale ' e il ' sole dei metalli ', la designazione stessa di *Hiranyagarbha* lo caratterizza effettivamente come un principio di natura ignea; e tale ragione viene ad aggiungersi alla sua posizione centrale per farlo assimilare simbolicamente al Sole, che, del resto, è anch'esso in tutte le tradizioni una delle figure del ' Cuore del Mondo '.

Per passare di qui all'applicazione microcosmica, basta ricordare l'analogia che esiste fra il *pinda*, embrione sottile dell'essere individuale, e il *Brahmânda* o « Uovo del Mondo »;[8] e questo

---

4. Segnaliamo ancora, a proposito della forma sferica, che nella tradizione islamica la sfera di pura luce primordiale è il *Rûh mohammediyah*, che è anche il ' Cuore del Mondo '; e l'intero ' cosmo ' è vivificato dalle ' pulsazioni ' di questa sfera, che è propriamente il *barzakh* per eccellenza (si veda su questo argomento l'articolo di T. Burckhardt, in « Études Traditionnelles », dicembre 1937).
5. Si veda *L'Homme et son devenir selon le Vêdânta*, cap. XIII.
6. A ciò si ricollega pure la designazione di Cristo come ' germoglio ' in vari testi delle Scritture, di cui forse riparleremo in altra occasione.
7. *Katha Upanishad*, 1ª Vallî, shruti 14.
8. *Yathâ pinda tathâ Brahmânda* (si veda *L'Homme et son devenir selon le Vêdânta*, capp. XIII e XIX).

pinda, in quanto 'germe' permanente e indistruttibile dell'essere, si identifica d'altronde col 'nòcciolo d'immortalità', chiamato *luz* nella tradizione ebraica.[9] È vero che, in genere, il *luz* non viene situato nel cuore, o almeno è questa solo una delle diverse localizzazioni di cui è suscettibile, nella sua corrispondenza con l'organismo corporeo, e non quella che si riferisce al caso più comune; nel caso, invece, in cui il *luz* è in rapporto immediato con la 'seconda nascita', tale localizzazione apparirà del tutto giusta, come già risulta da tutto quanto si è detto finora. Di fatto, tali localizzazioni, che sono in rapporto con la dottrina indù dei *chakra*, si riferiscono ad altrettante condizioni dell'essere umano o fasi del suo sviluppo spirituale: alla base della colonna vertebrale, è lo stato di 'sonno' in cui si trova il *luz* nell'uomo comune;[10] nel cuore, è la fase iniziale della sua 'germinazione', che è propriamente la 'seconda nascita'; nell'occhio frontale, è la perfezione dello stato umano, cioè la reintegrazione nello 'stato primordiale'; infine, nella corona della testa, è il passaggio agli stati sopra-individuali; e ritroveremo ancora la corrispondenza esatta di queste diverse tappe quando torneremo a trattare del simbolismo della caverna iniziatica.[11]

9. Per ulteriori osservazioni su questo punto rinviamo ancora al *Roi du Monde*; si può anche notare che l'assimilazione della 'seconda nascita' a una 'germinazione' del *luz* richiama nettamente la descrizione taoista del processo iniziatico come 'endogenia dell'immortale'.
10. Il serpente arrotolato intorno all'‘Uovo del Mondo', e talvolta raffigurato attorno all'*Omphalos* e al betilo, è, a tale riguardo, *Kundalini* arrotolata intorno al 'nòcciolo d'immortalità', che è pure in rapporto con il simbolismo della 'pietra nera'; a questa posizione 'inferiore' del *luz*, si fa direttamente allusione nella formula ermetica: *Visita interiora terrae, rectificando invenies occultum lapidem*; la 'rettificazione' è qui il 'raddrizzamento' che segna, dopo la 'discesa' l'inizio di un movimento ascensionale, corrispondente al risveglio di *Kundalini*; e il complemento della medesima formula designa inoltre questa 'pietra nascosta' come *veram medicinam*, il che la identifica anche con l'*amrita*, cibo o bevanda d'immortalità.
11. Notiamo ancora che la designazione dell'‘embrione d'oro' suggerisce un certo rapporto con il simbolismo alchimistico, confermato del resto da accostamenti come quelli che abbiamo indicato nella nota precedente; e vedremo anche, a tale riguardo, che la caverna iniziatica corrisponde in modo notevole all'*athanor* ermetico; non è il caso di stupirsi di queste somiglianze, poiché il processo della 'Grande Opera', inteso nel suo vero senso, non è altro in fondo che il processo stesso dell'iniziazione.

La caverna iniziatica, abbiamo detto in precedenza, è considerata un'immagine del mondo; ma, d'altra parte, in virtù della sua assimilazione simbolica al cuore, essa ne rappresenta più particolarmente il luogo centrale. Questi possono sembrare due punti di vista differenti, ma, in realtà, non vi è nessuna contraddizione, e quel che abbiamo detto a proposito dell'' Uovo del Mondo ' basta a conciliarli, e persino a identificarli in un certo senso: infatti, l'' Uovo del Mondo ' è centrale in rapporto al ' cosmo ', e, nello stesso tempo, contiene in germe tutto ciò che quest'ultimo conterrà allo stato pienamente manifestato; tutte le cose si trovano quindi nell'' Uovo del Mondo ', ma in uno stato di ' avviluppamento ', raffigurato precisamente, come abbiamo spiegato, anche dalla posizione stessa della caverna, per via del suo carattere di luogo nascosto e chiuso. Le due metà in cui si divide l'' Uovo del Mondo ', secondo uno degli aspetti più comuni del suo simbolismo, diventano rispettivamente il cielo e la terra; anche nella caverna il suolo corrisponde alla terra e la volta al cielo; non c'è quindi nulla in tutto questo che non sia perfettamente coerente e normale.

Ora, resta ancora da esaminare un'altra questione particolarmente importante dal punto di vista iniziatico: abbiamo parlato della caverna come luogo della ' seconda nascita '; ma c'è una distinzione essenziale da fare tra questa ' seconda nascita ' e la ' terza nascita ', distinzione che corrisponde in definitiva a quella tra l'iniziazione ai ' piccoli misteri ' e l'iniziazione ai ' grandi misteri '; se la ' terza nascita ' è anch'essa rappresentata dentro la caverna, come vi si adatterà il simbolismo di quest'ultima? La ' seconda nascita ', cioè propriamente quella che si può chiamare la ' rigenerazione psichica ', si opera nel campo delle possibilità sottili dell'individualità umana; la ' terza nascita ', invece, effettuandosi direttamente nell'ordine spirituale e non più psichico, è l'accesso alla sfera delle possibilità sopra-individuali. L'una è quindi propriamente una ' nascita nel cosmo ' (alla quale, come abbiamo detto, corrisponde nell'ordine macrocosmico la nascita dell'*Avatâra*), e, di conseguenza, è logico che nelle raffigurazioni essa abbia interamente luogo all'interno della caverna; ma l'altra è una ' nascita fuori del cosmo ', e a questa « uscita dal cosmo », secondo l'espressione di Ermete,[1] deve corrispondere, affinché il simbolismo sia completo, un'uscita finale dalla caverna, dal mo-

---

1. Cfr. A. K. Coomaraswamy, *La Vierge allaitant saint Bernard*, in « Études Traditionnelles », dicembre 1937, p. 418.

mento che questa contiene soltanto le possibilità incluse nel
' cosmo ', possibilità che l'iniziato deve precisamente superare in
questa seconda fase dello sviluppo del suo essere, di cui la ' seconda nascita ' era in realtà solo il punto di partenza.

Qui, certi rapporti si troveranno naturalmente modificati: la
caverna ridiventa di nuovo un ' sepolcro ', non più questa volta
esclusivamente a causa della sua posizione ' sotterranea ', ma per
il fatto che l'intero ' cosmo ' è in qualche modo il ' sepolcro '
da cui l'essere deve ora uscire; la ' terza nascita ' è necessariamente preceduta dalla ' seconda morte ', che è, non più la morte
al mondo profano, ma veramente la ' morte al cosmo ' (e anche
' nel cosmo '), e per questo la nascita ' extra-cosmica ' è sempre
assimilata a una ' resurrezione '.[2] Perché tale ' resurrezione ', che
è nello stesso tempo l'uscita dalla caverna, possa aver luogo, bisogna che la pietra che chiude l'apertura del ' sepolcro ' (cioè
della caverna stessa) sia tolta; vedremo in seguito come ciò si
possa tradurre in certi casi nel simbolismo rituale.

D'altra parte, quando ciò che è fuori della caverna rappresentava solo il mondo profano o le tenebre ' esterne ', la caverna
appariva come l'unico luogo illuminato, e illuminato necessariamente dall'interno; nessuna luce poteva infatti venirle dall'esterno. Ora, siccome bisogna tener conto delle possibilità ' extra-
cosmiche ', la caverna, malgrado questa illuminazione, diviene
relativamente oscura, in rapporto, non diremo a quel che si trova
fuori di essa senza distinzione, ma più precisamente a quel che
è sopra di essa, al di là della sua volta, poiché è proprio questo
che rappresenta la sfera ' extra-cosmica '. Secondo questo nuovo
punto di vista, si potrebbe allora considerare l'illuminazione
interna soltanto come il riflesso di una luce che penetra attraverso
il ' tetto del mondo ', per la ' porta solare ', la quale è l'" occhio '
della volta cosmica o l'apertura superiore della caverna. Nell'ordine microcosmico, tale apertura corrisponde al *Brahma-randhra*,
cioè al punto di contatto dell'individualità con il ' settimo raggio '
del sole spirituale,[3] punto la cui ' localizzazione ', secondo le corrispondenze organiche, si trova nella corona della testa,[4] e che è
anche raffigurato dall'apertura superiore dell'*athanor* ermetico.[5]
Aggiungiamo, a questo proposito, che l'" uovo filosofico ', che
svolge manifestamente il ruolo dell'" Uovo del Mondo ', è chiuso
all'interno dell'*athanor*, ma che quest'ultimo può essere a sua

2. Si trova qualcosa di analogo anche nel simbolismo della crisalide e della sua
trasformazione in farfalla.
3. Cfr. A. K. Coomaraswamy, *ibidem*.
4. Si veda *L'Homme et son devenir selon le Védânta*, cap. XXI.
5. Usando la terminologia alchimistica, la ' terza nascita ' potrebbe essere considerata come una ' sublimazione '.

volta assimilato al ' cosmo ', nella duplice applicazione macrocosmica e microcosmica; la caverna potrà dunque anch'essa venir assimilata simbolicamente sia all'' uovo filosofico ' che all'*athanor*, a seconda che ci si riferisca, se si vuole, a gradi di sviluppo diversi nel processo iniziatico, ma in ogni caso senza che il suo significato fondamentale ne risulti minimamente alterato.

Si può anche osservare che con questa illuminazione di riflesso si ritrova l'immagine della caverna di Platone, nella quale si vedono solo ombre, grazie a una luce che vien dal di fuori;[6] e tale luce è proprio ' extra-cosmica ', poiché la sua fonte è il ' Sole intelligibile '. La liberazione dei prigionieri e la loro uscita dalla caverna è una ' venuta alla luce ', grazie alla quale essi possono contemplare direttamente la realtà di cui avevano percepito fino a quel momento un semplice riflesso; questa realtà, sono gli ' archetipi ' eterni, le possibilità contenute nella ' permanente attualità ' dell'essenza immutabile.

Infine, è importante notare che le due ' nascite ' di cui abbiamo parlato, essendo due fasi successive dell'iniziazione completa, sono anche, per ciò stesso, due tappe su una stessa via, e che questa via è essenzialmente ' assiale ', come assiale è pure, nel suo simbolismo, il ' raggio solare ', al quale abbiamo alluso poc'anzi, e segna la ' direzione ' spirituale che deve seguire l'essere, elevandosi costantemente, per giungere infine al suo vero centro.[7] Nei limiti del microcosmo, questa direzione ' assiale ' è quella della *sushumnâ*, che si estende fino alla corona della testa, a partire dalla quale essa è prolungata ' extra-individualmente ', si potrebbe dire, dal ' raggio solare ' stesso, percorso risalendo verso la sorgente; è lungo la *sushumnâ* che si trovano i *chakra* che sono i centri sottili dell'individualità, ad alcuni dei quali corrispondono le varie posizioni del *luz* o ' nòcciolo d'immortalità ' da noi esaminate in precedenza, di modo che queste stesse posizioni, o il ' risveglio ' successivo dei *chakra* corrispondenti, sono pure sempre assimilabili a tappe poste sulla medesima via ' assiale '. D'altra parte, l'' Asse del Mondo ' è naturalmente identificato con la direzione verticale, che ben risponde all'idea di una via ascendente, e quindi l'apertura superiore, che, come abbiamo detto, corrisponde microcosmicamente alla corona della testa, dovrà normalmente, a tale riguardo, situarsi allo zenith della caverna,

---

6. Questa visione oscura è la visione *quasi per speculum in aenigmate* di cui parla san Paolo (*Prima Epistola ai Corinti*, XIII, 12); quel che appare manifestato nel ' cosmo ' è propriamente solo un'ombra o un ' vestigio ' della realtà trascendente, ma è d'altronde quel che ne costituisce il valore come simbolo di tale realtà.

7. Cfr. *Eç-Çirâtul-mustaqîm* nella tradizione islamica.

cioè al vertice stesso della volta. Tuttavia, la questione presenta di fatto alcune complicazioni dovute al possibile intervento di due modalità differenti del simbolismo, una ' polare ' e l'altra ' solare '; è perciò il caso, per quanto concerne l'uscita dalla caverna, di portare ulteriori precisazioni che forniranno al tempo stesso un esempio dei rapporti che possono esserci fra queste due modalità, il cui rispettivo predominio si riferisce originariamente a periodi ciclici diversi, ma che si sono in seguito associate e combinate in molteplici maniere.

Da quanto abbiamo detto in precedenza, sembra che l'uscita finale dalla caverna iniziatica, considerata come una rappresentazione dell'' uscita dal cosmo ', debba effettuarsi normalmente attraverso un'apertura situata nella volta, e proprio al suo zenith; ricordiamo che tale porta superiore, talora designata tradizionalmente come ' mozzo solare ' e anche come ' occhio cosmico ', corrisponde, nell'essere umano, al *Brahma-randhra* e alla corona della testa. Tuttavia, malgrado i riferimenti al simbolismo solare che s'incontrano in un caso simile, si potrebbe dire che questa posizione ' assiale ' e ' zenithale ' si riferisce più direttamente, e senza dubbio anche più originariamente, a un simbolismo polare: questo punto è quello in cui, secondo alcuni rituali ' operativi ', è sospeso il ' filo a piombo del Grande Architetto ', che segna la direzione dell'' Asse del Mondo ', ed è allora identificato con la stella polare stessa.[1] È anche il caso di notare che, affinché l'uscita possa effettuarsi in questo modo, occorre che una pietra della volta venga tolta in questo punto preciso; e tale pietra, per il fatto stesso di occupare il vertice, ha nella struttura architettonica un carattere speciale e unico, poiché essa è naturalmente una ' chiave di volta '; questa osservazione non è priva di importanza, per quanto non sia qui il luogo per insistervi ulteriormente.[2]

Di fatto, sembra abbastanza raro che quel che abbiamo appena detto venga osservato alla lettera nei rituali iniziatici, per quanto se ne possano trovare comunque alcuni esempi;[3] questa rarità può spiegarsi d'altronde, almeno in parte, con certe difficoltà d'ordine pratico, e anche con il bisogno di evitare una confusione che rischia di prodursi in un caso simile.[4] Infatti, se

1. Ricorderemo a questo proposito che, secondo la tradizione estremo-orientale, la stella polare rappresenta la sede della « Grande Unità » (*Tai-i*); nello stesso tempo, se normalmente si deve considerare l'asse in posizione verticale come abbiamo appena detto, essa corrisponde anche alla « Grande Vetta » (*Tai-Ki*), cioè al vertice della volta celeste, o ' tetto del mondo '.
2. Ciò si riferisce più specialmente al simbolismo della massoneria del *Royal Arch*; rinviamo anche, a questo proposito, alla nota che si trova alla fine del nostro articolo su *Le Tombeau d'Hermès*, in « Études Traditionnelles », dic. 1936, p. 473.
3. Negli alti gradi della massoneria scozzese, questo succede al 13° grado, detto dell'« Arco-Reale », che non bisogna però confondere, nonostante alcune parziali somiglianze, con quel che costituisce nella massoneria inglese l'*Arch Masonry* distinta in quanto tale dalla *Square Masonry*; le origini ' operative ' del grado scozzese in questione sono del resto molto meno chiare; il 14° grado, o ' Grande Scozzese della Volta sacra ', è pure conferito ' in un luogo sotterraneo a volta '. Conviene notare, a questo proposito, che ci sono in tutti questi alti gradi molti dati di diverse provenienze, non sempre conservatisi integralmente e senza confusione, tanto che allo stato attuale è spesso abbastanza difficile determinare esattamente la loro reale natura.
4. Questa confusione esiste effettivamente nei gradi scozzesi appena menzionati:

la caverna non ha altra via d'uscita che quella, essa dovrà servire all'entrata come all'uscita, cosa poco conforme al suo simbolismo; secondo logica, l'entrata dovrebbe trovarsi piuttosto in un punto opposto a quello, lungo l'asse, cioè sul suolo, proprio al centro della caverna, ove si giungerebbe per una via sotterranea. Solo che, da un altro lato, un tal genere d'entrata non converrebbe ai 'grandi misteri', giacché esso corrisponde propriamente allo stadio iniziale, che è a quel punto superato già da molto tempo; si dovrebbe quindi supporre piuttosto che il neofita, entrato per questa via sotterranea allo scopo di ricevere l'iniziazione ai 'piccoli misteri', rimanga poi nella caverna fino al momento della sua 'terza nascita', in cui egli esce definitivamente attraverso l'apertura superiore; ciò è teoricamente ammissibile, ma non è evidentemente suscettibile di esser messo in pratica in maniera effettiva.[5]

Esiste in realtà un'altra soluzione, che implica delle considerazioni in cui il simbolismo solare prende questa volta un posto preponderante, per quanto le tracce del simbolismo polare vi restino ancora abbastanza palesi; vi è insomma una specie di combinazione e quasi di fusione fra queste due modalità, come indicavamo alla fine dello studio precedente. Quel che si deve essenzialmente notare a tale riguardo è quanto segue: l'asse verticale, in quanto congiunge i due poli, è evidentemente un asse nord-sud; nel passaggio dal simbolismo polare al simbolismo solare, quest'asse dovrà essere in qualche modo proiettato sul piano zodiacale, ma in modo da conservare una certa corrispondenza, si potrebbe anche dire una equivalenza il più possibile esatta, con l'asse polare primitivo.[6] Ora, nel ciclo annuale, i solstizi d'inverno e d'estate sono i due punti che corrispondono rispettivamente al nord e al sud nell'ordine spaziale, così come gli equinozi di primavera e d'autunno corrispondono all'oriente e all'occidente; l'asse che soddisferà la condizione desiderata è dunque quello che unisce i due punti solstiziali; e si può dire che l'asse solstiziale svolgerà allora il ruolo di un asse relativamente

la 'volta sotterranea' è 'senza porte né finestre', sicché non vi si può entrare, o uscirne, che per l'unica apertura praticata al vertice della volta.
5. In un certo senso si può dire che i 'piccoli misteri' corrispondono alla terra (stato umano) e i 'grandi misteri' al cielo (stati sopra-individuali); donde anche, in certi casi, una corrispondenza simbolica stabilita con le forme geometriche del quadrato e del cerchio (o derivate da queste), che la tradizione estremo-orientale, in particolare, riferisce rispettivamente alla terra e al cielo; in Occidente questa distinzione si ritrova in quella tra *Square Masonry* e *Arch Masonry*, che abbiamo appena menzionato.
6. Proprio a questo passaggio da un simbolismo all'altro si riferisce il 'trasferimento' di certe costellazioni dalla regione polare alla regione zodiacale, al quale abbiamo alluso altrove (si veda *Le Roi du Monde*, cap. X).

verticale, come esso è infatti in rapporto all'asse equinoziale.[7]
I solstizi si possono veramente chiamare i poli dell'anno; e
questi poli del mondo temporale, se è lecito esprimersi così,
si sostituiscono qui, in virtù di una corrispondenza reale e per
nulla arbitraria, ai poli del mondo spaziale; essi sono d'altronde
naturalmente in diretta relazione con il cammino del sole, i cui
poli nel senso proprio e consueto della parola sono invece interamente indipendenti; e così si trovano legate l'una all'altra, nel
modo più chiaro possibile, le due modalità simboliche di cui
abbiamo parlato.

Stando così le cose, la caverna 'cosmica' potrà avere due porte
'zodiacali', opposte lungo l'asse che abbiamo considerato, quindi
rispettivamente corrispondenti ai due punti solstiziali, una delle
quali servirà d'entrata e l'altra d'uscita; effettivamente, la nozione di queste due 'porte solstiziali' si trova in modo esplicito
nella maggior parte delle tradizioni, e ad essa è anche generalmente attribuita una considerevole importanza simbolica. La porta d'entrata è talora designata come 'porta degli uomini', che
possono in questo caso essere tanto degli iniziati ai 'piccoli misteri' quanto semplici profani, poiché non hanno ancora superato
lo stato umano; e la porta d'uscita è allora designata, per opposizione, quale 'porta degli dèi', la porta cioè per cui passano
soltanto gli esseri che hanno accesso agli stati sopra-individuali.
Resta solo da determinare a quale dei due solstizi corrisponda
ciascuna delle porte; ma anche questa questione, per essere adeguatamente sviluppata, merita di essere trattata a parte.

7. Non dobbiamo qui occuparci del fatto che tra le varie forme tradizionali
ve ne siano alcune che dànno all'anno un punto di partenza solstiziale, e altre un
punto di partenza equinoziale; diremo solo che la preponderanza così attribuita ai
solstizi e agli equinozi trova pure la sua ragione nella considerazione di diversi
periodi ciclici, a cui queste forme tradizionali debbono essere più particolarmente
collegate.

Abbiamo detto che le due porte zodiacali, le quali sono rispettivamente l'entrata e l'uscita della 'caverna cosmica', e che certe tradizioni denominano 'porta degli uomini' e 'porta degli dèi', devono corrispondere ai due solstizi; dobbiamo ora precisare che la prima corrisponde al solstizio d'estate, cioè al segno del Cancro, e la seconda al solstizio d'inverno, cioè al segno del Capricorno. Per comprenderne la ragione, occorre riferirsi alla divisione del ciclo annuale in due metà, una 'ascendente' e l'altra 'discendente': la prima è il periodo del cammino del sole verso nord (*uttarâyana*), che va dal solstizio d'inverno al solstizio d'estate; la seconda è quello del cammino del sole verso sud (*dakshinâyana*), che va dal solstizio d'estate al solstizio d'inverno.[1] Nella tradizione indù, la fase 'ascendente' è messa in rapporto con il *dêva-yâna*, e la fase 'discendente' con il *pitri-yâna*,[2] il che coincide esattamente con le designazioni delle due porte appena ricordate: la 'porta degli uomini' è quella che dà accesso al *pitri-yâna*, e la 'porta degli dèi' è quella che dà accesso al *dêva-yâna*; esse devono quindi situarsi rispettivamente all'inizio delle due fasi corrispondenti, vale a dire che la prima dev'essere al solstizio d'estate e la seconda al solstizio d'inverno. Solo che in questo caso si tratta propriamente non di un'entrata e di un'uscita, ma di due diverse uscite: ciò dipende dal fatto che il punto di vista è diverso da quello che si riferisce in modo speciale al ruolo iniziatico della caverna, pur conciliandosi perfettamente con questo. Infatti, la 'caverna cosmica' è qui considerata come il luogo di manifestazione dell'essere: dopo esservisi manifestato in un certo stato, quale per esempio lo stato umano, l'essere, a seconda del grado spirituale cui sarà pervenuto, ne uscirà per l'una o per l'altra delle due porte; in un caso, quello del *pitri-yâna*, esso dovrà tornare a un altro stato di manifestazione, il che sarà naturalmente rappresentato da un rientro nella 'caverna cosmica' così considerata; nell'altro caso invece, quello del *dêva-yâna*, non c'è più ritorno al mondo manifestato. Così, una delle due porte è tanto un'entrata quanto un'uscita, mentre l'altra è un'uscita definitiva; ma, per quanto concerne l'iniziazione, pro-

---

1. È opportuno notare che lo Zodiaco frequentemente raffigurato sul portale delle chiese medioevali è disposto in modo da segnare nettamente questa divisione del ciclo annuale.
2. Si veda in particolare *Bhagavad-Gîtâ*, VIII, 23-26; cfr. *L'Homme et son devenir selon le Vêdânta*, cap. XXI. Una analoga corrispondenza si ritrova nel ciclo mensile, essendo il periodo della luna crescente ugualmente in rapporto con il *dêva-yâna*, e quello della luna calante con il *pitri-yâna*; si può dire che le quattro fasi lunari corrispondono, in un ciclo più limitato, alle quattro fasi solari che sono le quattro stagioni dell'anno.

prio questa uscita definitiva è lo scopo finale, di modo che l'essere, entrato per la ' porta degli uomini ', deve uscire, se ha effettivamente raggiunto questo scopo, per la ' porta degli dèi '.[3]

Abbiamo spiegato in precedenza come l'asse solstiziale dello Zodiaco, relativamente verticale in rapporto all'asse equinoziale, debba essere considerato la proiezione, nel ciclo solare annuale, dell'asse polare nord-sud; secondo la corrispondenza del simbolismo temporale con il simbolismo spaziale dei punti cardinali, il solstizio d'inverno è in certo modo il polo nord dell'anno, e il solstizio d'estate il suo polo sud, mentre i due equinozi di primavera e d'autunno corrispondono rispettivamente all'est e all'ovest.[4] Tuttavia, nel simbolismo vedico, la porta del *dêva-loka* è situata a nord-est, e quella del *pitri-loka* a sud-ovest; ma ciò dev'essere considerato solo un'indicazione più esplicita del senso secondo cui si effettua il cammino del ciclo annuale. Infatti, conformemente alla corrispondenza appena menzionata, il periodo ' ascendente ' si svolge andando da nord a est, e poi da est a sud; allo stesso modo, il periodo ' discendente ' si svolge andando da sud a ovest, e poi da ovest a nord;[5] si potrebbe quindi dire, con precisione ancor maggiore, che la ' porta degli dèi ' è situata a nord e volta verso est, lato che è sempre ritenuto quello della luce e della vita, e la ' porta degli uomini ' è situata a sud e volta verso ovest, lato similmente ritenuto dell'ombra e della morte; e così sono esattamente determinate « le due vie permanenti, una chiara, l'altra oscura, del mondo manifestato; per una

3. La ' porta degli dèi ' può essere un'entrata solo nel caso di discesa volontaria, nel mondo manifestato, sia di un essere già ' liberato ', sia di un essere che rappresenta l'espressione diretta di un principio ' sopra-cosmico '. Ma è evidente che questi casi eccezionali non rientrano nei processi ' normali ' da noi presi in considerazione. Faremo soltanto notare che si può facilmente capire da ciò la ragione per cui la nascita dell'*Avatâra* è posta all'epoca del solstizio d'inverno, epoca della festa di Natale nella tradizione cristiana.
4. Nella giornata, la metà ascendente è da mezzanotte a mezzogiorno, e la metà discendente da mezzogiorno a mezzanotte; la mezzanotte corrisponde all'inverno e al nord, il mezzogiorno all'estate e al sud; il mattino corrisponde alla primavera e all'est (lato della nascita del sole), la sera all'autunno e all'ovest (lato del tramonto del sole). Così, le fasi del giorno, come quelle del mese, ma in scala ancora più ridotta, riproducono analogicamente quelle dell'anno; lo stesso vale, più in generale, per qualunque ciclo, che, indipendentemente dalla sua estensione, si divide sempre naturalmente secondo la stessa legge quaternaria. Secondo il simbolismo cristiano, la nascita dell'*Avatâra* ha luogo non solo al solstizio d'inverno, ma anche a mezzanotte; essa è quindi così in duplice corrispondenza con la ' porta degli dèi '. D'altra parte, secondo il simbolismo massonico, il lavoro iniziatico si compie ' da mezzogiorno a mezzanotte ', il che è altrettanto esatto se si considera questo lavoro come un cammino che va dalla ' porta degli uomini ' alla ' porta degli dèi '; l'obiezione che si potrebbe esser tentati di fare per via del carattere ' discendente ' di tale periodo si risolve con un'applicazione del ' senso inverso dell'analogia, come vedremo più avanti.
5. Ciò è in relazione diretta con la questione del senso delle ' circumambulazioni ' rituali nelle varie forme tradizionali: secondo la modalità ' solare ' del simbolismo,

non c'è ritorno (dal non-manifestato al manifestato); per l'altra si torna indietro (nella manifestazione) ».[6]

Resta comunque ancora da risolvere un'apparente contraddizione, che è questa: il nord è designato come il punto più alto (*uttara*), e verso questo punto d'altronde è diretto il cammino ascendente del sole, mentre il suo cammino discendente è diretto verso sud, il quale appare così il punto più basso; ma, d'altra parte, il solstizio d'inverno, che corrisponde nell'anno al nord, e segna l'inizio del movimento ascendente, è in un certo senso il punto più basso, e il solstizio d'estate, che corrisponde al sud, e dove termina il movimento ascendente, è – sotto lo stesso profilo – il punto più alto, a partire dal quale comincerà quindi il movimento discendente, che terminerà al solstizio d'inverno. La soluzione di questa difficoltà risiede nella distinzione che è il caso di fare tra l'ordine 'celeste', cui appartiene il cammino del sole, e l'ordine 'terrestre', cui appartiene invece la successione delle stagioni; secondo la legge generale dell'analogia, questi due ordini devono, nella loro stessa correlazione, essere inversi l'uno dell'altro, di modo che quel che è più alto nell'uno divenga più basso nell'altro, e reciprocamente; ed è così che, secondo l'espressione ermetica della *Tabula Smaragdina*, « ciò che è in alto (nell'ordine celeste) è come quello che è in basso (nell'ordine terrestre) », o ancora, secondo il detto evangelico, « i primi (nell'ordine principiale) sono gli ultimi (nell'ordine manifestato) ».[7]

il senso è quello che indichiamo qui, e la 'circumambulazione' si compie così avendo costantemente alla propria destra il centro intorno al quale si gira; secondo la modalità 'polare', essa si compie invece in senso inverso, avendo quindi il centro a sinistra. Il primo è quello della *pradakshinâ*, così com'essa è in uso nelle tradizioni indù e tibetana; il secondo caso s'incontra in particolare nella tradizione islamica; non è forse privo di interesse il notare che il senso di queste 'circumambulazioni', che vanno rispettivamente da sinistra a destra e da destra a sinistra, corrisponde pure alla direzione della scrittura nelle lingue sacre di queste stesse forme tradizionali. Nella massoneria, nella sua forma attuale, il senso delle 'circumambulazioni' è 'solare'; ma sembra esser stato invece 'polare' nell'antico rituale 'operativo', secondo cui il 'trono di Salomone' era posto d'altronde a occidente e non a oriente.

6. *Bhagavad-Gîtâ*, VIII, 26. Si può osservare che la 'chiarezza' e l''oscurità', caratterizzanti rispettivamente queste due vie, corrispondono esattamente ai due principi complementari *yang* e *yin* della tradizione estremo-orientale.

7. A questo duplice punto di vista corrisponde, tra le altre applicazioni, il fatto che, in rappresentazioni geografiche o altre, il punto posto in alto può essere il nord o il sud; in Cina, è il sud e, nel mondo occidentale, fu lo stesso presso i Romani e anche durante una parte del Medioevo; quest'uso è del resto in realtà, secondo quanto abbiamo appena detto, il più corretto per quel che concerne la rappresentazione delle cose terrestri, mentre invece, quando si tratta delle cose celesti, dev'essere normalmente posto in alto il nord; ma va da sé che il predominio dell'uno o dell'altro dei due punti di vista, a seconda delle forme tradizionali o delle epoche, può determinare l'adozione di un'unica disposizione per tutti i casi indistintamente; e, a tale riguardo, il fatto di collocare il nord o il sud in alto appare in genere legato soprattutto alla distinzione delle due modalità, 'polare' e

È altrettanto vero che, per quel che concerne le ' influenze ' connesse a questi punti, è sempre il nord a rimanere ' benefico ', che lo si consideri il punto verso cui si dirige il cammino ascendente del sole nel cielo, o, in rapporto al mondo terrestre, l'entrata del *dêva-loka*; e, allo stesso modo, il sud rimane sempre ' malefico ', che lo si consideri il punto verso cui si dirige il cammino discendente del sole nel cielo, o, in rapporto al mondo terrestre, l'entrata del *pitri-loka*.[8] Bisogna aggiungere che il mondo terrestre può esser ritenuto qui rappresentare, per trasposizione, tutto l'insieme del ' cosmo ', e che il cielo allora rappresenterà, secondo la stessa trasposizione, la sfera ' extra-cosmica '; da questo punto di vista, dovrà applicarsi all'ordine ' spirituale ', inteso nella sua accezione più elevata, la considerazione del ' senso inverso ' in rapporto, non solo all'ordine sensibile, ma all'intero ordine cosmico.[9]

' solare ', dal momento che il punto che si pone in alto è quello che si ha davanti a sé orientandosi secondo l'una o secondo l'altra di queste, come spiegheremo nella nota seguente.

8. Segnaliamo incidentalmente, a questo proposito, un altro caso in cui uno stesso punto conserva un significato costante pure attraverso certi cambiamenti che costituiscono apparenti rovesciamenti: l'orientazione può esser assunta secondo l'una o l'altra delle due modalità, ' polare ' e ' solare ', del simbolismo; nella prima, guardando la stella polare, cioè voltandosi verso nord, si ha l'est alla propria destra; nella seconda, guardando il sole al meridiano, cioè voltandosi verso sud, si ha invece l'est alla propria sinistra; queste due modalità sono state segnatamente in uso in Cina in epoche diverse; così, il lato cui è stato riconosciuto il predominio è stato talora il destro e talora il sinistro, ma di fatto è sempre stato l'est, cioè il ' lato della luce '. Aggiungiamo che esistono ancora altri modi di orientazione, per esempio voltandosi verso il sol nascente; è a questo che si riferisce la designazione sanscrita del sud come *dakshina* o « lato della destra »; e questo ugualmente, in Occidente, era praticato dai costruttori del Medioevo per l'orientazione delle chiese.

9. Per dare un esempio di questa applicazione, del resto in relazione abbastanza diretta con il nostro argomento, la ' culminazione ' del sole visibile ha luogo a mezzogiorno, e quindi quella del ' sole spirituale ' dovrà simbolicamente aver luogo a mezzanotte; per questo è detto che gli iniziati ai ' grandi misteri ' dell'antichità « contemplavano il sole a mezzanotte »; da questo punto di vista, la notte rappresenta non più l'assenza o la privazione della luce, ma il suo stato principiale di non-manifestazione, il che d'altronde corrisponde rigorosamente al significato superiore delle tenebre o del color nero come simbolo del non-manifestato: e pure in questo senso devono essere intesi certi insegnamenti dell'esoterismo islamico, secondo cui « la notte è preferibile al giorno ». Si può inoltre osservare che, se il simbolismo ' solare ' ha un evidente rapporto con il giorno, il simbolismo ' polare ', ha, da parte sua, un certo rapporto con la notte; ed è inoltre abbastanza significativo, a tale riguardo, che il ' sole di mezzanotte ' abbia letteralmente, nell'ordine dei fenomeni sensibili, la sua rappresentazione nelle regioni iperboree, cioè proprio dove si situa l'origine della tradizione primordiale.

Trattando la questione delle porte solstiziali ci siamo riferiti direttamente soprattutto alla tradizione indù, perché in essa i dati che vi si riferiscono sono presentati nel modo più chiaro; ma in realtà si tratta di qualcosa che è comune a tutte le tradizioni, e si può trovare anche nell'antichità occidentale. Nel pitagorismo, in particolare, il simbolismo zodiacale sembra aver avuto un'importanza altrettanto considerevole; le espressioni 'porta degli uomini' e 'porta degli dèi', da noi usate, appartengono del resto alla tradizione greca; solo che le informazioni giunte sino a noi sono in questo caso talmente frammentarie e incomplete che la loro interpretazione può dar luogo a parecchie confusioni, che non sono mancate da parte di coloro che hanno considerato tali informazioni isolatamente e senza renderle più chiare per mezzo di un raffronto con altre tradizioni.

Anzitutto, per evitare certi equivoci sulla posizione reciproca delle due porte, occorre ricordarsi di quanto abbiamo detto sull'applicazione del 'senso inverso', a seconda che le si consideri in rapporto all'ordine terrestre o all'ordine celeste: la porta solstiziale d'inverno, o il segno del Capricorno, corrisponde al nord nel ciclo annuale, ma al sud in relazione al cammino del sole nel cielo; così, la porta solstiziale d'estate, o il segno del Cancro, corrisponde al sud nel ciclo annuale, e al nord in relazione al cammino del sole. Per questo, mentre il movimento 'ascendente' del sole va da sud a nord e il suo movimento 'discendente' da nord a sud, il periodo 'ascendente' dell'anno dev'essere invece considerato compiersi nella direzione nord-sud, e il suo periodo 'discendente' in quella sud-nord, come abbiamo già detto in precedenza. Proprio in rapporto a quest'ultimo punto di vista, secondo il simbolismo vedico, la porta del *dêva-loka* è situata verso nord e quella del *pitri-loka* verso sud, senza che vi sia in ciò, malgrado le apparenze, alcuna contraddizione con quello che troveremo più avanti.

Citeremo, corredandolo delle spiegazioni e rettificazioni necessarie, il riassunto dei dati pitagorici esposto da Jérôme Carcopino:[1] « I pitagorici » egli dice « avevano costruito tutta una teoria sui rapporti dello Zodiaco con la migrazione delle anime. A quale data risalirebbe? È impossibile saperlo. Fatto sta che nel secolo II della nostra èra, essa fioriva negli scritti del pitagorico Numenio, che ci è permesso di conoscere attraverso un

---

1. *La Basilique pythagoricienne de la Porte Majeure.* Non avendo il volume a disposizione, citiamo dall'articolo pubblicato anteriormente sotto lo stesso titolo nella « Revue des Deux Mondes », numero del 15 novembre 1926.

riassunto secco e tardivo di Proclo, nel suo commento alla *Re-pubblica* di Platone, e un'analisi, al tempo stesso più ampia e più antica, di Porfirio, nei capitoli xxi e xxii del *De Antro Nympharum* ». Ecco, diciamolo subito, un esempio piuttosto si-gnificativo di ' storicismo ': la verità è che non si tratta per nulla di una teoria ' costruita ' più o meno artificialmente, a questa o quella data, dai pitagorici o da altri, a modo di una semplice opi-nione filosofica o di una concezione individuale qualunque; si tratta di una conoscenza tradizionale, che concerne una realtà di ordine iniziatico, e, proprio in virtù del suo carattere tradizionale, non ha e non può avere alcuna origine cronologicamente assegna-bile. Sono, beninteso, considerazioni che possono sfuggire a un ' erudito '; ma egli dovrebbe almeno capire questo: se la teoria in questione fosse stata ' costruita dai pitagorici ', come spiegare il fatto che essa si trova dappertutto, al di fuori di ogni influenza greca, e in particolare nei testi vedici, che sono sicuramente di molto anteriori al pitagorismo? Anche questo, Carcopino, in quanto ' specialista ' dell'antichità greco-latina, può sfortunata-mente ignorarlo; ma, da quel che riferisce egli stesso in seguito, risulta che tale dato si trova già in Omero; dunque, anche presso i Greci essa era conosciuta, non diremo solo prima di Numenio, cosa fin troppo evidente, ma prima dello stesso Pitagora; si tratta di un insegnamento tradizionale che si è trasmesso in modo continuo attraverso i secoli, e poco importa la data forse ' tardiva ' alla quale certi autori, che non hanno inventato nulla e non ne hanno mai avuto la pretesa, l'hanno formulato per iscritto in modo più o meno preciso.

Detto questo, torniamo a Proclo e a Porfirio: « I nostri due autori concordano nell'attribuire a Numenio la determinazione dei punti estremi del cielo, il tropico d'inverno, sotto il segno del Capricorno, e il tropico d'estate, sotto quello del Cancro, e nel definire, evidentemente sulle sue tracce, e sulle tracce dei ' teologi ' che egli cita e che gli sono serviti da guide, il Cancro e il Capricorno come le due porte del cielo. Sia per discendere nella generazione, sia per risalire a Dio, le anime dovevano quindi necessariamente varcare una di esse ». Per « punti estremi del cielo », espressione un po' troppo ellittica per essere perfet-tamente chiara da sola, bisogna naturalmente intendere qui i punti estremi raggiunti dal sole nella sua corsa annuale, dov'esso in certo modo si arresta, da cui il nome di ' solstizi '; a tali punti solstiziali corrispondono le due ' porte del cielo ', il che è appunto esattamente la dottrina tradizionale che già conosciamo. Come abbiamo indicato altrove,[2] questi due punti erano talora

---

2. *Quelques aspects du symbolisme du poisson* [qui sopra, come cap. 22].

simboleggiati – per esempio sotto il tripode di Delfi e sotto gli zoccoli dei corsieri del carro solare – dal polipo e dal delfino, che rappresentano rispettivamente il Cancro e il Capricorno. Inutile dire, d'altra parte, che gli autori in questione non hanno potuto attribuire a Numenio la determinazione stessa dei punti solstiziali, che erano noti da sempre; si sono semplicemente riferiti a lui come a uno di coloro che ne avevano parlato prima di loro, e come egli stesso si era già riferito ad altri ' teologi '.

Si tratta poi di precisare il ruolo proprio di ciascuna delle due porte, ed è qui che nasce la confusione: « Secondo Proclo, Numenio le avrebbe rigidamente specializzate: per la porta del Cancro, la caduta delle anime sulla terra; per quella del Capricorno, l'ascensione delle anime nell'etere. In Porfirio, invece, è detto soltanto che il Cancro è a nord e favorevole alla discesa, il Capricorno a sud e favorevole alla salita: di modo che invece di essere strettamente assoggettate al ' senso unico ', le anime avrebbero conservato, sia all'andata che al ritorno, una certa libertà di circolazione ». La fine di questa citazione esprime, a dire il vero, un'interpretazione di cui conviene lasciare tutta la responsabilità a Carcopino; non vediamo assolutamente in cosa quel che dice Porfirio sarebbe ' contrario ' a quel che dice Proclo; forse è formulato in modo un po' più vago, ma sembra di fatto voler dire in fondo la stessa cosa: ciò che è « favorevole » alla discesa o alla salita deve probabilmente intendersi come ciò che la rende possibile, poiché non è molto verosimile che Porfirio abbia voluto lasciar sussistere in tal modo una specie di indeterminazione, il che, essendo incompatibile con il carattere rigoroso della scienza tradizionale, non sarebbe in ogni caso in lui che una pura e semplice prova d'ignoranza su questo punto. Comunque, è visibile che Numenio non ha fatto altro che ripetere, sulla funzione delle due porte, l'insegnamento tradizionale conosciuto; d'altra parte, se egli pone, come indica Porfirio, il Cancro a nord e il Capricorno a sud, evidentemente egli considera la loro posizione nel cielo; lo indica d'altronde abbastanza chiaramente il fatto che, in quel che precede, sono in questione i ' tropici ', che non possono avere altro significato oltre quello, e non i ' solstizi ', che si riferirebbero invece più direttamente al ciclo annuale; e per questo la posizione qui enunciata è inversa a quella data dal simbolismo vedico, senza tuttavia che ciò costituisca alcuna differenza reale, giacché si tratta di due punti di vista ugualmente legittimi, che si accordano perfettamente fra di loro se si è capito il loro rapporto.

Ma vedremo qualcosa di ancor più straordinario: Carcopino continua dicendo che « è difficile, in mancanza dell'originale, trarre da queste allusioni divergenti », ma che in realtà, dobbiamo aggiungere noi, sono divergenti solamente nel suo pensiero, « la vera dottrina di Numenio », che, abbiamo visto, non è la sua propria dottrina, ma soltanto l'insegnamento da lui riferito, cosa d'altronde più importante e più degna d'interesse; « ma risulta dal contesto di Porfirio che, anche esposta sotto la sua forma più elastica » – come se potesse esserci « elasticità » in un problema che è unicamente una questione di conoscenza esatta – « essa resterebbe in contraddizione con quelle di certi suoi predecessori, e, in particolare, con il sistema che alcuni più antichi pitagorici avevano fondato sulla loro interpretazione dei versi dell'*Odissea* in cui Omero ha descritto la ' grotta d'Itaca ' », cioè quell'' antro delle Ninfe ' che non è altro se non una delle raffigurazioni della ' caverna cosmica ' di cui abbiamo parlato in precedenza. « Omero, annota Porfirio, non si è limitato a dire che la grotta aveva due porte. Egli ha specificato che una era volta al lato nord, e l'altra, più divina, al lato sud, e che si discendeva dalla porta a nord. Ma non ha indicato se si poteva scendere per la porta a sud. Dice solo: è l'entrata degli dèi. Mai l'uomo prende il cammino degli immortali ». Pensiamo che questo dev'essere il testo stesso di Porfirio, e non vi vediamo la contraddizione annunciata; ma ecco ora il commento di Carcopino: « Secondo questa esegesi, si scorgono, in quel compendio dell'universo che è l'antro delle Ninfe, le due porte che s'innalzano ai cieli e sotto le quali passano le anime, e, al contrario del linguaggio che Proclo mette in bocca a Numenio, quella a nord, il Capricorno, fu dapprima riservata all'uscita delle anime, e quella a sud, il Cancro, fu di conseguenza assegnata al loro ritorno a Dio ».

Ora che abbiamo completato la citazione, possiamo facilmente renderci conto che la pretesa contraddizione, anche qui, esiste solo secondo Carcopino; c'è infatti nell'ultima frase un errore evidente, e persino un duplice errore, che sembra veramente inspiegabile. Anzitutto, è Carcopino che aggiunge di propria iniziativa la menzione del Capricorno e del Cancro; Omero, a quanto dice Porfirio, designa le due porte solo per mezzo della loro posizione a nord o a sud, senza indicare i segni zodiacali corrispondenti; ma, siccome precisa che la porta « divina » è quella a sud, bisogna concludere che è questa che corrisponde per lui al Capricorno, esattamente come per Numenio, vale a dire che anch'egli situa le due porte secondo la loro posizione nel cielo, e tale sembra quindi esser stato, in genere, il punto di vista dominante in tutta la tradizione greca, anche prima del pitagorismo. Inoltre, l'uscita delle anime dal ' cosmo ' e il loro ' ritorno a Dio ' sono propriamente una sola e identica cosa, di modo che Carcopino attribuisce, apparentemente senza accorgersene, lo stesso ruolo a entrambe le porte; Omero dice, tutto al contrario, che per la porta a nord si effettua la 'discesa', cioè l'entrata nella 'caverna cosmica', o, in altri termini, nel mondo della generazione e della manifestazione individuale. In quanto alla porta a sud, essa è l'uscita dal 'cosmo', e, di conseguenza, per essa si effettua la 'salita' degli esseri in via di liberazione; Omero non dice espressamente se si può anche scendere per tale porta, ma ciò non è necessario, poiché, designandola come « entrata degli dèi », egli indica a sufficienza quali siano le 'discese' eccezionali che vi si effettuano, conformemente a quanto abbiamo spiegato nel nostro studio precedente. Insomma, che la posizione delle due porte sia considerata in rapporto al cammino del sole nel cielo, come nella tradizione greca, o in rapporto alle stagioni nel ciclo annuale terrestre, come nella tradizione indù, è sempre il Cancro a essere la 'porta degli uomini' e il Capricorno la 'porta degli dèi'; non può esserci in questo alcuna variazione, e, di fatto, non ce n'è alcuna; è solo l'incomprensione degli 'eruditi' moderni che crede di scoprire, nei vari interpreti delle dottrine tradizionali, divergenze e contraddizioni che non vi si trovano.

Abbiamo appena visto che il simbolismo delle due porte sol-stiziali, in Occidente, esisteva presso i Greci e più in particolare fra i pitagorici; esso si ritrova pure presso i Latini, ove era essen-zialmente legato al simbolismo di Giano. Siccome abbiamo già fatto allusione a quest'ultimo e ai suoi diversi aspetti in parecchie occasioni, considereremo qui soltanto i punti che si ricollegano più direttamente a quanto abbiamo detto nei nostri ultimi stu-di, benché sia difficile isolarli completamente dall'insieme assai complesso di cui fanno parte.

Giano, sotto l'aspetto ora in questione, è propriamente lo *janitor* che apre e chiude le porte (*januae*) del ciclo annuale, con le chiavi che sono uno dei suoi principali attributi; e ricor-deremo, a tale proposito, che la chiave è un simbolo 'assiale'. Ciò si riferisce naturalmente al lato 'temporale' del simbolismo di Giano: i suoi due volti, secondo l'interpretazione corrente, rappresentano rispettivamente il passato e il futuro; ora, questa considerazione del passato e del futuro si ritrova evidentemente, per qualsiasi ciclo, come per esempio il ciclo annuale, quando lo si esamini dall'una o dall'altra delle sue estremità. Da questo punto di vista, d'altronde, è importante aggiungere, per comple-tare la nozione del 'triplice tempo', che, fra il passato che non è più e il futuro che non è ancora, il vero volto di Giano, quello che guarda il presente, non è, si dice, né l'uno né l'altro di quelli visibili. Questo terzo volto, infatti, è invisibile, perché il presente, nella manifestazione temporale, non è che un istante inafferra-bile;[1] ma, quando ci si eleva al di sopra delle condizioni della manifestazione transitoria e contingente, il presente contiene invece ogni realtà. Il terzo volto di Giano corrisponde, in un altro simbolismo, quello della tradizione indù, all'occhio fron-tale di *Shiva*, invisibile anch'esso perché non è rappresentato da nessun organo corporeo, e raffigurante il 'senso dell'eternità'; uno sguardo di questo terzo occhio riduce tutto in cenere, cioè distrugge ogni manifestazione; ma, quando la successione è mu-tata in simultaneità, il temporale nell'atemporale, ogni cosa si ritrova e rimane nell'' eterno presente', di modo che l'apparente distruzione è in verità una 'trasformazione'.

Torniamo a quel che concerne più in particolare il ciclo an-nuale: le sue porte, che Giano ha la funzione di aprire e di chiudere, non sono altro che le porte solstiziali di cui abbiamo

---

1. È pure per questa ragione che certe lingue come l'ebraico e l'arabo non hanno una vera forma verbale che corrisponda propriamente al presente.

parlato. Non è possibile alcun dubbio a tale riguardo; infatti, Giano ha dato il suo nome al mese di gennaio (*januarius*), che è il primo mese dell'anno, quello con cui esso si apre, quando comincia normalmente al solstizio d'inverno; inoltre, cosa ancor più chiara, la festa di Giano era celebrata a Roma dai *Collegia Fabrorum* ai due solstizi; dovremo fra poco insistere ulteriormente su questo punto. Siccome le porte solstiziali dànno accesso, come abbiamo detto in precedenza, alle due metà, ascendente e discendente, del ciclo zodiacale che vi hanno i loro rispettivi punti di partenza, Giano, che abbiamo già visto apparire come ' Signore del triplice tempo' (attributo pure di *Shiva* nella tradizione indù), è pertanto anche il ' Signore delle due vie ', di quelle due vie della destra e della sinistra che i pitagorici rappresentavano con la lettera Y,[2] e che sono in fondo identiche al *dêva-yâna* e al *pitri-yâna*.[3] Si può facilmente comprendere, da ciò, come le chiavi di Giano siano in realtà le stesse di quelle che, secondo la tradizione cristiana, aprono e chiudono il ' Regno dei cieli ' (la via per la quale questo viene raggiunto corrisponde in tal senso al *dêva-yâna*),[4] tanto più che, sotto un altro profilo, queste due chiavi, una d'oro e l'altra d'argento, erano anche quelle dei ' grandi misteri ' e dei ' piccoli misteri '.

Infatti, Giano era il dio dell'iniziazione,[5] e questa attribuzione è delle più importanti, non solo in se stessa, ma anche dal punto di vista da cui ci poniamo in questo momento, poiché si ricollega manifestamente a quanto abbiamo detto intorno alla funzione propriamente iniziatica della caverna e delle altre ' immagini del mondo ' che ne sono degli equivalenti, funzione che ci ha precisamente condotti a esaminare la questione delle porte solstiziali. A questo titolo, d'altronde, Giano presiedeva i *Collegia Fabrorum*, depositari delle iniziazioni che, come in tutte le civiltà tradizionali, erano legate alla pratica dei mestieri; ed è molto notevole che si tratti di qualcosa che, lungi dall'essere scom-

2. Lo raffigurava anche, sotto una forma exoterica e ' moralizzata ', il mito di Ercole fra la Virtù e il Vizio, il cui simbolismo si è conservato nella sesta lama dei Tarocchi. L'antico simbolismo pitagorico ha avuto d'altronde altre ' sopravvivenze ' abbastanza curiose: lo si ritrova, infatti, in età rinascimentale, nel marchio tipografico di Nicolas du Chemin, disegnato da Jean Cousin.
3. La parola sanscrita γâna ha la stessa radice del latino *ire*, e, secondo Cicerone, da questa radice deriva il nome stesso di Giano, la cui forma è del resto singolarmente vicina a quella di γâna.
4. A proposito di questo simbolismo delle due vie, è il caso di aggiungere che ce n'è una terza, la ' via di mezzo ', che conduce direttamente alla ' Liberazione '; a tale via corrisponderebbe il prolungamento superiore non tracciato della parte verticale della lettera Y, e questo è ancora da avvicinare a quanto è stato detto sopra a proposito del terzo volto invisibile di Giano.
5. Notiamo che la parola *initiatio* viene da *in-ire*, e che si ritrova così il verbo *ire* cui si ricollega il nome di Giano.

parso con l'antica civiltà romana, si è prolungato senza soluzione di continuità nel cristianesimo stesso, e di cui, per quanto strano ciò possa sembrare a coloro che ignorano certe ' trasmissioni ', si può ancora trovare la traccia fino ai giorni nostri.

Nel cristianesimo, le feste solstiziali di Giano sono diventate quelle dei due san Giovanni, che si celebrano sempre alle medesime epoche, cioè in prossimità dei due solstizi d'inverno e d'estate;[6] ed è altrettanto significativo che l'aspetto esoterico della tradizione cristiana sia sempre stato considerato ' gioannita ', il che, quali che possano essere le apparenze esteriori, conferisce a questo fatto un senso che va nettamente oltre la sfera semplicemente religiosa ed exoterica. La successione degli antichi *Collegia Fabrorum* è stata del resto regolarmente trasmessa alle corporazioni le quali, attraverso l'intero Medioevo, hanno conservato lo stesso carattere iniziatico, e in particolare a quella dei costruttori; essa ebbe dunque naturalmente per patroni i due san Giovanni, e di qui viene la ben nota espressione di ' Loggia di san Giovanni ', conservata dalla massoneria, che è anch'essa precisamente la continuazione, per filiazione diretta, delle organizzazioni di cui abbiamo parlato.[7] Anche nella sua forma ' speculativa ' moderna, la massoneria ha comunque sempre conservato, come una delle testimonianze più esplicite della sua origine,

---

6.   La festa invernale di san Giovanni è assai vicina alla festa di Natale, che, da un altro punto di vista, corrisponde pure altrettanto esattamente al solstizio d'inverno, come abbiamo già spiegato. Una vetrata del secolo XIII della chiesa Saint-Rémi, a Reims, presenta una raffigurazione particolarmente curiosa, e indubbiamente eccezionale, in rapporto al nostro tema: si è discusso abbastanza vanamente per sapere quale sia fra i due san Giovanni quello rappresentato; la verità è che, senza alcun bisogno di vedervi la minima confusione, esso li rappresenta entrambi, sintetizzati nella figura di un solo personaggio, come mostrano i due girasoli posti in senso contrario al di sopra della sua testa, che corrispondono qui ai due solstizi e ai due volti di Giano. Segnaliamo ancora incidentalmente, a titolo di curiosità, che l'espressione popolare ' Giovanni che piange e Giovanni che ride ' è in realtà un ricordo dei due volti opposti di Giano.
7.   Ricordiamo che la ' Loggia di san Giovanni ', per quanto non sia assimilabile simbolicamente alla caverna, è nondimeno, esattamente come questa, una figura del ' cosmo '; la descrizione delle sue ' dimensioni ' è particolarmente chiara a tale riguardo: la sua lunghezza è ' dall'oriente all'occidente ', la sua larghezza ' dal mezzogiorno al settentrione ', la sua altezza ' dalla terra al cielo ', e la sua profondità ' dalla superficie della terra al suo centro '. Vale la pena di osservare, come accostamento abbastanza notevole per quanto concerne l'altezza della Loggia, che, secondo la tradizione islamica, l'ubicazione di una moschea è ritenuta consacrata, non solo sulla superficie della terra, ma da questa fino al ' settimo cielo '. D'altra parte, è detto che « nella Loggia di san Giovanni, si innalzano templi alla virtù e si scavano segrete per il vizio »; queste due idee di ' innalzare ' e di ' scavare ' si riferiscono alle due ' dimensioni ' verticali, altezza e profondità, calcolate secondo le due metà di uno stesso asse che va « dallo Zenith al Nadir », prese in senso inverso l'una all'altra; queste due direzioni opposte corrispondono rispettivamente a *sattva* e a *tamas* (mentre l'espansione delle due ' dimensioni ' orizzontali corrisponde a *rajas*), cioè alle due tendenze dell'essere verso i Cieli (il tempio) e verso gli Inferi (la segreta), tendenze che sono qui ' allegorizzate ' piuttosto che

le feste solstiziali, dedicate ai due san Giovanni dopo esserlo state alle due facce di Giano;[8] ed è così che il dato tradizionale delle due porte solstiziali, con le sue connessioni iniziatiche, si è mantenuto ancor vivo, anche se in genere incompreso, fin nel mondo occidentale moderno.

simboleggiate, propriamente parlando, dalle nozioni di ' virtù ' e di ' vizio ' esattamente come nel mito di Ercole sopra menzionato.
8. Nel simbolismo massonico, due tangenti parallele di un cerchio sono considerate, tra gli altri significati, come una rappresentazione dei due san Giovanni; se il cerchio è considerato una figura del ciclo annuale, i punti di contatto di queste due tangenti, diametralmente opposte l'una all'altra, corrispondono ai due punti solstiziali.

Per quanto l'estate sia in genere considerata una stagione gioiosa e l'inverno una stagione triste, per il fatto stesso che la prima rappresenta in certo modo il trionfo della luce e il secondo quello dell'oscurità, i due solstizi corrispondenti hanno nondimeno, in realtà, un carattere esattamente opposto; può sembrare un paradosso abbastanza strano, ma è facile capire perché sia così purché si abbia una qualche conoscenza dei dati tradizionali riguardo al cammino del ciclo annuale. Infatti, ciò che ha raggiunto il suo massimo può ormai solo decrescere, e ciò che è giunto al suo minimo può invece solo cominciare a crescere;[1] per questo il solstizio d'estate segna l'inizio della metà discendente dell'anno, mentre il solstizio d'inverno, all'opposto, segna quello della sua metà ascendente; e ciò spiega pure, dal punto di vista del significato cosmico, l'espressione di san Giovanni Battista, la cui nascita coincide con il solstizio d'estate: « Bisogna che egli cresca (Cristo nato al solstizio d'inverno) e che io diminuisca ».[2] È noto che, nella tradizione indù, la fase ascendente è messa in rapporto con il *dêva-yâna*, e la fase discendente con il *pitri-yâna*; di conseguenza, nello Zodiaco, il segno del Cancro, corrispondente al solstizio d'estate, è la 'porta degli uomini', che dà accesso al *pitri-yâna*, e il segno del Capricorno, corrispondente al solstizio d'inverno, è la 'porta degli dèi', che dà accesso al *dêva-yâna*. In realtà, la metà ascendente del ciclo annuale è il periodo 'allegro', cioè benefico o favorevole, e la sua metà discendente il periodo 'triste', cioè malefico o sfavorevole; e lo stesso carattere appartiene naturalmente alla porta solstiziale che apre ciascuno dei due periodi nei quali l'anno risulta diviso dal senso del cammino del sole.

È noto d'altra parte che, nel cristianesimo, sono le feste dei due san Giovanni a essere in rapporto diretto con i due solstizi;[3] ed è abbastanza notevole, anche se non l'abbiamo visto segnalato da nessuna parte, che quel che abbiamo appena ricordato sia in certo modo espresso dal doppio senso racchiuso nel nome stesso di Giovanni.[4] Infatti, la parola *hanan*, in ebraico, ha sia il

---

1. Quest'idea si trova in particolare ripresa varie volte, sotto forme diverse, nel *Tao-te-King*; essa è riferita più specificamente, nella tradizione estremo-orientale, alle alternanze dello *yin* e dello *yang*.
2. *Giovanni*, III, 30.
3. Esse si situano in realtà un po' dopo la data precisa dei due solstizi, il che ne fa apparire ancor più chiaramente il carattere, poiché la discesa e la salita sono allora già cominciate effettivamente; a ciò corrisponde, nel simbolismo vedico, il fatto che le porte del *pitri-loka* e del *dêva-loka* vengono situate rispettivamente, non esattamente a sud e a nord, ma verso sud-ovest e verso nord-est.
4. Vogliamo parlare qui del significato etimologico di questo nome in ebraico;

senso di « benevolenza » e di « misericordia » sia quello di « lode » (ed è almeno strano constatare che, in francese, parole come
grâce et *merci* hanno anch'esse lo stesso doppio significato); di
conseguenza, il nome *Jahanan* può significare « misericordia di
Dio » e anche « lode a Dio ». Ora, è facile rendersi conto che il
primo senso pare convenire in modo del tutto particolare a san
Giovanni Battista e il secondo a san Giovanni Evangelista; si
può dire del resto che la misericordia è evidentemente ' discendente ' e la lode ' ascendente ', il che ci riconduce ancora al loro
rapporto con le due metà del ciclo annuale.[5]

In relazione ai due san Giovanni e al loro simbolismo solstiziale, è anche interessante considerare un simbolo che sembra essere
proprio della massoneria anglosassone, o almeno che si è conservato solo in essa: è un cerchio con un punto al centro compreso
fra due tangenti parallele; e si dice che queste tangenti rappresentino i due san Giovanni. Il cerchio è qui infatti la figura del
ciclo annuale, e il suo significato solare è reso del resto più
evidente dalla presenza del punto centrale, poiché la medesima
figura è nello stesso tempo anche il segno astrologico del sole; le
due rette parallele sono le tangenti a questo cerchio nei due punti
solstiziali, e segnano così il loro carattere di ' punti-limite ', poiché tali punti sono infatti i limiti che il sole non può mai superare nel corso del suo cammino; proprio per il fatto che queste
linee corrispondono in tal modo ai due solstizi si può dire anche
che esse rappresentano i due san Giovanni. Vi è comunque in
questa raffigurazione un'anomalia almeno apparente: il diametro solstiziale del ciclo annuale dev'essere considerato, come abbiamo spiegato in altre occasioni, relativamente verticale in rapporto al diametro equinoziale, e del resto solo in questa maniera
le due metà del ciclo, che vanno da un solstizio all'altro, possono
realmente apparire rispettivamente quella ascendente e quella
discendente, essendo allora i punti solstiziali il punto più alto e
il punto più basso del cerchio; in tali condizioni, le tangenti alle
estremità del diametro solstiziale, essendo a questo perpendicolari, saranno necessariamente orizzontali. Ora, nel simbolo che

in quanto all'accostamento fra Giovanni e Giano, è chiaro che si tratta di un'assimilazione fonetica priva di qualsiasi rapporto con l'etimologia, ma non per questo tuttavia meno importante dal punto di vista simbolico, poiché, di fatto, le feste dei due san Giovanni hanno realmente preso il posto di quelle di Giano ai
due solstizi d'estate e d'inverno.
5. Ricorderemo ancora, collegandola più specificamente alle idee di ' tristezza '
e di ' allegria ' che indicavamo sopra, la figura ' folklorica ' ben nota, ma certo
in genere poco compresa, di ' Giovanni che piange e Giovanni che ride ', la
quale è in fondo una rappresentazione equivalente a quella dei due volti di Giano; ' Giovanni che piange ' è quello che implora la misericordia di Dio, cioè san
Giovanni Battista, e ' Giovanni che ride ' è quello che gli rivolge delle lodi, cioè
san Giovanni Evangelista.

abbiamo preso in considerazione, le due tangenti sono invece
verticali; in questo caso particolare è stata apportata una certa
modificazione al simbolismo generale del ciclo annuale, che si
può peraltro spiegare abbastanza facilmente, poiché è ovvio che
è stata dettata da un'assimilazione stabilitasi fra queste due linee
parallele e le due colonne; queste ultime, che naturalmente possono essere solo verticali, hanno del resto, per la loro rispettiva
posizione a nord e a sud, e almeno da un certo punto di vista,
un effettivo rapporto con il simbolismo solstiziale.

Quest'aspetto del simbolismo delle due colonne si vede chiaramente soprattutto nel caso delle ' colonne d'Ercole ';[6] il carattere
di ' eroe solare ' di Ercole e la corrispondenza zodiacale delle sue
dodici fatiche sono troppo noti perché occorra insistervi; ed è
ovvio che proprio questo carattere solare giustifica il significato
solstiziale delle due colonne cui è legato il suo nome. Stando
così le cose, il motto *non plus ultra* riferito a queste colonne pare
avere un duplice significato: indica non solo, secondo l'interpretazione comune che si riferisce al punto di vista terrestre ed
è valida d'altronde nel suo ordine, che esse segnano i limiti del
mondo ' conosciuto ', cioè in realtà i limiti che, per ragioni che
potrebbe essere interessante indagare, non era permesso ai viaggiatori superare; ma indica nello stesso tempo, e forse bisognerebbe dire prima di tutto, che, dal punto di vista celeste, esse
sono i limiti che il sole non può varcare ed entro i quali, come
fra le due tangenti di prima, si compie internamente il suo
cammino annuale.[7] Queste ultime considerazioni possono sembrare abbastanza lontane dal nostro punto di partenza, ma a dire
il vero non è così, poiché esse contribuiscono alla spiegazione
di un simbolo espressamente riferito ai due san Giovanni; e del
resto si può dire che, nella forma cristiana della tradizione, tutto
quel che concerne il simbolismo solstiziale è per questo stesso fatto più o meno direttamente in rapporto anche con i due san
Giovanni.

6. Nella rappresentazione geografica che colloca queste due colonne da una
parte e dall'altra dell'attuale stretto di Gibilterra, è evidente che quella situata
in Europa è la colonna del nord, mentre quella situata in Africa è la colonna
del sud.

7. Su antiche monete spagnole, si vede una raffigurazione delle colonne d'Ercole,
legate da una specie di banderuola sulla quale è scritto il motto *non plus ultra*;
ora, fatto che sembra abbastanza poco noto e che segnaliamo qui a titolo di curiosità, da questa raffigurazione è derivato il contrassegno usuale del dollaro americano; ma in tale immagine tutta l'importanza è stata data alla banderuola, che
in origine era solo un accessorio ed è stata mutata nella lettera S, di cui aveva pressappoco la forma, mentre le due colonne, che costituivano l'elemento essenziale,
si trovavano ridotte a due trattini paralleli, verticali come le due tangenti al cerchio nel simbolismo massonico appena spiegato; e la cosa non è priva di una
certa ironia, visto che proprio la ' scoperta ' dell'America ha annullato di fatto
l'antica applicazione geografica del *non plus ultra*.

Simbolismo costruttivo

In un articolo della rivista « The Indian Historical Quarterly » (marzo 1938) Ananda K. Coomaraswamy ha studiato la questione del simbolismo della cupola, che è troppo importante, e del resto troppo direttamente legata a certe considerazioni da noi sviluppate in precedenza, perché non ne esaminiamo specificamente i principali aspetti. Il primo punto essenziale da notare a tale riguardo, in connessione con il valore propriamente simbolico e iniziatico dell'arte architettonica, è che ogni edificio costruito seguendo presupposti strettamente tradizionali presenta nella struttura e nella disposizione delle varie parti di cui si compone un significato ' cosmico ', suscettibile d'altronde di una duplice applicazione, conformemente alla relazione analogica fra macrocosmo e microcosmo, riferendosi cioè sia al mondo sia all'uomo. Questo è naturalmente vero, in primo luogo, per i tèmpli o altri edifici che hanno una destinazione ' sacra ' nel senso più limitato della parola; ma, inoltre, lo è pure per le semplici abitazioni umane, poiché non si deve dimenticare che in realtà non c'è niente di ' profano ' nelle civiltà integralmente tradizionali, tanto che solo per effetto di una profonda degenerazione si è potuti giungere a costruire case senza proporsi altro scopo oltre quello di rispondere ai bisogni puramente materiali dei loro abitanti, e questi ultimi, da parte loro, hanno potuto accontentarsi di dimore concepite secondo preoccupazioni così angustamente e bassamente utilitaristiche.

Va da sé che il significato ' cosmico ' di cui abbiamo appena parlato può essere realizzato in molteplici maniere, corrispondenti ad altrettanti punti di vista, che daranno così origine a ' tipi ' architettonici differenti, particolarmente legati a questa o quella forma tradizionale. Ora però dobbiamo esaminare uno soltanto di questi ' tipi ', che appare del resto come uno dei più fondamentali, ed è anche perciò uno dei più ampiamente diffusi. Si tratta di una struttura costituita essenzialmente da una base a sezione quadrata (poco importa che tale parte inferiore abbia una forma cubica o più o meno allungata), sormontata da una cupola di forma più o meno rigorosamente emisferica. Fra gli esempi più caratteristici si può citare, con Coomaraswamy, lo *stûpa* buddistico, e anche, aggiungeremo, la *qubbah* islamica, la cui forma generale è esattamente identica;[1] bisogna ricollegarvi anche, fra gli altri casi in cui questa struttura non può non

---

1. La destinazione dei due edifici è del resto anch'essa similare giacché lo *stûpa*, almeno in origine, era fatto per contenere delle reliquie, e la *qubbah* è eretta sulla tomba di un *walî*.

distinguersi altrettanto chiaramente a prima vista, quello delle chiese cristiane nelle quali una cupola è edificata sopra la parte centrale.[2] È opportuno osservare anche che un arco, con i suoi due pilastri rettilinei e il sesto che poggia su questi, non è altro in realtà che lo spaccato verticale di tale struttura; e, in quest'arco, la 'chiave di volta' che occupa il vertice corrisponde evidentemente al punto più elevato della cupola, sul cui significato specifico dovremo tornare in seguito.[3]

È facile rendersi conto, anzitutto, che le due parti della struttura appena descritta raffigurano la terra e il cielo, cui in effetti corrispondono rispettivamente la forma quadrata e la forma circolare (o sferica in una costruzione a tre dimensioni); e tale corrispondenza, per quanto sia indicata con maggior insistenza nella tradizione estremo-orientale, è ben lungi dall'appartenere esclusivamente a essa.[4] Poiché abbiamo appena alluso alla tradizione estremo-orientale, non è privo d'interesse segnalare a questo proposito che in Cina il vestito degli antichi imperatori doveva essere rotondo in alto e quadrato in basso; tale vestito aveva infatti un significato simbolico (così come tutte le azioni della loro vita, che erano regolate secondo i riti), e questo significato era precisamente lo stesso di quello di cui stiamo considerando la realizzazione architettonica.[5] Aggiungiamo subito che, se in quest'ultima si considera l'intera costruzione come un 'ipogeo', com'è

---

2. Se la chiesa nel suo insieme ha la forma di una croce latina, come avviene il più delle volte, conviene notare che tale croce può essere ottenuta sviluppando un cubo le cui facce siano stese sul piano di base (questo punto si trova espressamente indicato nel simbolismo massonico del *Royal Arch*); la faccia di base, che rimane naturalmente nella posizione iniziale, corrisponde allora alla parte centrale sopra cui s'innalza la cupola.

3. In certe raffigurazioni appartenenti alla massoneria del *Royal Arch*, il significato 'celeste' del sesto è formalmente indicato dalla rappresentazione su di esso di una parte dello Zodiaco, e una delle 'porte solstiziali' è posta allora nella 'chiave di volta'; tale 'porta' dovrebbe peraltro di norma essere diversa a seconda che il punto in questione venga considerato un" entrata' o un" uscita', conformemente a quanto abbiamo spiegato in precedenza.

4. Nell'iniziazione massonica, il passaggio *from square to arch* rappresenta propriamente un passaggio 'dalla Terra al Cielo' (donde il termine di *exaltation* per designare l'ammissione al grado di *Royal Arch*), cioè dall'ambito dei 'piccoli misteri' a quello dei 'grandi misteri', dove questi ultimi hanno il duplice aspetto 'sacerdotale' e 'regale', poiché il titolo completo corrispondente è *Holy (and) Royal Arch*, benché, per ragioni storiche che non dobbiamo qui esaminare, l" arte sacerdotale' abbia in certo modo finito con l'essere cancellata nei confronti dell" arte regale'. Le forme circolare e quadrata sono richiamate anche dal compasso e dalla squadra, che servono rispettivamente a tracciarle, e che si associano in quanto simboli di due principi complementari, quali sono effettivamente il Cielo e la Terra.

5. L'Imperatore stesso, così vestito, rappresentava l" Uomo vero', mediatore fra il Cielo e la Terra, di cui egli unisce nella propria natura le rispettive potenze; ed esattamente in questo senso un maestro massone (che dovrebbe essere pure un 'Uomo vero' se avesse realizzato effettivamente la sua iniziazione) « si trova sempre fra la squadra e il compasso ». Segnaliamo ancora, a questo proposito, uno degli

infatti talvolta, letteralmente in certi casi e simbolicamente in altri, ci si trova ricondotti al simbolismo della caverna come immagine dell'insieme del ' cosmo '.

A questo significato generale se ne aggiunge un altro ancor più preciso: l'insieme dell'edificio, guardato dall'alto verso il basso, rappresenta il passaggio dall'Unità principiale (cui corrisponde il punto centrale o la cima della cupola, della quale l'intera volta non è in certo modo che un'espansione) al quaternario della manifestazione elementare;[6] inversamente, se lo si guarda dal basso verso l'alto, è il ritorno di questa manifestazione all'Unità. A tale proposito Coomaraswamy ricorda, in quanto esso avrebbe lo stesso significato, il simbolismo vedico dei tre *Ribhu* che, della coppa (*pâtra*) unica di *Twashtri*, fecero quattro coppe (e va da sé che la forma della coppa è emisferica come quella della cupola); il numero ternario, che interviene qui come un intermediario fra l'Unità e il quaternario, significa in particolare, in questo caso, che solo per mezzo delle tre dimensioni dello spazio l'' uno ' originario può esser fatto ' quattro ', il che viene raffigurato esattamente dal simbolo della croce a tre dimensioni. Il processo inverso è rappresentato similmente dalla leggenda di Buddha il quale, ricevute quattro ciotole per l'elemosina dai *Mahârâja* dei quattro punti cardinali, ne fece una sola ciotola; questo indica che, per l'essere ' unificato ', il ' Graal ' (per usare il termine tradizionale occidentale che designa evidentemente il corrispettivo di tale *pâtra*) è di nuovo unico com'era in principio, cioè al punto di partenza della manifestazione cosmica.[7]

Prima di andare oltre, segnaleremo che la struttura in questione è anche suscettibile di una realizzazione orizzontale: a un edificio di forma rettangolare si aggiungerà una parte semicircolare che sarà posta a una delle sue estremità, quella che si trova nella direzione cui verrà attribuito il significato di una corrispondenza ' celeste ', per una specie di proiezione sul piano oriz-

---

aspetti del simbolismo della tartaruga; lo scudo inferiore, che è piatto, corrisponde alla Terra, e lo scudo superiore, che è arrotondato a forma di cupola, corrisponde al Cielo; l'animale stesso, fra questi due scudi, rappresenta l'Uomo fra il Cielo e la Terra, completando così la ' Grande Triade ', che svolge un ruolo particolarmente importante nel simbolismo delle organizzazioni iniziatiche taoiste.

6. La pianta cruciforme di una chiesa è pure una forma quaternaria; il simbolismo numerico rimane quindi lo stesso in questo caso come in quello della base quadrata.

7. A proposito di *Twashtri* e dei tre *Ribhu*, considerati come una triade di ' artisti ', notiamo che nelle regole stabilite dalla tradizione indù per la costruzione di un edificio si trova in certo modo la loro corrispondenza nell'architetto (*sthapati*) e i suoi tre compagni o assistenti, il geometra (*sûtragrâhi*), il muratore (*vardhakî*) e il carpentiere (*takshaka*): si potrebbero trovare altri equivalenti di questo ternario nella massoneria, ov'esso diviene inoltre, sotto un aspetto ' inverso ', quello dei ' cattivi compagni ' assassini di Hiram.

zontale di base; questo lato, almeno nei casi più conosciuti, sarà quello da cui viene la luce, cioè quello orientale; l'esempio che si offre immediatamente è quello di una chiesa terminante in un'abside semicircolare. Un altro esempio è dato dalla forma completa di un tempio massonico: è noto che la Loggia propriamente detta è un ' quadrato lungo ', cioè in realtà un doppio quadrato, essendo la lunghezza (da oriente a occidente) doppia della larghezza (da nord a mezzogiorno);[8] ma a questo doppio quadrato, che è lo *Hikal*, si aggiunge, a oriente, il *Debir* a forma di emiciclo;[9] e questa pianta è del resto esattamente quella della ' basilica ' romana.[10]

Detto questo, torniamo alla struttura verticale: come fa osservare Coomaraswamy, essa dev'essere considerata tutta intera in rapporto a un asse centrale; così è evidentemente nel caso di una capanna il cui tetto a cupola sia sostenuto da un palo, che unisce la sommità del tetto al suolo, e anche in quello di certi *stûpa* il cui asse è raffigurato all'interno, e talvolta si prolunga anche in alto oltre la cupola. Tuttavia, non è necessario che quest'asse sia sempre rappresentato materialmente, non più di quanto lo sia in realtà, in qualsiasi luogo, l'" Asse del Mondo ', di cui è l'immagine; l'importante è che il centro del suolo occupato dall'edificio, cioè il punto situato direttamente sotto il vertice della cupola, è sempre virtualmente identificato con il ' Centro del Mondo '; quest'ultimo, infatti, non è un ' luogo ' in senso topografico e letterale, ma in senso trascendente e principiale, e, di conseguenza, può realizzarsi in qualunque ' centro ' regolarmente stabilito e consacrato, donde la necessità dei riti che fanno della costruzione di un edificio una vera imitazione della formazione stessa del mondo.[11] Il punto in questione è quindi un vero

8.   Secondo il *Crizia* di Platone, il grande tempio di Poseidonide, capitale dell'Atlantide, aveva anch'esso per base un doppio quadrato; se si prende il lato del quadrato come unità, la diagonale del doppio quadrato è uguale a $\sqrt{5}$.

9.   Nel Tempio di Salomone, lo *Hikal* era il ' Santo ' e il *Debir* era il ' Santo dei Santi '.

10.   In una moschea, il *mihrab*, che è una nicchia semicircolare, corrisponde all'abside di una chiesa, e indica ugualmente la *qiblah*, cioè l'orientazione rituale; ma qui l'orientazione, essendo diretta verso un centro che è un punto definito della superficie terrestre, è naturalmente variabile a seconda dei luoghi.

11.   La cupola può talvolta mancare nella costruzione senza tuttavia che il senso simbolico ne risulti alterato; vogliamo alludere al tipo tradizionale di una casa disposta a quadrato intorno a un cortile interno; la parte centrale è allora a cielo aperto, ma è appunto la stessa volta celeste a svolgere la funzione di una cupola naturale. Diremo incidentalmente, a questo proposito, che esiste una certa relazione, in una determinata forma tradizionale, fra la disposizione della casa e la costituzione della famiglia; così, nella tradizione islamica, la disposizione quadrilaterale della casa (che dovrebbe normalmente essere del tutto chiusa al di fuori, poiché tutte le finestre si aprono sul cortile interno) è in rapporto con la limitazione del numero delle spose a un massimo di quattro, a ciascuna delle quali è allora assegnato uno dei lati del quadrilatero.

e proprio *omphalos* (*nâbhih prithivyâh*); in parecchi casi, ivi è posto l'altare o il focolare, a seconda che si tratti di un tempio o di una casa; l'altare è del resto in realtà anche un focolare, e inversamente, in una civiltà tradizionale, il focolare dev'essere considerato un vero altare domestico; simbolicamente, è così che si compie la manifestazione di *Agni*, e ricorderemo a questo proposito quanto abbiamo detto sulla nascita dell'*Avatâra* al centro della caverna iniziatica, poiché è ovvio che qui il significato è lo stesso, e solo l'applicazione è diversa. Quando è praticata un'apertura al vertice della cupola, da essa vien fuori il fumo che si alza dal focolare; ma anche questo, lungi dall'avere solo una ragione utilitaristica come i moderni potrebbero supporre, ha invece un profondissimo senso simbolico, che ora esamineremo, precisando inoltre il significato esatto del vertice della cupola nei due ordini macrocosmico e microcosmico.

È noto che la ruota è in genere un simbolo del mondo: la circonferenza rappresenta la manifestazione, prodotta dall'irradiazione del centro; questo simbolismo è d'altronde naturalmente suscettibile di significati più o meno particolarizzati, giacché, invece di applicarsi alla totalità della manifestazione universale, può anche applicarsi soltanto a un certo ambito di essa. Un esempio particolarmente importante di quest'ultimo caso è quello in cui due ruote associate corrispondono a parti diverse dell'insieme cosmico; ciò si riferisce al simbolismo del carro, quale s'incontra in particolare, molto spesso, nella tradizione indù; Ananda K. Coomaraswamy ha esposto questo simbolismo a diverse riprese, e inoltre, a proposito del *chhatra* e dell'*ushnîsha*, in un articolo di « The Poona Orientalist » (numero dell'aprile 1938) dal quale desumeremo alcune delle considerazioni che seguono.

In ragione di questo simbolismo, la costruzione di un carro è propriamente, al pari della costruzione architettonica di cui abbiamo appena parlato, la realizzazione ' artigianale ' di un modello cosmico; non c'è quasi bisogno di ricordare che appunto in virtù di considerazioni di quest'ordine i mestieri, in una civiltà tradizionale, possiedono un valore spirituale e un carattere veramente ' sacro ', e che proprio per questo possono normalmente servire di ' base ' a una iniziazione. C'è del resto, fra le due costruzioni di cui parliamo, un esatto parallelismo, come si vede anzitutto osservando che l'elemento fondamentale del carro è l'assale (*aksha*, parola identica ad « asse »), che rappresenta l'' Asse del Mondo ', ed equivale così al pilastro (*skambha*) centrale di un edificio, cui l'intero complesso di quest'ultimo dev'essere rapportato. Poco importa del resto, come abbiamo detto, che questo pilastro sia materialmente raffigurato o no; allo stesso modo è detto in certi testi che l'assale del carro cosmico è soltanto un « soffio separatore » (*vyâna*), che, occupando lo spazio intermedio (*antariksha* spiegato come *antaryaksha*), mantiene il Cielo e la Terra nei loro rispettivi ' luoghi ',[1] e che d'altronde, se così li separa, al contempo li unisce come un ponte (*sêtu*) e permette di passare dall'uno all'altro.[2] Le due ruote, poste alle

1. A ciò corrisponde esattamente, nella tradizione estremo-orientale, il paragone del Cielo e della Terra ai due palchi di un mantice. L'*antariksha* è anche, nella tradizione ebraica, il « firmamento in mezzo alle acque », che separa le acque inferiori dalle acque superiori (*Genesi*, I, 6); l'idea espressa in latino dalla parola *firmamentum* corrisponde inoltre al carattere ' adamantino ' frequentemente attribuito all'' Asse del Mondo '.
2. Si ritrovano qui assai chiaramente i due significati complementari del *barzakh* nella tradizione islamica.

due estremità dell'assale, rappresentano allora effettivamente il Cielo e la Terra; e l'assale va dall'una all'altra, così come il pilastro centrale va dal suolo alla cima della volta. Fra le due ruote, sorretta dall'assale, c'è la « cassa » (*kosha*) del carro, il cui pavimento, da un altro punto di vista, corrisponde pure alla Terra, mentre il rivestimento laterale corrisponde allo spazio intermedio, e il tetto al Cielo; siccome il pavimento del carro cosmico è quadrato o rettangolare, e il suo tetto a forma di cupola, si ritrova qui la struttura architettonica studiata in precedenza.

Se si considerano le due ruote come rappresentazioni del Cielo e della Terra, si potrebbe forse obiettare che, siccome entrambe sono circolari, in questo caso verrebbe a mancare la differenza delle forme geometriche che generalmente corrisponde appunto al Cielo e alla Terra; ma nulla impedisce di ammettere che vi sia in ciò un certo cambiamento di prospettiva, tanto più che la forma circolare si giustifica comunque come simbolo delle rivoluzioni cicliche cui è soggetta ogni manifestazione, sia ' terrestre ' sia ' celeste '. Tuttavia, si può anche, in certo modo, ritrovare la differenza in questione, supponendo che, mentre la ruota ' terrestre ' è piana, la ruota ' celeste ' abbia, come la cupola, la forma di una porzione di sfera;[3] questa considerazione può sembrare strana a prima vista, ma esiste per l'appunto un oggetto simbolico che effettivamente unisce in sé la struttura della ruota e quella della cupola. Quest'oggetto, il cui significato ' celeste ' è fuor di dubbio, è il parasole (*chhatra*): le sue stecche sono palesemente simili ai raggi della ruota, e, come questi si congiungono nel mozzo, esse si uniscono pure in un elemento centrale (*karnikâ*) che le regge, descritto come un « globo perforato »; l'asse, cioè il manico del parasole, penetra nel mozzo della ruota; e il prolungamento di quest'asse oltre il punto d'incontro delle stecche o dei raggi corrisponde anche a quello dell'asse di uno *stûpa*, nei casi in cui quest'ultimo si eleva in forma di antenna sopra la cima della cupola; è ovvio del resto che lo stesso parasole, per la funzione cui è destinato, non è altro che l'equivalente ' portatile ', se si può dire, di un tetto a volta.

Proprio per via del suo simbolismo ' celeste ', il parasole è una delle insegne della regalità; è anche, in senso proprio, un emblema del *Chakravartî* o monarca universale[4] e, se viene attribuito anche ai sovrani comuni, lo è solo nella misura in cui

---

3. Questa differenza di forma è quella che esiste fra i due scudi della tartaruga, di cui abbiamo indicato il simbolismo equivalente.
4. Ricorderemo in proposito che la designazione stessa di *Chakravartî* si riferisce anch'essa al simbolismo della ruota.

essi in certo modo lo rappresentano, ognuno all'interno della sua sfera, partecipando così alla sua natura e identificandosi con lui nella sua funzione cosmica.[5] Ora, è importante notare che, per una rigorosa applicazione del senso inverso dell'analogia, il parasole, nell'uso comune che ne viene fatto nel 'mondo di giù', è una protezione contro la luce, mentre, in quanto rappresenta il cielo, le sue stecche sono al contrario i raggi stessi della luce; e appunto in tale senso superiore lo si deve considerare quando è un attributo della regalità. La medesima osservazione vale anche per l'*ushnîsha*, inteso nel suo senso originario come 'copricapo': essa ha di solito la funzione di proteggere contro il caldo, ma, quando è simbolicamente attribuito al sole, rappresenta inversamente ciò che irradia calore (e questo doppio senso è contenuto fin nell'etimologia del termine *ushnîsha*); aggiungiamo che appunto secondo il suo significato 'solare' l'*ushnîsha*, che propriamente è un turbante e può anche essere una corona, il che in fondo è la stessa cosa,[6] è pure, come il parasole, un'insegna della regalità; entrambi sono così associati al carattere di 'gloria' inerente alla regalità, invece di rispondere a un semplice bisogno pratico come per l'uomo comune.

D'altra parte, mentre l'*ushnîsha* cinge la testa, il parasole si identifica con la testa stessa; nella sua corrispondenza 'microcosmica', infatti, esso rappresenta il cranio e la capigliatura; conviene notare, a tale riguardo, che nel simbolismo di varie tradizioni i capelli rappresentano il più delle volte i raggi luminosi. Nell'antica iconografia buddistica l'insieme costituito dalle impronte dei piedi, l'altare o il trono [7] e il parasole, che corrispondono rispettivamente alla Terra, allo spazio intermedio e al Cielo, raffigura in modo completo il corpo cosmico del *Mahâpurusha*

---

5. Abbiamo accennato in precedenza alla funzione cosmica riconosciuta all'Imperatore dalla tradizione estremo-orientale; va da sé che qui si tratta sempre della medesima cosa; e, relativamente a quanto abbiamo appena detto sul significato del parasole, faremo anche notare che in Cina il compimento dei riti che costituivano il 'culto del Cielo' era riservato esclusivamente all'Imperatore.

6. Nella tradizione islamica il turbante, considerato in special modo il segno distintivo di uno *sheikh* (in entrambi gli ordini, exoterico ed esoterico), è correntemente designato come *tâj el-Islâm*; è dunque una corona (*tâj*), che, in questo caso, è il segno non del potere temporale come quella dei re, ma di un'autorità spirituale. Ricordiamo anche, a proposito del rapporto fra la corona e i raggi solari, la stretta relazione esistente fra il suo simbolismo e quello delle corna, di cui abbiamo già parlato.

7. Il trono, in quanto seggio, equivale in un certo senso all'altare, che è il seggio di *Agni*; il carro cosmico è pure guidato da *Agni*, o dal Sole, che ha allora come sedile la 'cassa' del carro; e, per quanto concerne il rapporto dell'' Asse del Mondo' con l'*antariksha*, si può notare ancora che, quando l'altare o il focolare è posto sotto l'apertura centrale della volta di un edificio, la 'colonna di fumo' di *Agni* che ne sorge, ed esce da questa apertura, rappresenta appunto l'' Asse del Mondo'.

o « Uomo universale ».[8] Allo stesso modo, la cupola, in casi come quello dello *stûpa*, è anche, sotto certi aspetti, una rappresentazione del cranio umano;[9] e questa osservazione è particolarmente importante grazie al fatto che l'apertura per cui passa l'asse, sia che si tratti della cupola o del parasole, corrisponde nell'essere umano al *brahma-randhra*; dovremo tornare a trattare più diffusamente quest'ultimo punto.

8. Ci si può riferire anche, a tale proposito, alla descrizione del corpo 'macrocosmico' di *Vaishwânara*, nella quale l'insieme delle sfere luminose celesti è assimilato alla parte superiore della testa, cioè alla volta cranica (si veda *L'Homme et son devenir selon le Vêdânta*, cap. XII).

9. A. K. Coomaraswamy ci ha segnalato che la stessa osservazione si applica ai 'tumuli' preistorici, la cui forma sembra aver spesso imitato intenzionalmente quella del cranio; del resto, siccome il 'tumulo' è un'immagine artificiale della montagna, lo stesso significato dev'essersi esteso anche al simbolismo di quest'ultima. A tale riguardo, è interessante osservare che il nome di *Golgotha* significa precisamente « cranio » così come la parola *Calvarium* con cui è stato tradotto in latino; secondo una leggenda che ebbe corso nel Medioevo, ma la cui origine può risalire a molto prima, questa designazione si riferirebbe al cranio di Adamo, che sarebbe stato sotterrato in questo luogo (o che, in un senso più esoterico, si identificherebbe con la montagna stessa), il che ci riconduce ancora alla considerazione dell''Uomo universale'; appunto tale cranio è spesso raffigurato ai piedi della croce; e si sa che quest'ultima è un'altra delle rappresentazioni dell''Asse del Mondo'.

Nel corso del suo studio sul simbolismo della cupola, Ananda K. Coomaraswamy ha segnalato un punto particolarmente degno di attenzione per quanto concerne la raffigurazione tradizionale dei raggi solari e la sua relazione con l'" Asse del Mondo ': nella tradizione vedica, il sole è sempre al centro dell'Universo, e non nel suo punto più alto, per quanto, da un punto qualsiasi, esso appaia comunque posto ' in cima all'albero ',[1] e questo è facile da capire se si suppone l'Universo simboleggiato da una ruota che abbia al suo centro il sole e ogni stato dell'essere sulla sua circonferenza.[2] Da qualsiasi punto di quest'ultima, l'" Asse del Mondo ' è al tempo stesso un raggio del cerchio e un raggio del sole, e passa geometricamente attraverso il sole per prolungarsi oltre il centro e completare il diametro; ma non è tutto: esso è anche un ' raggio solare ' il cui prolungamento non è suscettibile di alcuna rappresentazione geometrica. Si tratta qui della formula secondo cui il sole è descritto con sette raggi; di questi, sei, opposti a due a due, formano il *trivid vajra*, cioè la croce a tre dimensioni; quelli che corrispondono allo zenith e al nadir coincidono con il nostro ' Asse del Mondo ' (*skambha*), mentre quelli che corrispondono al nord e al sud, all'est e all'ovest, determinano l'estensione di un « mondo » (*loka*) rappresentato da un piano orizzontale. Quanto al ' settimo raggio ', che passa attraverso il sole, ma in un senso diverso da quello appena indicato, per condurre ai mondi sopra-solari (considerati come la sfera dell'" immortalità '), esso corrisponde propriamente al centro, e, di conseguenza, non può essere rappresentato che dall'intersezione stessa dei bracci della croce a tre dimensioni;[3] il suo prolungamento oltre il sole non è dunque assolutamente rappresentabile, e ciò corrisponde precisamente al carattere ' incomunicabile ' e ' inesprimibile ' di ciò che simboleggia. Dal nostro punto di vista, e da quello di ogni essere situato sulla ' circonferenza ' dell'Universo, questo raggio termina nel sole stesso e si identifica in certo modo con esso in quanto centro, poiché nessuno può vedere attraverso il disco solare con qualsiasi mezzo

---

1. Abbiamo indicato in altre occasioni la rappresentazione del sole in varie tradizioni come il frutto dell'" Albero della Vita '.
2. Questa posizione centrale e di conseguenza invariabile del sole gli conferisce qui il carattere di un vero e proprio ' polo ', e nel contempo lo situa costantemente allo zenith in rapporto a qualsiasi punto dell'Universo.
3. C'è da notare che nelle raffigurazioni simboliche del sole a sette raggi, in particolare su antiche monete indiane, per quanto tali raggi siano tracciati necessariamente tutti in una disposizione circolare intorno al disco centrale, il ' settimo raggio ' si distingue dagli altri per una forma nettamente diversa.

fisico o psichico, e il passaggio 'al di là del sole' (che è l'"ultima morte' e il passaggio alla vera 'immortalità') è possibile solo nell'ordine puramente spirituale.

Ora, per ricollegare queste considerazioni a quelle esposte in precedenza, è importante osservare quanto segue: proprio mediante questo 'settimo raggio' il 'cuore' di ogni singolo essere è direttamente legato al sole; esso è dunque il 'raggio solare' per eccellenza, il *sushumnâ* mediante il quale questa connessione è stabilita in maniera costante e invariabile;[4] ed è anche il *sutrâtmâ* che unisce tutti gli stati dell'essere fra di loro e al proprio centro totale.[5] Per chi è rivolto al centro del proprio essere, il 'settimo raggio' coincide necessariamente con l'"Asse del Mondo'; e per tale essere è detto che il «Sole sorge sempre allo zenith e tramonta al nadir».[6] Così, per quanto l'"Asse del Mondo' non sia in atto questo 'settimo raggio' per un essere qualunque situato in questo o quel punto particolare della circonferenza, lo è però sempre in potenza, nel senso che esso ha la possibilità di identificarvisi con il ritorno al centro, in qualsiasi stato di esistenza questo ritorno venga effettuato. Si potrebbe dire ancora che il 'settimo raggio' è il solo 'Asse' veramente immutabile, il solo che, dal punto di vista universale, possa essere veramente designato con questo nome, e che ogni 'asse' particolare, relativo a una posizione contingente, è realmente 'asse' soltanto in virtù di tale possibilità di identificazione con quello; ed è questo in definitiva che dà tutto il suo significato a qualsiasi rappresentazione simbolicamente 'localizzata' dell'"Asse del Mondo', come, per esempio, quella precedentemente esaminata nella struttura degli edifici costruiti secondo regole tradizionali, e specialmente di quelli ricoperti da un tetto a forma di cupola, giacché appunto all'argomento della cupola dobbiamo ora tornare nuovamente.

Che l'asse sia materialmente raffigurato sotto forma di albero o di pilastro centrale o che lo rappresenti la fiamma che sale e la 'colonna di fumo' di *Agni*, nel caso in cui il centro dell'edificio sia occupato dall'altare o dal focolare,[7] comunque esso va a terminare sempre esattamente nel vertice della cupola, e tal-

4. Si veda *L'Homme et son devenir selon le Vêdânta*, cap. XX.
5. A questo si riferisce, nella tradizione islamica, uno dei significati della parola *es-sirr*, letteralmente il «segreto», usata per designare quel che vi è di più centrale in ogni essere, e nel contempo la sua relazione diretta con il 'Centro' supremo, in virtù di quel carattere di 'incomunicabilità' di cui abbiamo appena parlato.
6. *Chhândogya Upanishad*, 3° Prapâthaka, 8° Khanda, shruti 10.
7. Nel caso che abbiamo già segnalato di un'abitazione disposta intorno a un cortile interno scoperto (e che non riceve la luce se non dalla parte interna), il centro di tale cortile è talvolta occupato da una fontana; essa rappresenta allora la 'Fontana della Vita', che esce dai piedi dell'"Albero di Mezzo' (per quanto, naturalmente, l'albero possa anche non aver qui una raffigurazione materiale).

volta, come abbiamo già segnalato, anche la attraversa e si prolunga oltre in forma di antenna, o come il manico del parasole in un altro esempio il cui simbolismo è equivalente. Appare qui evidente che il vertice della cupola si identifica col mozzo della ruota celeste del 'carro cosmico'; e, siccome abbiamo visto che il centro della ruota è occupato dal sole, ne consegue che il passaggio dell'asse per questo punto rappresenta quel passaggio 'al di là del Sole', e attraverso di esso, di cui si è parlato sopra. È la stessa cosa quando, in assenza di una raffigurazione materiale dell'asse, la cupola è forata al vertice da un'apertura circolare (attraverso la quale esce, nel caso ora ricordato, il fumo del focolare posto direttamente sotto di essa); tale apertura è una rappresentazione del disco solare stesso in quanto 'Occhio del Mondo', e attraverso di essa si effettua l'uscita dal 'cosmo', come abbiamo spiegato nei nostri studi dedicati al simbolismo della caverna.[8] In ogni modo, soltanto attraverso quest'apertura centrale l'essere può passare al *Brahma-loka*, che è un ambito essenzialmente 'extra-cosmico';[9] ed essa appunto è anche la « porta stretta », che dà ugualmente accesso, nel simbolismo evangelico, al « Regno di Dio ».[10]

La corrispondenza 'microcosmica' di questa 'porta solare' è facile a trovarsi, soprattutto se ci si riferisce alla somiglianza della cupola con il cranio umano, cui abbiamo accennato in precedenza: la cima della cupola è la 'corona' della testa, cioè il punto in cui va a terminare l'« arteria coronale » sottile o *sushumnâ*, che si trova sul prolungamento diretto del « raggio solare » chiamato anch'esso *sushumnâ*, e che è anche in realtà, almeno virtualmente, la porzione assiale 'intra-umana', se così ci si può esprimere. Tale punto è l'orifizio chiamato *brahma-randhra*, attraverso il quale esce lo spirito dell'essere in via di liberazione, quando i legami che lo univano al composto cor-

---

8. Presso gli Indiani dell'America del Nord, che sembrano aver conservato un numero di dati tradizionali perfettamente riconoscibili maggiore di quanto si creda di solito, i diversi 'mondi' sono spesso rappresentati come una serie di caverne sovrapposte, e gli esseri passano dall'uno all'altro salendo lungo un albero centrale; naturalmente il nostro mondo è anch'esso una di queste caverne, con il cielo come volta.

9. Si potrà, a questo proposito, riferirsi alle descrizioni del *dêva-yâna*, di cui il *Brahma-loka* è l'esito 'al di là del sole' (si veda *L'Homme et son devenir selon le Védânta*, cap. XXI).

10. Nel simbolismo del tiro con l'arco, il centro del bersaglio ha lo stesso significato; senza insistere qui su tale argomento, ricorderemo soltanto che la freccia è un altro simbolo 'assiale', e anche una delle figure più frequenti del 'raggio solare'. In certi casi, un filo è attaccato alla freccia, e deve attraversare il bersaglio; questo ricorda in maniera davvero sorprendente la figura evangelica della « cruna dell'ago », e il simbolo del filo (*sûtra*) si ritrova del resto anche nel termine *sûtrâtma*.

poreo e psichico umano (in quanto *jîvâtmâ*) sono stati rotti;[11] e va da sé che questa via è esclusivamente riservata al caso dell'essere « conoscente » (*vidwân*), per il quale l'' asse ' si è effettivamente identificato col ' settimo raggio ', e che è allora pronto a uscire definitivamente dal ' cosmo ' passando ' al di là del Sole '.

11. A questo si riferisce in modo chiarissimo il rito di trapanazione postuma di cui si è constatata l'esistenza in numerose sepolture preistoriche, e che si è pure conservato fino a epoche molto più recenti presso alcuni popoli; del resto, nella tradizione cristiana, la tonsura dei sacerdoti, la cui forma è anch'essa quella del disco solare e dell'' occhio ' della cupola, si riferisce palesemente allo stesso simbolismo rituale.

Torniamo al problema del simbolismo, comune alla maggior parte delle tradizioni, degli edifici costituiti da una base a sezione quadrata sormontata da una cupola più o meno rigorosamente emisferica. Le forme quadrate o cubiche si riferiscono alla terra e le forme circolari o sferiche al cielo: il loro significato ha infatti un'evidenza immediata; aggiungeremo che la terra e il cielo non designano qui solo i due poli fra i quali si produce ogni manifestazione, com'è in particolare nella Grande Triade estremo-orientale, ma comprendono anche, come nel *Tribhuvana* indù, gli aspetti di questa manifestazione rispettivamente più vicini ai due poli, e che, per tale ragione, sono chiamati mondo terrestre e mondo celeste. C'è un punto su cui non abbiamo in precedenza avuto occasione di insistere, il quale merita tuttavia di essere preso in considerazione: e cioè, in quanto l'edificio rappresenta la realizzazione di un ' modello cosmico ', l'insieme della sua struttura, se si riducesse esclusivamente alla base e alla cupola, sarebbe incompleto, nel senso che, nella sovrapposizione dei ' tre mondi ', mancherebbe un elemento corrispondente al ' mondo intermedio '. Di fatto, anche questo elemento esiste, poiché la cupola o la volta circolare non può poggiare direttamente sulla base quadrata, e per permettere il passaggio dall'una all'altra ci vuole una forma di transizione che sia in qualche modo intermedia fra il quadrato e il cerchio; questa forma è in genere quella dell'ottagono.

Dal punto di vista geometrico, la forma ottagonale è realmente più vicina al cerchio che al quadrato, poiché un poligono regolare si avvicina tanto più al cerchio quanto maggiore è il numero dei suoi lati. È noto infatti che il cerchio può essere considerato il limite a cui tende un poligono regolare quando il numero dei suoi lati aumenta indefinitamente; e si vede qui chiaramente il carattere del limite inteso in senso matematico: non è l'ultimo termine della serie che tende verso di esso; ma è al di fuori e al di là di questa serie, poiché, per quanto grande sia il numero dei lati di un poligono, esso non arriverà mai a confondersi con il cerchio, la cui definizione è essenzialmente diversa da quella dei poligoni.[1] D'altra parte, si può osservare che nella serie di poligoni ottenuta partendo dal quadrato e raddoppiando ogni volta il numero dei lati l'ottagono è il primo termine;[2] è dun-

---

1. Cfr. *Les Principes du calcul infinitésimal*, capp. XII e XIII.
2. O il secondo se si conta il quadrato stesso come primo termine; ma se si parla della serie intermedia fra il quadrato e il cerchio, come facciamo qui, il primo termine è proprio l'ottagono.

que il più semplice fra tutti questi poligoni, e al tempo stesso
si può dire che esso rappresenta tutta la serie intermedia.

Dal punto di vista del simbolismo cosmico, considerato più
particolarmente sotto il suo aspetto spaziale, la forma quaternaria,
cioè quella del quadrato quando si tratta di poligoni, è naturalmente in rapporto con i quattro punti cardinali e le loro varie
corrispondenze tradizionali. Per ottenere la forma ottagonale,
bisogna considerare inoltre, fra i quattro punti cardinali, i quattro punti intermedi,[3] che formano con essi un insieme di otto
direzioni, quelli che varie tradizioni designano come gli 'otto
venti'.[4] Tale considerazione dei 'venti' presenta un aspetto
assai notevole: nel ternario vedico delle 'divinità' che presiedono rispettivamente ai tre mondi, *Agni*, *Vâyu* e *Aditya*, è *Vâyu*
infatti che corrisponde al mondo intermedio. A questo proposito,
per quel che concerne le due parti inferiore e superiore dell'edificio, le quali rappresentano come abbiamo detto il mondo terrestre e il mondo celeste, è opportuno notare che il focolare o
l'altare, che occupa di norma il centro della base, corrisponde
evidentemente ad *Agni*, e l'" occhio ' che si trova nel vertice della
cupola raffigura la 'porta solare' e corrisponde pure non meno
rigorosamente ad *Aditya*. Aggiungiamo ancora che *Vâyu*, in quanto si identifica con il 'soffio vitale' è palesemente in relazione
immediata con la sfera psichica o manifestazione sottile, il che
finisce di giustificare completamente tale corrispondenza, la si
consideri nell'ordine macrocosmico o nell'ordine microcosmico.

Nella costruzione, la forma dell'ottagono può naturalmente
essere realizzata in vari modi, e in particolare con otto pilastri
che reggono la volta; ne troviamo un esempio in Cina nel caso
del *Ming-tang*,[5] il cui « tetto rotondo è retto da otto colonne che
poggiano su una base quadrata come la terra, poiché, per realizzare questa quadratura del cerchio, che va dall'unità celeste della
volta al quadrato degli elementi terrestri, bisogna passare per
l'ottagono, che è in rapporto con il mondo intermedio delle otto
direzioni, delle otto porte e degli otto venti ».[6] Il simbolismo
delle « otto porte », che è pure menzionato qui, si spiega per il

3. Quando i punti cardinali sono messi in corrispondenza con gli elementi cor-
porei, i punti intermedi corrispondono alle qualità sensibili: caldo e freddo, secco e umido.
4. Ad Atene, la 'Torre dei Venti' era ottagonale. Notiamo di sfuggita il carattere singolare del termine 'rosa dei venti', che si usa correntemente senza prestar-
vi attenzione: nel simbolismo rosacrociano, *Rosa Mundi* e *Rota Mundi* erano espressioni equivalenti, e la *Rosa Mundi* era precisamente raffigurata con otto raggi, corrispondenti agli elementi e alle qualità sensibili.
5. Cfr. *La Grande Triade*, cap. XVI.
6. Luc Benoist, *Art du monde*, p. 90.

fatto che la porta è essenzialmente un luogo di passaggio, e come tale rappresenta la transizione da uno stato all'altro, e specialmente da uno stato ' esterno ' a uno stato ' interno ', almeno relativamente, tanto più che questo rapporto fra l'" esterno ' e l'" interno ', a qualunque livello si situi, è sempre paragonabile a quello tra il mondo terrestre e il mondo celeste.

Nel cristianesimo, i battisteri antichi avevano forma ottagonale e, sebbene tale simbolismo sia stato dimenticato o almeno trascurato a partire dall'epoca del Rinascimento, questa forma si ritrova in genere ancora oggi nella vasca dei fonti battesimali.[7] Anche qui si tratta con tutta evidenza di un luogo di passaggio o di transizione; d'altronde, nei primi secoli, il battistero era situato fuori della chiesa e soltanto coloro che avevano ricevuto il battesimo erano ammessi a penetrare all'interno di essa; va da sé che il fatto che i fonti siano stati in seguito trasportati nella chiesa stessa, ma sempre vicino all'entrata, non muta nulla del loro significato. In un certo senso, quanto abbiamo detto mostra che la chiesa è, in rapporto all'esterno, in una corrispondenza che è quasi un'immagine di quella del mondo celeste in rapporto al mondo terrestre, e il battistero, attraverso il quale bisogna passare per andare dall'uno all'altro, corrisponde perciò al mondo intermedio; inoltre, lo stesso battistero è in relazione ancora più diretta con quest'ultimo per via del carattere del rito che vi si compie, e che è propriamente il mezzo di una rigenerazione che si effettua nella sfera psichica, cioè negli elementi dell'essere che appartengono per loro natura al mondo intermedio.[8]

A proposito delle otto direzioni, abbiamo rilevato una concordanza tra differenti forme tradizionali che, per quanto si riferisca a un ordine di considerazioni diverso da quello che avevamo specificamente in vista, ci sembra troppo degna di nota perché ci asteniamo dal citarla: Luc Benoist segnala[9] che « nello *Scivias* di santa Ildegarda, il trono divino che circonda i mondi è rappresentato da un cerchio sostenuto da otto angeli ». Ora, questo « trono che circonda i mondi » è la traduzione più esatta possibile dell'espressione araba *El-Arsh El-Muhît*, e una rappresentazione identica si trova anche nella tradizione islamica, se-

---

7. *Ibidem*, p. 65.
8. Quando consacra l'acqua, il sacerdote traccia con l'alito sulla sua superficie un segno che ha la forma della lettera greca *psi*, iniziale della parola *psyché*; questo è assai significativo poiché è effettivamente nell'ordine psichico che deve operare l'influenza alla quale l'acqua consacrata serve da veicolo; ed è facile vedere anche il rapporto di questo rito con il ' soffio vitale ' di cui parlavamo sopra.
9. *Op. cit.*, p. 79.

condo la quale tale trono è pure sostenuto da otto angeli, che, come abbiamo spiegato altrove,[10] corrispondono sia alle otto direzioni sia a gruppi di lettere dell'alfabeto arabo; si dovrà riconoscere che una simile ' coincidenza ' è piuttosto sorprendente! Qui, non è più del mondo intermedio che si tratta, a meno che non si possa dire che la funzione degli angeli stabilisce una connessione fra quest'ultimo e il mondo celeste; comunque sia, tale simbolismo può tuttavia, almeno sotto un certo profilo, essere ricollegato a quanto precede, se ricordiamo il testo biblico secondo cui Dio « fa dei Venti i suoi messaggeri »,[11] e osserviamo che gli angeli sono letteralmente i « messaggeri » divini.

10. *Note sur l'angélologie de l'alphabet arabe*, in « Études Traditionnelles », agosto-settembre 1938.
11. *Salmo* civ, 4.

Il simbolismo della ' pietra angolare ', nella tradizione cristiana, si basa su questo testo: « La pietra che i costruttori avevan gettato via è diventata la principale pietra d'angolo », o più esattamente « testa d'angolo » *(caput anguli)*.[1] Lo strano è che questo simbolismo sia il più delle volte mal compreso, per via di una confusione fatta comunemente fra la ' pietra angolare ' e la ' pietra fondamentale ' cui si riferisce quest'altro testo ancor più noto: « Tu sei Pietro, e su questa pietra costruirò la mia Chiesa, e le porte dell'inferno non prevarranno su di essa ».[2] Tale confusione è strana, dicevamo, perché, dal punto di vista specificamente cristiano, essa porta di fatto a confondere san Pietro con Cristo stesso, poiché è quest'ultimo a essere designato espressamente come « pietra angolare », come mostra questo passo di san Paolo, che inoltre la distingue nettamente dalle ' fondamenta ' dell'edificio: « Voi siete un edificio costruito sul fondamento degli apostoli e dei profeti, di cui Gesù Cristo è la principale pietra d'angolo *(summo angulari lapide)*, nel quale ogni edificio, costruito e legato in tutte le sue parti, si eleva in un tempio consacrato al Signore, per mezzo del quale voi siete entrati nella sua struttura [più letteralmente " costruiti assieme ", *coedificamini*] per essere l'abitazione di Dio nello Spirito ».[3] Se l'equivoco in questione fosse unicamente moderno, non sarebbe certo il caso di stupirsene oltre misura, ma sembra effettivamente che lo si incontri già in epoche in cui non è possibile attribuirlo a pura e semplice ignoranza del simbolismo; si è quindi condotti a chiedersi se in realtà non si sia piuttosto trattato, in origine, di una ' sostituzione ' intenzionale, giustificata dal ruolo di san Pietro come « sostituto » di Cristo (in latino *vicarius*, che corrisponde in tal senso all'arabo *Khalîfah*); se così fosse, questo modo di ' velare ' il simbolismo della ' pietra angolare ' sembrerebbe indicare che lo si riteneva contenere qualcosa di particolarmente misterioso, e si vedrà in seguito come una simile supposizione sia lungi dall'essere ingiustificata.[4] Comunque sia, in questa identifi-

---

1. *Salmo* cxviii, 22; *Matteo*, xxi, 42; *Marco*, xii, 10; *Luca*, xx, 17.
2. *Matteo*, xvi, 18.
3. *Epistola agli Efesini*, ii, 20-22.
4. La ' sostituzione ' è stata forse aiutata dalla somiglianza fonetica esistente fra il nome ebraico *Kephas*, che significa « pietra », e la parola greca *Kephalê*, « testa »; ma non c'è fra queste due parole alcun altro rapporto, e le fondamenta di un edificio non possono evidentemente essere identificate con la sua ' testa ', cioè il suo vertice, il che equivarrebbe a rovesciare l'intero edificio; si potrebbe del resto domandarsi anche se questo ' rovesciamento ' non abbia una certa corrispondenza simbolica con la crocifissione di san Pietro a testa in giù.

cazione delle due pietre, anche dal punto di vista della semplice logica, c'è un'impossibilità che appare chiaramente se si esaminano con un po' più d'attenzione i testi che abbiamo citato: la 'pietra fondamentale' è quella posta per prima, all'inizio della costruzione di un edificio (e perciò viene anche chiamata « prima pietra »);[5] come si potrebbe dunque gettarla via nel corso della costruzione? Perché sia così, occorre al contrario che la 'pietra angolare' sia tale da non poter trovare ancora il suo posto; e infatti, come vedremo, lo può trovare solo al momento del compimento dell'intero edificio, e così diventa realmente la « testa d'angolo ».

In un articolo che abbiamo già segnalato,[6] Ananda Coomaraswamy osserva che l'intenzione del testo di san Paolo è evidentemente di rappresentare Cristo come l'unico principio da cui dipende tutto l'edificio della Chiesa, e aggiunge che « il principio di una cosa non si trova né in una delle sue parti né nella totalità delle sue parti, ma là dove tutte le parti sono ridotte a una unità senza composizione ». La « pietra fondamentale » (foundation-stone) può sì esser chiamata, in un certo senso, « pietra d'angolo » (corner-stone) come si fa di solito, poiché essa è posta a un « angolo » (corner) dell'edificio;[7] ma non è unica come tale, giacché l'edificio ha necessariamente quattro angoli; e, anche se si vuol parlare più particolarmente della 'prima pietra', essa non differisce in nulla dalle pietre di base degli altri angoli, se non per la sua posizione,[8] e non se ne distingue né per la forma né per la funzione, essendo in definitiva solo uno fra quattro sostegni uguali tra loro; si potrebbe dire che una qualunque di queste quattro corner-stones 'riflette' in qualche modo il principio dominante dell'edificio, ma non potrebbe

---

5. Questa pietra dev'essere posta all'angolo nord-est dell'edificio; noteremo a questo proposito che nel simbolismo di san Pietro è opportuno distinguere diversi aspetti o funzioni cui corrispondono diverse 'posizioni', poiché d'altra parte, in quanto janitor, il suo posto è a Occidente, ove si trova l'entrata di ogni chiesa normalmente orientata; inoltre, san Pietro e san Paolo sono anche rappresentati come le due 'colonne' della Chiesa, e sono allora di solito raffigurati uno con le chiavi e l'altro con la spada, nell'atteggiamento di due dwârapâla.
6. Eckstein, nella rivista « Speculum », gennaio 1939.
7. In questo studio saremo costretti a riferirci spesso ai termini 'tecnici' inglesi, perché, appartenendo originariamente al linguaggio dell'antica massoneria operativa, sono stati per lo più conservati nei rituali della Royal Arch Masonry e dei gradi accessori che vi sono collegati, rituali di cui non esiste alcun equivalente in francese; si vedrà che alcuni di questi termini sono di traduzione abbastanza difficile.
8. Secondo il rituale operativo, questa 'prima pietra' è, come abbiamo detto, quella dell'angolo nord-est; le pietre degli altri angoli sono poste successivamente secondo il senso del cammino apparente del sole, cioè in quest'ordine: sud-est, sud-ovest, nord-ovest.

assolutamente essere considerata il principio stesso.[9] Del resto, se proprio di questo si trattasse, non si potrebbe neppure parlare logicamente *della* ' pietra angolare ', poiché, di fatto, ce ne sarebbero quattro; essa dev'essere quindi qualcosa di essenzialmente diverso dalla *corner-stone* intesa nel senso corrente di ' pietra fondamentale ', e queste due pietre hanno in comune solo il carattere di appartenere a un medesimo simbolismo ' costruttivo '.

Abbiamo appena accennato alla forma della ' pietra angolare ', ed è questo effettivamente un punto particolarmente importante: proprio per il fatto che questa pietra ha una forma speciale, che la differenzia da tutte le altre, non solo essa non può trovare posto nel corso della costruzione, ma i costruttori non possono nemmeno capire quale sia la sua destinazione; se lo capissero è evidente che non la getterebbero via, e si accontenterebbero di serbarla fino alla fine; ma invece si chiedono ' cosa faranno della pietra ', e, non potendo trovare una risposta soddisfacente alla domanda, decidono, credendola inutilizzabile, di « gettarla fra i rifiuti » (*to heave it over among the rubbish*).[10] La destinazione di questa pietra può essere compresa soltanto da un'altra categoria di costruttori, che a questo stadio non intervengono ancora: sono coloro i quali sono passati ' dalla squadra al compasso ', e, con questa distinzione, bisogna naturalmente intendere quella delle forme geometriche che i due strumenti servono rispettivamente a tracciare, cioè la forma quadrata e la forma circolare, che simboleggiano in genere, com'è noto, la terra e il cielo; qui, la forma quadrata corrisponde alla parte inferiore dell'edificio, e la forma circolare alla sua parte superiore, che, in tal caso, deve perciò essere costituita da una cupola o una volta.[11] Infatti, la ' pietra angolare ' è in realtà proprio una « chiave di volta » (*keystone*); A. Coomaraswamy dice che, per rendere il vero significato dell'espressione « è diventata la testa dell'angolo » (*has become the head of the corner*) si potrebbe tradurla con *has become the keystone of the arch*, il che è perfettamente esatto; e così questa pietra, tanto per la sua forma quanto per la sua posizione, è effettivamente unica nell'intero edificio, come dev'esserlo per poter simboleggiare il principio da cui tutto dipende. Stupirà

---

9. Questa ' riflessione ' è evidentemente in rapporto diretto con la sostituzione di cui abbiamo parlato.
10. L'espressione *to heave over* è abbastanza singolare, e apparentemente inusitata in questo senso nell'inglese moderno; essa sembrerebbe poter significare « sollevare » o « elevare », ma, dal resto della frase citata, risulta chiaro che qui si applica proprio al gesto del ' gettar via ' la pietra.
11. Tale distinzione è, in altri termini, quella fra la *Square Masonry* e la *Arch Masonry*, che per i loro rispettivi rapporti con la ' terra ' e il ' cielo ', o con le parti dell'edificio che li rappresentano, sono messe qui in corrispondenza con i ' piccoli misteri ' e i ' grandi misteri '.

forse che questa rappresentazione del principio trovi così il suo posto solo alla fine della costruzione; ma si può dire che quest'ultima, nel suo complesso, è ordinata in rapporto a quella (quel che san Paolo esprime dicendo che « in essa tutto l'edificio si eleva in un tempio consacrato al Signore »), e in essa trova finalmente la sua unità; anche qui c'è un'applicazione dell'analogia, che abbiamo già spiegata in altre occasioni, fra il ' primo ' e l'' ultimo ', o il ' principio ' e la ' fine ': la costruzione rappresenta la manifestazione, nella quale il principio appare solo come il compimento finale; e proprio in virtù di questa analogia la ' prima pietra ', o la ' pietra fondamentale ', può esser considerata come un ' riflesso ' dell'' ultima pietra ', che è la vera ' pietra angolare '.

L'equivoco implicito in un'espressione quale *corner-stone* poggia in definitiva sui diversi sensi possibili della parola ' angolo '; Coomaraswamy osserva che in varie lingue le parole che significano « angolo » sono spesso in rapporto con altre che significano « testa » ed « estremità »: in greco, *kephalê*, « testa », e in architettura « capitello » (*capitulum*, diminutivo di *caput*) può applicarsi solo a un vertice; ma *akros* (sanscrito *agra*) può indicare un'estremità in qualsiasi direzione, cioè, nel caso di un edificio, il vertice o uno dei quattro ' angoli ' (il francese *coin* è etimologicamente imparentato con il greco *gônia*, « angolo »), per quanto spesso si applichi di preferenza al vertice. Ma la cosa più importante, dallo speciale punto di vista dei testi sulla ' pietra angolare ' nella tradizione giudaico-cristiana, è la considerazione della parola ebraica che significa « angolo »: questa parola è *pinnah*, e si trovano le espressioni *eben pinnah*, « pietra d'angolo », e *rosh pinnah*, « testa d'angolo »; ma è particolarmente degno di nota che, in senso figurato, questa stessa parola *pinnah* sia usata con il significato di « capo »: un'espressione che designa i « capi del popolo » (*pinnoth ha-am*) è tradotta letteralmente nella Vulgata con *angulos populorum*.[12] Un ' capo ' etimologicamente è una « testa » (*caput*), e *pinnah* si ricollega per la sua radice a *pnê*, che significa « faccia »; lo stretto rapporto fra queste idee di ' testa ' e di ' faccia ' è evidente, e, inoltre, il termine « faccia » appartiene a un simbolismo molto diffuso che meriterebbe di essere esaminato a parte.[13] Un'altra idea connessa è quella

12. *I Samuele*, XIV, 38; la versione greca dei *Settanta* usa anch'essa la parola *gônia*.
13. Cfr. A.-M. Hocart, *Les Castes*, pp. 151-154, a proposito dell'espressione ' facce della terra ' usata nelle isole Figi per designare i capi. La parola greca *Karai*, nei primi secoli del cristianesimo, serviva a designare le cinque « facce » o « teste della Chiesa », cioè i cinque principali patriarchi, le cui iniziali riunite formavano precisamente questa parola: Costantinopoli, Alessandria, Roma, Antiochia, Gerusalemme.

di « punta » (che si trova nel sanscrito *agra*, nel greco *akros*, nel latino *acer* e *acies*); abbiamo già parlato del simbolismo delle punte a proposito di quello delle armi e delle corna,[14] e abbiamo visto come esso si riferisca all'idea di estremità, ma più in particolare all'estremità superiore, cioè il punto più elevato o il vertice; tutti questi accostamenti non fanno quindi che confermare quanto abbiamo detto sulla posizione della ' pietra angolare ' in cima all'edificio: anche se ci sono altre ' pietre angolari ' nel senso più generale dell'espressione,[15] quella sola è realmente ' *la* pietra angolare ' per eccellenza.

Troviamo altre indicazioni interessanti nei significati della parola araba *rukn*, « angolo »: questa parola, poiché designa le estremità di una cosa, cioè le sue parti più remote e di conseguenza più nascoste (*recondita* e *abscondita*, si potrebbe dire in latino), assume talora il significato di « segreto » o di « mistero »; e, sotto questo profilo, il suo plurale *arkân* è da avvicinare al latino *arcanum*, che ha lo stesso senso, e con cui presenta una sorprendente somiglianza; del resto, almeno nel linguaggio degli ermetisti, l'uso del termine ' arcano ' è stato certamente influenzato direttamente dal termine arabo in questione.[16] Inoltre, *rukn* ha anche il senso di « base » o di « fondamento », il che ci riconduce alla *corner-stone* intesa come ' pietra fondamentale '; nella terminologia alchimistica, *el-arkân*, quando questa designazione è impiegata senz'altra precisazione, sono i quattro elementi, cioè le ' basi ' sostanziali del nostro mondo, che sono così assimilati alle pietre di base dei quattro angoli di un edificio, poiché è su di essi che in certo modo è costruito tutto il mondo corporeo (rappresentato anche dalla forma quadrata);[17] e con questo approdiamo direttamente al simbolismo che stiamo esaminando. Infatti, non ci sono solo questi quattro *arkân* o elementi ' basici ', ma c'è anche un quinto *rukn*, il quinto elemento o la ' quintessenza ' (ossia l'etere, *el-athîr*); quest'ultimo non è sullo stesso ' piano ' degli altri, poiché non è semplicemente una base come

14. Si può osservare che la parola inglese *corner* è evidentemente derivata da « corno ».
15. In tal senso, non ci sono solo quattro ' pietre angolari ' alla base, ma anche a qualsiasi livello della costruzione; e queste pietre sono tutte della stessa forma comune, rettilinea e rettangolare (cioè tagliate *on the square*, avendo del resto la parola *square* il duplice senso di « squadra » e di « quadrato »), contrariamente a quanto avviene nel caso unico della *keystone*.
16. Potrebbe essere interessante cercare se può esservi un'affinità etimologica reale fra le due parole araba e latina, anche nell'uso antico di quest'ultima (per esempio nella *disciplina arcani* dei cristiani dei primi secoli) o se si tratta soltanto di una ' convergenza ' prodottasi ulteriormente fra gli ermetisti del Medioevo.
17. Questa assimilazione degli elementi ai quattro angoli di un quadrato è naturalmente in rapporto anche con la corrispondenza che esiste fra questi stessi elementi e i punti cardinali.

quelli, bensì il principio stesso di questo mondo;[18] sarà dunque rappresentato dal quinto ' angolo ' dell'edificio, che è il vertice; e a questo ' quinto ', che è in realtà il ' primo ', conviene propriamente l'appellativo di angolo supremo, di angolo per eccellenza o « angolo degli angoli » (*rukn el-arkân*), perché in esso la molteplicità degli altri angoli è ridotta all'unità.[19] Si può inoltre notare che la figura geometrica ottenuta unendo questi cinque angoli è quella di una piramide a base quadrangolare: gli spigoli laterali della piramide emanano dal suo vertice come altrettanti raggi, così come i quattro elementi comuni, rappresentati dalle estremità inferiori degli spigoli, procedono dal quinto e sono da esso prodotti; e sempre secondo questi spigoli, che abbiamo intenzionalmente assimilato a dei raggi per questa ragione (e anche in virtù del carattere ' solare ' del punto da cui sono usciti, in accordo con quanto abbiamo detto a proposito dell'' occhio ' della cupola), la ' pietra angolare ' del vertice si ' riflette ' in ciascuna delle ' pietre fondamentali ' dei quattro angoli della base. Infine, c'è in quanto è stato appena detto la chiarissima indicazione di una correlazione esistente fra il simbolismo alchimistico e il simbolismo architettonico, che si spiega d'altronde con il loro comune carattere ' cosmologico '; anche questo è un punto importante, sul quale dovremo tornare a proposito di altri accostamenti dello stesso ordine.

La ' pietra angolare ', presa nel suo vero significato di pietra ' del vertice ', è designata in inglese sia come *keystone*, sia come *capstone* (che a volte si trova anche scritto *capestone*), sia come *copestone* (o *coping-stone*); la prima di queste tre parole è facilmente comprensibile, essendo l'esatto equivalente del termine francese *clef de voûte*, « chiave di volta » (o d'arco, poiché la parola in realtà può applicarsi esattamente alla pietra che forma il vertice sia di un arco sia di una volta); ma le altre due richiedono maggiori spiegazioni. In *capstone*, la parola *cap* è evidentemente il latino *caput*, « testa », il che ci riconduce alla desi-

---

18. Sarebbe sullo stesso piano (nel suo punto centrale) se tale piano rappresentasse uno stato di esistenza tutto intero; ma non è questo il nostro caso, poiché tutto l'insieme dell'edificio è un'immagine del mondo. Osserviamo a questo proposito che la proiezione orizzontale della Piramide è costituita dal quadrato di base con le sue diagonali, poiché gli spigoli laterali si proiettano secondo queste ultime e il vertice nel loro punto d'incontro, cioè al centro del quadrato.
19. Nel senso di « mistero » che abbiamo indicato sopra, *rukn el-arkân* equivale a *sirr el-asrâr*, rappresentato, come abbiamo spiegato altrove, dalla punta superiore della lettera *alif*: l'*alif* stesso raffigura l'' Asse del Mondo ', e tutto ciò, come si vedrà ancor meglio in seguito, corrisponde esattamente alla posizione della *keystone*.

gnazione di questa pietra come ' testa dell'angolo '; è propriamente la pietra che *achève*, cioè compie o ' corona ' un edificio; ed
è anche un capitello, il quale è allo stesso modo il ' coronamento ' di una colonna.[20] Abbiamo appena parlato di *achèvement*,
« compimento », e le due parole *cap* e *chef*, « capo », sono, in
effetti, etimologicamente identiche;[21] la *capstone* è dunque il
' capo ' dell'edificio o dell'' opera ', e per via della sua forma speciale che richiede, per tagliarla, particolari conoscenze o capa-
cità, essa è anche, nello stesso tempo, un *chef-d'oeuvre*, « capo-
lavoro », nel senso che quest'espressione ha nel *compagnonnage*;[22]
grazie a essa l'edificio è completamente terminato, o, in altri
termini, è finalmente condotto alla ' perfezione '.[23]

In quanto al termine *copestone*, la parola *cope* esprime l'idea
di ' coprire '; ciò si spiega per il fatto, non solo che la parte
superiore dell'edificio è propriamente la sua ' copertura ', ma
anche, e diremmo soprattutto, che questa pietra si pone in modo
tale da coprire l'apertura del vertice cioè l'' occhio ' della cupola
o della volta, di cui abbiamo già parlato in precedenza.[24] È quin-

---

20. Il termine di ' coronamento ' è da accostare alla designazione di ' corona '
della testa, per via dell'assimilazione simbolica, precedentemente segnalata, del-
l'' occhio ' della cupola con il *Brahma-randhra*; è noto d'altronde che la corona,
come le corna, esprime essenzialmente l'idea di elevazione. È anche opportuno notare, a questo proposito, che il giuramento del grado di *Royal Arch* contiene un'allusione alla « corona del cranio » (*the crown of the skull*), che suggerisce un rapporto fra l'apertura di quest'ultima (come nei riti di trapanazione postuma) e la
rimozione (*removing*) della *keystone*; del resto, in genere, le cosiddette ' penalità '
espresse nei giuramenti dei vari gradi massonici, come pure i segni che vi corrispondono, si riferiscono in realtà ai vari centri sottili dell'essere umano.
21. Nel significato della parola *achever*, « compiere » o dell'antica espressione equivalente *mener à chef*, « portare a capo », l'idea di ' testa ' è associata a quella di
' fine ', il che risponde bene alla posizione della ' pietra angolare ', sia come ' pietra
del vertice ', sia come ' ultima pietra ' dell'edificio. Menzioneremo ancora un altro
termine derivato da *chef*: lo *chevet* della chiesa, in fondo dietro l'altar maggiore, è
la sua ' testa ', cioè l'estremità orientale in cui si trova l'abside, la cui forma semicircolare corrisponde, nel piano orizzontale, alla cupola in elevazione verticale,
come abbiamo spiegato in altra occasione.
22. La parola ' opera ' è usata sia in architettura sia in alchimia, e si vedrà che
non senza ragione facciamo questo accostamento: in architettura, il compimento
dell'opera è la ' pietra angolare '; in alchimia è la ' pietra filosofale '.
23. Si deve osservare che in certi riti massonici i gradi che corrispondono più o
meno esattamente alla parte superiore della costruzione di cui parliamo (diciamo più o meno esattamente, perché talora in tutto questo c'è un po' di confusione) sono designati precisamente con il nome di « gradi di perfezione ». D'altra parte, la parola ' esaltazione ', che designa l'accesso al grado di *Royal Arch*, può
essere intesa come un'allusione alla posizione elevata della *keystone*.
24. Per la sistemazione di questa pietra, si trova l'espressione *to bring forth the
copestone*, il cui senso è, ancora una volta, abbastanza poco chiaro a prima vista:
to bring forth significa letteralmente « produrre » (nel senso etimologico del latino
producere) o « portare alla luce »; siccome la pietra è già stata gettata via precedentemente nel corso della costruzione, non può trattarsi, nel giorno del compimento dell'opera, della sua ' produzione ' nel senso di ' confezione '; ma, poiché essa è stata seppellita « fra i rifiuti », si tratta di liberarla, e quindi di ripor-
tarla alla luce, per porla in evidenza al vertice dell'edificio, in modo che essa

di insomma, in questo senso, l'equivalente di una *roof-plate*, come osserva Coomaraswamy, il quale aggiunge che questa pietra può essere considerata la terminazione superiore o il capitello del « pilastro assiale » (in sanscrito *skambha*, in greco *stauros*);[25] tale pilastro, come abbiamo già spiegato, può anche non essere materialmente rappresentato nella struttura dell'edificio, ma ne costituisce nondimeno la parte essenziale, quella intorno a cui si dispone tutto l'insieme. Il carattere di vertice del ' pilastro assiale ', presente in modo solo ' ideale ', è indicato in una maniera particolarmente evidente nel caso in cui la ' chiave di volta ' scende in forma di ' pendente ' che si prolunga all'interno dell'edificio, senza essere visibilmente sostenuto da nulla nella sua parte inferiore;[26] tutta la costruzione ha il suo principio in questo pilastro, e tutte le sue varie parti vengono finalmente a unificarsi nel suo ' fastigio ', che è il vertice del pilastro, e la ' chiave di volta ' o la ' testa dell'angolo '.[27]

La reale interpretazione della ' pietra angolare ' come ' pietra del vertice ' sembra di fatto esser stata conosciuta abbastanza generalmente nel Medioevo, come mostra in particolare un'illustrazione dello *Speculum Humanae Salvationis* che riproduciamo qui (fig. 14);[28] quest'opera era molto diffusa, giacché ne esistono ancora parecchie centinaia di manoscritti; vi si vedono due muratori che tengono una cazzuola in una mano, e con l'altra sostengono la pietra che si apprestano a porre al vertice dell'edificio (apparentemente la torre di una chiesa di cui questa pietra deve completare la sommità), il che non lascia alcun dubbio sul suo significato. È opportuno notare, sempre a proposito di questa fi-

divenga la ' testa dell'angolo '; e così *to bring forth* si contrappone qui a *to heave over*.

25. *Stauros* significa anche « croce », ed è noto che nel simbolismo cristiano la croce è assimilata all'' Asse del Mondo '; Coomaraswamy accosta questa parola al sanscrito *sthávara*, « fermo » o « stabile », il che ben si addice in effetti a un pilastro, e inoltre si accorda esattamente con il significato di ' stabilità ' dato all'unione dei nomi delle due colonne del Tempio di Salomone.

26. Il vertice del ' pilastro assiale ' corrisponde, come abbiamo detto, alla punta superiore dell'*alif* nel simbolismo arabo delle lettere: ricordiamo anche, a proposito dei termini *keystone* e ' chiave di volta ', che lo stesso simbolo della chiave ha un significato ' assiale '.

27. Coomaraswamy ricorda l'identità simbolica del tetto (e più in particolare quando è a forma di volta) e del parasole; aggiungeremo anche, a questo proposito, che il simbolo cinese del « Grande Estremo » (*Tai-ki*) designa letteralmente un ' fastigio ' o un ' tetto ': è propriamente il vertice del ' tetto del mondo '.

28. *Manoscritto di Monaco*, cml. 146, fol. 35 (Lutz e Perdrizet, II, tav. 64): la fotografia ci è stata trasmessa da A. K. Coomaraswamy; essa è stata riprodotta nell'« Art Bulletin », XVII, p. 450 e fig. 20, da Erwin Panofsky, che considera questa illustrazione come la più vicina al prototipo, e parla, a questo proposito, del *lapis in caput anguli* come di una *keystone*; si potrebbe anche dire, secondo le nostre precedenti spiegazioni, che questa figura rappresenta *the bringing forth of the copestone*.

gura, che la pietra in questione, in quanto 'chiave di volta', o in qualunque altra funzione similare a seconda della struttura dell'edificio che è destinata a 'coronare', non può, per la sua stessa forma, essere posta che dall'alto (senza di che, del resto, è evidente che potrebbe cadere all'interno dell'edificio); per questo, essa rappresenta in certo modo la 'pietra discesa dal cielo', espressione che si applica benissimo a Cristo,[29] e che ricor-

Fig. 14

da pure la pietra del Graal (il *lapsit exillis* di Wolfram von Eschenbach, che si può interpretare come *lapis ex coelis*).[30] E c'è ancora un altro punto importante da segnalare: Erwin Panofsky ha osservato che nell'illustrazione di cui stiamo trattando la pietra presenta l'aspetto di un oggetto a forma di diamante (il che la avvicina ancora alla pietra del Graal, dal momento che secondo le descrizioni anch'essa era sfaccettata); tale questione merita di essere esaminata più da vicino, poiché, sebbene simile rappresentazione sia ben lungi dall'essere il caso più generale, essa

29. Ci sarebbe un accostamento da fare al riguardo tra la 'pietra discesa dal cielo' e il 'pane disceso dal cielo', poiché vi sono dei rapporti simbolici notevoli fra pietra e pane; ma questo esula dall'argomento del presente studio; in ogni caso, la 'discesa dal cielo' rappresenta naturalmente l'*avatarana*.
30. Cfr. anche la pietra simbolica dell'*Estoile Internelle*, di cui ha parlato Charbonneau-Lassay, e che è, come lo smeraldo del Graal, una pietra sfaccettata; tale pietra, nella coppa ove è posta, corrisponde esattamente al « gioiello nel loto » (*mani padmê*) del buddismo mahâyânico.

si riferisce ad alcuni lati del complesso simbolismo della 'pietra angolare' diversi da quelli che abbiamo studiato sin qui, ma non meno interessanti per metterne in risalto i legami con tutto l'insieme del simbolismo tradizionale.

Tuttavia, prima di giungervi, ci resta da chiarire un problema accessorio: abbiamo appena detto che la 'pietra del vertice' può anche non essere in tutti i casi una 'chiave di volta', e, infatti, lo è soltanto in una costruzione la cui parte superiore sia a forma di cupola; in ogni altro caso, per esempio quello di un edificio sormontato da un tetto appuntito o a forma di tenda, c'è ugualmente un''ultima pietra' che, posta al vertice, svolge la stessa funzione della 'chiave di volta' e, di conseguenza, le corrisponde anche dal punto di vista simbolico, ma senza che la si possa comunque chiamare con questo nome; e bisogna dire altrettanto del caso speciale della 'piramidetta', cui abbiamo già accennato in altra occasione. Dev'essere ben chiaro che nel simbolismo dei costruttori medioevali, che si fonda sulla tradizione giudaico-cristiana ed è in particolar modo collegato alla costruzione del Tempio di Salomone [31] in quanto suo 'prototipo', si tratta sempre, per quanto concerne la 'pietra angolare', propriamente di una 'chiave di volta'; e la forma esatta del Tempio di Salomone, se ha potuto far nascere discussioni dal punto di vista storico, comunque non era certamente quella di una piramide; sono fatti di cui bisogna assolutamente tener conto nell'interpretare i testi biblici che si riferiscono alla 'pietra angolare'. [32] La 'piramidetta', cioè la pietra che forma la punta superiore della piramide, non è affatto una 'chiave di volta'; è tuttavia il 'coronamento' dell'edificio, e si può osservare che ne riproduce in scala ridotta l'intera forma, come se l'insieme della struttura fosse così sintetizzato in quell'unica pietra; l'espressione 'testa dell'angolo', nel senso letterale, le conviene di fatto, e così pure il senso figurato del nome ebraico dell''angolo' per designare il 'capo', tanto più che la piramide, che parte dalla molteplicità della base per terminare gradualmente nell'unità del vertice, è spesso presa come simbolo di una gerarchia. D'altra parte, secondo quanto

---

31. Ne fanno fede le 'leggende' del *compagnonnage* in tutte le sue ramificazioni non meno delle 'sopravvivenze' dell'antica massoneria operativa che abbiamo qui considerato.
32. Non potrebbe quindi assolutamente trattarsi, come hanno preteso alcuni, di un'allusione a un incidente capitato durante la costruzione della 'Grande Piramide', in seguito al quale essa sarebbe rimasta incompiuta, ipotesi del resto assai dubbia di per se stessa oltre che problema storico probabilmente insolubile; inoltre, questa stessa 'incompiutezza' sarebbe in diretto contrasto con il simbolismo secondo cui la pietra gettata via prende infine il suo posto eminente come 'testa d'angolo'.

abbiamo spiegato in precedenza a proposito del vertice e dei quattro angoli della base, in connessione con il significato della parola araba *rukn*, si potrebbe dire che la forma della piramide è in certo qual modo contenuta implicitamente in ogni struttura architettonica; il simbolismo ' solare ' di tale forma, da noi indicato altrove, si ritrova d'altronde espresso in modo più particolare nella ' piramidetta ', come mostrano chiaramente varie descrizioni archeologiche citate da Coomaraswamy: il punto centrale o il vertice corrisponde al sole stesso, e le quattro facce (ciascuna delle quali è compresa fra due ' raggi ' estremi che delimitano l'ambito che essa rappresenta) ad altrettanti aspetti secondari del sole stesso, in rapporto con i punti cardinali verso cui le facce rispettivamente sono volte. Con tutto ciò, è pur sempre vero che la ' piramidetta ' è solo un caso particolare di ' pietra angolare ' e la rappresenta soltanto in una forma tradizionale specifica, quella degli antichi Egizi; per corrispondere al simbolismo giudaico-cristiano di questa stessa pietra, che appartiene a un'altra forma tradizionale, sicuramente molto diversa da quella, le manca un carattere essenziale, quello cioè di essere una ' chiave di volta '.

Detto questo, possiamo tornare alla raffigurazione della ' pietra angolare ' sotto forma di diamante: A. Coomaraswamy, nell'articolo al quale ci siamo riferiti, parte da un'osservazione che è stata fatta a proposito della parola tedesca *Eckstein*, che ha precisamente sia il senso di « pietra angolare » sia quello di « diamante »;[33] e ricorda in proposito i significati simbolici del *vajra*, che abbiamo già a diverse riprese esaminati: in linea generale, la pietra o il metallo che era considerato il più duro o il più brillante è stato preso in varie tradizioni come « simbolo di indistruttibilità, di invulnerabilità, di stabilità, di luce e di immortalità »; e, in particolare, queste qualità vengono molto spesso attribuite al diamante. L'idea di ' indistruttibilità ' o di ' indivisibilità ' (che sono strettamente legate ed espresse in sanscrito dalla stessa parola *akshara*) si addice evidentemente alla pietra che rappresenta il principio unico dell'edificio (essendo la vera unità essenzialmente indivisibile); quella di ' stabilità ', che nell'ordine architettonico si applica propriamente a un pilastro, conviene anch'essa a tale pietra in quanto costituisce il capitel-

---

33. Stoudt, *Consider the lilies, how they grow*, a proposito del significato di un motivo ornamentale a forma di diamante, spiegato da scritti in cui si parla di Cristo come dell'*Eckstein*. Il duplice senso di questa parola si spiega verosimilmente, dal punto di vista etimologico, con il fatto che la si può intendere sia come « pietra d'angolo » sia come « pietra ad angoli », cioè sfaccettata; ma questa spiegazione, beninteso, non toglie nulla al valore dell'accostamento simbolico indicato dall'unione di questi due significati in una sola parola.

lo del 'pilastro assiale', che simboleggia l'' Asse del Mondo'; e quest'ultimo, che Platone, in particolare, descrive come un « asse di diamante », è d'altra parte anche un 'pilastro di luce' (come simbolo di *Agni* e come 'raggio solare'); a maggior ragione quest'ultima qualità si applica ('eminentemente', sarebbe il caso di dire) al suo 'coronamento', che rappresenta la fonte stessa da cui esso emana in quanto raggio luminoso.[34] Nel simbolismo indù e buddistico, tutto ciò che ha un significato 'centrale' o 'assiale' è generalmente assimilato al diamante (per esempio in espressioni come *vajrâsana*, « trono di diamante »); ed è facile rendersi conto che tutte queste associazioni fanno parte di una tradizione che si può dire veramente universale.

Non è ancora tutto: il diamante è considerato 'la pietra preziosa' per eccellenza; ora questa 'pietra preziosa' è anche, in quanto tale, un simbolo di Cristo, che è qui identificato con l'altro suo simbolo, la 'pietra angolare'; o, se si preferisce, i due simboli sono così riuniti in uno solo. Si potrebbe dire allora che questa pietra, in quanto rappresenta un 'compimento' o una 'realizzazione',[35] è nel linguaggio della tradizione indù un *chintâmani*, che equivale all'espressione alchimistica occidentale di 'pietra filosofale';[36] ed è assai significativo a tale riguardo che gli ermetisti cristiani parlino spesso di Cristo come della vera 'pietra filosofale', non meno che come della 'pietra angolare'.[37] Siamo così ricondotti a quanto dicevamo in precedenza, a proposito dei due sensi nei quali si può intendere l'espressione araba *rukn el-arkân*, sulla corrispondenza esistente fra il simbolismo architettonico e quello alchimistico; e, per terminare con un'osservazione di portata generale questo studio già lungo, ma certa-

34. Il diamante grezzo ha naturalmente otto angoli, e il palo sacrificale (*yûpa*) dev'essere fatto « a otto angoli » (*ashtashri*) per raffigurare il *vajra* (inteso qui soltanto nell'altro suo senso di « fulmine »); e la parola pâli *attansa*, letteralmente « a otto angoli », significa sia « diamante » sia « pilastro ».

35. Dal punto di vista 'costruttivo', è la 'perfezione' della realizzazione del piano dell'architetto; dal punto di vista alchimistico, è la 'perfezione' o la meta ultima della 'Grande Opera'; e vi è una corrispondenza esatta fra l'una e l'altra.

36. Il diamante tra le pietre o l'oro tra i metalli sono quel che c'è di più prezioso, e hanno entrambi un carattere 'luminoso' e 'solare'; ma il diamante, come la 'pietra filosofale', alla quale è qui assimilato, è considerato più prezioso ancora dell'oro.

37. Il simbolismo della 'pietra angolare' si trova espressamente menzionato, ad esempio, in vari passi delle opere ermetiche di Robert Fludd, citati da A. E. Waite, *The Secret Tradition in Freemasonry*, pp. 27-28; bisogna dire del resto che questi testi sembrano contenere la confusione con la 'pietra fondamentale' di cui abbiamo parlato all'inizio; e quel che l'autore che li riferisce dice da parte sua intorno alla 'pietra angolare' in molti passi dello stesso libro non è veramente adatto a illuminare il problema, ma può solo contribuire, piuttosto, a mantenere tale confusione.

mente ancora incompleto, dato che l'argomento è di quelli che sono quasi inesauribili, possiamo aggiungere che tale corrispondenza è in fondo solo un caso particolare di quella che similmente esiste, per quanto in modo forse non sempre così evidente, fra tutte le scienze e tutte le arti tradizionali, poiché queste sono tutte, in realtà, altrettante espressioni e applicazioni diverse delle stesse verità di ordine principiale e universale.

Parlando del simbolismo della ' pietra angolare ', abbiamo avuto occasione di menzionare incidentalmente il *lapsit exillis* di
Wolfram von Eschenbach; può essere interessante tornare più
dettagliatamente su tale questione, per i molteplici accostamenti ai quali dà luogo. Formulata in modo così strano,[1] questa
espressione può racchiudere più di un significato: è certamente, anzitutto, una specie di contrazione fonetica di *lapis lapsus
ex coelis*, la « pietra caduta dai cieli »; inoltre, questa pietra è,
per la sua stessa origine, come ' in esilio ' nella dimora terrestre,[2]
da cui essa deve del resto, secondo varie tradizioni che parlano
di tale pietra o dei suoi equivalenti, risalire infine ai cieli.[3]
Per quanto concerne il simbolismo del Graal, è importante notare che, benché quest'ultimo sia comunemente descritto come
un vaso e sia dunque questa la sua forma più conosciuta, esso
viene anche talvolta rappresentato in forma di pietra, come nel
caso particolare in Wolfram von Eschenbach; d'altronde il Graal
può essere nello stesso tempo l'uno e l'altra, poiché si dice che
il vaso è stato intagliato in una pietra preziosa che, staccatasi dalla
fronte di Lucifero durante la sua caduta, è anch'essa ' caduta
dai cieli '.[4]

D'altra parte, quanto stiamo per dire sembrerà aumentare ulteriormente la complessità di questo simbolismo, ma può in realtà
dare la ' chiave ' di certe connessioni: come abbiamo già spiegato
altrove, se il Graal è un vaso (*grasale*), è anche un libro (*gradale
o graduale*); e in certe versioni della leggenda si tratta non propriamente di un libro, ma di una iscrizione tracciata sulla coppa
da un angelo o da Cristo in persona. Ora, queste iscrizioni, di
origine ugualmente ' non-umana ', appaiono anche in certe circostanze sul *lapsit exillis*;[5] esso era dunque una ' pietra parlante ',

1. A. E. Waite, nella sua opera su *The Holy Grail*, fornisce le varianti *lapis exilis*
e *lapis exilix*, poiché sembra che l'ortografia differisca a seconda dei manoscritti;
e segnala anche che, secondo il *Rosarium Philosophorum* che cita Arnaldo da Villanova, *lapis exilis* negli alchimisti era una delle designazioni della ' pietra filosofale ', il che si deve naturalmente accostare ad alcune considerazioni da noi indicate alla fine dello studio sulla ' pietra angolare '.
2. *Lapis exilii* o *lapis exsulis*, secondo le interpretazioni suggerite da Waite come possibili a tale riguardo.
3. Non pensiamo sia il caso di tenere eccessivo conto della parola latina *exilis*
presa letteralmente nel senso di « esile » o « tenue », a meno che non si voglia
forse attribuirvi una qualche idea di ' sottigliezza '.
4. Sul simbolismo del Graal, si veda *Le Roi du Monde*, cap. V. Ricorderemo anche in proposito il simbolo dell'*Estoile Internelle*, in cui la coppa e la pietra preziosa sono riunite, pur essendo in questo caso distinte l'una dall'altra.
5. Come sulla ' pietra nera ' di Urga, che doveva essere, al pari delle altre ' pietre
nere ' che hanno una funzione in diverse tradizioni, un aerolito, cioè ancora una
' pietra caduta dai cieli ' (si veda *Le Roi du Monde*, cap. I).

cioè, se vogliamo, una ' pietra oracolare ', poiché, se una pietra
può ' parlare ' emettendo dei suoni, essa può anche farlo per mezzo di caratteri o di figure visibili sulla sua superficie (come lo
scudo della tartaruga nella tradizione estremo-orientale). Ora, da
questo punto di vista è anche assai notevole che la tradizione biblica menzioni una ' coppa oracolare ', quella di Giuseppe,[6] che
potrebbe, almeno sotto questo profilo, essere considerata una delle forme del Graal stesso; e, fatto curioso, è detto che proprio un
altro Giuseppe, Giuseppe d'Arimatea, divenne il possessore o il
custode del Graal e lo portò dall'Oriente in Bretagna; è incredibile che non si sia mai prestato attenzione, a quanto sembra,
a queste ' coincidenze ' piuttosto significative.[7]

Per tornare al *lapsit exillis*, segnaleremo che alcuni l'hanno
accostato alla *Lia Fail* o « pietra del destino »; infatti, anche questa era una ' pietra parlante ', e, inoltre, poteva essere in qualche
modo una ' pietra venuta dai cieli ', poiché secondo la leggenda
irlandese i *Tuatha di Danann* l'avrebbero portata con sé dalla
loro prima dimora, cui è attribuito un carattere ' celeste ' o almeno ' paradisiaco '. È noto che la *Lia Fail* era la pietra della
consacrazione degli antichi re d'Irlanda, ed è divenuta in seguito
quella dei re d'Inghilterra, essendo stata portata da Edoardo I
nell'abbazia di Westminster, secondo l'ipotesi più comunemente
accettata; ma può sembrare almeno singolare, da un lato, che
questa stessa pietra venga identificata con quella che Giacobbe
consacrò a Bethel.[8] Non è tutto: quest'ultima, secondo la tradizione ebraica, sembrerebbe essere stata anche quella che seguiva
gli Ebrei nel deserto e da cui usciva l'acqua che bevevano,[9] e

6. *Genesi*, XLIV, 5.
7. La ' coppa oracolare ' è in qualche modo il prototipo degli ' specchi magici ',
e dobbiamo fare a questo proposito un'importante osservazione: e cioè che l'interpretazione puramente ' magica ', che riduce i simboli ad avere soltanto un carattere ' divinatorio ' o ' talismanico ', a seconda dei casi, segna una certa tappa nel
processo di degenerazione di questi simboli, o piuttosto del modo in cui vengono
compresi, tappa del resto meno avanzata, poiché si riferisce malgrado tutto a una
scienza tradizionale, della deviazione tutta profana che attribuisce a essi solo un
valore ' estetico '; conviene aggiungere, del resto, che spesso unicamente sotto la
maschera di questa interpretazione ' magica ' certi simboli possono essere conservati e trasmessi allo stato di sopravvivenze ' folkloristiche ', il che mostra come essa
abbia la sua utilità. Osserviamo ancora, a proposito della ' coppa divinatoria ', che
la visione di tutte le cose come presenti, se la s'intende nel suo vero senso (il solo
cui possa essere attribuita l'' infallibilità ' di cui si parla espressamente nel caso
di Giuseppe), è in relazione manifesta con il simbolismo del ' terzo occhio ', quindi anche della pietra caduta dalla fronte di Lucifero ove essa occupava il posto
di tale occhio; del resto proprio per la sua caduta l'uomo ha perduto il ' terzo
occhio ', cioè il ' senso dell'eternità ', che il Graal restituisce a colui che riesce a
conquistarlo.
8. Cfr. *Le Roi du Monde*, cap. IX.
9. *Esodo*, XVII, 5. La bevanda fornita da questa pietra dev'essere accostata al nutrimento offerto dal Graal considerato come ' vaso dell'abbondanza '.

che, secondo l'interpretazione di san Paolo, non è altro che Cristo stesso;[10] essa sarebbe in seguito divenuta la pietra *shethiyah* o « fondamentale », posta nel Tempio di Gerusalemme sotto l'ubicazione dell'arca dell'alleanza,[11] e che segnava quindi simbolicamente il 'centro del mondo', così come lo segnava, in un'altra forma tradizionale, l'*Omphalos* di Delfi;[12] e, dal momento che tutte queste identificazioni sono evidentemente simboliche, si può dire con sicurezza che, in tutti questi casi, si tratta in realtà sempre di una sola e identica pietra.

Bisogna tuttavia notare, per quanto concerne il simbolismo 'costruttivo', che la pietra fondamentale di cui si è parlato in ultimo luogo non deve assolutamente essere confusa con la 'pietra angolare', poiché questa è il coronamento dell'edificio, mentre l'altra si situa al centro della sua base.[13] Abbiamo detto che nelle pietre di base dei quattro angoli c'era quasi un riflesso e una partecipazione della vera 'pietra angolare' o 'pietra del vertice'; qui si può certo parlare ancora di riflesso, ma si tratta di una relazione più diretta rispetto al caso precedente, poiché la 'pietra del vertice' e la 'pietra fondamentale' in questione sono situate su una stessa verticale, di modo che quest'ultima è quasi la proiezione di quella sul piano della base;[14] si potrebbe dire che la 'pietra fondamentale' sintetizza in sé, pur rimanendo sullo stesso piano, gli aspetti parziali rappresentati dalle pietre dei quattro angoli (questo carattere parziale è espresso dall'obliquità delle linee che le uniscono al vertice dell'edificio). Di fatto, la 'pietra fondamentale' del centro e la 'pietra angolare' sono rispettivamente la base e il vertice del pilastro assiale, che quest'ultimo sia raffigurato visibilmente oppure esista soltanto 'ideal-

10. *I Corinti*, x, 4. Si osserverà il rapporto esistente fra l'unzione della pietra da parte di Giacobbe, quella dei re alla loro consacrazione, e il carattere del Cristo o Messia, che è propriamente l'" Unto ' per eccellenza.
11. Nel simbolismo delle *Sephiroth*, questa 'pietra fondamentale' si riferisce a *Iesod*; la 'pietra angolare', sulla quale torneremo fra poco, si riferisce a *Kether*.
12. Cfr. ancora *Le Roi du Monde*, cap. IX. L'*Omphalos* era d'altronde un 'betilo', designazione identica a *Beith-El* o « Casa di Dio ».
13. Dal momento che la posizione di questa 'pietra fondamentale' non è angolare, non può, almeno sotto questo profilo, dar adito a confusione, ed è per questa ragione che non abbiamo dovuto parlarne a proposito della 'pietra angolare'.
14. Ciò corrisponde a quanto abbiamo già indicato a proposito della proiezione orizzontale della piramide, il cui vertice si proietta nel punto d'incontro delle diagonali del quadrato di base, cioè al centro del quadrato. Nella massoneria operativa, l'ubicazione di un edificio era determinata, prima di intraprenderne la costruzione, da quello che si chiama il 'metodo dei cinque punti', che consisteva nel fissare anzitutto i quattro angoli, ove si dovevano porre le prime quattro pietre, poi il centro, cioè, siccome la base era di norma quadrata o rettangolare, il punto d'incontro delle sue diagonali; i pioli che segnavano questi cinque punti erano chiamati *landmarks*, e questo è probabilmente il senso primo e originario di tale termine massonico.

mente '; in quest'ultimo caso, la ' pietra fondamentale ' può essere una pietra di focolare o una pietra d'altare (che sono poi la stessa cosa nel loro principio), la quale, comunque, corrisponde in certo modo al ' cuore ' stesso dell'edificio.

Abbiamo detto, a proposito della ' pietra angolare ', che essa rappresenta la ' pietra discesa dal cielo ', ed ora abbiamo visto che il *lapsit exillis* è più propriamente la ' pietra caduta dal cielo ', il che può del resto esser messo ancora in relazione con la ' pietra che i costruttori avevano gettato via ', se si considerano, dal punto di vista cosmico, questi ' costruttori ' come gli Angeli o i *Dêva*;[15] ma siccome non ogni ' discesa ' è necessariamente una ' caduta ',[16] è opportuno fare una certa distinzione fra le due espressioni. In ogni caso, l'idea di ' caduta ' non potrebbe assolutamente più applicarsi quando la ' pietra angolare ' occupi la sua posizione definitiva al vertice;[17] si può parlare ancora di ' discesa ' se si riferisce l'edificio a un insieme più esteso (in corrispondenza al fatto, abbiamo detto, che la pietra può essere posta solo dall'alto), ma, se si considera soltanto l'edificio in sé e il simbolismo delle sue diverse parti, la stessa posizione può esser detta ' celeste ', poiché la base e il tetto corrispondono rispettivamente, secondo il loro ' modello cosmico ', alla terra e al cielo.[18] Ora, bisogna aggiungere ancora, e su questa osservazione concluderemo, che tutto ciò che è situato sull'asse, a diversi livelli, può essere in certo modo considerato rappresentare le posizioni diverse di una sola e identica cosa, posizioni a loro volta in rapporto con diverse condizioni di un essere o di un mondo, a seconda che ci si ponga dal punto di vista ' microcosmico ' o da quello ' macrocosmico '; e a tale riguardo indicheremo solo, a titolo d'applicazione all'essere umano, che le relazioni fra la ' pietra fondamentale ' del centro e la ' pietra angolare ' del vertice non mancano di presentare un certo rapporto con quel che abbiamo detto altrove sulle diverse ' localizzazioni ' del *luz* o ' nòcciolo d'immortalità '.[19]

15. Si deve pensare che questi lavorino sotto la direzione di *Vishwakarma*, che è, come abbiamo già spiegato in altre occasioni, la stessa cosa che il ' Grande Architetto dell'Universo ' (cfr. in particolare *Le Règne de la quantité et les signes des temps*, cap. III).
16. Va da sé che questa osservazione si applica anzitutto alla ' discesa ' dell'*Avatâra*, per quanto la sua presenza nel mondo terrestre possa essere anche un ' esilio ', ma solo secondo le apparenze esteriori.
17. Lo avrebbe potuto solo quando, prima della sua sistemazione, si considerava la pietra stessa nel suo stato di ' reiezione '.
18. Si veda *Le symbolisme du dôme* [qui sopra, come cap. 39], e anche *La Grande Triade*, cap. XIV.
19. Si veda *Aperçus sur l'initiation*, cap. XLVIII. Questo rapporto con il *luz* è del resto suggerito chiaramente dagli accostamenti da noi sopra indicati con Bethel e con il ' terzo occhio ' (si veda a tale proposito *Le Roi du Monde*, cap. VII).

Alle considerazioni che abbiamo esposto sulla 'pietra angolare', pensiamo non sarà inutile aggiungere alcune precisazioni
complementari su un punto particolare: si tratta delle indicazioni che abbiamo dato sulla parola araba *rukn*, « angolo », e sui
suoi diversi significati. Ci proponiamo soprattutto di segnalare a
tale riguardo una notevolissima concordanza che s'incontra nel-
l'antico simbolismo cristiano, e che viene illuminata d'altronde,
come sempre, dagli accostamenti che si possono fare con certi dati
delle altre tradizioni. Vogliamo parlare del *gammadion*, o piuttosto, dovremmo dire, dei *gammadia*, poiché questo simbolo si
presenta sotto due forme nettamente diverse, per quanto sia in
genere attribuito loro lo stesso senso; esso deve il suo nome al
fatto che gli elementi che vi figurano in entrambi i casi, e che
sono in realtà delle squadre, hanno una somiglianza di forma
con la lettera greca *gamma*.[1]

Fig. 15

La prima forma di questo simbolo (fig. 15), talvolta chiamata
anche « croce del Verbo »,[2] è costituita da quattro squadre i cui
vertici sono volti verso il centro; la croce è formata dalle squadre
stesse, o più esattamente dallo spazio vuoto che esse lasciano tra
i loro lati paralleli, e che rappresenta in certo modo quattro vie
partenti dal centro o terminanti in esso, a seconda che siano per-
corse in un senso o nell'altro. Ora, questa figura, considerata precisamente come la rappresentazione di un incrocio, è la forma
originaria del carattere cinese *hing*, che designa i cinque elemen-

---

1. Si veda *Le Symbolisme de la Croix*, cap. x. Come abbiamo segnalato allora,
questi *gammadia* sono le vere 'croci gammate', e solo dai moderni questa designazione è stata applicata allo *swastika*, il che può solamente provocare una incresciosa confusione tra questi due simboli del tutto diversi e che non hanno assolutamente lo stesso significato.
2. Questo probabilmente perché, secondo il significato generale del simbolo, esso
è considerato raffigurare il Verbo che si esprime attraverso i quattro Vangeli;
c'è da notare che, secondo tale interpretazione, questi ultimi devono essere fatti
corrispondere a quattro punti di vista (messi simbolicamente in relazione con i
'quarti' dello spazio) la cui riunione è necessaria all'espressione integrale del
Verbo, al pari delle quattro squadre che formano la croce unendosi ai vertici.

ti: vi si vedono le quattro regioni dello spazio, corrispondenti
ai punti cardinali, e chiamate effettivamente «squadre» (*fang*),[3]
intorno alla regione centrale cui è riferito il quinto elemento.
Dobbiamo dire d'altra parte che questi elementi, nonostante una
parziale somiglianza nella loro nomenclatura,[4] non si potrebbero
assolutamente identificare con quelli della tradizione indù e del-
l'antichità occidentale; così, per evitare ogni confusione, sarebbe
probabilmente meglio, come alcuni hanno proposto, tradurre
hing con «agenti naturali», poiché sono propriamente 'forze'
che agiscono nel mondo corporeo, e non elementi costitutivi dei
corpi stessi. È nondimeno vero che, come risulta dalla loro corrispondenza spaziale, i cinque *hing* possono essere considerati
come gli *arkân* di questo mondo, allo stesso modo in cui gli elementi propriamente detti lo sono da un altro punto di vista, ma
comunque con una differenza relativamente al significato del-
l'elemento centrale. Infatti, mentre l'etere, non situandosi sul
piano di base ove si trovano gli altri quattro elementi, corrisponde alla vera 'pietra angolare', quella del vertice (*rukn el-arkân*),
la 'terra' della tradizione estremo-orientale dev'essere messa in
corrispondenza diretta con la 'pietra fondamentale' del centro,
di cui abbiamo parlato in precedenza.[5]

Fig. 16

La raffigurazione dei cinque *arkân* appare ancor più chiaramente nell'altra forma del *gammadion* (fig. 16), in cui quattro squadre, che formano gli angoli (*arkân* nel senso letterale della parola) di un quadrato, circondano una croce tracciata al centro di
questo; i vertici delle squadre sono volti allora verso l'esterno,

---

3. Nella tradizione estremo-orientale, la squadra è essenzialmente lo strumento
usato per 'misurare la Terra'; cfr. *La Grande Triade*, capp. XV e XVI. È facile vedere il rapporto esistente fra questa figura e quella del quadrato diviso in nove
parti (*ibidem* cap. XVI); per ottenerla, basta infatti tracciare il contorno esterno
e unire i vertici delle squadre in modo da incorniciare la regione centrale.
4. Sono l'acqua a nord, il fuoco a sud, il legno a est, il metallo a ovest, e la terra
al centro; si vede che tre designazioni sono comuni agli elementi delle altre tradizioni, ma che la terra non ha tuttavia la stessa corrispondenza spaziale.
5. Bisogna osservare d'altronde, a questo proposito, che il tumulo elevato al centro di un paese corrisponde effettivamente all'altare o al focolare posto nel punto
centrale di un edificio.

invece di esserlo verso il centro come nel caso precedente.[6] Si può considerare qui la figura tutt'intera come la proiezione orizzontale di un edificio sul suo piano di base: le quattro squadre corrispondono allora alle pietre di base dei quattro angoli (che devono essere infatti tagliate ' a squadra '), e la croce alla ' pietra angolare ' del vertice, che, per quanto non sia sullo stesso piano, si proietta al centro della base secondo la direzione dell'asse verticale; e l'assimilazione simbolica di Cristo alla ' pietra angolare ' giustifica in modo ancora più evidente tale corrispondenza.

Infatti, dal punto di vista del simbolismo cristiano, entrambi i *gammadia* sono considerati allo stesso modo rappresentazioni di Cristo, raffigurato dalla croce, in mezzo ai quattro Evangelisti, raffigurati dalle squadre; l'insieme equivale dunque alla ben nota raffigurazione di Cristo stesso in mezzo ai quattro animali della visione di Ezechiele e dell'*Apocalisse*,[7] che sono i più comuni simboli degli Evangelisti.[8] L'assimilazione di questi ultimi alle pietre di base dei quattro angoli non è del resto assolutamente in contraddizione con il fatto che, d'altra parte, san Pietro sia espressamente designato come ' pietra di fondamento ' della Chiesa; si deve solo vedervi l'espressione di due punti di vista diversi, uno dei quali si riferisce alla dottrina e l'altro alla costituzione della Chiesa; e non si può certo contestare che i Vangeli siano veramente i fondamenti della dottrina cristiana.

Nella tradizione islamica, si trova pure una figura similmente disposta, che comprende il nome del Profeta al centro e quelli dei primi quattro *Kholafá* agli angoli; anche qui il Profeta, che appare come *rukn el-arkân*, dev'essere considerato, allo stesso modo di Cristo nella precedente raffigurazione, situato a un livello diverso da quello della base, e, di conseguenza, corrisponde in realtà ancora alla ' pietra angolare ' del vertice. Bisogna notare d'altronde che, dei due punti di vista appena indicati per quel che concerne il cristianesimo, questa raffigurazione richiama direttamente quello che considera Pietro come la ' pietra di fondamento ', poiché è evidente che san Pietro, come abbiamo già detto, è anche il *Khalîfah*, cioè il « vicario » o il « sostituto » di Cristo. Soltanto, in questo caso si considera una sola ' pietra di

---

6. I vertici delle quattro squadre e il centro della croce, costituendo i quattro angoli e il centro del quadrato, corrispondono ai ' cinque punti ' con i quali veniva tradizionalmente determinata l'ubicazione di un edificio.
7. Questi quattro animali simbolici corrispondono d'altronde anche ai quattro *Mahârâja* che nelle tradizioni indù e tibetana sono i reggenti dei punti cardinali e dei ' quarti ' dello spazio.
8. L'antica tradizione egizia raffigurava, secondo una disposizione del tutto simile, Horus in mezzo ai quattro figli; del resto, nei primi tempi del cristianesimo, Horus fu preso molto spesso, in Egitto, come un simbolo di Cristo.

fondamento ', cioè quella fra le quattro pietre di base degli angoli che è posta per prima, senza spingere oltre le corrispondenze, mentre il simbolo islamico in questione comporta le quattro pietre di base; la ragione di questa differenza è che i quattro
primi *Kholafâ* hanno effettivamente una speciale funzione sotto
il profilo della ' storia sacra ', mentre nel cristianesimo i primi
successori di san Pietro non hanno alcun carattere che possa, in
modo simile, distinguerli nettamente da tutti quelli venuti dopo
di loro. Aggiungeremo ancora che, in corrispondenza con questi
cinque *arkân* manifestati nel mondo terrestre e umano, la tradizione islamica considera anche cinque *arkân* celesti o angelici,
che sono *Jibrîl, Rufaîl, Mikaîl, Isrâfîl,* e infine *Er-Rûh*; quest'ultimo, identico a *Metatron*, come abbiamo spiegato in altre occasioni, si situa anch'esso a un livello superiore agli altri quattro,
i quali ne sono quasi i riflessi parziali in varie funzioni più par-
ticolareggiate o meno principiali, e, nel mondo celeste, esso è
propriamente *rukn el-arkân*, quello che sul limite che separa *el-
Khalq* da *El-Haqq* occupa il ' luogo ' stesso attraverso il quale
soltanto può effettuarsi l'uscita dal Cosmo.

In una nostra opera abbiamo citato,[1] a proposito del *Ming-tang* e della *Tien-ti-Huei*, una formula massonica secondo la quale il compito dei Maestri consiste nel « diffondere la luce e riunire ciò che è sparso ». Di fatto, l'accostamento che facevamo allora riguardava soltanto la prima parte della formula;[2] in quanto alla seconda, che può sembrare più enigmatica, siccome essa ha nel simbolismo tradizionale notevolissime connessioni, ci sembra interessante fornire su questo punto alcune indicazioni che non avevano potuto trovar posto in quella occasione.

Per capire nel modo più completo possibile la cosa, conviene innanzitutto riferirsi alla tradizione vedica, che è più esplicita di altre a tale riguardo: secondo essa, infatti, « ciò che è sparso » sono le membra del *Purusha* primordiale che fu diviso nel primo sacrificio compiuto dai *Dêva* all'inizio dei tempi, e da cui nacquero, grazie a tale divisione, tutti gli esseri manifestati.[3]

È evidente che si tratta di una descrizione simbolica del passaggio dall'unità alla molteplicità, senza di cui non potrebbe effettivamente esserci alcuna manifestazione; e ci si può già rendere conto così che la ' riunione di ciò che è sparso ', o la ricostituzione del *Purusha* quale esso era ' prima dell'inizio ', se è consentito esprimersi così, cioè nello stato non-manifestato, non è altro che il ritorno all'unità principiale. *Purusha* è identico a *Prajâpati*, il « Signore degli esseri prodotti », essendo questi ultimi tutti derivati da lui e di conseguenza considerati quasi come la sua ' progenie ';[4] è anche *Vishwakarma*, cioè il « Grande Architetto dell'Universo », e, in quanto *Vishwakarma*, è lui a compiere il sacrificio pur essendone nello stesso tempo la vittima;[5] e, se si dice che è sacrificato dai *Dêva*, ciò non comporta in realtà alcuna differenza, poiché i *Dêva* non sono in definitiva nient'altro che le ' potenze ' che egli porta in se stesso.[6]

Abbiamo già detto a varie riprese che ogni sacrificio rituale dev'essere considerato un'immagine di questo primo sacrificio

1. *La Grande Triade*, cap. xvi.
2. Il motto della *Tien-ti-Huei* di cui si trattava era infatti questo: « Distruggere l'oscurità *(tsing)*, restaurare la luce *(ming)* ».
3. Si veda *Rig-Veda*, x, 90.
4. La parola sanscrita *prajâ* è identica al latino *progenies*.
5. Nella concezione cristiana del sacrificio, Cristo è anche la vittima e il sacerdote per eccellenza.
6. Commentando il passo dell'inno del *Rig-Veda* menzionato sopra, in cui è detto che è « mediante il sacrificio che i *Dêva* offrirono il sacrificio », Sâyana dice che i *Dêva* sono le forme del soffio *(prâna-rûpa)* di *Prajâpati*. Cfr. quel che abbiamo detto a proposito degli angeli in *Monothéisme et Angélologie*. S'intende che in tutto ciò si tratta sempre di aspetti del Verbo divino cui si identifica in definitiva l'' Uomo universale '.

cosmogonico; e sempre in ogni sacrificio, come ha fatto notare Coomaraswamy, « la vittima, come mostrano con evidenza i *Brâhmana*, è una rappresentazione del sacrificante, o, come dicono i testi, *è* il sacrificante stesso; in accordo con la legge universale secondo cui l'iniziazione (*dîkshâ*) è una morte e una rinascita, è evidente che l'" iniziato è l'oblazione " (*Taittiriya Samhitâ*, vi, 1, 4, 5), " la vittima è sostanzialmente il sacrificante stesso " (*Aitarêya Brâhmana*, II, ii) ».[7] Questo ci riporta direttamente al simbolismo massonico del grado di Maestro, nel quale l'iniziato si identifica effettivamente con la vittima; si è d'altronde spesso insistito sui rapporti fra la leggenda di Hiram e il mito di Osiride di modo che, quando si tratta di ' riunire ciò che è sparso ', si può immediatamente pensare a Iside che riunisce le membra disperse di Osiride; ma in fondo la dispersione delle membra di Osiride è appunto identica a quella delle membra di *Purusha* o di *Prajâpati*: sono soltanto, si potrebbe dire, due versioni della descrizione del medesimo processo cosmogonico in due forme tradizionali diverse. È vero che nel caso di Osiride e in quello di Hiram non si tratta più di un sacrificio, almeno esplicitamente, ma di un assassinio; ma questo non cambia nulla essenzialmente, poiché è la medesima cosa considerata sotto due aspetti complementari, come sacrificio sotto l'aspetto ' dêvico ', e come assassinio sotto l'aspetto ' asurico ';[8] ci accontentiamo di segnalare questo punto di sfuggita, perché non potremmo insistervi senza addentrarci in argomentazioni troppo circostanziate ed estranee al problema che ora stiamo trattando.

Sempre allo stesso modo, nella Cabala ebraica, per quanto non si parli più propriamente né di sacrificio né di assassinio, ma piuttosto di una specie di ' disintegrazione ' le cui conseguenze sono del resto le stesse, è dalla frammentazione del corpo dell'*Adam Qadmon* che si è formato l'Universo con tutti gli esseri che contiene, di modo che questi ultimi sono quasi particelle di tale corpo, e la loro ' reintegrazione ' nell'unità appare come la ricostituzione stessa dell'*Adam Qadmon*. Esso è l'" Uomo Universale ', e *Purusha*, secondo uno dei significati di questa parola, è pure l'" Uomo ' per eccellenza; si tratta quindi esattamente della stessa cosa. Aggiungiamo a questo proposito, prima di procedere, che poiché il grado di Maestro rappresentava, almeno virtual-

---

7. *Atmayajna: Self sacrifice*, nello « Harvard Journal of Asiatic Studies », febbraio 1942.

8. Cfr. anche, nei misteri greci, l'assassinio e lo smembramento di *Zagreus* da parte dei Titani; è noto che questi sono il corrispettivo degli *Asura* della tradizione indù. Forse non è inutile notare, d'altra parte, che il linguaggio corrente applica la stessa parola ' vittima ' nel caso del sacrificio come in quello dell'assassinio.

mente, il termine dei 'piccoli misteri', bisogna quindi considerare in questo caso propriamente la reintegrazione al centro dello stato umano; ma è noto che lo stesso simbolismo è sempre applicabile a livelli diversi, in virtù delle corrispondenze che esistono fra di essi,[9] di modo che lo si può riferire sia a un mondo determinato, sia a tutto l'insieme della manifestazione universale; e la reintegrazione nello 'stato primordiale', che è d'altronde anche 'adamico', è quasi una figura della reintegrazione totale e finale, per quanto essa sia ancora solo, in realtà, una tappa sulla via che vi conduce.

Nello studio che abbiamo citato sopra, A. Coomaraswamy dice che « l'essenziale, nel sacrificio, è in primo luogo dividere, e in secondo luogo riunire »; esso comporta dunque le due fasi complementari della 'disintegrazione' e della 'reintegrazione' che costituiscono il processo cosmico nel suo complesso: il *Purusha*, « essendo uno, diventa molti, ed essendo molti, ridiventa uno ». La ricostituzione del *Purusha* è operata simbolicamente, in particolare, nella costruzione dell'altare vedico, che comprende nelle sue diverse parti una rappresentazione di tutti i mondi;[10] e il sacrificio, per essere compiuto correttamente, richiede una cooperazione di tutte le arti, il che assimila il sacrificante a *Vishwakarma* stesso.[11] D'altra parte, poiché si può considerare che ogni azione rituale, cioè in definitiva ogni azione veramente normale e conforme all'« ordine » (*rita*), sia dotata di un carattere in certo modo 'sacrificale', secondo il senso etimologico di questa parola (da *sacrum facere*), quel che è vero per l'altare vedico lo è anche, in una certa maniera e in una certa misura, per ogni costruzione edificata conformemente alle regole tradizionali, poiché quest'ultima procede sempre in realtà da uno stesso 'modello cosmico', come abbiamo spiegato in altre occasioni.[12] Si vede come ciò sia in diretto rapporto con un simbolismo 'costruttivo' come quello della massoneria; e d'altronde, anche nel senso più immediato, il costruttore riunisce effettivamente dei materiali sparsi per farne un edificio che, se è veramente quel che dev'essere, avrà un'unità 'organica', paragonabile a quella di un essere vivente, se ci si pone dal punto di vista microcosmico, o a quella di un mondo, se ci si pone dal punto di vista macrocosmico.

9.   Alla stessa maniera, nel simbolismo alchimistico, c'è corrispondenza fra il processo dell''opera al bianco' e quello dell''opera al rosso', per quanto il secondo riproduca in certo modo il primo a un livello superiore.
10.   Si veda *Janua Coeli* [qui sotto, come cap. 58].
11.   Cfr. A. K. Coomaraswamy, *Hinduism and Buddhism*, p. 26.
12.   I riti di fondazione di un edificio comportano d'altronde in genere un sacrificio o una oblazione nel senso rigoroso di queste parole; anche in Occidente, una certa forma di oblazione si è conservata fino ai nostri giorni nel caso in cui la posa della prima pietra sia compiuta secondo i riti massonici.

Per concludere, ci resta ancora da parlare un poco di un simbolismo d'altro genere, che può sembrare assai diverso nelle sue apparenze esteriori, ma è nondimeno, in fondo, equivalente nel significato: si tratta della ricostituzione di una parola a partire dai suoi elementi letterali presi dapprima isolatamente.[13] Per comprenderlo, bisogna ricordarsi che il vero nome di un essere non è altro, dal punto di vista tradizionale, che l'espressione della sua essenza stessa; la ricostituzione del nome equivale quindi, simbolicamente, alla ricostituzione dell'essere stesso. È anche noto il ruolo che svolgono le lettere in un simbolismo come quello della Cabala riguardo alla creazione o alla manifestazione universale; si potrebbe dire che questa è formata dalle lettere separate, che corrispondono alla molteplicità dei suoi elementi, e che, riunendo tali lettere, la si riconduce per ciò stesso al suo Principio, sempre che la riunione venga operata in modo da ricostituire effettivamente il nome del Principio.[14] Da questo punto di vista, ' riunire ciò che è sparso ' è lo stesso che ' ritrovare la Parola perduta ', poiché, in realtà, e nel suo senso più profondo, tale ' Parola perduta ' non è altro che il vero nome del ' Grande Architetto dell'Universo '.

---

13. Ciò corrisponde naturalmente, nel rituale massonico, al modo di comunicazione delle ' parole sacre '.
14. Finché si rimane nella molteplicità della manifestazione, si può solo ' compitare ' il nome del Principio discernendo il riflesso dei suoi attributi nelle creature in cui essi si esprimono soltanto in modo frammentario e disperso. Il massone che non è giunto al grado di Maestro è ancora incapace di ' riunire ciò che è sparso ', e perciò ' sa solo compitare '.

Il simbolo massonico del « pavimento a mosaico » (*tessellated pavement*) è fra quelli che spesso vengono intesi in modo inadeguato o mal interpretati; tale pavimento è formato da piastrelle alternativamente bianche e nere, disposte esattamente allo stesso modo delle caselle della scacchiera. Aggiungeremo subito che il simbolismo è evidentemente lo stesso nei due casi, poiché, come abbiamo detto in varie occasioni, in origine i giochi sono tutt'altro che semplici divertimenti profani quali sono divenuti oggi, e d'altronde il gioco degli scacchi è certo uno fra quelli in cui le tracce del carattere ' sacro ' originario sono rimaste più visibili malgrado questo processo di degenerazione.

Nel senso più immediato, la giustapposizione del bianco e del nero rappresenta naturalmente la luce e le tenebre, il giorno e la notte, e quindi tutte le coppie di opposti o di complementari (è quasi inutile ricordare che quel che si trova in opposizione a un certo livello diventa complementare a un altro livello, di modo che gli si può applicare lo stesso simbolismo); si ha quindi, a tale riguardo, un esatto equivalente del simbolo estremo-orientale dello *yin-yang*.[1] Si può anche osservare che l'interpenetrazione e l'inseparabilità dei due aspetti *yin* e *yang*, che vengono rappresentate dal fatto che le due metà della loro figura sono delimitate da una linea sinuosa, vengono rappresentate anche dalla disposizione a incastro dei due tipi di piastrelle, mentre una diversa disposizione, come ad esempio quella di strisce rettilinee alternativamente bianche e nere, non renderebbe altrettanto chiaramente la stessa idea e potrebbe anche far pensare piuttosto a una giustapposizione pura e semplice.[2]

Sarebbe inutile ripetere a questo proposito tutte le considerazioni già fatte altrove in merito allo *yin-yang*; ricorderemo solo in modo particolare che non si deve vedere in tale simbolismo, come nel riconoscimento delle dualità cosmiche di cui è l'espressione, l'affermazione di alcun ' dualismo ', poiché se queste dualità esistono realmente nel loro ordine, i loro termini sono nondimeno derivati dall'unità di un medesimo principio (il *Tai-Ki*

1. Si veda *La Grande Triade*, cap. IV. Abbiamo avuto occasione di leggere un articolo in cui l'autore riferiva la parte bianca allo *yin* e la parte nera allo *yang*, mentre è vero il contrario, e pretendeva di fondare questa opinione erronea su esperienze « radioestesiche »; cosa si deve concluderne, se non che, in un caso simile, il risultato ottenuto è dovuto semplicemente all'influenza delle idee preconcette dello sperimentatore?
2. Anche quest'ultima disposizione è stata tuttavia usata in certi casi; è noto che la si trovava tra l'altro nel *Beaucéant* dei Templari, il cui significato è ancora una volta lo stesso.

della tradizione estremo-orientale). È questo infatti uno dei punti
più importanti, giacché è soprattutto quello che dà luogo a false
interpretazioni; taluni hanno creduto di poter parlare di ' dualismo ' a proposito del lo *yin-yang*, probabilmente per incomprensione, ma forse a volte anche con intenzioni di carattere più o
meno sospetto; in ogni caso, per quanto riguarda il ' pavimento
a mosaico ', una simile interpretazione è il più delle volte dovuta
ad avversari della massoneria, che vorrebbero fondare su di essa
un'accusa di ' manicheismo '.[3] È senz'altro possibile che certi
' dualisti ' abbiano distorto il vero senso di questo simbolismo per
interpretarlo conformemente alle proprie dottrine, così come
hanno potuto alterare per la stessa ragione i simboli che esprimono un'unità e un'immutabilità per loro inconcepibili; ma
queste sono in ogni caso soltanto deviazioni eterodosse che non
toccano in nulla il simbolismo nella sua essenza e quando ci si
pone dal punto di vista propriamente iniziatico non è certo il
caso di esaminare simili deviazioni.[4]

Ora, oltre al significato di cui abbiamo parlato fin qui, ce n'è
un altro di un ordine più profondo, che risulta immediatamente dal duplice senso del colore nero, da noi spiegato in
altre occasioni; abbiamo ora considerato soltanto il suo senso
inferiore e cosmologico, ma bisogna anche considerarne il senso
superiore e metafisico. Se ne trova un esempio particolarmente
chiaro nella tradizione indù, in cui l'iniziato deve sedersi su una
pelle dai peli neri e bianchi, che simboleggiano rispettivamente
il non-manifestato e il manifestato;[5] il fatto che si tratti di un
rito essenzialmente iniziatico giustifica sufficientemente l'accostamento con il caso del ' pavimento a mosaico ' e l'esplicita attribuzione dello stesso significato a quest'ultimo, anche se, allo

3. Secondo quanto abbiamo detto sopra, queste persone, se fossero logiche, dovrebbero accuratamente astenersi dal giocare a scacchi per non rischiare di cadere anch'esse sotto tale accusa; questa semplice osservazione non basta forse a
mostrare tutta l'inanità della loro argomentazione?

4. Ricorderemo anche, a tale proposito, quel che abbiamo detto altrove sulla
questione del ' rovesciamento dei simboli ', e più in particolare l'osservazione che
abbiamo fatto allora sul carattere veramente diabolico che presenta l'attribuzione
al simbolismo ortodosso, e specialmente a quello delle organizzazioni iniziatiche,
dell'interpretazione a rovescio che appartiene in realtà alla ' contro-iniziazione '
(*Le Règne de la quantité et les signes des temps*, cap. xxx).

5. *Shatapata Brâhmana*, iii, 2, i, 5-7. A un altro livello questi due colori rappresentano anche il Cielo e la Terra, ma bisogna fare attenzione al fatto che, in ragione della corrispondenza di questi con il non-manifestato e il manifestato, è
allora il nero che si riferisce al cielo e il bianco alla terra, di modo che le relazioni esistenti nel caso dello *yin-yang* si trovano invertite; del resto è solo un'applicazione del senso inverso dell'analogia. L'iniziato deve toccare il punto di congiunzione dei peli neri e bianchi, unendo così i principi complementari da cui
sta per nascere in quanto ' Figlio del Cielo e della Terra ' (cfr. *La Grande Triade*,
cap. ix).

stato attuale delle cose, questo significato è stato completamente dimenticato. Vi si ritrova dunque un simbolismo equivalente a quello di *Arjuna*, il ' bianco ', e di *Krishna*, il ' nero ', che sono, nell'essere stesso, il mortale e l'immortale, l'" io ' e il ' Sé ';[6] e poiché essi sono anche i « due uccelli inseparabilmente uniti » di cui si parla nelle *Upanishad*, ciò evoca un altro simbolo ancora, quello dell'aquila bianca e nera a due teste che figura in certi alti gradi massonici, nuovo esempio che, dopo tanti altri, mostra una volta di più che il linguaggio simbolico ha un carattere veramente universale.

6. Questo simbolismo è anche quello dei Dioscuri; il rapporto di questi con i due emisferi o le due metà dell'' Uovo del Mondo ' ci riconduce d'altronde alla considerazione del cielo e della terra che abbiamo indicato nella nota precedente (cfr. *La Grande Triade*, cap. v).

Abbiamo già avuto talvolta occasione di rilevare le varie fantasie linguistiche cui ha dato luogo il nome di Cibele; non torneremo qui su quelle troppo evidentemente sprovviste di qualsiasi fondamento e dovute solo all'eccessiva immaginazione di taluni,[1] e considereremo soltanto alcuni accostamenti che possono parere più seri a prima vista, per quanto siano altrettanto ingiustificati. Così, abbiamo visto avanzare recentemente l'ipotesi secondo cui Cibele « sembra derivare il suo nome » dall'arabo *qubbah*, perché « era adorata nelle grotte » a causa del suo carattere « ctonio ». Ora, questa pretesa etimologia ha due difetti, uno solo dei quali sarebbe sufficiente a farla scartare: anzitutto, come un'altra di cui parleremo fra poco, essa tiene conto soltanto delle due prime lettere della radice del nome di Cibele, la quale ne contiene invece tre, e va da sé che la terza lettera non è più trascurabile delle altre due; e poi, essa poggia in realtà su un controsenso puro e semplice. Infatti, *qubbah* non ha mai voluto dire « volta, stanza a volta, cripta », come crede l'autore di questa ipotesi; tale parola designa una cupola, il cui simbolismo è precisamente 'celeste' e non 'terrestre', quindi esattamente all'opposto del carattere attribuito a Cibele o 'Grande Madre'. Come abbiamo spiegato in altri studi, la cupola sormonta un edificio a base quadrata, dunque di forma in genere cubica, ed è questa parte quadrata o cubica ad avere, nell'insieme così costituito, un simbolismo 'terrestre'; questo ci conduce a esaminare un'altra ipotesi formulata abbastanza spesso a proposito dell'origine del nome stesso di Cibele, e che ha un'importanza più particolare ai nostri fini.

Si è voluto far derivare *Kubelê* da *kubos*, e qui almeno non c'è un controsenso come quello appena segnalato; ma, d'altra parte, questa etimologia ha in comune con la precedente il difetto di prendere in considerazione solo le prime due delle tre lettere che costituiscono la radice di *Kubelê*, il che la rende ugualmente inaccettabile dal punto di vista propriamente linguistico.[2] Se si vuol vedere fra le due parole soltanto una certa somiglianza

1. Non riparleremo quindi dell'assimilazione di Cibele a una 'cavalla', né dell'accostamento che si è voluto trarne con 'cavalleria', e neppure dell'altro accostamento altrettanto immaginario con la 'Cabala'.
2. Segnaleremo incidentalmente a questo proposito che è pure assai dubbio, malgrado un'esatta sinonimia e una parziale somiglianza fonetica, che possa esserci una vera affinità linguistica fra il greco *Kubos* e l'arabo *Kaab*, per via della presenza nel secondo della lettera *ayn*; per il fatto che tale lettera non ha equivalente nelle lingue europee e non può esservi realmente trascritta, gli Occidentali la dimenticano o la trascurano troppo spesso, il che ha per conseguenza numerose assimilazioni erronee tra parole la cui radice è nettamente diversa.

fonetica che, come spesso succede, può avere un qualche valore dal punto di vista simbolico, allora è tutt'altra cosa; ma, prima di studiare più da vicino questo punto, diremo che in realtà il nome di *Kubelê* non è di origine greca, e che d'altronde la sua vera etimologia non ha nulla di enigmatico né di dubbio. Questo nome, infatti, si ricollega direttamente all'ebraico *gebal* e all'arabo *jabal*, « montagna »; la differenza della prima lettera non può dar luogo ad alcuna obiezione perché il mutamento di *g* in *k* o viceversa è solo una modificazione secondaria di cui si possono trovare molti altri esempi.[3] Così, Cibele è propriamente la ' dea della montagna ';[4] ed è assai notevole il fatto che, per questo significato, il suo nome è l'esatto equivalente di quello di *Pârvâti* nella tradizione indù.

Questo stesso significato del nome di Cibele è visibilmente legato a quello della ' pietra nera ' che ne era il simbolo; infatti, è noto che tale pietra era di forma conica e, come tutti i ' betili ' della stessa forma, essa dev'essere considerata una raffigurazione ridotta della montagna in quanto simbolo ' assiale '. D'altra parte, le ' pietre nere ' sacre erano degli aeroliti, e tale origine ' celeste ' fa pensare che il carattere ' ctonio ' cui facevamo allusione all'inizio corrisponda in realtà soltanto a uno degli aspetti di Cibele; del resto, l'asse rappresentato dalla montagna non è ' terrestre ', ma lega fra di loro il cielo e la terra; e aggiungeremo che lungo quest'asse devono effettuarsi, simbolicamente, la caduta della ' pietra nera ' e la sua finale risalita, poiché si tratta anche qui di relazioni fra il cielo e la terra.[5] Non che si voglia, beninteso, contestare che Cibele sia stata spesso assimilata alla ' Terra Madre ', ma solo indicare che essa aveva anche altri aspetti; è d'altronde possibilissimo che l'oblio più o meno completo di questi, in seguito a un predominio attribuito all'aspetto ' terrestre ', abbia originato certe confusioni, e in particolare quella che porta

3. Così, il termine ebraico e arabo *kabîr* ha un'evidente affinità con l'ebraico *gibor* e l'arabo *jabbâr*; è vero che il primo ha soprattutto il senso di « grande » e gli altri due quello di « forte », ma è una semplice sfumatura; i *Giborim* della *Genesi* sono sia i « giganti » sia gli « uomini forti ».
4. Notiamo di sfuggita che *Gebal* era anche il nome della città fenicia di Byblos; i suoi abitanti erano chiamati *Giblim*, e questo nome è rimasto come ' parola d'ordine ' nella massoneria. Vi è a tale proposito un accostamento che, a quanto pare, non si è mai pensato di fare; qualunque sia stata l'origine storica della denominazione dei *Ghibellini* nel Medioevo, essa presenta con questo nome di *Giblim* una sorprendente somiglianza, e, se è solo una ' coincidenza ', essa è perlomeno abbastanza curiosa.
5. Si veda *Lapsit exillis* [qui sopra, come cap. 44]. Esiste in India una tradizione secondo cui le montagne un tempo volavano; *Indra* le scagliò sulla terra e ve le fissò colpendole con il fulmine: anche questo evidentemente va accostato all'origine delle ' pietre nere '.

ad assimilare la ' pietra nera ' e la ' pietra cubica ', simboli invece del tutto diversi.[6]

La ' pietra cubica ' è essenzialmente una ' pietra fondamentale '; essa dev'essere dunque proprio ' terrestre ', come indica d'altronde la sua forma, e, inoltre, l'idea di ' stabilità ' espressa da questa forma stessa [7] conviene ottimamente alla funzione di Cibele in quanto ' Terra Madre ', cioè in quanto rappresenta il principio ' sostanziale ' della manifestazione universale. Per questo, dal punto di vista simbolico, il rapporto di Cibele con il ' cubo ' non è da respingere integralmente, come ' convergenza ' fonetica; ma, certo, non è una ragione per trarne un'' etimologia ', né per identificare con la ' pietra cubica ' una ' pietra nera ' che era in realtà conica. C'è soltanto un caso particolare in cui esiste un certo rapporto fra la ' pietra nera ' e la ' pietra cubica ': è quello in cui quest'ultima è, non una delle ' pietre fondamentali ' poste ai quattro angoli di un edificio, ma la pietra *shetiyah* che occupa il centro della sua base, corrispondente al punto di caduta della ' pietra nera ', così come, sullo stesso asse verticale, ma all'estremità opposta, la ' pietra angolare ' o ' pietra del vertice ', la quale per contro non è di forma cubica, corrisponde alla posizione ' celeste ' iniziale e finale della ' pietra nera ' stessa. Non insisteremo ulteriormente su queste ultime considerazioni, avendole già esposte altrove in modo più dettagliato;[8] e ricorderemo soltanto, per concludere, che, in linea generale, il simbolismo della ' pietra nera ', con le diverse posizioni e forme che essa può assumere, è dal punto di vista ' microcosmico ' in relazione con le diverse ' localizzazioni ' nell'essere umano del *luz* o ' nòcciolo d'immortalità '.

---

6.   Abbiamo segnalato in una recensione l'incredibile supposizione dell'esistenza di una presunta ' dea *Kaabah* ', che sarebbe stata rappresentata dalla ' pietra nera ' della Mecca, chiamata pure *Kaabah*; è un altro esempio della stessa confusione. In seguito, abbiamo avuto la sorpresa di leggere di nuovo la stessa cosa altrove, dal che sembra proprio risultare che questo errore è vivo in certi ambienti occidentali. Ricorderemo dunque che *Kaabah* non è per nulla il nome della ' pietra nera ', perché questa non è cubica, ma quello dell'edificio in un angolo del quale essa è incassata, edificio che ha effettivamente la forma di un cubo; e, se la *Kaabah* è anche *Beyt Allah* (« casa di Dio », il *Beith-El* della *Genesi*), essa non è stata comunque mai considerata una divinità. È del resto assai probabile che la singolare invenzione della presunta ' dea *Kaabah* ' sia stata suggerita di fatto dall'accostamento fra *Kubelè* e *Kubos* di cui abbiamo parlato sopra.
7.   Si veda *Le Règne de la quantité et les signes des temps*, cap. xx.
8.   Si veda ancora *Lapsit exillis*.

In un articolo in cui si parlava degli altari che, presso gli antichi Ebrei, dovevano essere formati esclusivamente di pietre grezze, abbiamo letto questa frase piuttosto stupefacente: « Il simbolismo della pietra grezza è stato alterato dalla frammassoneria, che l'ha trasposto dalla sfera sacra al livello profano; un simbolo, originariamente destinato a esprimere i rapporti soprannaturali dell'anima con il Dio ' vivente ' e ' personale ', vi esprime ormai realtà di ordine alchimistico, moralizzante, sociale e occultistico ». L'autore di queste righe, a quanto sappiamo di lui, è fra coloro nei quali il partito preso può abbastanza facilmente spingersi fino alla malafede; che un'organizzazione iniziatica abbia fatto scendere un simbolo « al livello profano » è una cosa talmente assurda e contraddittoria che nessuno, crediamo, potrebbe sostenerla seriamente; e, d'altra parte, l'insistenza sulle parole « vivente » e « personale » mostra evidentemente una ben ferma intenzione di pretendere di limitare la « sfera sacra » al solo punto di vista dell'exoterismo religioso! Che attualmente la maggior parte dei massoni non capiscano più il vero senso dei loro simboli, come la maggioranza dei cristiani non capiscono quello dei propri, è tutt'altra questione; in che cosa la massoneria può, più della Chiesa, essere resa responsabile di uno stato di fatto dovuto soltanto alle condizioni del mondo moderno, rispetto al quale entrambe sono egualmente ' anacronistiche ' per il loro carattere tradizionale? La tendenza « moralizzante », che in effetti è anche troppo reale a partire dal secolo XVIII, era in definitiva una conseguenza quasi inevitabile, se si tien conto della mentalità generale, della degenerazione ' speculativa ' sulla quale abbiamo così spesso insistito; si può dire altrettanto dell'eccessiva importanza attribuita al punto di vista sociale, e del resto, sotto questo profilo, i massoni sono ben lungi dal costituire un'eccezione nella nostra epoca: si esamini imparzialmente quel che s'insegna oggi in nome della Chiesa, e ci si dica se è possibile trovarvi molto di più di semplici considerazioni morali e sociali! Per finirla con queste osservazioni, è quasi superfluo sottolineare l'improprietà, probabilmente voluta, della parola « occultistico », poiché la massoneria non ha certo niente a che vedere con l'occultismo, cui è ben anteriore, anche nella sua forma ' speculativa '; per quanto riguarda il simbolismo alchimistico, o più esattamente ermetico, esso non ha sicuramente nulla di profano, e si riferisce come abbiamo spiegato altrove all'ambito dei ' piccoli misteri ', che è precisamente l'ambito proprio delle iniziazioni di mestiere in generale e della massoneria in particolare.

Non è semplicemente per fare questa puntualizzazione, per

quanto necessaria, che abbiamo citato la frase iniziale, ma soprattutto perché essa ci è parsa suscettibile di fornire l'occasione di apportare alcune precisazioni utili sul simbolismo della pietra grezza e della pietra tagliata. È vero che nella massoneria la pietra grezza ha un significato diverso da quello che possiede nel caso degli altari ebraici, cui bisogna aggiungere quello dei monumenti megalitici; ed è così in quanto tale significato non si riferisce allo stesso tipo di tradizione. Ciò è facilmente comprensibile per tutti coloro che conoscono le considerazioni da noi fatte sulle differenze essenziali che esistono, in linea generale, fra le tradizioni dei popoli nomadi e quelle dei popoli sedentari; e d'altronde, quando Israele passò dal nomadismo alla sedentarietà, la proibizione di elevare edifici in pietre tagliate scomparve, perché non aveva più ragione d'essere: ne è testimone la costruzione del Tempio di Salomone, che sicuramente non fu un'impresa profana, e alla quale si ricollega, almeno simbolicamente, l'origine stessa della massoneria. Poco importa a questo riguardo che gli altari abbiano dovuto allora continuare a essere fatti di pietre grezze, caso questo tutto particolare, per il quale il simbolismo primitivo poteva venire conservato senza alcun inconveniente, mentre è fin troppo evidentemente impossibile costruire il più modesto edificio con pietre simili. Il fatto poi che « niente di metallico si possa trovare » negli altari, come segnala ancora l'autore dell'articolo in questione, si riferisce a un altro ordine di idee, che abbiamo pure spiegato, e che si ritrova del resto nella stessa massoneria con il simbolo della ' spogliazione dei metalli '.

Ora, è indubbio che, in virtù delle leggi cicliche, alcuni popoli ' preistorici ' come quelli che elevarono i monumenti megalitici, quali che siano stati, fossero in uno stato necessariamente più vicino al principio di coloro che vennero dopo di loro, ma anche che tale stato non potesse perpetuarsi indefinitamente, e che i mutamenti nelle condizioni dell'umanità alle diverse epoche della sua storia dovessero esigere adattamenti successivi della tradizione; ciò è potuto anche succedere nel corso dell'esistenza di uno stesso popolo e senza che vi sia stata in essa alcuna soluzione di continuità, come mostra l'esempio appena citato degli Ebrei. D'altra parte, è anche del tutto certo, e l'abbiamo detto altrove, che fra i popoli sedentari il sostituirsi delle costruzioni di pietra alle costruzioni di legno corrisponda a un grado più accentuato di ' solidificazione ', in conformità con le tappe della ' discesa ' ciclica; ma, dal momento che tale nuovo sistema di costruzione era reso necessario dalle mutate condizioni ambientali, bisognava che in una civiltà tradizionale esso ricevesse dalla tradizione stessa, per mezzo di riti e simboli appropriati, la consacrazione che sola era suscettibile di legittimarlo e quindi di integrarlo a tale civiltà, e proprio per questo abbiamo parlato al riguardo di adattamento. Simile legittimazione implicava quella di tutti i mestieri, a cominciare dal taglio delle pietre richieste per la costruzione, ed essa non poteva essere veramente effettiva se non a condizione che l'esercizio di ogni mestiere fosse ricollegato a una iniziazione corrispondente, poiché, conformemente alla concezione tradizionale, esso doveva rappresentare l'applicazione regolare dei princìpi nel proprio ordine contingente. Così fu sempre e dappertutto, salvo naturalmente nel mondo occidentale moderno la cui civiltà ha perso il proprio carattere tradizionale, e questo non è vero soltanto per i mestieri edili, che qui consideriamo più particolarmente, ma anche per tutti gli altri la cui costituzione fu allo stesso modo resa necessaria da certe circostanze di tempo o di luogo; ed è importante sottolineare che tale legittimazione, con tutto quel che comporta, fu sempre possibile in tutti i casi, tranne che per i mestieri puramente meccanici che nacquero solo nell'epoca moderna. Ora, per i tagliapietre e per i costruttori che impiegavano i prodotti del loro lavoro, la pietra grezza poteva forse rappresentare altro che la 'materia prima' indifferenziata, o il 'caos' con tutte le corrispondenze sia microcosmiche sia macrocosmiche, mentre la pietra completamente tagliata in tutte le sue facce rappresentava al contrario il compimento o la perfezione dell'' opera '? Ecco qual è la spiegazione della differenza che esiste fra il significato simbolico della pietra grezza in casi come quelli dei monumenti megalitici e degli altari primitivi, e quello della stessa pietra grezza nella massoneria. Aggiungeremo, senza poterci insistere ulteriormente, che questa differenza corrisponde a un duplice aspetto della *materia prima*, a seconda che essa venga considerata come la ' Vergine universale ' o come il ' caos ' che si trova all'origine di ogni manifestazione; similmente, nella tradizione indù, *Prakriti*, se da una parte è la pura potenzialità che letteralmente è al di sotto di ogni esistenza, è nel contempo un aspetto della ' Madre divina '; ed è chiaro che questi due punti non si escludono affatto a vicenda, il che giustifica del resto la coesistenza degli altari di pietre grezze e degli edifici di pietre tagliate. Queste poche considerazioni mostreranno ancora una volta come, nell'interpretazione dei simboli così come in ogni altra cosa, bisogna sempre saper disporre ogni elemento al suo posto esatto, senza di che si corrono grossi rischi di cadere nei più grossolani errori.

Simbolismo assiale
e simbolismo del passaggio

Potrebbe sembrare strano ad alcuni che si parli dei simboli dell'analogia, poiché, se il simbolismo stesso è, come si dice spesso, fondato sull'analogia, qualunque simbolo dev'essere l'espressione di una analogia; ma questo modo di considerare le cose non è esatto: il simbolismo è fondato, nella sua definizione più generale, sulle corrispondenze che esistono tra i diversi ordini della realtà, ma non tutte le corrispondenze sono analogiche. Intendiamo qui l'analogia esclusivamente nella sua accezione più rigorosa, cioè, secondo la formula ermetica, come il rapporto di « ciò che è in basso » con « ciò che è in alto », rapporto che, come abbiamo spiegato spesso a proposito dei numerosi casi in cui abbiamo avuto occasione di esaminarlo, implica essenzialmente la considerazione del ' senso inverso ' dei suoi due termini; tale considerazione è del resto iscritta così chiaramente, e in modo così palese, nei simboli di cui stiamo per parlare, che può meravigliare che essa sia passata così spesso inosservata, anche da parte di coloro che pretendono di riferirsi a questi simboli, ma che mostrano con ciò la loro incapacità di comprenderli e di interpretarli correttamente.

La costruzione dei simboli in questione poggia sulla figura della ruota a sei raggi; come abbiamo già detto, la ruota in genere è anzitutto un simbolo del mondo, e in essa la circonferenza rappresenta la manifestazione prodotta dai raggi emanati dal centro; ma naturalmente il numero dei raggi che vi sono tracciati, diverso secondo i casi, vi aggiunge altri significati particolari. D'altra parte, in certi simboli derivati la circonferenza stessa può anche non essere raffigurata; ma, per la loro costruzione geometrica, questi simboli devono essere nondimeno considerati inscritti in una circonferenza, e per questo si deve ritenerli collegati al simbolo della ruota, anche se la forma esterna di quest'ultima, cioè la circonferenza che ne determina il contorno e il limite, non vi appare più in maniera esplicita e visibile, il che indica soltanto che non sulla manifestazione in se stessa e sull'ambito speciale in cui essa si sviluppa deve rivolgersi in tal caso l'attenzione, rimanendo in certo modo tale ambito in uno stato di indeterminazione anteriore al tracciato effettivo della circonferenza.

La figura più semplice, base di tutte le altre, è quella costituita unicamente dall'insieme dei sei raggi; questi, essendo opposti a due a due a partire dal centro, formano tre diametri, uno verticale, e gli altri due obliqui e ugualmente inclinati da entrambe le parti di quello. Se si considera che il sole occupi il centro, essi sono i sei raggi di cui abbiamo parlato in un precedente studio; e, in tal caso, il ' settimo raggio ' è rappresentato appunto dal centro stesso. Quanto al rapporto da noi indicato con la croce a tre dimensioni, esso si stabilisce in modo del tutto immediato: l'asse verticale rimane immutato, e i due diametri obliqui sono la proiezione, nel piano della figura, dei due assi che formano la croce orizzontale; quest'ultima considerazione, necessaria alla completa intelligenza del simbolo, è d'altronde al di fuori di quelle che ne fanno propriamente una rappresentazione dell'analogia, per le quali basta prendere il simbolo nella forma che esso rappresenta, senza che vi sia bisogno di accostarlo ad altri simboli cui si associa per i vari aspetti del suo complesso significato.

Nel simbolismo cristiano, questa figura è quel che si chiama il monogramma semplice di Cristo; lo si considera formato allora dall'unione delle due lettere I e X, cioè dalle iniziali greche delle due parole *Jésous Christos*, ed è un significato, questo, che essa pare aver ricevuto fin dai primi tempi del cristianesimo; inutile dire che questo simbolo è in sé ben anteriore, e, di fatto, è uno di quelli che si trovano diffusi dappertutto e in tutte le epoche. Il monogramma costantiniano, formato dall'unione delle lettere greche X e P, le prime due di *Christos*, sembra a prima vista immediatamente derivato dal monogramma semplice, di cui conserva esattamente la disposizione fondamentale, e da cui si distingue solo per l'aggiunta, nella parte superiore del diametro verticale, di un ' occhiello ' destinato a trasformare la I in P. Questo ' occhiello ', di forma naturalmente più o meno perfettamente circolare, può essere considerato, messo in quella posizione, come corrispondente alla raffigurazione del disco solare che appare al vertice dell'asse verticale o dell'' Albero del Mondo '; e questa osservazione riveste una particolare importanza in rapporto a quanto dovremo dire a proposito del simbolo dell'albero.[1]

È interessante notare, per quel che concerne più specificamente il simbolismo araldico, che i sei raggi costituiscono una specie di schema generale secondo cui sono state disposte nel blasone le più varie figure. Si guardi, ad esempio, un'aquila o qualsiasi altro uccello araldico, e non sarà difficile rendersi conto che vi si trova effettivamente questa disposizione, per cui la testa, la coda,

---

1. Certe forme intermedie mostrano d'altronde una parentela fra il monogramma di Cristo e la ' croce ansata ' egiziana, il che può essere del resto facilmente compreso riferendosi a quel che abbiamo detto sopra a proposito della croce a tre dimensioni; in certi casi l'' occhiello ' della P prende anche la forma propria al simbolo egiziano della ' treccia di Horus '. Un'altra variante del monogramma è rappresentata dal ' *quatre de chiffre* ' degli antichi marchi corporativi, i cui molteplici significati richiedono d'altronde uno studio speciale. Segnaliamo ancora che il monogramma è talvolta circondato da un cerchio, il che lo assimila nel modo più chiaro possibile alla ruota a sei raggi.

le estremità delle ali e delle zampe corrispondono rispettivamente alle punte dei sei raggi; si guardi poi un emblema come la *fleur de lis*, e si farà la stessa constatazione. Poco importa, del resto, in quest'ultimo caso, l'origine storica dell'emblema, che ha dato luogo a numerose ipotesi diverse: sia che la *fleur de lis* sia veramente un fiore, il che si accorderebbe con l'equivalenza fra la ruota e certi simboli floreali come il loto, la rosa e il giglio (quest'ultimo, poi, ha davvero sei petali), sia che fosse originariamente un ferro di lancia, o un uccello, o un'ape, l'antico simbolo caldeo della regalità (geroglifico *sâr*), o addirittura un rospo,[2] sia che, com'è più probabile, esso risulti da una specie di 'convergenza' e di fusione di parecchie di queste figure, che lascia sussistere solo i loro tratti comuni, fatto sta che esso è strettamente conforme allo schema di cui parliamo, ed è questo che importa essenzialmente per determinare il significato principale.

D'altra parte, se si congiungono le estremità dei sei raggi a due a due, si ottiene la ben nota figura dell'esagramma o 'sigillo di Salomone', formata da due triangoli equilateri opposti e intrecciati; la stella a sei punte propriamente detta, che ne differisce per il fatto che in quest'ultima è tracciato il solo contorno esterno, è evidentemente una variante del medesimo simbolo. L'ermetismo cristiano del Medioevo vedeva tra l'altro nei due triangoli dell'esagramma una rappresentazione delle due nature, la divina e l'umana, nella persona di Cristo; e il numero sei, cui questo simbolo naturalmente si riferisce, ha tra i suoi significati quelli di unione e di mediazione, che qui convengono alla perfezione.[3] Il medesimo numero è anche, secondo la Cabala ebraica, il numero della creazione (l'"opera dei sei giorni' della *Genesi*, in relazione con le sei direzioni dello spazio), e, sempre sotto questo profilo, l'attribuzione del suo simbolo al Verbo si giustifica altrettanto bene: si tratta insomma di una specie di traduzione grafica dell'*omnia per ipsum facta sunt* del Vangelo di san Giovanni.

Ora, ed è qui soprattutto che volevamo arrivare nel presente studio, i due triangoli opposti del 'sigillo di Salomone' rappresentano due ternari di cui uno è quasi il riflesso o l'immagine

---

2. Questa opinione, per quanto bizzarra possa sembrare, deve essere stata accettata abbastanza anticamente, poiché negli arazzi del secolo XV della cattedrale di Reims lo stendardo di Clodoveo porta tre rospi. È possibilissimo d'altronde che in origine questo rospo sia stato in realtà una rana, animale che, per via delle sue metamorfosi, è un antico simbolo di 'resurrezione', e che aveva conservato questo significato nel cristianesimo dei primi secoli.

3. Nel simbolismo estremo-orientale, sei tratti altrimenti disposti, sotto forma di linee parallele, rappresentano ugualmente il termine mediano della 'Grande Triade', cioè il Mediatore fra il cielo e la terra, l'"Uomo vero' che unisce in sé le due nature, celeste e terrestre.

rovesciata dell'altro; e proprio in questo il simbolo è un'esatta raffigurazione dell'analogia. Nella figura dei sei raggi, si possono anche prendere i due ternari formati rispettivamente dalle estremità dei tre raggi superiori e da quelle dei tre raggi inferiori; essendo allora interamente situati da una parte e dall'altra del piano di riflessione, essi sono separati invece di intrecciarsi come nel caso precedente; ma il loro rapporto inverso è esattamente lo stesso. Per precisare ulteriormente questo senso del simbolo, viene talora indicata nell'esagramma una parte del diametro orizzontale (e si deve notare che lo è anche nella *fleur de lis*); tale diametro orizzontale rappresenta evidentemente la traccia del piano di riflessione o della 'superficie delle Acque'. Aggiungiamo che si avrebbe ancora un'altra rappresentazione del 'senso inverso' supponendo che i due diametri obliqui formino il contorno apparente di due coni opposti al vertice e aventi come asse il diametro verticale; anche qui, il loro vertice comune, che è il centro della figura, è situato nel piano di riflessione, e ognuno dei due coni è l'immagine rovesciata dell'altro.

Infine, la figura dei sei raggi, talora un po' modificata, ma sempre perfettamente riconoscibile, forma anche lo schema di un altro importantissimo simbolo, quello dell'albero a tre rami e tre radici, in cui ritroviamo palesemente i due ternari inversi di cui abbiamo appena parlato. Tale schema può d'altronde essere considerato nei due sensi opposti, di modo che i rami possono prendervi il posto delle radici e viceversa; riprenderemo questa considerazione quando studieremo in maniera più completa alcuni aspetti del simbolismo dell'' Albero del Mondo '.

Abbiamo già parlato in varie occasioni dell'' Albero del Mondo ' e del suo simbolismo ' assiale ';[1] senza tornare qui su ciò che abbiamo detto allora, aggiungeremo alcune osservazioni che vertono su certi punti più particolari di questo simbolismo, e specialmente sul caso in cui l'albero appare rovesciato, cioè con le radici in alto e i rami in basso, questione alla quale Ananda K. Coomaraswamy ha dedicato uno studio speciale, *The Inverted Tree*.[2] È facile capire che se ciò accade è anzitutto perché la radice rappresenta il principio, mentre i rami rappresentano lo spiegamento della manifestazione; ma a questa spiegazione generale è opportuno aggiungere certe considerazioni di carattere più complesso, che d'altronde poggiano sempre sull'applicazione del ' senso inverso ' dell'analogia, cui si riferisce palesemente la posizione rovesciata dell'albero. A tale riguardo, abbiamo già indicato che appunto sul simbolo propriamente detto dell'analogia, cioè sulla figura dei sei raggi le cui estremità sono raggruppate in due ternari capovolti l'uno rispetto all'altro, si costruisce lo schema dell'albero a tre rami e tre radici, schema che del resto può essere considerato nei due sensi opposti, il che mostra come le due posizioni corrispondenti dell'albero debbano riferirsi a due punti di vista diversi e complementari, a seconda che lo si guardi dal basso verso l'alto o dall'alto verso il basso, cioè, in definitiva, a seconda che ci si ponga dal punto di vista della manifestazione o da quello del principio.[3]

Come prova di questa considerazione, A.K. Coomaraswamy cita i due alberi rovesciati descritti da Dante [4] vicino al vertice della ' montagna ', quindi immediatamente sotto il piano in cui è situato il Paradiso terrestre, mentre, allorché si giunge a quest'ul-

---

1. Si veda in particolare *Le Symbolisme de la Croix*, capp. IX e XXV.
2. In *L'Homme et son devenir selon le Vêdânta*, cap. V, abbiamo citato i testi della *Katha Upanishad*, VI, 1, e della *Bhagavad-Gîtâ*, XV, 1, in cui l'albero è presentato sotto questo aspetto; Coomaraswamy ne cita inoltre parecchi altri non meno espliciti, in particolare *Rig-Veda*, I, 24, 7 e *Maitri Upanishad*, VI, 4.
3. Abbiamo fatto notare altrove come si possa pensare che l'albero ternario sintetizzi in sé l'unità e la dualità che, nel simbolismo biblico, sono rispettivamente rappresentate dall'' Albero della Vita ' e dall'' Albero della Scienza ': la forma ternaria si trova in particolare nelle tre ' colonne ' dell'' albero sefirotico della Cabala, e va da sé che la ' colonna di mezzo ' è allora propriamente ' assiale ' (si veda *Le Symbolisme de la Croix*, cap. IX); per ricondurre questa forma a quella dello schema appena indicato, bisogna riunire le estremità delle ' colonne ' laterali con due linee che s'incrocino sulla ' colonna di mezzo ' nel punto centrale, cioè in *Tiphereth*, il cui carattere ' solare ' giustifica d'altronde interamente questa posizione di centro ' raggiante '.
4. *Purgatorio*, XXII-XXV.

timo, gli alberi appaiono raddrizzati nella loro posizione normale; e così questi alberi, che sembrano in realtà essere solo aspetti diversi dell'' Albero ' unico, « sono rovesciati soltanto al di sotto del punto in cui ha luogo la rettificazione e la rigenerazione dell'uomo ». È importante osservare che, per quanto il Paradiso terrestre sia effettivamente ancora una parte del ' cosmo ', la sua posizione è virtualmente ' sopra-cosmica '; si potrebbe dire che esso rappresenta il « vertice dell'essere contingente » (bhavâgra), di modo che il suo piano si identifica con la ' superficie delle Acque '. Con quest'ultima, che dev'essere essenzialmente considerata come un ' piano di riflessione ', siamo ricondotti al simbolismo dell'immagine rovesciata per riflesso, di cui abbiamo parlato a proposito dell'analogia: « ciò che è in alto », o al di sopra della ' superficie delle Acque ', cioè la sfera principiale o ' sopra-cosmica ', si riflette in senso inverso in « ciò che è in basso », o al di sotto di tale superficie, cioè nella sfera ' cosmica '; in altri termini, tutto quel che è al di sopra del ' piano di riflessione ' è diritto, e tutto quel che è al di sotto è rovescio. Quindi, se si suppone che l'albero si elevi al di sopra delle Acque, quel che noi vediamo finché siamo nel ' cosmo ' è la sua immagine rovesciata, con le radici in alto e i rami in basso; al contrario, se ci poniamo al di sopra delle Acque, non vediamo più questa immagine, che ora è per così dire sotto i nostri piedi, bensì la sua fonte, cioè l'albero reale, che naturalmente ci si presenta nella sua posizione diritta; l'albero è sempre lo stesso, ma è cambiata la nostra posizione in rapporto a esso, e di conseguenza anche il punto di vista da cui lo consideriamo.

Questo è confermato anche dal fatto che in certi testi tradizionali indù si parla di due alberi, uno ' cosmico ' e l'altro ' sopra-cosmico '; siccome questi due alberi sono naturalmente sovrapposti, uno può essere considerato il riflesso dell'altro, e nel contempo i loro tronchi sono continui, in modo da essere quasi due parti di un tronco unico, il che corrisponde alla dottrina di ' un'essenza e due nature ' in *Brahma*. Nella tradizione avestica, se ne trova l'equivalente nei due alberi *Haoma*, il bianco e il giallo, uno celeste (o piuttosto ' paradisiaco ', poiché cresce in cima alla montagna *Alborj*) e l'altro terrestre; il secondo appare un ' sostituto ' del primo per l'umanità allontanata dalla ' dimora primordiale ', come la visione indiretta dell'immagine è un ' sostituto ' della visione diretta della realtà. Anche lo *Zohar* parla di due alberi, uno superiore e l'altro inferiore; e in alcune raffigurazioni, in particolare su un sigillo assiro, si distinguono chiaramente due alberi sovrapposti.

L'albero rovesciato non è solo un simbolo 'macrocosmico' come quello che abbiamo appena visto; è talvolta anche, e per le stesse ragioni, un simbolo 'microcosmico', cioè un simbolo dell'uomo; così Platone dice che « l'uomo è una pianta celeste, il che significa che è come un albero rovesciato, le cui radici tendono verso il cielo e i rami in basso verso la terra ». Nella nostra epoca, gli occultisti hanno molto abusato di questo simbolismo, che per essi è una semplice comparazione il cui senso profondo sfugge loro completamente, e che essi interpretano nel modo più grossolanamente 'materializzato', tentando di giustificarla con considerazioni anatomiche o piuttosto 'morfologiche' di una straordinaria puerilità; ecco un esempio, fra tanti altri, della deformazione cui essi sottopongono le nozioni tradizionali frammentarie che essi hanno cercato, senza capirle, di incorporare nelle proprie concezioni.[5]

Dei due termini sanscriti che servono principalmente a designare l'' Albero del Mondo ', uno, *nyagrodha*, dà luogo a una osservazione interessante sotto lo stesso profilo, poiché significa letteralmente « che cresce verso il basso », non solo perché tale crescita è di fatto rappresentata da quella delle radici aeree nella specie d'albero che porta questo nome, ma anche perché, quando si tratta dell'albero simbolico, esso è considerato proprio rovesciato.[6] A questa posizione dell'albero si riferisce dunque propriamente il nome di *nyagrodha*, mentre l'altra designazione, quella di *ashwattha*, sembra essere, almeno in origine, quella dell'albero diritto, per quanto questa distinzione non si sia mantenuta sempre così chiaramente in seguito; la parola *ashwattha* viene interpretata come « stazione del cavallo » (*ashwa-stha*), dovendosi ritenere che quest'ultimo, simbolo qui di *Agni* o del Sole, o di entrambi a un tempo, sia giunto al termine della sua corsa e si fermi quando l'' Asse del Mondo ' è stato raggiunto.[7] Ricorderemo a questo proposito che in varie tradizioni l'immagine del sole è collegata a quella dell'albero anche in un altro modo, poiché esso vi è rappresentato come il frutto dell'' Albero del Mondo '; esso lascia il suo albero all'inizio di un ciclo e viene a

---

5. L'assimilazione dell'uomo a un albero, ma senza allusioni a una posizione rovesciata di quest'ultimo, svolge un ruolo abbastanza importante nel rituale della Carboneria.
6. Cfr. *Aitarêya Brâhmana*, vii, 30; *Shatapatha Brâhmana*, xii, 2, 7, 3.
7. Similmente, secondo la tradizione greca, le aquile, altro simbolo solare, partite dalle estremità della terra si fermano all'*Omphalos* di Delfi, che rappresenta il ' Centro del Mondo '.

posarvisi alla fine, di modo che, anche in questo caso, l'albero
è effettivamente la ' stazione del Sole '.[8]

Per quanto riguarda *Agni*, vi è da dire qualcos'altro ancora:
esso è identificato con l'" Albero del Mondo ', donde il suo nome
di *Vanaspati* o « Signore degli alberi »; e tale identificazione, che
conferisce all'" Albero ' assiale una natura ignea, lo collega visibilmente al ' Roveto ardente ', che, del resto, in quanto luogo
e supporto di manifestazione della Divinità, dev'essere concepito
anch'esso in una posizione ' centrale '. Abbiamo parlato in precedenza della ' colonna di fuoco ' o della ' colonna di fumo ' di
Agni come sostituti, in certi casi, dell'albero o del pilastro in
quanto rappresentazione ' assiale '; l'osservazione appena fatta
perfeziona questa equivalenza e le conferisce tutto il suo significato;[9] A.K. Coomaraswamy cita a questo proposito un passo dello
Zohar in cui l'" Albero della Vita ', che peraltro è detto « estendersi dall'alto verso il basso », quindi rovesciato, è rappresentato
come un « Albero di Luce », il che si accorda perfettamente con
tale identificazione; e possiamo aggiungervi un'altra concordanza
tratta dalla tradizione islamica e che non è meno notevole. Nella
Sûrat En-Nûr,[10] si parla di un « albero benedetto », cioè carico di
influenze spirituali,[11] il quale non è « né orientale né occidentale », il che definisce chiaramente la sua posizione ' centrale ' o
' assiale ';[12] e quest'albero è un ulivo il cui olio alimenta la luce
di una lampada; tale luce simboleggia la luce di *Allah*, che in
realtà è *Allah* stesso, poiché, com'è detto all'inizio del medesimo
versetto, « *Allah* è la Luce dei cieli e della terra ». È evidente
che, se l'albero qui è un ulivo, è a causa del potere illuminante
dell'olio che ne è tratto, e quindi della natura ignea e luminosa
che si trova in esso; è dunque proprio, anche qui, l'« Albero di
Luce » di cui si è appena parlato. D'altra parte, almeno in uno
dei testi indù che descrivono l'albero rovesciato,[13] quest'ultimo
è espressamente identificato con *Brahma*; se altrove lo è con *Agni*

---

8. Si veda *Le Symbolisme de la Croix*, cap. IX. Il carattere cinese che raffigura il
tramonto del sole lo rappresenta mentre si posa sul suo albero alla fine del
giorno.
9. Si può osservare che questa ' colonna di fuoco ' e questa ' colonna di fumo ' si
ritrovano esattamente nelle colonne che guidano alternativamente gli Ebrei alla loro
uscita dall'Egitto (*Esodo*, XIV) e che erano d'altronde una manifestazione della
Shekinah o « Presenza divina ».
10. *Corano*, XXIV, 35.
11. Nella Cabala ebraica, queste stesse influenze spirituali sono simboleggiate
dalla ' rugiada di luce ', che emana dall'" Albero della Vita '.
12. Allo stesso modo e nel senso più letteralmente ' geografico ', il Polo non è situato né a Oriente né a Occidente.
13. *Maîtri Upanishad*, VI, 4.

non c'è nessuna contraddizione, poiché *Agni* nella tradizione vedica è solo uno dei nomi e degli aspetti di *Brahma*; nel testo coranico è *Allah* sotto forma di Luce a illuminare tutti i mondi;[14] sarebbe sicuramente difficile spingere oltre la somiglianza, e abbiamo anche qui un esempio fra i più sorprendenti dell'accordo unanime di tutte le tradizioni.

---

14. Questa Luce è anche, secondo il seguito del testo, « luce su luce », quindi una doppia luce sovrapposta, il che evoca la sovrapposizione dei due alberi di cui abbiamo parlato sopra; si ritrovano anche qui ' un'essenza ', quella della Luce unica, e ' due nature ', quella dell'alto e quella del basso, o il non-manifestato e il manifestato, cui corrispondono rispettivamente la luce nascosta nella natura dell'albero e la luce visibile nella fiamma della lampada, la prima delle quali è il ' supporto ' essenziale della seconda.

Abbiamo considerato precedentemente lo schema dell'albero a tre rami e tre radici, costruito sul simbolo generale dell'analogia e suscettibile di essere considerato nei due sensi opposti; aggiun-

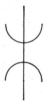

Fig. 17

geremo a questo proposito ancora alcune osservazioni complementari, che faranno risaltare meglio la stretta connessione esistente fra simboli apparentemente diversi dell'' Asse del Mondo '. Infatti, come è facile rendersi conto dalla figura sopra riportata, lo schema in questione è identico, in fondo, alla figura del doppio *vajra*, le cui due estremità opposte riproducono anch'esse il simbolismo analogico di cui abbiamo parlato. In uno dei nostri studi precedenti in cui si è trattato del *vajra*, avevamo già indicato questa somiglianza a proposito della triplicità che spesso si incontra nel simbolismo ' assiale ', per rappresentare sia l'asse stesso, che occupa naturalmente la posizione centrale, sia le due correnti cosmiche di destra e di sinistra che lo accompagnano, triplicità di cui sono un esempio certe raffigurazioni dell'' Albero del Mondo '; facevamo notare che, « in tal caso, la doppia triplicità dei rami e delle radici richiama ancora più esattamente quella delle due estremità del *vajra* », che, come è noto, sono a forma di tridente o *trishûla*.[1]

Ci si potrebbe chiedere, tuttavia, se l'accostamento così stabilito fra l'albero e il simbolo del fulmine, che possono sembrare a prima vista due cose ben distinte, possa essere spinto anche oltre questo significato ' assiale ' che è manifestamente comune a entrambi; la risposta a questa domanda si trova in quel che abbiamo detto sulla natura ignea dell'' Albero del Mondo ' col quale *Agni* stesso, in quanto *Vanaspati*, è identificato nel simbolismo vedico, e di cui, quindi, la ' colonna di fuoco ' è un esatto equivalente quale rappresentazione dell'asse. È ovvio che il fulmine è anch'esso di natura ignea o luminosa; il lampo del resto

---

1. *Les armes symboliques* [qui sopra, come cap. 26]. Sulle raffigurazioni del *vajra* si veda A. K. Coomaraswamy, *Elements of Buddhist Iconography*.

è uno dei simboli più consueti dell'' illuminazione ', intesa in senso intellettuale o spirituale. L'' Albero di Luce ' di cui abbiamo parlato attraversa e illumina tutti i mondi; secondo il passo dello *Zohar* citato a tale proposito da A. Coomaraswamy, « l'illuminazione incomincia al vertice e si estende in linea retta attraverso il tronco intero »; e questa propagazione della luce può facilmente evocare l'idea del lampo. Del resto, in genere l'' Asse del Mondo ' è sempre considerato più o meno esplicitamente come luminoso; abbiamo già avuto occasione di ricordare che Platone, in particolare, lo descrive come un « Asse luminoso di diamante », il che, precisamente, si riferisce ancora in modo diretto a uno degli aspetti del *vajra*, poiché quest'ultimo ha sia il senso di « fulmine » sia quello di « diamante ».[2]

C'è dell'altro: una delle designazioni più diffuse dell'albero assiale, in varie tradizioni, è quella di ' Albero della Vita '; ora è noto quale relazione immediata stabiliscano le dottrine tradizionali fra la ' Luce ' e la ' Vita '; avendo già trattato la questione,[3] non vi insisteremo ulteriormente; ricorderemo ancora soltanto, in relazione immediata con il nostro tema, il fatto che la Cabala ebraica unisce le due nozioni nel simbolismo della ' rugiada di luce ' che emana dall'' Albero della Vita '. Inoltre, in altri passi dello *Zohar* citati pure da Coomaraswamy nel corso del suo studio sull'' albero rovesciato ', e in cui si parla di due alberi, uno superiore e l'altro inferiore, quindi in qualche modo sovrapposti, questi due alberi sono designati rispettivamente come « Albero della Vita » e « Albero della Morte ». Anche questo, che ricorda d'altronde la funzione dei due alberi simbolici del Paradiso terrestre, è particolarmente significativo per completare l'accostamento ora in esame, poiché tali significati di ' vita ' e di ' morte ' sono effettivamente collegati anche al duplice aspetto del fulmine rappresentato dalle due direzioni opposte del *vajra*, come abbiamo spiegato in precedenza.[4] Come abbiamo detto allora, si tratta in realtà, nel senso più generale, del duplice potere di produzione e di distruzione di cui la vita e la morte sono l'espressione nel nostro mondo, e che è in relazione con le due fasi di ' espirazione ' e di ' inspirazione ' della manifestazione universale; e la corrispondenza di queste due fasi è chiaramente

2. Abbiamo anche fatto, a questo proposito, un accostamento con il simbolismo buddistico del ' Trono di diamante ', situato ai piedi dell'albero assiale; in tutto ciò, bisogna considerare nel diamante, da una parte, la sua luminosità, e, dall'altra, il carattere di indivisibilità e di inalterabilità che è un'immagine dell'immutabilità essenziale dell'asse.
3. *Verbum, Lux et Vita.*
4. Si veda *Les armes symboliques.*

indicata anche in uno dei testi dello *Zohar* cui abbiamo appena
accennato, poiché i due alberi vi sono rappresentati come ascendente e discendente, in modo da prendere quasi il posto l'uno
dell'altro, secondo l'alternarsi del giorno e della notte; tutto ciò
non rende forse pienamente evidente la perfetta coerenza di tale
simbolismo?

Parlando dell'' Albero del Mondo ' abbiamo menzionato in particolare, tra le sue diverse raffigurazioni, l'albero *Haoma* della tradizione avestica; quest'ultimo (e più precisamente lo *Haoma* bianco, albero ' paradisiaco ', giacché l'altro, lo *Haoma* giallo, è solo un suo ulteriore ' sostituto ') è in particolare relazione con il suo aspetto di ' Albero della Vita ', poiché il liquore che ne viene estratto, chiamato anch'esso *haoma*, è identico al *soma* vedico, che, com'è noto, si identifica con l'*amrita* ovvero « bevanda d'immortalità ». Anche se il *soma* è dato come estratto di una semplice pianta piuttosto che di un albero, non c'è alcuna valida obiezione contro questo accostamento con il simbolismo dell'' Albero del Mondo '; infatti, esso è designato da molteplici nomi e, accanto a quelli che si riferiscono ad alberi propriamente detti, si trova anche quello di « pianta » (*oshadhi*) e anche quello di « canna » (*vêtasa*).[1]

Se ci si riferisce al simbolismo biblico del Paradiso terrestre, la sola notevole differenza che vi si constata al riguardo è che l'immortalità è data, non da un liquore tratto dall'' Albero della Vita ', ma dal suo frutto stesso; si tratta dunque di un ' cibo d'immortalità ', piuttosto che di una bevanda;[2] ma, in ogni caso, è sempre un prodotto dell'albero o della pianta, e un prodotto nel quale si trova concentrata la linfa che è in certo qual modo l'' essenza ' stessa del vegetale.[3] C'è inoltre da notare che di tutto il simbolismo vegetale del Paradiso terrestre solo l'' Albero della Vita ' sussiste con questo carattere nella descrizione della Gerusalemme celeste, mentre tutto il resto del suo simbolismo è minerale; e tale albero porta allora dodici frutti che sono i dodici ' Soli ', cioè l'equivalente dei dodici *Aditya* della tradizione indù, mentre l'albero è la loro natura comune, all'unità della quale essi infine ritornano;[4] ci si ricorderà qui di quel che abbiamo detto sull'albero considerato come ' stazione del Sole ', e sui simboli che raffigurano il sole che viene a posarsi sull'albero alla fine di un ciclo. Gli *Aditya* sono i figli di *Aditi*, e l'idea di ' indivisibilità ' espressa da questo nome implica evidentemente ' indissolubilità ', quindi ' immortalità ';

---

1. Cfr. A.K. Coomaraswamy, *The Inverted Tree*, p. 12.
2. Presso i Greci, l'' ambrosia ', distinta dal ' nettare ', è pure un cibo, per quanto il suo nome sia etimologicamente identico a quello dell'*amrita*.
3. In sanscrito, la parola *rasa* ha sia il senso di « linfa » sia quello di « essenza ».
4. Cfr. *Le Roi du Monde*, capp. IV e XI; ci si potrà riferire anche a quanto abbiamo detto sulla ' bevanda d'immortalità ' e sui suoi ' sostituti ' tradizionali (*ibid.*, capp. V e VI).

Aditi non è d'altronde senza rapporti, sotto certi aspetti, con l'" essenza vegetativa ', per il fatto stesso che essa è considerata come ' dea della terra ',[5] mentre è anche, per altri versi, la ' madre dei *Dêva* '; e l'opposizione fra *Aditi* e *Diti*, da cui procede quella fra i *Dêva* e gli *Asura*, può essere ricollegata sotto lo stesso profilo a quella fra l'" Albero della Vita ' e l'" Albero della Morte ' di cui abbiamo parlato nel precedente studio. Tale opposizione si ritrova d'altronde nello stesso simbolismo del sole, poiché quest'ultimo si identifica con la « Morte » (*Mrityu*), se si considera la sua faccia volta verso il ' mondo di giù ',[6] e nello stesso tempo è anche la ' porta d'immortalità ', di modo che si potrebbe dire che l'altra sua faccia, quella volta verso la sfera ' extra-cosmica ', si identifica con l'immortalità stessa. Quest'ultima osservazione ci riconduce a quanto abbiamo detto in precedenza a proposito del Paradiso terrestre, che è ancora effettivamente una parte del ' cosmo ', ma la cui posizione è comunque virtualmente ' sopra-cosmica ': così si spiega il fatto che, di qui, si possa raggiungere il frutto dell'" Albero della Vita ', il che equivale a dire che l'essere che è pervenuto al centro del nostro mondo (o di ogni altro stato di esistenza) ha già conquistato l'immortalità; e ciò che è vero del Paradiso terrestre lo è naturalmente anche della Gerusalemme celeste, poiché entrambi sono in definitiva solo i due aspetti complementari che assume una sola e identica realtà a seconda che sia considerata in rapporto all'inizio o alla fine di un ciclo cosmico.

È ovvio che tutte queste considerazioni si riallacciano al fatto che nelle varie tradizioni alcuni simboli vegetali appaiono come ' pegno di resurrezione e di immortalità ': il ' ramo d'oro ' dei Misteri antichi, l'acacia che lo sostituisce nell'iniziazione massonica, come pure i rami o le palme nella tradizione cristiana e anche, per il ruolo che svolgono in genere nel simbolismo, gli alberi che rimangono sempre verdi e quelli che producono gomme o resine incorruttibili.[7] D'altro canto, il fatto che il vegetale sia talora considerato nella tradizione indù di natura ' asurica ' non può costituire un'obiezione; di fatto, la crescita del vegetale è in parte aerea, ma in parte anche sotterranea, il che implica in qualche modo una duplice natura, che corrisponde ancora in un certo senso all'" Albero della Vita ' e all'" Albero della Morte '. È del resto la radice, cioè la parte sotterranea, a costi-

---

5. Cfr. A.K. Coomaraswamy, *The Inverted Tree*, p. 28.
6. Si potrebbero anche sviluppare a questo proposito alcune considerazioni sul rapporto del sole e delle sue rivoluzioni con il tempo (*Kâla*) che ' divora ' gli esseri manifestati.
7. Cfr. *L'Esotérisme de Dante*, cap. v, e *Le Roi du Monde*, cap. iv.

tuire il ' supporto ' originario della vegetazione aerea, il che corrisponde alla ' priorità ' di natura degli *Asura* in rapporto ai
Dêva; inoltre, non è certo senza ragione che al centro delle rappresentazioni della lotta fra i *Dêva* e gli *Asura* vi sia la contesa
per il possesso della ' bevanda d'immortalità '.

Dalla stretta relazione della ' bevanda d'immortalità ' con
l'" Albero della Vita ', risulta una importantissima conseguenza
sotto lo speciale punto di vista delle scienze tradizionali: l'" elisir
di vita ' appare dunque più specificamente in rapporto con quello
che si può chiamare l'aspetto ' vegetale ' dell'alchimia,[8] nella quale corrisponde a quel che è la ' pietra filosofale ' per il suo aspetto
' minerale '; si potrebbe dire insomma che l'" elisir ' è l'" essenza
vegetale ' per eccellenza. Non si deve d'altronde opporre a ciò
l'uso di un'espressione come quella di ' liquore d'oro ', che, come
quella di ' ramo d'oro ' appena ricordata, allude in realtà al carattere ' solare ' della cosa in questione; è evidente che tale carattere deve avere la sua espressione nell'ordine vegetale come
in quello minerale; e ricorderemo ancora a tale riguardo la rappresentazione del sole come ' frutto dell'Albero della Vita ', frutto designato d'altronde precisamente anche come ' pomo d'oro '.
È chiaro che dal momento che consideriamo queste cose nel loro
principio, dobbiamo intendere qui il vegetale e il minerale soprattutto simbolicamente, si tratta cioè anzitutto delle loro ' corrispondenze ', o di ciò che rappresentano rispettivamente nell'ordine cosmico; d'altronde ciò non impedisce affatto che si possa
anche intenderli in senso letterale quando si giunge a certe applicazioni più particolari. Sotto questo profilo, si ritroverebbe ancora senza difficoltà l'opposizione di cui abbiamo parlato, legata
alla duplice natura del vegetale: è così che l'alchimia vegetale,
nell'applicazione medica di cui è suscettibile, ha come ' rovescio ',
se così ci si può esprimere, la ' scienza dei veleni '; del resto, in
virtù di tale opposizione, tutto ciò che sotto un certo aspetto è
' rimedio ' è contemporaneamente, sotto un aspetto contrario,
' veleno '.[9] Non è certo possibile seguire qui tutti gli sviluppi
che possono derivare da quest'ultima osservazione; ma essa per-
metterà almeno di intravedere le precise applicazioni cui può
dar luogo, in un ambito come quello della medicina tradizionale,
un simbolismo così intrinsecamente ' principiale ' come quello
dell'" Albero della Vita ' e dell'" Albero della Morte '.

---

8. Questo aspetto si è sviluppato soprattutto nella tradizione taoista, in modo più
esplicito che altrove.
9. In sanscrito la parola *visha* « veleno » o « bevanda di morte », è considerata
l'antitesi di *amrita* o « bevanda d'immortalità ».

Abbiamo già accennato in precedenza al simbolismo che si è conservato fra gli Indiani dell'America del Nord, e secondo il quale i diversi mondi sono rappresentati da una serie di caverne sovrapposte e gli esseri passano da un mondo all'altro salendo lungo un albero centrale. Un simbolismo simile si trova, in vari casi, realizzato da riti nei quali il fatto di arrampicarsi su un albero rappresenta l'ascensione dell'essere lungo l'' asse '; tali riti sono sia vedici sia ' sciamanici ', e la loro stessa diffusione è un indizio del loro carattere veramente ' primordiale '.

L'albero può essere sostituito qui da qualche altro simbolo assiale ' equivalente; l'albero di una nave ne è un esempio; conviene notare, a questo proposito, che dal punto di vista tradizionale la costruzione di una nave è, così come quella di una casa o di un carro, la realizzazione di un ' modello cosmico '; ed è anche interessante notare che la ' coffa ', che è posta nella parte superiore dell'albero e lo circonda, occupa in questo caso esattamente il posto dell'' occhio ' della cupola, il cui centro si ritiene venga attraversato dall'asse anche quando questo non è raffigurato materialmente. D'altra parte, gli studiosi di folklore potranno anche osservare che il popolare ' albero della cuccagna ' delle fiere non è nient'altro che il vestigio incompreso di un rito simile a quelli cui abbiamo or ora accennato; anche in questo caso, un particolare piuttosto significativo è costituito dal cerchio sospeso alla parte alta dell'albero, che si deve raggiungere arrampicandovisi (cerchio che per altro l'albero attraversa e oltrepassa come quello della nave oltrepassa la coffa e quello dello *stûpa* la cupola); questo cerchio è inoltre palesemente la rappresentazione dell'' occhio solare ', e si converrà che non può certo essere stata la presunta ' anima popolare ' a inventare tale simbolismo!

Un altro simbolo assai diffuso, che si ricollega immediatamente allo stesso ordine di idee, è quello della scala, essa pure un simbolo ' assiale '; come dice A.K. Coomaraswamy, « l'Asse dell'Universo è come una scala sulla quale si effettua un perpetuo movimento ascendente e discendente ».[1] Far sì che si compia tale movimento è infatti la destinazione essenziale della scala; e poiché, come abbiamo appena visto, anche l'albero o l'albero di una nave svolgono la stessa funzione, si può ben dire che la scala sia in questo senso il suo equivalente. Da un altro lato, la particolare forma della scala richiede alcune osservazioni; i suoi due

1. *The Inverted Tree*, p. 20.

montanti verticali corrispondono alla dualità dell'" Albero della Scienza ', o, nella Cabala ebraica, alle due ' colonne' di destra e di sinistra dell'albero sefirotico; né l'uno né l'altro è dunque propriamente ' assiale ', e la ' colonna di mezzo ', che è l'asse vero e proprio, non è raffigurata in modo sensibile (come nei casi in cui non lo è neppure il pilastro centrale di un edificio); d'altronde, l'intera scala nel suo complesso è in certo modo ' unificata' dai pioli che congiungono i due montanti, e che, essendo posti orizzontalmente fra questi, hanno necessariamente i loro punti centrali proprio sull'asse.[2] Si vede come la scala offra così un simbolismo completo: si potrebbe dire che essa è come un ' ponte' verticale che si eleva attraverso tutti i mondi e permette di percorrerne l'intera gerarchia passando di piolo in piolo; nello stesso tempo, i pioli sono i mondi stessi, cioè i diversi livelli o gradi dell'Esistenza universale.[3]

Tale significato è evidente nel simbolismo biblico della scala di Giacobbe, lungo la quale gli angeli salgono e scendono; ed è noto che Giacobbe, nel luogo in cui aveva avuto la visione di questa scala, posò una pietra che « eresse come un pilastro », la quale è anche una figura dell'" Asse del Mondo ', e viene così in certo modo a sostituirsi alla scala stessa.[4] Gli angeli rappresentano propriamente gli stati superiori dell'essere; a essi corrispondono quindi più particolarmente i pioli, il che si spiega con il fatto che la scala dev'essere considerata con la base poggiata a terra, cioè, per noi, è necessariamente il nostro mondo il ' supporto' a partire dal quale si deve effettuare l'ascensione. Se anche si supponesse che la scala si prolunghi sottoterra per comprendere la totalità dei mondi, come in realtà dev'essere, la sua parte inferiore sarebbe in ogni caso invisibile, così come è invisibile per gli esseri giunti a una ' caverna' situata a un certo livello tutta la parte dell'albero centrale che si prolunga al di sotto di essa; in altri termini, i pioli inferiori sono già stati percorsi, e non è più il caso di prenderli in considerazione per quanto concerne la realizzazione ulteriore dell'essere, alla quale potrà concorrere solo il percorso dei pioli superiori.

Per questo, soprattutto quando la scala è usata come un ele-

---

2. Nell'antico ermetismo cristiano si trova l'equivalente di questo in un certo simbolismo della lettera H, con le sue due gambe verticali unite dal tratto orizzontale.
3. Il simbolismo del ' ponte' potrebbe naturalmente dar luogo, sotto i suoi vari aspetti, a molte altre considerazioni; si potrebbe anche ricordare, per certi rapporti con tale tema, il simbolismo islamico della « tavola custodita » (*el-lawhul-mahfúz*), prototipo 'atemporale' delle Scritture sacre che, partendo dal più alto dei cieli, discende verticalmente attraversando tutti i mondi.
4. Cfr. *Le Roi du Monde*, cap. IX.

mento di certi riti iniziatici, i suoi pioli sono espressamente considerati come rappresentazioni dei diversi cieli, cioè degli stati superiori dell'essere; è così che in particolare nei misteri mitriaci la scala aveva sette pioli che erano messi in rapporto con i sette pianeti ed erano formati, si dice, dai metalli a essi rispettivamente corrispondenti; e il percorso di questi pioli raffigurava quello di altrettanti gradi successivi dell'iniziazione. Questa scala a sette pioli si ritrova in certe organizzazioni iniziatiche medioevali, da cui passò probabilmente più o meno direttamente negli alti gradi della massoneria scozzese, come abbiamo detto altrove a proposito di Dante;[5] qui i pioli sono riferiti ad altrettante ' scienze ', ma ciò non costituisce alcuna differenza di fondo, poiché secondo Dante stesso tali ' scienze ' si identificano con i ' cieli '.[6] È ovvio che, per corrispondere così a stati superiori e a gradi di iniziazione, queste scienze dovevano essere delle scienze tradizionali intese nel loro senso più profondo e più propriamente esoterico, e questo anche per quelle tra esse i cui nomi, in virtù del processo degenerativo al quale abbiamo spesso accennato, designano ormai per i moderni solo scienze o arti profane, cioè qualcosa che, in rapporto a quelle scienze vere, non è in realtà niente di più che una scorza vuota e un ' residuo ' privo di vita.

In certi casi, si trova anche il simbolo di una scala doppia, il che implica l'idea che la salita dev'essere seguita da una ridiscesa; si sale allora da un lato per pioli che sono ' scienze ', cioè gradi di conoscenza corrispondenti alla realizzazione di altrettanti stati, e si ridiscende dall'altro lato per pioli che sono ' virtù ', cioè i frutti di questi stessi gradi di conoscenza applicati ai loro rispettivi livelli.[7] Si può del resto notare che anche nel caso della scala semplice uno dei montanti può essere considerato in certo modo come ' ascendente ' e l'altro come ' discendente ', a seconda del significato generale delle due correnti cosmiche di destra e di sinistra con le quali questi due montanti sono pure in corrispondenza, per via della loro posizione ' laterale ' in rapporto al vero asse che, per quanto invisibile, è nondimeno l'elemento principale del simbolo, quello a cui tutte le parti devono sempre essere riferite se si vuole capirne integralmente il significato.

A queste diverse indicazioni aggiungeremo ancora, per concludere, quella di un simbolismo un po' differente che s'incontra anche in certi rituali iniziatici, cioè la salita di una scala a chioc-

5. *L'Esotérisme de Dante*, capp. II e III.
6. *Convito*, II, cap. XIV.
7. Bisogna dire che questa corrispondenza della salita e della ridiscesa sembra talora rovesciata; ma ciò può dipendere semplicemente da qualche alterazione del senso primitivo, come succede spesso a causa dello stato più o meno confuso e incompleto in cui i rituali iniziatici occidentali sono giunti fino all'epoca attuale.

ciola; in questo caso si potrebbe dire che si tratta di un'ascensione meno diretta, poiché, invece di compiersi verticalmente secondo la direzione dell'asse stesso, essa si compie secondo le curve dell'elica che si avvolge intorno all'asse, di modo che il suo processo appare ' periferico ' più che ' centrale '; ma, in linea di principio, il risultato finale dev'essere comunque identico, giacché si tratta sempre di una salita attraverso la gerarchia degli stati dell'essere, dato che le spire successive dell'elica sono fra l'altro, come abbiamo ampiamente spiegato altrove,[8] una esatta rappresentazione dei gradi dell'Esistenza universale.

8. Si veda *Le Symbolisme de la Croix.*

Come abbiamo detto in precedenza, una delle rappresentazioni del simbolo della ‘ porta stretta ’ è la « cruna dell'ago », menzionata in particolare con questo significato in un testo evangelico molto noto.[1] L'espressione inglese *needle's eye*, letteralmente « occhio dell'ago », è particolarmente significativo al riguardo, poiché lega più direttamente questo simbolo ad alcuni suoi equivalenti, quale l'" occhio ’ della cupola nel simbolismo architettonico: si tratta di raffigurazioni diverse della ‘ porta solare ’, designata anche come ‘ Occhio del Mondo ’. Si osserverà anche che l'ago, quando è posto verticalmente, può essere inteso come una figura dell'" Asse del Mondo ’; e allora, siccome l'estremità perforata è in alto, c'è un'esatta coincidenza fra la posizione dell'" occhio ’ dell'ago e quella dell'" occhio ’ della cupola.

Questo stesso simbolo ha altri agganci interessanti, segnalati da Ananda K. Coomaraswamy:[2] in un *Jâtaka* in cui si parla di un ago miracoloso (identico in realtà al *vajra*), la cruna dell'ago è designata in pâli dalla parola *pâsa*.[3] Questa parola è identica al sanscrito *pâsha*, che ha originariamente il senso di « nodo » o di « anello di fibbia »; ciò sembra anzitutto indicare, come ha notato Coomaraswamy, che, in epoca antichissima, gli aghi non fossero perforati come lo sono stati più tardi, ma semplicemente ricurvi a una delle estremità, in modo da formare una specie di anello di fibbia nel quale si passava il filo; ma la cosa più importante per noi da considerare è il rapporto che esiste fra tale applicazione della parola *pâsha* alla cruna dell'ago e gli altri suoi significati più consueti, che sono del resto derivati anch'essi dall'idea prima di ‘ nodo ’.

Il *pâsha*, infatti, nel simbolismo indù è il più delle volte un ‘ nodo scorsoio ’, o un ‘ lasso ’ che serve a prendere gli animali a caccia; sotto questa forma è uno dei principali emblemi di *Mrityu* o di *Yama*, e anche di *Varuna*; e gli ‘ animali ’ che essi prendono per mezzo del *pâsha* sono in realtà tutti gli esseri viventi (*pashu*). Di qui anche il senso di ‘ legame ’: quando è preso, l'animale si trova legato dal nodo scorsoio che lo stringe; allo stesso modo, l'essere vivente è legato dalle condizioni limitative che lo trattengono nel suo stato particolare di esistenza manifestata. Per uscire da tale stato di *pashu*, bisogna che l'essere si liberi da queste condizioni, cioè, in termini simbolici, che egli

---

1. *Matteo*, XIX, 24.
2. *Some Pâli Words*, s. v. *Pâsa*, pp. 166-167.
3. *Jâtaka*, 3, 282: *pâsê vijjhiwâ*, « traforata da una cruna » o da un « occhio ».

sfugga al *pâsha*, ovvero che passi attraverso il nodo scorsoio senza che questo si chiuda su di lui; è lo stesso che dire che questo essere passa per le mascelle della Morte senza che esse si chiudano su di lui.[4] L'anello del *pâsha* è quindi effettivamente, come dice Coomaraswamy, un altro aspetto della 'porta stretta', esattamente come l'' infilatura dell'ago' rappresenta il passaggio di questa stessa 'porta solare' nel simbolismo del ricamo; aggiungeremo che il filo che passa per la cruna dell'ago ha anche un equivalente in un altro simbolismo, quello del tiro con l'arco, nel quale la freccia trafigge il bersaglio nel centro; e quest'ultimo è d'altronde designato in francese dalla parola *but*, termine anch'esso molto significativo al riguardo, poiché il passaggio in questione, attraverso il quale si effettua l'' uscita dal cosmo', è anche lo scopo (*but*) che l'essere deve raggiungere per essere infine 'liberato' dai legami dell'esistenza manifestata.

Quest'ultima osservazione ci porta a precisare, con Coomaraswamy, che solo per quanto concerne l'' ultima morte', quella che precede immediatamente la 'liberazione', e dopo la quale non c'è ritorno a uno stato condizionato, l'' infilatura dell'ago' rappresenta veramente il passaggio attraverso la 'porta solare', poiché in ogni altro caso non può ancora trattarsi di una 'uscita dal cosmo'. Tuttavia, analogicamente e in senso relativo, si può anche parlare di 'passare per la cruna dell'ago',[5] o di 'sfuggire al *pâsha*', per designare ogni passaggio da uno stato a un altro, poiché tale passaggio è sempre una 'morte' in rapporto allo stato antecedente, e nel contempo una 'nascita' in rapporto allo stato susseguente, come abbiamo già spiegato in parecchie occasioni.

C'è anche un altro aspetto importante del simbolismo del *pâsha* di cui non abbiamo ancora parlato: è quello che si riferisce più in particolare al 'nodo vitale',[6] e ci resta da mostrare come anche ciò si ricolleghi strettamente allo stesso ordine di considerazioni. Infatti, il 'nodo vitale' rappresenta il legame che tiene uniti fra di loro i diversi elementi costitutivi dell'individualità; esso mantiene quindi l'essere nella sua condizione di *pashu*, poiché quando questo legame si scioglie o si spezza ne consegue il disgregamento degli elementi, e questo disgregamento è propriamente la morte dell'individualità, che comporta il passaggio dell'essere a un altro stato. Trasponendo tutto ciò sul pia-

4. Cfr. le raffigurazioni simboliche di *Shinje*, la forma tibetana di *Yama*.
5. Cfr. Dante, *Purgatorio*, x, 16.
6. Questo simbolo del 'nodo vitale' è rappresentato, nei riti del *compagnonnage*, da una cravatta annodata in modo speciale; l'equivalenza con il nodo scorsoio o l'anello di fibbia del *pâsha* è qui evidente.

no della ' liberazione ' finale, si può dire che quando l'essere riesce a passare attraverso la fibbia del *pâsha* senza che essa si chiuda e lo riprenda di nuovo, è come se questa fibbia si fosse sciolta per lui, e in modo definitivo; si tratta insomma solo di due maniere diverse di esprimere la stessa cosa. Non insisteremo ulteriormente sulla questione del ' nodo vitale ', che potrebbe portarci a molti altri sviluppi; abbiamo indicato tempo fa come esso corrisponda nel simbolismo architettonico al ' punto sensibile ' di un edificio, tenendo presente che quest'ultimo è l'immagine sia di un essere vivente sia di un mondo, a seconda che lo si consideri dal punto di vista ' microcosmico ' o dal punto di vista ' macrocosmico '; ma ora quel che abbiamo appena detto basta a mostrare che lo ' scioglimento ' di tale nodo, che è anche il ' nodo gordiano ' della leggenda greca, equivale in fondo anche al passaggio dell'essere attraverso la ' porta solare '.

Ananda K. Coomaraswamy ha segnalato che, sia nel buddismo sia nel brahmanesimo, la ' Via del Pellegrino ', rappresentata come un ' viaggio ', può essere messa in rapporto con il fiume simbolico della vita e della morte in tre modi: il viaggio può essere compiuto sia risalendo la corrente verso la sorgente delle acque, sia attraversando il fiume verso l'altra riva, sia infine discendendo la corrente verso il mare.[1] Com'egli fa notare molto giustamente, quest'uso di diversi simbolismi, contrari solo in apparenza, ma aventi in realtà un medesimo significato spirituale, si accorda con la natura stessa della metafisica, che non è mai ' sistematica ', pur essendo sempre perfettamente coerente; bisogna quindi fare solo attenzione al senso preciso nel quale il simbolo del ' fiume ', con la sua sorgente, le sue rive e la sua foce, deve essere inteso in ciascun caso.

Il primo caso, quello della ' risalita della corrente ', è forse per certi riguardi il più notevole, poiché bisogna allora concepire il fiume come se si identificasse con l'" Asse del Mondo ': è il ' fiume celeste ' che scende verso la terra, e che nella tradizione indù è designato con nomi come quelli di *Gangâ* e di *Saraswatî*, che sono propriamente i nomi di certi aspetti della *Shakti*. Nella Cabala ebraica questo ' fiume della vita ' trova la sua corrispondenza nei ' canali ' dell'albero sefirotico, per mezzo dei quali le influenze del ' mondo di su ' vengono trasmesse al ' mondo di giù ', e che sono anche in relazione diretta con la *Shekinah*, che equivale in fondo alla *Shakti*; vi si parla anche delle acque che « scorrono verso l'alto », espressione del ritorno verso la sorgente celeste, rappresentato allora non proprio dalla risalita della corrente, ma da una inversione della direzione della corrente stessa. In ogni modo, si tratta sempre di un ' capovolgimento ', che d'altra parte, come nota Coomaraswamy, era raffigurato nei riti vedici dal capovolgimento del palo sacrificale, altra immagine dell'" Asse del Mondo '; dal che si vede immediatamente come tutto ciò si leghi strettamente al simbolismo dell'" albero rovesciato ' di cui abbiamo parlato in precedenza.

Si può notare ancora come tutto questo presenti tanto una somiglianza quanto una differenza con il simbolismo dei quattro fiumi del Paradiso terrestre: questi ultimi scorrono orizzontalmente sulla superficie della terra, e non verticalmente secondo la direzione assiale; ma essi hanno la loro sorgente ai piedi dell'" Albero della Vita ', che naturalmente è anche l'" Asse del Mon-

---

1. *Some Pâli Words*, s. v. *Samudda*, pp. 184-188.

do ', e così pure l'albero sefirotico della Cabala. Si può dunque dire che le influenze celesti, le quali scendono attraverso l'" Albero della Vita ' e arrivano così al centro del mondo terrestre, si diffondono poi in esso secondo questi quattro fiumi, oppure, sostituendo l'" Albero della Vita ' con il ' fiume çeleste ', si può dire che questo, arrivando a terra, si divide e scorre secondo le direzioni dello spazio. In tali condizioni, si potrà considerare che la ' risalita della corrente ' si effettui in due fasi: la prima, sul piano orizzontale, conduce al centro di questo mondo; la seconda, a partire di là, si compie verticalmente secondo l'asse, ed era quest'ultima a essere considerata nel caso precedente; aggiungiamo che, dal punto di vista iniziatico, queste due fasi successive hanno la loro corrispondenza nei rispettivi ambiti dei ' piccoli misteri ' e dei ' grandi misteri '.

Il secondo caso, quello del simbolismo della traversata da una riva all'altra, è probabilmente più noto e più comune; il ' passaggio del ponte ' (che può anche essere quello di un guado) si ritrova in quasi tutte le tradizioni, e anche, in special modo, in certi rituali iniziatici;[2] la traversata può anche effettuarsi su una zattera o in una barca, il che si ricollega allora al simbolismo universale della navigazione.[3] Il fiume che si deve così attraversare è più in particolare il ' fiume della morte '; la riva da cui si parte è il mondo soggetto al cambiamento, cioè l'ambito dell'esistenza manifestata (considerata il più delle volte particolarmente nel suo stato umano e corporeo, poiché da questo dobbiamo in effetti partire), e l'" altra riva ' è il *Nirvâna*, lo stato dell'essere definitivamente liberato dalla morte.

Per quanto concerne infine il terzo caso, quello della ' discesa della corrente ', l'Oceano[4] vi deve essere considerato non come una distesa di acqua da attraversare, bensì come la meta da raggiungere, quindi come rappresentazione del *Nirvâna*; il simbolismo delle due rive è qui allora diverso da quello di poco fa, e fornisce anche un esempio del doppio senso dei simboli, poiché

2. Donde il significato simbolico di parole come *Pontifex* e *Tirthankara*, di cui abbiamo parlato altrove; di qui anche, in sanscrito, vari termini che contengono etimologicamente l'idea di ' attraversare ', compreso quello di *Avatâra*, il quale esprime letteralmente una « traversata discendente » (*avatarana*), cioè la ' discesa ' di un Salvatore.
3. Coomaraswamy nota a questo proposito che il simbolo della barca salvatrice (in sanscrito *nâvâ*, in latino *navis*) si ritrova nella designazione della ' navata ' di una chiesa; tale barca è un attributo di san Pietro-dopo esserlo stata di Giano, e così anche le chiavi, come abbiamo spiegato altrove.
4. *Samudra* (in pâli *samudda*) è letteralmente la « raccolta delle acque », il che ricorda l'espressione della *Genesi*: « Che le acque che sono nei cieli siano raccolte in un sol luogo »; è il luogo in cui vanno a riunirsi tutti i fiumi, così come, nei diversi simbolismi della cupola, della ruota e del parasole, le travi o i raggi convergono tutti verso la parte centrale.

non si tratta più di passare dall'una all'altra riva, ma di evitarle ugualmente entrambe: esse sono rispettivamente il ' mondo degli uomini ' e il ' mondo degli dèi ', o ancora le condizioni « microcosmiche » (*adhyâtma*) e « macrocosmiche » (*adhidêvata*). Per giungere allo scopo vi sono anche altri pericoli da evitare nella corrente stessa; essi sono simboleggiati in particolare dal coccodrillo che si tiene ' controcorrente ', il che implica che il viaggio si effettui nel senso di quest'ultima; tale coccodrillo, alle cui mascelle aperte si tratta di sfuggire, rappresenta la Morte *(Mrityu)*, e come tale è il ' guardiano della Porta ', raffigurata allora dalla foce del fiume (che si dovrebbe più esattamente considerare, come dice Coomaraswamy, come una « bocca » del mare nella quale il fiume si riversa); abbiamo dunque qui ancora un altro simbolo della ' Porta ', che si aggiunge a tutti quelli che abbiamo già avuto occasione di studiare.

Abbiamo già parlato in varie occasioni del simbolismo dei
' sette raggi ' del sole; ci si potrebbe chiedere se questi ' sette
raggi ' non abbiano qualche rapporto con quelli che si designano
di solito come i ' sette colori dell'arcobaleno ', poiché essi rappresentano letteralmente le varie radiazioni di cui si compone la
luce solare. Un rapporto infatti c'è, ma nello stesso tempo questi
presunti ' sette colori ' sono un tipico esempio del modo in cui
un dato tradizionale autentico può venire talora deformato dal-
l'incomprensione comune. Tale deformazione, in un caso come
questo, è del resto abbastanza facilmente spiegabile: si sa che
dev'esserci un settenario, ma, non potendosene trovare uno dei
termini, si sostituisce a esso un altro che non ha in realtà alcuna
ragione d'essere; il settenario sembra così ricostituito, ma lo è
in modo tale che il suo simbolismo ne risulta completamente
falsato. Se ora si chiede perché uno dei termini del vero settenario sfugga così all'uomo comune, la risposta è facile: è che questo
termine corrisponde al ' settimo raggio ' cioè al raggio ' centrale '
o ' assiale ', che passa ' attraverso il sole ', e che, non essendo un
raggio come gli altri, non è suscettibile di essere rappresentato
alla stessa maniera;[1] per questo, e anche per tutto l'insieme delle sue connessioni simboliche e propriamente iniziatiche, esso
presenta quindi un carattere particolarmente misterioso; e da
questo punto di vista si potrebbe dire che la sostituzione di cui
sopra ha l'effetto di dissimulare il mistero agli occhi dei profani;
poco importa d'altronde che la sua origine sia stata intenzionale
o dovuta soltanto a un equivoco involontario, il che sarebbe senza
dubbio abbastanza difficile da determinare con esattezza.[2]

Di fatto, l'arcobaleno non ha sette colori, ma soltanto sei; e
non è necessario riflettere molto a lungo per rendersene conto,

1.   Riferendosi all'inizio del *Tao-te-king*, si potrebbe dire che ogni altro raggio è
' una via ', ma che il settimo è ' la Via '.
2.   Abbiamo trovato, sfortunatamente senza riferimento preciso, un'indicazione
abbastanza curiosa a questo riguardo: l'imperatore Giuliano fa da qualche parte
allusione al « dio dai sette raggi » (*Eptakis*), il cui carattere ' solare ' è evidente,
come se si trattasse di un argomento sul quale, nell'insegnamento dei Misteri, conveniva osservare la più grande discrezione; se venisse stabilito che la nozione erronea dei ' sette colori ' risale fino all'antichità, ci si potrebbe chiedere se non sia
stata diffusa volontariamente dagli iniziati a questi stessi Misteri, che avrebbero
trovato così il modo di assicurare la conservazione di un dato tradizionale senza
farne tuttavia conoscere esteriormente il vero significato; in caso contrario, bisognerebbe supporre che il termine sostituito sia stato in qualche modo inventato
dall'uomo comune, che aveva avuto semplicemente conoscenza dell'esistenza di un
settenario e ne ignorava la costituzione reale; può darsi del resto che la verità
risiedesse in una combinazione di queste due ipotesi, poiché è possibilissimo che
l'opinione attualmente corrente sui ' sette colori ' rappresenti l'esito di parecchie
deformazioni successive del dato iniziale.

poiché basta richiamarsi alle più elementari nozioni della fisica: ci sono tre colori fondamentali, il blu, il giallo, il rosso, e tre colori a essi complementari, cioè rispettivamente l'arancione, il violetto, e il verde, ossia in tutto sei colori. C'è anche, ovviamente, un numero indefinito di sfumature intermedie fra questi colori, dal momento che la transizione dall'uno all'altro si opera in realtà in modo continuo e insensibile; ma non c'è evidentemente alcuna valida ragione di aggiungere una qualunque di queste sfumature alla lista dei colori fondamentali, altrimenti tanto varrebbe considerarne un gran numero, e allora la stessa limitazione dei colori a sette diventerebbe in fondo incomprensibile; non sappiamo se alcuni avversari del simbolismo abbiano mai fatto questa osservazione ma, in caso affermativo, sarebbe davvero sorprendente che essi non ne abbiano approfittato per qualificare questo numero come 'arbitrario'. L'indaco, che di solito si enumera fra i colori dell'arcobaleno, non è in realtà niente di più che una semplice sfumatura intermedia fra il violetto e il blu,[3] e non ci sono maggiori ragioni per considerarlo un colore distinto di quante ce ne sarebbero per considerare allo stesso modo ogni altra sfumatura quale, ad esempio, un blu-verde o un blu-giallo; inoltre, l'introduzione di questa sfumatura nell'enumerazione dei colori distrugge completamente l'armonia della loro ripartizione, che, se ci si riferisce invece alla nozione corretta, si effettua regolarmente secondo uno schema geometrico semplicissimo, e nel contempo assai significativo dal punto di vista simbolico. Infatti, si possono mettere i tre colori fondamentali ai tre vertici di un triangolo, e i tre colori complementari a quelli di un secondo triangolo rovesciato rispetto al primo, in modo tale che ogni colore fondamentale e il suo complementare si collochino in punti diametralmente opposti; e si vede che la figura così formata non è altro che quella del 'sigillo di Salomone'. Se si traccia il cerchio nel quale è inscritto il doppio triangolo, ciascun colore complementare vi occuperà il punto situato in mezzo all'arco compreso fra quelli in cui sono posti i due colori fondamentali dalla cui combinazione esso è prodotto (e che sono, beninteso, i due colori fondamentali diversi da quello di cui il

---

3. La stessa denominazione di 'indaco' è palesemente abbastanza moderna, ma può darsi che abbia sostituito qualche altra denominazione più antica, o che la sfumatura corrispondente all'indaco sia stata, in una certa epoca, sostituita a un'altra per completare il settenario comune dei colori; per verificarlo, bisognerebbe naturalmente intraprendere ricerche storiche abbastanza complesse, per le quali non disponiamo né del tempo né del materiale necessario; del resto questo punto ha per noi un'importanza del tutto secondaria, poiché il nostro scopo è solo quello di mostrare in che cosa la concezione attuale espressa dall'enumerazione consueta dei colori dell'arcobaleno sia erronea e come essa deformi il vero dato tradizionale.

colore considerato è complementare); le sfumature intermedie corrisponderanno naturalmente a tutti gli altri punti della circonferenza,[4] ma, nel doppio triangolo, che è ciò che qui interessa, non c'è evidentemente posto che per sei colori.[5] Queste considerazioni potrebbero sembrare addirittura troppo semplici perché sia utile insistervi tanto; ma, a dire il vero, bisogna molto spesso ricordare cose di questo genere per rettificare le idee comunemente accettate, poiché ciò che dovrebbe essere più palese è proprio quello che la maggior parte delle persone non sa vedere; il vero ' buon senso ' è ben diverso dal ' senso comune ' con il quale c'è la spiacevole abitudine di confonderlo, ed è sicuramente ben lungi dall'essere, come ha preteso Descartes, « la cosa più diffusa al mondo »!

Per risolvere la questione del settimo termine che deve realmente aggiungersi ai sei colori per completare il settenario, dobbiamo riferirci alla rappresentazione geometrica dei ' sette raggi ', così come l'abbiamo spiegata in un'altra occasione per mezzo delle sei direzioni dello spazio, che formano la croce a tre dimensioni, e il centro stesso da cui tali direzioni provengono. È importante notare anzitutto la stretta somiglianza di questa rappresentazione con quella di cui abbiamo appena parlato a proposito dei colori: come questi, le sei direzioni vi sono opposte a due a due, secondo tre linee rette che, estendendosi da una parte e dall'altra del centro, corrispondono alle tre dimensioni dello spazio; e, se si vuol darne una rappresentazione piana, si può evidentemente raffigurarle solo mediante tre diametri che formano la ruota a sei raggi (schema generale del ' monogramma di Cristo ' e di vari altri simboli equivalenti); ora, questi diametri sono quelli che uniscono i vertici opposti dei due triangoli del ' sigillo di Salomone ', sicché le due rappresentazioni sono in

---

4. Se si volesse considerare un colore intermedio fra ciascuno dei sei colori principali, come lo è l'indaco tra il violetto e il blu, si avrebbero in tutto dodici colori e non sette; e se si volesse spingere ancor più in là la distinzione delle sfumature bisognerebbe, sempre per ragioni evidenti di simmetria, stabilire uno stesso numero di divisioni in ciascun intervallo compreso fra due colori; si tratta, in definitiva, di un'applicazione del tutto elementare del principio di ragion sufficiente.
5. Possiamo osservare di sfuggita che il fatto che i colori visibili occupino così la totalità della circonferenza e vi si congiungano senza soluzione di continuità mostra come essi formino realmente un ciclo completo (il violetto partecipa infatti sia del blu cui è vicino sia del rosso che si trova sull'altro bordo dell'arcobaleno), e come, di conseguenza, le altre radiazioni solari non visibili, come quelle che la fisica moderna chiama ' raggi infrarossi ' e ' ultravioletti ', non appartengano affatto alla luce ma siano di natura del tutto diversa; non si tratta dunque, come taluni sembrano credere, di ' colori ' che un'imperfezione dei nostri organi ci impedirebbe di vedere, poiché tali presunti colori non potrebbero trovar posto in alcuna parte della circonferenza, e non si potrebbe sicuramente sostenere che quest'ultima sia una figura imperfetta o che presenti una qualche discontinuità.

realtà identiche.[6] Ne risulta che il settimo termine dovrà, in rapporto ai sei colori, svolgere lo stesso ruolo del centro in rapporto alle sei direzioni; e, di fatto, si porrà anch'esso al centro dello schema, cioè nel punto in cui le opposizioni apparenti, che sono realmente dei complementarismi, si risolvono nell'unità. Ciò equivale a dire che questo settimo termine non è un colore più di quanto il centro non sia una direzione, ma che, come il centro è il principio da cui procede tutto lo spazio con sei direzioni, dev'essere anche il principio da cui sono derivati i sei colori e nel quale essi sono sinteticamente contenuti. Può essere dunque solo il bianco, che è effettivamente 'incolore', come il punto è 'senza dimensioni'; esso non appare nell'arcobaleno, più di quanto il 'settimo raggio' non appaia in una rappresentazione geometrica; ma tutti i colori non sono che il prodotto di una differenziazione della luce bianca, allo stesso modo in cui le direzioni dello spazio non sono che lo sviluppo delle possibilità contenute nel punto primordiale.

Il vero settenario è quindi formato qui dalla luce bianca e dai sei colori nei quali si differenzia; e va da sé che il settimo termine è in realtà il primo, poiché è il principio di tutti gli altri, che senza di esso non potrebbero esistere in alcun modo; ma è anche l'ultimo nel senso che tutti rientrano alla fine in esso: la riunione di tutti i colori ricostituisce la luce bianca che li ha originati. Si potrebbe dire che in un settenario così costituito uno è al centro e sei sulla circonferenza; in altri termini, un simile settenario è formato dall'unità e dal senario, in cui l'unità corrisponde al principio non-manifestato e il senario all'insieme della manifestazione. Possiamo fare un accostamento fra questo e il simbolismo della 'settimana' nella *Genesi* ebraica, poiché anche qui il settimo termine è essenzialmente diverso dagli altri sei: la creazione, infatti, è l'"opera dei sei giorni' e non dei sette; e il settimo giorno è quello del 'riposo'. Tale settimo termine, che si potrebbe definire 'sabbatico', è veramente anche il primo, poiché questo 'riposo' non è altro che il rientro del Principio creatore nello stato iniziale di non-manifestazione, stato da cui è uscito del resto solo in apparenza, in rapporto alla creazione e per produrla secondo il ciclo senario, ma da cui, in sé, non è mai uscito in realtà. Allo stesso modo in cui il punto non

6. Segnaliamo ancora che si potrebbe considerare una moltitudine indefinita di direzioni facendo intervenire tutte le direzioni intermedie, che corrisponderebbero così alle sfumature intermedie fra i sei colori principali; ma è opportuno considerare distintamente solo le sei direzioni 'orientate' che formano il sistema di coordinate rettangolari cui tutto lo spazio è riferito e dal quale è in qualche modo 'misurato'; anche sotto questo profilo la corrispondenza fra le sei direzioni e i sei colori è dunque perfettamente esatta.

è coinvolto nello spiegamento dello spazio, per quanto sembri uscire da se stesso per descriverne le sei direzioni, né la luce bianca nell'irradiazione dell'arcobaleno, per quanto sembri dividervisi per formare i sei colori, anche il Principio non-manifestato, senza il quale la manifestazione non potrebbe in alcun modo esserci, anche se sembra agire ed esprimersi nell'' opera dei sei giorni ', non è tuttavia assolutamente coinvolto in questa manifestazione; e il ' settimo raggio ' è la ' Via ' attraverso la quale l'essere, che ha percorso il ciclo della manifestazione, ritorna al non-manifestato ed è unito effettivamente al Principio, dal quale comunque anche nella manifestazione non è mai stato separato se non in modo illusorio.

Nel suo importante studio *Swayamâtrinnâ: Janua Coeli*,[1] Ananda K. Coomaraswamy espone il simbolismo della sovrastruttura dell'altare vedico, e più in particolare dei tre mattoni perforati (*swayamâtrinnâ*) che costituiscono una delle sue parti essenziali. Questi mattoni, che possono anche essere delle pietre (*sharkara*), dovrebbero in linea di principio, secondo la loro denominazione, essere perforati ' di per se stessi ', cioè naturalmente, per quanto in pratica tale perforazione abbia potuto talora essere artificiale. Comunque sia, si tratta di tre mattoni o pietre di forma anulare, che sovrapposti corrispondono ai ' tre mondi ' (Terra, Atmosfera e Cielo), e che con altri tre mattoni che rappresentano le ' Luci universali ' (*Agni*, *Vâyu* e *Aditya*), formano l'Asse verticale dell'Universo. Si trova d'altronde su antiche monete indiane (e raffigurazioni simili si riscontrano anche su certi sigilli babilonesi) una rappresentazione dei ' tre mondi ' sotto forma di tre anelli legati tra di loro da una linea verticale che passa per i loro centri.[2]

Di questi tre mattoni sovrapposti il più basso corrisponde architettonicamente al focolare (con il quale lo stesso altare è d'altronde identificato, essendo parimenti il luogo della manifestazione di *Agni* nel mondo terrestre), e il più alto all'' occhio ' o apertura centrale della cupola;[3] essi formano così, come dice Coomaraswamy, sia un « camino » sia un « cammino » (e l'accostamento di queste due parole non è certo privo di significato anche se forse esse non sono direttamente legate dall'etimologia),[4] « per il quale *Agni* si incammina e noi stessi dobbiamo incamminarci verso il Cielo ». Inoltre, permettendo il passaggio da un mondo a un altro, passaggio che si effettua necessariamente secondo l'Asse dell'Universo, e nei due sensi opposti, essi sono la via per la quale i *Déva* salgono e scendono attraverso questi mondi,

1. In « Zalmoxis », II, 1939.
2. Nell'architettura islamica si vede assai di frequente, al vertice di un minareto o di una *qubbah*, un insieme di tre globi sovrapposti e sormontati da una mezzaluna; questi tre globi rappresentano anch'essi tre mondi, che sono *âlam el-mulk*, *âlam el-malakût* e *âlam el-jabbarût*, e la mezzaluna che li domina, simbolo della Maestà divina (*El-Jalâl*), corrisponde al quarto mondo, *âlam el-ezzah* (il quale è ' extra cosmico ', quindi al di là della ' porta ' in questione); l'asta verticale che sostiene il tutto è evidentemente identica all'antenna di uno *stûpa*, come pure ai vari altri simboli assiali similari di cui abbiamo parlato in altre occasioni.
3. Si veda *La Porte étroite* [qui sopra, come cap. 41].
4. Coomaraswamy ricorda in proposito il caso di personaggi ' folkloristici ' quali san Nicola e le varie personificazioni del Natale rappresentati mentre scendono e risalgono per il camino, il che non manca infatti di presentare un certo rapporto con l'argomento in questione.

servendosi delle tre ' Luci universali ' come di altrettanti pioli, conformemente a un simbolismo il cui esempio più conosciuto è quello della ' scala di Giacobbe '.[5] Ciò che unisce questi mondi ed è loro in qualche modo comune, benché sotto modalità diverse, è il « Soffio totale » (*sarva-prâna*), cui corrisponde qui il vuoto centrale dei mattoni sovrapposti;[6] è anche, secondo un altro modo d'espressione in fondo equivalente, il *sûtrâtmâ* che, come abbiamo già spiegato altrove, collega tutti gli stati dell'essere fra di loro e al suo centro totale, generalmente simboleggiato dal sole, di modo che il *sûtrâtmâ* stesso è allora rappresentato come un ' raggio solare ', e più precisamente come il ' settimo raggio ' che passa direttamente attraverso il sole.[7]

È effettivamente a questo passaggio ' attraverso il Sole ' che si riferisce più propriamente il simbolismo del mattone superiore, poiché quest'ultimo, come dicevamo poco fa, corrisponde all'' occhio ' della cupola o del ' tetto cosmico ' (e ricordiamo a questo proposito che il sole è anche designato come l'« Occhio del Mondo »), cioè l'apertura attraverso la quale si compie (e infatti essa può compiersi solo ' dall'alto ') l'uscita dal Cosmo, che nel simbolismo architettonico viene rappresentato, con i vari mondi che racchiude, dall'edificio nel suo insieme. A questa apertura superiore fa riscontro nell'essere umano il *brahma-randhra*, cioè l'orifizio situato alla corona della testa e per mezzo del quale l'arteria sottile assiale *sushumnâ* è in continuità costante con il ' raggio solare ' chiamato pure *sushumnâ*, il quale non è altro che il *sûtrâtmâ* considerato nel suo rapporto particolare con quest'essere; anche il mattone superiore può inoltre venire assimilato al cranio dell'' Uomo cosmico ', se si adotta il simbolismo ' antropomorfico ' per rappresentare l'insieme del Cosmo. D'altra parte, nel simbolismo zodiacale, questa stessa apertura corrisponde al Capricorno che è la ' porta degli dei ' e si riferisce al *dêva-yâna*, nel quale si compie il passaggio ' oltre il Sole ', mentre il Cancro è la ' porta degli uomini ' e si riferisce al *pitri-yâna*, attraverso cui l'essere non esce dal Cosmo;[8] e si può dire inoltre che queste

5. Si veda *Le symbolisme de l'échelle* [qui sopra, come cap. 54]. È chiaro che i *Dêva* sono nella tradizione indù la stessa cosa che gli Angeli nelle tradizioni giudaico-cristiana e islamica.
6. Questo è evidentemente in rapporto con il simbolismo generale della respirazione e con quello dei ' soffi vitali '.
7. Tutto questo simbolismo deve essere inteso sia nel senso macrocosmico sia nel senso microcosmico, poiché si applica tanto ai mondi considerati nel loro insieme, come si vede qui, quanto a ciascun essere manifestato in tali mondi. È naturalmente attraverso il cuore, cioè attraverso il centro, che si stabilisce tale connessione di tutte le cose con il sole; ed è noto che il cuore stesso corrisponde al sole e ne è quasi l'immagine in ogni essere particolare.
8. Si veda *Les portes solsticiales* e *Le symbolisme du Zodiaque chez les pythagoriciens* [qui pubblicati, come cap. 35 e cap. 36, rispettivamente].

due 'porte solstiziali' corrispondono per gli esseri che passano per l'una o per l'altra ai casi in cui la 'porta solare' è rispettivamente aperta o chiusa. Come precisa Coomaraswamy, i due *yâna*, che sono così messi in relazione con le due metà del ciclo annuale, sono riferiti al nord e al sud in quanto il movimento apparente del sole è, da una parte, una salita verso il nord partendo dal Capricorno, e, dall'altra, una discesa verso il sud partendo dal Cancro.

È quindi il sole, o piuttosto ciò che esso rappresenta nell'ordine principiale (poiché è ovvio che in realtà si tratta del 'Sole spirituale '),[9] a essere veramente, in quanto 'Occhio del Mondo ', la « porta del Cielo » o *Janua Coeli*, descritta anche in termini diversi come una 'cruna ',[10] come una 'bocca ',[11] e ancora come il mozzo della ruota di un carro; il significato assiale di quest'ultimo simbolo è del resto evidente.[12] È opportuno tuttavia fare una distinzione, allo scopo di evitare quel che potrebbe, almeno per taluni, dar luogo a confusione: abbiamo detto infatti in altre occasioni, a proposito dell'aspetto lunare del simbolismo di Giano (o più esattamente di *Janus-Jana*, identificato con *Lunus-Luna*), che la luna è sia *Janua Coeli* sia *Janua Inferni*; in questo caso, invece delle due metà ascendente e discendente del ciclo annuale, per stabilire una corrispondenza analoga [13] bisognerebbe naturalmente considerare le due metà crescente e decrescente della lunazione o del ciclo mensile. Ora, se il sole e la luna possono essere considerati entrambi come *Janua Coeli*, il fatto è che in realtà il cielo non è preso nello stesso senso in entrambi i casi: generalmente parlando, infatti, questo termine può essere usato per designare tutto ciò che si riferisce agli stati sopra-umani; ma è evidente che c'è una grande differenza tra quegli stati che appartengono ancora al Cosmo [14] e ciò che, al contrario, è al di là del Cosmo. Per quanto concerne la 'porta solare ', si tratta del cielo che si può dire supremo ed 'extra-cosmico '; per contro, per quanto concerne la 'porta lunare ', si tratta soltanto dello *Swarga*, cioè di quello dei 'tre mondi ' che, pur essendo il più

9. Coomaraswamy usa spesso l'espressione *Supernal Sun* che non ci sembra possibile rendere in modo esatto e letterale.
10. Si veda *Le « trou de l'aiguille »* [qui sopra, come cap. 55].
11. Torneremo più dettagliatamente su questo punto.
12. Le due ruote del 'carro cosmico ', poste alle due estremità del suo assale (che è allora l'Asse dell'Universo), sono il cielo e la terra (si veda *Le dôme et la roue* [qui sopra, come cap. 40]); qui naturalmente si tratta della ruota 'celeste '.
13. Analoga, diciamo, ma non equivalente, poiché anche nel caso del *pitri-yâna*, non si può mai dire che il sole sia *Janua Inferni*.
14. Sono propriamente gli stati di manifestazione informale; il Cosmo deve essere considerato comprensivo di tutta la manifestazione tanto formale che informale, mentre ciò che è oltre il Cosmo è il non-manifestato.

elevato, è comunque compreso nel Cosmo come gli altri due. Per tornare all'esame di quello posto più in alto dei tre mattoni perforati dell'altare vedico, si può dire che la ' porta solare ' si situa nella sua faccia superiore (che è il vero vertice dell'edificio totale), e la ' porta lunare ' nella sua faccia inferiore, poiché questo stesso mattone rappresenta lo *Swarga*; d'altronde, la sfera lunare è effettivamente descritta a contatto con la parte superiore dell'atmosfera o del mondo intermedio (*Antariksha*), che qui è rappresentato dal mattone mediano.[15] Si può quindi dire, nei termini della tradizione indù, che la ' porta lunare ' dà accesso all'*Indra-loka* (poiché Indra è il reggente dello *Swarga*) e la ' porta solare ' al *Brahma loka*; nelle tradizioni dell'antichità occidentale all'*Indra-loka* corrisponde l'« Eliso » e al *Brahma loka* l'« Empireo », essendo il primo ' intra-cosmico ' e il secondo ' extra-cosmico '; e dobbiamo aggiungere che solo la ' porta solare ' è propriamente la ' porta stretta ' di cui abbiamo parlato in precedenza, e attraverso la quale l'essere, uscendo dal Cosmo ed essendo per ciò stesso definitivamente affrancato dalle condizioni di ogni esistenza manifestata, passa veramente ' dalla morte all'immortalità '.

---

15. Tale mondo intermedio e la terra (*Bhûmi*) appartengono entrambi all'ambito dello stato umano, di cui costituiscono rispettivamente le modalità sottile e grossolana; per questo, come nota molto giustamente Coomaraswamy segnalando la corrispondenza del simbolismo vedico dei mattoni perforati con quello delle giade rituali *pi* e *tsung* della tradizione cinese, che rappresentano rispettivamente il cielo e la terra, il *pi*, che è un disco forato al centro, corrisponde al mattone superiore, mentre lo *tsung*, la cui forma è quella di un cilindro cavo all'interno e di un parallelepipedo a base quadrata all'esterno, deve essere considerato corrispondente all'insieme degli altri due mattoni, venendo così a essere raffigurato in un solo oggetto l'intero ambito umano.

Nel corso dello studio di cui abbiamo appena parlato,[1] A.K. Coomaraswamy esamina incidentalmente un altro simbolo il cui significato è in rapporto con la *Janua Coeli*: si tratta di una 'testa di mostro' che sotto forme varie, spesso più o meno stilizzate, si riscontra nei paesi più diversi, in cui ha ricevuto nomi anch'essi diversi, in particolare quelli di *Kâla-mukha* e *Kîrti-mukha* in India, e quello di *T'ao-t'ie* in Cina; la si ritrova anche, non solo in Cambogia e a Giava, ma fin nell'America Centrale, ed essa non è neppure estranea all'arte medioevale europea. È importante notare anzitutto che questa raffigurazione è generalmente posta sull'architrave di una porta o sulla chiave di volta di un arco, o ancora al vertice di una nicchia (*torana*) contenente l'immagine di una divinità; in un modo o nell'altro, essa appare il più delle volte legata all'idea di porta, il che ne determina chiaramente il valore simbolico.[2]

Di questa figura è stato dato un certo numero di spiegazioni (non parliamo, beninteso, di coloro che vogliono vedervi solo un motivo 'decorativo'), che possono contenere una parte di verità, ma la maggior parte delle quali sono insufficienti, non foss'altro perché non si potrebbero applicare a tutti i casi indistintamente. Così, K. Marchal ha osservato che nelle raffigurazioni da lui studiate più in particolare mancava quasi sempre la mascella inferiore; unendo a questo fatto la forma rotonda degli occhi[3] e l'evidenza dei denti, ne concluse che probabilmente dovesse trattarsi in origine dell'immagine di un cranio umano.[4] Tuttavia la mascella inferiore non è sempre assente, ed esiste in particolare nel *T'ao-t'ie* cinese, per quanto essa vi presenti un aspetto abbastanza singolare, come se fosse tagliata in due parti simmetriche che fossero state schiacciate da ciascun lato della testa, cosa che secondo Carl Hentze risponderebbe all'aspetto della pelle stesa di una tigre o di un orso;[5] questa interpretazione può essere esatta

---

1. *Swayamâtrinnâ: Janua Coeli*, in «Zalmoxis», II, 1939.
2. Coomaraswamy fornisce la riproduzione di una figura di *T'ao-t'ie* dell'epoca Han, alla quale è come sospeso un anello, che potrebbe essere in certo modo considerata il prototipo della forma comune dei picchiotti, in uso fino ai nostri giorni, quella di una maschera di animale che tiene un anello in bocca; quest'anello è anch'esso un simbolo della 'porta stretta', come lo sono in altri casi le fauci aperte del mostro.
3. In realtà, questa forma è in genere un carattere della rappresentazione tradizionale delle entità 'terribili'; è così che la tradizione indù lo attribuisce agli *Yaksha* e ad altri geni 'custodi', e la tradizione islamica ai *Jinn*.
4. *The Head of the Monster in Khmer and Far Eastern Decoration*, nel «Journal of the Indian Society of Oriental Art», 1948.
5. *Le Culte de l'ours et du tigre et le «T'ao-t'ie»*, in «Zalmoxis», I, 1938.

in questo caso particolare, ma non lo sarebbe in altri casi, ove il mostro ha una bocca di forma normale e più o meno largamente aperta; e anche per quanto concerne il *T'ao-t'ie* questa spiegazione ha in definitiva solo un valore ' storico ' e non modifica affatto l'interpretazione simbolica.

Il *T'ao-t'ie* non è d'altronde in realtà né una tigre né un orso, né alcun altro animale determinato, e Hentze descrive così il carattere composito di questa maschera fantastica: « fauci di carnivoro armate di grandi zanne, corna di bufalo o di ariete, muso e ciuffi di gufo, monconi d'ala e artigli di uccello da preda, ornamento frontale a forma di cicala ». Tale figura è assai antica in Cina, poiché la si trova quasi costantemente sui bronzi della dinastia Chang;[6] il nome di *T'ao-t'ie*, tradotto di solito con « ghiottone » o « orco », sembra essergli stato dato solo molto più tardi, ma questo appellativo è comunque giusto, poiché si tratta in effetti di un mostro ' divoratore '. Questo vale anche per i suoi equivalenti appartenenti ad altre tradizioni, e che, anche se non presentano un carattere composito come quello del *T'ao-t'ie*, sembrano in ogni caso non potersi mai ricondurre alla rappresentazione di un unico animale: così in India può essere un leone (e allora si è soliti dargli in particolare il nome di *Kâla*), o un *Makara* (simbolo di *Varuna*, il che è da tener presente in vista delle considerazioni che seguiranno), o anche un'aquila, cioè un *Garuda*; ma, pur sotto tutte queste forme, il significato essenziale rimane sempre lo stesso.

In quanto al significato, Hentze, nell'articolo appena citato, vede anzitutto nel *T'ao-t'ie* un « demonio delle tenebre »; ciò può essere vero in un certo senso, ma a condizione che venga spiegato e precisato, come del resto ha fatto egli stesso successivamente in un altro lavoro.[7] Non è un ' demonio ' nel senso comune della parola, ma nel senso originario dell'*Asura* vedico, e le tenebre di cui si parla sono in realtà le ' tenebre superiori ';[8] in altri termini, si tratta di un simbolo dell'' Identità Suprema ' che assorbe ed emette a volta a volta la ' Luce del Mondo '. Il *T'ao-t'ie* e gli altri mostri simili corrispondono dunque a *Vritra* e ai suoi vari equivalenti, e anche a *Varuna*, dal quale la luce o la pioggia è alternativamente trattenuta e liberata, alternanza che

---

6.   Cfr. H. G. Creel, *Studies in Early Chinese Culture*; quest'autore insiste particolarmente sugli elementi di tale rappresentazione presi dal bue e dall'ariete, e vi scorge un possibile rapporto con il fatto che all'epoca dei Chang, questi animali erano quelli che venivano più spesso usati nei sacrifici.
7.   *Die Sakralbronzen und ihre Bedeutung in der Frühchinesischen Kulturen*, Anversa, 1941. Non conosciamo direttamente quest'opera ma dobbiamo a Coomaraswamy l'indicazione dell'interpretazione data al *T'ao-t'ie*.
8.   Si veda il nostro studio su *Les deux nuits*.

è quella dei cicli involutivi ed evolutivi della manifestazione universale;[9] così Coomaraswamy ha potuto dire con ragione che tale faccia, quali che siano i suoi diversi aspetti, è veramente la « Faccia di Dio » che nello stesso tempo « uccide e vivifica ».[10] Non è dunque precisamente un 'teschio' come vorrebbe Marchal, a meno che quest'ultimo non sia preso come un simbolo; ma è piuttosto, come dice ancora Coomaraswamy, la « testa della Morte », cioè di *Mrityu*, di cui *Kâla* è pure uno dei nomi.[11]

Kâla è propriamente il Tempo « divoratore »,[12] ma designa anche, per trasposizione, il Principio stesso in quanto 'distruttore', o piuttosto 'trasformatore', in rapporto alla manifestazione che esso riconduce allo stato non-manifestato riassorbendola in certo modo in sé, che è il senso più elevato nel quale la Morte possa essere intesa. È anche assimilato simbolicamente al sole, ed è noto d'altronde che il leone, di cui assume la maschera (*sinha-mukha*), è più particolarmente un simbolo solare; questo ci riconduce a quanto abbiamo detto in precedenza a proposito della *Janua Coeli*, e Coomaraswamy ricorda a tale riguardo che Cristo, il quale ha detto: « Io sono la Porta », è altresì tanto il 'Leone di Giuda' quanto il 'Sole degli uomini'.[13] Nelle chiese bizantine la figura del *Pantokrator* o del Cristo 'in maestà' occupa nella volta la posizione centrale, cioè quella che corrisponde precisamente all'' occhio' della cupola; ora quest'ultimo, come abbiamo spiegato altrove, rappresenta, all'estremità superiore dell'' Asse del Mondo', la porta attraverso la quale si effettua l'' uscita dal cosmo'.[14]

Per tornare a *Kâla*, la raffigurazione composita conosciuta a Giava sotto il nome di *Kâla-makara*, nella quale i tratti del leone sono combinati con quelli del *Makara*, ha anch'essa un significato essenzialmente solare, e nello stesso tempo, per il suo aspetto

9. La luce e la pioggia sono due simboli delle influenze celesti; torneremo su questa equivalenza.

10. *El-Muhyi* e *El-Mumît* sono due nomi divini nella tradizione islamica.

11. Coomaraswamy segnala a questo proposito certe impugnature di sciabole indonesiane su cui sono raffigurati mostri divoratori; è evidente che in questa sede un simbolo della Morte è particolarmente appropriato. D'altra parte, si può anche fare un accostamento con certe rappresentazioni di *Shinje*, la forma tibetana di *Yama*, che tiene dinanzi a sé la 'ruota dell'Esistenza' e sembra apprestarsi a divorare tutti gli esseri che vi sono raffigurati (si veda M. Pallis, *Peaks and Lamas*, p. 146).

12. Questa parola ha come primo senso quello di « nero », il che ci riconduce ancora al simbolismo delle 'tenebre', il quale è d'altronde applicabile, all'interno della manifestazione, a ogni passaggio da uno stato a un altro.

13. La « porta solare » (*sûrya-dwâra*) è la « porta della Liberazione » (*mukti-dwâra*); la porta (*dwâra*) e la bocca (*mukha*) sono in questo caso simboli equivalenti. Il sole, in quanto 'Faccia di Dio', è pure rappresentato da una maschera di leone su un sarcofago cristiano di Ravenna.

14. Si veda *La Porte étroite* [qui sopra, come cap. 41].

di *Makara,* si riferisce più precisamente al simbolismo di *Varuna.* In quanto quest'ultimo si identifica a *Mrityu* o a *Yama,*[15] il *Makara* è il coccodrillo *(shishumâra* o *shimshumârî)* dalle mascelle aperte che sta ' controcorrente ', la quale corrente rappresenta l'unica via per la quale ogni essere deve necessariamente passare; il coccodrillo si presenta così come il ' guardiano della porta ' che l'essere deve varcare per essere liberato dalle condizioni limitative (simboleggiate anche dal *pâsha* di *Varuna)* che lo trattengono nell'ambito dell'esistenza contingente e manifestata.[16] D'altra parte, questo stesso *Makara* è nello Zodiaco indù il segno del Capricorno, cioè la ' porta degli Dèi ';[17] esso ha quindi due aspetti apparentemente opposti, ' benefico ' e ' malefico ' se si vuole, che corrispondono anche alla dualità di *Mitra* e di *Varuna* (riuniti in una coppia indissolubile sotto la forma duale *Mitrâvarunau),* o del ' Sole diurno ' e del ' Sole notturno ', il che equivale a dire che, a seconda dello stato cui è pervenuto l'essere che gli si presenta dinanzi, la sua bocca è per quest'ultimo la ' porta della Liberazione ' o le ' mascelle della Morte '.[18] Quest'ultimo caso è quello dell'uomo comune, che deve, passando per la morte, tornare a un altro stato di manifestazione, mentre il primo è quello dell'essere « qualificato a passare attraverso il centro del Sole »,[19] per mezzo del ' settimo raggio ', perché si è già identificato con il Sole stesso, e così, alla domanda « chi sei? » che gli viene rivolta quando arriva a questa porta, egli può veramente rispondere: « Io sono Te ».

15. Si veda *Le « trou de l'aiguille »* [qui sopra, come cap. 55].
16. Si veda *Le passage des eaux* [qui sopra, come cap. 56]. Questo coccodrillo è l'*Ammit* degli antichi Egizi, mostro che attende il risultato della *psychostasis* o « pesatura delle anime », per divorare coloro che non avranno superato la prova. È anche il coccodrillo a fauci spalancate apposta il ' matto ' della ventunesima lama dei Tarocchi; questo ' matto ' è generalmente interpretato come l'immagine del profano che non sa né da dove viene né dove va, e che cammina ciecamente senza aver coscienza dell'abisso nel quale è sul punto di precipitare.
17. Si veda *Quelques aspects du symbolisme du poïsson* [qui sopra, come cap. 22]. Invece dell'aspetto del coccodrillo ' divoratore ', il *Makara* assume allora quello del delfino ' salvatore '.
18. In certe tradizioni, alla dualità *Mitrâvarunau* corrisponde l'associazione dei simboli dell'Amore e della Morte, che abbiamo avuto occasione di segnalare a proposito dei ' Fedeli d'Amore '. Questa stessa dualità è anche, in un certo senso, quella dei ' due emisferi ', alla quale si riferisce in particolare il simbolismo dei Dioscuri; si veda *La double spirale* [cap. v della *Grande Triade*].
19. *Jaiminiya Upanishad Brâhmana,* i, 6, 1.

Abbiamo accennato poc'anzi a un certo rapporto esistente fra la luce e la pioggia, in quanto entrambe simboleggiano le influenze celesti o spirituali. Tale significato è evidente per quel che concerne la luce; per quanto riguarda la pioggia, l'abbiamo indicato altrove,[1] precisando che in tale caso si tratta soprattutto della discesa di queste influenze nel mondo terrestre, e facendo notare che tale è in realtà il senso profondo, e del tutto indipendente da ogni applicazione ' magica ', dei riti assai diffusi che hanno lo scopo di ' far piovere '.[2] La luce e la pioggia hanno del resto entrambe un potere ' vivificante ', che rappresenta bene l'azione delle influenze celesti;[3] a questo carattere si ricollega anche in particolar modo il simbolismo della rugiada, che, come è naturale, è strettamente legato a quello della pioggia, ed è comune a numerose forme tradizionali, dall'ermetismo[4] e dalla Cabala ebraica[5] alla tradizione estremo-orientale.[6]

È importante notare che la luce e la pioggia, quando sono considerate in tale prospettiva, non sono riferite soltanto al cielo in generale, ma anche e più specificamente al sole; e ciò è strettamente conforme alla natura dei fenomeni fisici corrispondenti, cioè della luce e della pioggia intese in senso letterale. Infatti, da una parte, il sole è realmente la sorgente diretta della luce nel nostro mondo; e, dall'altra, è sempre il sole che, facendo evaporare le acque, le aspira in certo qual modo verso le regioni superiori dell'atmosfera, da cui ridiscendono poi sulla terra in forma di pioggia. Bisogna notare ancora a tale riguardo che l'azione del sole nel produrre la pioggia è dovuta propriamente al suo calore; ritroviamo così i due termini complementari, luce e calore, nei quali si polarizza l'elemento igneo, come abbiamo già detto in altre occasioni; e questa osservazione fornisce la spiegazione del duplice senso che presenta una raffigurazione simbolica che sembra essere stata in genere abbastanza poco compresa.

---

1. *La Grande Triade*, cap. xiv.
2. Il simbolismo della pioggia si è conservato, attraverso la tradizione ebraica, fin nella stessa liturgia cattolica: *Rorate Coeli desuper, et nubes pluant Justum* (*Isaia*, xlv, 8).
3. Si veda a questo proposito, per quanto concerne la luce, *Aperçus sur l'Initiation*, cap. xlvii.
4. La tradizione rosacrociana associa in modo del tutto speciale la rugiada e la luce, stabilendo un accostamento per assonanza fra *Ros-Lux* e *Rosa-Crux*.
5. Ricorderemo anche, a questo proposito, che il nome di *Metatron*, attraverso le diverse interpretazioni che ne sono date, è ricollegato sia alla ' luce ' sia alla ' pioggia '; e il carattere propriamente ' solare ' di *Metatron* pone tutto ciò in rapporto diretto con le considerazioni che seguiranno.
6. Si veda *Le Roi du Monde*, cap. iii, e *Le Symbolisme de la Croix*, cap. ix.

Il sole è stato spesso rappresentato, in tempi e luoghi diversissimi, e in Occidente fino al Medioevo, con raggi di due specie, alternativamente rettilinei e ondulati; un notevole esempio di questa raffigurazione si trova su una tavoletta assira del British Museum che risale al secolo I avanti Cristo,[7] in cui il sole appare come una specie di stella a otto raggi:[8] ciascuno dei quattro raggi verticali e orizzontali è costituito da due linee rette che formano fra di loro un angolo molto acuto, e ciascuno dei quattro raggi intermedi da un insieme di tre linee ondulate parallele. In altre raffigurazioni equivalenti, i raggi ondulati sono formati, come i raggi diritti, da due linee che si congiungono alle estremità, e riproducono allora l'aspetto ben noto della ' spada fiammeggiante ';[9] comunque sia, è ovvio che gli elementi essenziali da considerare sono rispettivamente la linea retta e la linea ondulata, cui in definitiva possono essere ricondotte le due specie di raggi nelle rappresentazioni più semplificate; ma qual è esattamente in questo contesto il significato di queste due linee?

Anzitutto, secondo il senso che può sembrare più naturale trattandosi di una raffigurazione del sole, la linea retta rappresenta la luce e la linea ondulata il calore; ciò corrisponde del resto al simbolismo delle due lettere ebraiche *resh* e *shin*, in quanto elementi rispettivi delle radici *ar* e *ash*, che esprimono precisamente queste due modalità complementari del fuoco.[10] Soltanto, quel che sembra complicare le cose è che, per altri versi, la linea ondulata è anche un simbolo ovunque ricorrente dell'acqua; nella medesima tavoletta assira che abbiamo menzionato poco fa le acque sono raffigurate da una serie di linee ondulate del tutto simili a quelle che si vedono nei raggi del sole. La verità è che, in conseguenza di quanto abbiamo già spiegato, non vi è in ciò alcuna contraddizione: la pioggia, alla quale si addice in modo del tutto naturale il simbolo generale dell'acqua, si può veramente ritenere che proceda dal sole; e inoltre,

---

7. Questa tavoletta è riprodotta in *The Babylonian Legends of the Creation and the Fight between Bel and the Dragon as told by Assurian Tablets from Nineveh* (pubblicazione del British Museum).
8. Il numero 8 può avere qui un certo rapporto con il simbolismo cristiano del *Sol Justitiae* (cfr. il simbolismo dell'ottava lama dei Tarocchi); il Dio solare dinanzi al quale è posta questa raffigurazione tiene d'altronde in mano « un disco e una sbarra che sono rappresentazioni convenzionali della riga per misurare e della verga di giustizia »; a proposito del primo emblema, ricorderemo il rapporto che esiste fra il simbolismo della ' misura ' e quello dei ' raggi solari ' (si veda *Le Règne de la quantité et les signes des temps*, cap. III).
9. Segnaleremo incidentalmente che questa forma ondulata è anche talora una rappresentazione del lampo, il quale del resto è anch'esso in rapporto con la pioggia, in quanto quest'ultima appare quasi una conseguenza dell'azione del fulmine sulle nubi che libera le acque contenute in esse.
10. Si veda Fabre d'Olivet, *La Langue hébraïque restituée*.

siccome essa è un effetto del calore solare, la sua rappresentazione può legittimamente confondersi con quella del calore stesso.[11] Così, la duplice radiazione che consideriamo è proprio sotto un certo profilo luce e calore; ma nello stesso tempo, sotto un altro profilo, è anche luce e pioggia, per mezzo delle quali il sole esercita la sua azione vivificante su tutte le cose.

A proposito di questo problema, si deve ancora notare quanto segue: il fuoco e l'acqua sono due elementi opposti, sebbene tale opposizione sia in realtà solo l'apparenza esteriore di una complementarità; ma, al di là dell'ambito in cui si affermano le opposizioni, essi devono, come tutti i contrari, congiungersi e unirsi in un certo modo. Nel Principio stesso, di cui il sole è un'immagine sensibile, essi in certo modo si identificano, il che giustifica ancora più completamente la raffigurazione appena studiata; e anche a livelli inferiori a quello, ma corrispondenti a stati di manifestazione superiori al mondo corporeo, cui appartengono il fuoco e l'acqua sotto l'aspetto ' grossolano ' che dà propriamente luogo alla loro opposizione, può esserci fra di essi un'altra associazione equivalente per così dire a una identità relativa. Ciò è vero per le ' acque superiori ', che sono le possibilità della manifestazione informale, e sono, in un certo senso, rappresentate simbolicamente dalle nuvole da cui la pioggia cade sulla terra,[12] mentre il fuoco vi risiede sotto forma di fulmine;[13] e lo è ancora, nell'ordine della manifestazione formale, per certe possibilità appartenenti all'àmbito sottile. È particolarmente interessante notare, sotto questo profilo, che gli alchimisti « intendono con le acque, i raggi e il bagliore del loro fuoco »,

11. Secondo il linguaggio della tradizione estremo-orientale, siccome la luce è *yang*, il calore, considerato oscuro, è *yin* in rapporto a essa, allo stesso modo in cui l'acqua, d'altra parte, è *yin* in rapporto al fuoco; la linea retta è qui dunque *yang* e la linea ondulata *yin* da entrambi questi punti di vista.

12. La pioggia infatti, per rappresentare le influenze spirituali, dev'essere considerata come un'acqua ' celeste ', ed è noto che i Cieli corrispondono agli stati informali; l'evaporazione delle acque terrestri per l'azione del calore solare è d'altronde l'immagine di una ' trasformazione ', di modo che si può parlare quasi di un passaggio alternato dalle ' acque inferiori ' alle ' acque superiori ' e viceversa.

13. Ciò va ricollegato all'osservazione fatta sopra a proposito del lampo e permette di giustificare completamente la somiglianza che esiste fra la rappresentazione di quest'ultimo e il simbolo dell'acqua. Nell'antico simbolismo estremo-orientale, c'è solo una leggerissima differenza fra la raffigurazione del tuono (*lei-wen*) e quella delle nubi (*yun-wen*); entrambe consistono in alcune serie di spirali, talvolta arrotondate e talvolta quadrate; si dice di solito che le prime sono *yun-wen* e le seconde *lei-wen* ma esistono forme intermedie che rendono tale distinzione in realtà assai poco avvertibile; inoltre, entrambe sono ugualmente in relazione con il simbolismo del Drago (cfr. H. G. Creel, *Studies in Early Chinese Culture*, pp. 236-237). Notiamo anche che questa rappresentazione del tuono per mezzo di spirali è un'ulteriore conferma di quanto abbiamo detto altrove sul rapporto esistente fra il simbolo della doppia spirale e quello del *vajra* (*La Grande Triade*, cap. VI).

e che essi danno il nome di « abluzione », non all'« azione di lavare qualcosa con l'acqua o altro liquido », ma a una purificazione che si opera per mezzo del fuoco, di modo che « gli antichi celavano questa abluzione sotto l'enigma della salamandra, che essi dicono nutrirsi del fuoco, e del lino incombustibile,[14] che vi si purifica e vi si pulisce senza consumarsi ».[15] Si può capire da ciò come, nel simbolismo ermetico, compaiano frequenti allusioni a un 'fuoco che non brucia' e a un "acqua che non bagna' e anche come il mercurio 'animato', cioè vivificato dall'azione dello zolfo, sia descritto come ' acqua ignea ', e talora anche come 'fuoco liquido '.[16]

Per tornare al simbolismo del sole, aggiungeremo soltanto che le due specie di raggi di cui abbiamo parlato si ritrovano in certe raffigurazioni simboliche del cuore, e il sole, o ciò che esso rappresenta, è in effetti considerato come il 'Cuore del Mondo ', tanto che, anche qui, si tratta in realtà della medesima cosa; ma questo punto, cioè la rappresentazione del cuore come centro di luce e di calore al tempo stesso, potrà dar luogo a ulteriori considerazioni.

---

14. Questo « lino incombustibile » (*asbestos*) è in realtà l'amianto.
15. Dom A.-J. Pernéty, *Dictionnaire mytho-hermétique*, p. 2.
16. Si veda *La Grande Triade*, cap. XII.

Nella *Bhagavad-Gîtâ* è detto: « In Me tutte le cose [1] sono infilate come una collana di perle su un filo ».[2] Si tratta qui del simbolismo del *sûtrâtmâ*, di cui abbiamo già parlato in altre occasioni: è *Atmâ* che, come un filo (*sûtra*), penetra e lega fra di loro tutti i mondi, e nel contempo è anche il ' soffio ' che, secondo altri testi, li sostiene e li fa sussistere, e senza il quale essi non potrebbero avere alcuna realtà né esistere in alcun modo. Parliamo qui dei mondi ponendoci dal punto di vista macrocosmico, ma dev'essere chiaro che si potrebbero altrettanto bene considerare, dal punto di vista microcosmico, gli stati della manifestazione di un essere, e che il simbolismo sarebbe esattamente lo stesso in entrambe le applicazioni.

Ogni mondo, od ogni stato d'esistenza, può essere rappresentato da una sfera attraversata diametralmente dal filo, che così costituisce l'asse che congiunge i due poli di questa sfera; si vede in tal modo che l'asse di questo mondo non è propriamente parlando che una porzione dell'asse dell'intera manifestazione universale, e così si stabilisce la continuità effettiva di tutti gli stati inclusi in tale manifestazione. Prima di procedere oltre nell'esame di questo simbolismo, dobbiamo anzitutto dissipare una confusione abbastanza incresciosa a proposito di quello che dev'essere considerato, in questa rappresentazione, l'' alto ' e il ' basso ': nell'ambito delle apparenze ' fisiche ', se si parte da un punto qualunque della superficie di una sfera, il basso è sempre indicato dalla direzione che va verso il centro della sfera stessa; si è osservato però che tale direzione non si ferma al centro, ma lo oltrepassa continuando verso il punto opposto della superficie, poi oltre la sfera stessa, e si è creduto di poter dire che la discesa doveva proseguire anch'essa, donde si è dovuto concludere che non ci sarebbe soltanto una « discesa verso la materia », cioè, per quel che concerne il nostro mondo, verso quanto c'è di più grossolano nell'ordine corporeo, ma anche una « discesa verso lo spirito »,[3] tanto che, se si dovesse ammettere una simile concezione, lo spirito avrebbe anch'esso un aspetto ' malefico '. In realtà, le

---

1. *Sarvam idam*, « questo tutto », cioè la totalità della manifestazione, comprendente tutti i mondi, e non solo « tutto ciò che è in questo mondo » com'è detto in una traduzione recentemente pubblicata « secondo Shrî Aurobindo ».
2. *Bhagavad-Gîtâ*, VII, 7.
3. R. P. V. Poucel, *La Parabole du Monde*, p. III. L'abuso che troppo spesso si fa ai nostri giorni delle parole ' spirito ' e ' spirituale ' ha certo parte in questo equivoco; ma si sarebbe appunto dovuto denunciare l'abuso invece di dar a vedere di accettarlo e di trarne così conseguenze erronee.

cose devono essere considerate in tutt'altro modo: in tale raffigurazione il punto più basso è il centro [4] e, al di là di esso, si può solo risalire, come Dante risalì dall'Inferno continuando a seguire la stessa direzione secondo la quale aveva dapprima effettuato la discesa, o almeno quella che pare geometricamente essere la stessa direzione,[5] poiché la montagna del Paradiso terrestre è situata, nel suo simbolismo spaziale, agli antipodi di Gerusalemme.[6] Del resto, basta riflettere un istante per rendersi conto che altrimenti la rappresentazione non potrebbe essere coerente, poiché non si accorderebbe affatto con il simbolismo della gravitazione, che qui è particolarmente importante tener presente, e inoltre come potrebbe quello che è il basso per un punto della sfera essere nello stesso tempo l'alto per il punto diametralmente opposto a esso, e come si sarebbero presentate le cose se si fosse invece partiti da quest'ultimo punto?[7] È vero soltanto che il punto d'arresto della discesa non si situa nell'ordine corporeo, poiché esiste realmente l'' infra-corporeo ' nei prolungamenti del nostro mondo; ma questo ' infra-corporeo ' è la sfera psichica inferiore, che non solo non potrebbe essere assimilata ad alcunché di spirituale, ma è proprio quel che c'è di più lontano da ogni spiritualità, a tal punto che sembrerebbe in qualche modo esserne sotto tutti gli aspetti il contrario, se fosse tuttavia consentito dire che lo spirito ha un contrario; la confusione appena segnalata non è quindi altro, in definitiva, che un caso particolare della troppo diffusa confusione fra psichico e spirituale.[8]

Si potrebbe obiettare a quel che abbiamo detto solo che, per il fatto stesso che gli stati dell'esistenza manifestata sono gerarchizzati, cioè che vi sono tra di loro stati superiori e stati inferiori gli uni in rapporto agli altri, c'è anche, sul ' filo ' stesso che li

---

4. È invece il punto più alto quando occorre operare una sorta di rovesciamento della figura per applicare il ' senso inverso ', che d'altronde è quello che corrisponde alla vera funzione del centro come tale (si veda *La Grande Triade*, cap. XXIII).
5. Facciamo questa riserva perché il passaggio stesso per il centro o il punto più basso implica in realtà un ' raddrizzamento ' (rappresentato in Dante dal modo in cui egli gira attorno al corpo di Lucifero), cioè un cambiamento di direzione, o, più precisamente ancora, un cambiamento del senso ' qualitativo ' nel quale questa direzione è percorsa.
6. Si veda *L'Esotérisme de Dante*, cap. VIII.
7. Per un errore del tutto simile, ma limitato all'ordine ' fisico ' e al senso letterale, si sono talora rappresentati gli abitanti degli antipodi con la testa in giù.
8. Aggiungiamo a questo proposito che, contrariamente a quanto dice ancora nello stesso passo l'autore appena citato, non può esserci « illusione spirituale »; la costante paura (e, bisogna pur dirlo, troppo spesso giustificata in una certa misura), che hanno la maggior parte dei mistici di essere ingannati dal diavolo, prova assai chiaramente che essi non vanno oltre la sfera psichica, poiché, come abbiamo già spiegato altrove, il diavolo può aver presa direttamente solo su questa (e indirettamente poi sulla sfera corporea), e tutto ciò che appartiene realmente all'ordine spirituale gli è, per la sua stessa natura, assolutamente precluso.

unisce, una direttrice che va verso l'alto e una opposta che va verso il basso. Ciò è vero in un certo senso, ma bisogna aggiungere anzitutto che tale distinzione non tocca per nulla il *sûtrâtmâ*, che è dovunque e sempre identico a se stesso, quale che sia la natura o la qualità degli stati che penetra e sostiene; inoltre, questo concerne il concatenamento stesso dei mondi, e non ciascun mondo preso a parte e considerato isolatamente dagli altri. Di fatto, uno qualunque di questi mondi, in tutta l'estensione di cui è suscettibile, costituisce solo un elemento infinitesimale nell'insieme della manifestazione universale, di modo che si dovrebbe, a rigore, considerare la sua rappresentazione ridotta a un punto; si potrebbe anche, applicando il simbolismo geometrico del senso verticale e del senso orizzontale, raffigurare i mondi con una serie indefinita di dischi orizzontali infilati in un asse verticale;[9] in ogni modo, si vede anche che, nei limiti di ogni mondo, l'asse può essere veramente raggiunto solo in un unico punto, e quindi solo uscendo da tali limiti si può considerare sull'asse un alto e un basso, o una direzione discendente.

Possiamo aggiungere ancora un'altra osservazione: l'asse in questione è assimilabile, secondo un altro simbolismo di cui abbiamo già parlato, al 'settimo raggio' del sole; se si rappresenta un mondo con una sfera, esso non dovrebbe quindi essere in realtà nessuno dei diametri di questa sfera, poiché, se si considerano i tre diametri perpendicolari che formano gli assi di un sistema di coordinate a tre dimensioni, le sei direzioni opposte a due a due che essi determinano non sono che gli altri sei raggi del sole; il 'settimo raggio' dovrebbe essere perpendicolare a tutti quanti, poiché solo esso, in quanto asse della manifestazione universale, è quella che si potrebbe chiamare la verticale assoluta, in rapporto alla quale gli assi di coordinate del mondo considerato sono tutti relativamente orizzontali. È evidente che non lo si può rappresentare geometricamente,[10] il che mostra come ogni rappresentazione sia per forza di cose inadeguata; o, almeno, il 'settimo raggio' può essere rappresentato realmente solo da un unico punto, che coincide con il centro della sfera; e questo indica ancora una volta che per ogni essere chiuso nei limiti di un certo mondo, cioè nelle condizioni speciali di un certo stato di esistenza determinata, l'asse stesso è veramente 'in-

---

9. Questa rappresentazione mostra anche chiaramente che, essendo la continuità esclusivamente stabilita dall'asse, la comunicazione fra i vari stati può effettivamente operarsi solo mediante i loro rispettivi centri.

10. Taluni potrebbero esser tentati di fare intervenire qui la 'quarta dimensione', ma anche questa non è rappresentabile, perché in realtà non è altro che una costruzione algebrica espressa in linguaggio geometrico.

visibile ', e può esserne percepito solo il punto che è la sua
' traccia ' in questo mondo. Va da sé, d'altronde, che quest'ultima
osservazione, necessaria perché il simbolismo dell'asse e dei suoi
rapporti coi mondi che lega fra di loro possa essere concepito
nel modo più completo possibile, non impedisce assolutamente
che, di fatto, la ' catena dei mondi ' venga rappresentata il più
delle volte, come abbiamo detto all'inizio, da una serie di sfere [11]
infilate come perle di una collana;[12] e, a dire il vero, non sarebbe
possibile darne altrimenti una raffigurazione sensibile.

È importante notare ancora che la ' catena ' può essere percorsa
in realtà in un solo senso, corrispondente a quella che abbiamo
chiamato la direzione ascendente dell'asse; ciò è particolarmente
chiaro quando si fa uso di un simbolismo temporale, assimilando
i mondi o gli stati d'esistenza a cicli successivi, di modo che,
in rapporto a un dato stato, i cicli anteriori rappresentano gli
stati inferiori e i cicli posteriori gli stati superiori, il che implica
che la loro concatenazione debba essere ritenuta irreversibile.
Tale irreversibilità è d'altronde implicita nella concezione di
questa stessa concatenazione in termini propriamente ' causali ',
sebbene quest'ultima supponga essenzialmente la simultaneità e
non più la successione, poiché in un rapporto di causa ed effetto
i due termini non possono mai essere invertiti; e, in fondo, la
nozione di una concatenazione causale costituisce il vero senso
di ciò che è tradotto simbolicamente dalle apparenze di una
successione ciclica, dal momento che il punto di vista della simultaneità risponde sempre a un ordine di realtà più profondo
di quello della successione.

La ' catena dei mondi ' è generalmente raffigurata in forma
circolare [13] poiché, se ogni mondo è considerato come un ciclo,
e simboleggiato come tale da una figura circolare o sferica, l'intera manifestazione, che è l'insieme di tutti i mondi, apparirà

11. In certi casi, queste sfere sono sostituite da rondelle forate al centro, che corrispondono ai dischi, considerati come orizzontali in rapporto all'asse, di cui abbiamo parlato poco fa.
12. Si può del resto legittimamente pensare che in origine tale collana non
sia stata altro che un simbolo, anch'essa, della ' catena dei mondi ', poiché,
come abbiamo detto molto spesso, il fatto di attribuire a un oggetto un carattere semplicemente ' decorativo ' o ' ornamentale ' non è che il risultato di un
certo processo degenerativo che porta a un'incomprensione del punto di vista tradizionale.
13. Questa forma non si oppone per nulla alla ' verticalità ' dell'asse o del filo
che lo rappresenta, poiché, dovendo naturalmente supporsi di lunghezza indefinita, quest'ultimo è assimilabile, in ciascuna porzione, a una retta sempre verticale, cioè perpendicolare alla sfera di esistenza costituita dal mondo che attraversa, sfera che, come abbiamo detto sopra, è solo un elemento infinitesimale della manifestazione, giacché quest'ultima comprende necessariamente una moltitudine indefinita di mondi.

in certo qual modo come un 'ciclo dei cicli'. Così, non solo la catena potrà essere percorsa in maniera continua dall'origine fino al termine, ma potrà poi esserlo di nuovo, e sempre nello stesso senso, il che corrisponde del resto, nello spiegamento della manifestazione, a un livello diverso da quello in cui si situa il semplice passaggio da un mondo a un altro,[14] e, siccome tale percorso può essere continuato indefinitamente, in questo modo è espressa ancor più tangibilmente l'indefinitezza della manifestazione stessa. Tuttavia è essenziale aggiungere che, se la catena si chiude,[15] il punto in cui essa si chiude non è assolutamente paragonabile agli altri suoi punti, perché non appartiene alla serie degli stati manifestati; l'origine e la fine si ricongiungono e coincidono, o piuttosto sono in realtà una sola e identica cosa, ma può essere così unicamente perché esse si situano, non a un livello qualunque della manifestazione, ma al di là di essa e nel Principio stesso.[16]

In varie forme tradizionali, il simbolo più comune della 'catena dei mondi' è la corona del rosario; e faremo anzitutto notare a questo proposito, in relazione a quanto abbiamo detto all'inizio sul 'soffio' che sostiene i mondi, che la formula pronunciata su ogni grano corrisponde, almeno in teoria se non sempre di fatto, a una respirazione, le cui due fasi simboleggiano rispettivamente, come è noto, la produzione di un mondo e il suo riassorbimento. L'intervallo fra due respirazioni, che corrisponde naturalmente al passaggio da un grano all'altro, e contemporaneamente a un istante di silenzio, rappresenta per ciò stesso un *pralaya*; il senso generale di questo simbolismo è quindi abbastanza chiaro, quali che siano le forme più particolari che esso può assumere secondo i casi. Bisogna anche notare che l'elemento più essenziale, in realtà, è qui il filo che collega i grani; ciò può sembrare del tutto evidente, poiché non può esserci rosario se non c'è anzitutto il filo nel quale i grani vengono poi a infilarsi « co-

14. Nei termini della tradizione indù, tale passaggio da un mondo a un altro è un *pralaya*, e il passaggio per il punto in cui le estremità della catena si congiungono è un *mahâpralaya*; ciò si potrebbe del resto applicare anche analogicamente, a un grado più particolarizzato, se, invece di considerare i mondi in rapporto alla totalità della manifestazione, si considerassero soltanto le diverse modalità di un certo mondo in rapporto all'integralità di questo mondo stesso.
15. Forse sarebbe più esatto in un certo senso dire che essa sembra chiudersi, per non lasciar supporre che un nuovo percorso di tale catena possa essere solo una specie di ripetizione del percorso precedente, il che è cosa impossibile; ma, in un altro senso o sotto un altro punto di vista essa si chiude realmente, per il fatto che dal punto di vista principiale (e non più dal punto di vista della manifestazione) la fine è necessariamente identica all'origine.
16. Ci si potrà rifare a quanto abbiamo detto in *La jonction des extrêmes*.

me perle di una collana ». Se tuttavia è necessario attirarvi l'attenzione, il motivo è che dal di fuori si vedono i grani piuttosto che il filo; e anche questo è molto significativo, perché sono i grani che rappresentano la manifestazione, mentre il *sûtrâtmâ*, rappresentato dal filo, è in se stesso non manifestato.

In India, il rosario è chiamato *aksha-mâlâ* o « ghirlanda di *aksha* » (e anche *aksha-sûtra*); ma cosa bisogna intendere esattamente per *aksha*? Il problema, a dire il vero, è abbastanza complesso;[17] la radice verbale *aksh*, da cui deriva la parola, significa raggiungere, penetrare, passare attraverso, da cui per *aksha* il senso principale di « asse »; e del resto *aksh* e ' asse ' sono parole palesemente identiche. Rifacendosi alle considerazioni già esposte si può subito vedervi un rapporto diretto con il significato essenzialmente ' assiale ' del *sûtrâtmâ*; ma come mai *aksha* ha finito per designare non più il filo, ma i grani del rosario? Per capirlo, bisogna rendersi conto che nella maggior parte delle sue applicazioni secondarie questa designazione è stata per così dire trasferita (con un passaggio, diremmo, dal senso attivo al senso passivo) dall'asse stesso a ciò che esso attraversa, e più particolarmente al suo punto di penetrazione. È così, per esempio, che *aksha* è l'' occhio ' di una ruota, cioè il suo mozzo;[18] e l'idea di ' occhio ' (significato che la parola *aksha* ha specialmente nei suoi composti) ci riconduce del resto alla concezione simbolica dell'asse come ' raggi solari ', che illuminano i mondi per il fatto stesso che esso li penetra. *Aksha* è anche un dado da gioco, apparentemente a causa degli ' occhi ' o punti segnati sulle sue diverse facce;[19] ed è pure il nome di una specie di seme di cui sono fatti di solito i rosari, perché la perforazione dei grani di quest'ultimo è ancora un ' occhio ', destinato precisamente a permettere il passaggio del filo ' assiale '.[20] Ciò conferma nuovamente quanto dicevamo poco fa sull'importanza fondamentale di quest'ultimo nel simbolo della ' catena dei mondi ', poiché da esso in definitiva derivano la loro denominazione i grani di cui si compone, allo stesso modo in cui, si potrebbe dire, i mondi sono

---

17. Dobbiamo le indicazioni che seguono su questo argomento alla cortesia di A. K. Coomaraswamy.
18. Ci si ricorderà qui di quanto abbiamo detto in precedenza su parecchi simboli affini, come l'' occhio ' della cupola e l'' occhio ' dell'ago.
19. C'è anche da notare, dal punto di vista della dottrina dei cicli, che. le designazioni di queste facce, secondo il numero dei loro punti, sono identiche a quelle degli *Yuga*.
20. Al nome del seme *rudrâksha* viene attribuito il significato di « con un occhio rosso » (per natura e prima della perforazione); il rosario è chiamato anche *rudrâksha-valaya*, anello o cerchio di *rudrâksha*.

realmente ' mondi ' solo in quanto sono penetrati dal *sûtrâtmâ*.[21]

Il numero dei grani del rosario varia secondo le tradizioni, e può anche variare secondo certe applicazioni più speciali; ma, almeno nelle forme orientali, è sempre un numero ciclico: così per esempio in India e nel Tibet tale numero è il più delle volte 108. In realtà, gli stati che costituiscono la manifestazione universale sono in numero indefinito, ma è evidente che questo numero non potrebbe essere rappresentato adeguatamente da un simbolo di ordine sensibile come quello in questione, e occorre per forza che i grani siano in numero definito.[22] Stando così le cose, un numero ciclico conviene nel modo più naturale a una figura circolare come quella che stiamo considerando e che rappresenta anch'essa un ciclo, o piuttosto, come abbiamo detto in precedenza, un ' ciclo di cicli '.

Nella tradizione islamica, il numero dei grani è 99, numero anch'esso ' circolare ' per il suo fattore 9, che viene qui riferito inoltre ai nomi divini;[23] siccome ogni grano rappresenta un mondo, ciò può essere ugualmente riferito agli angeli considerati come ' reggitori delle sfere ',[24] ciascuno dei quali in certo modo rappresenta o esprime un attributo divino,[25] cui sarà legato più particolarmente quel mondo di cui è lo ' spirito '. D'altra parte, è detto che manca un grano per completare il centinaio (il che equivale a ricondurre la molteplicità all'unità), poiché $99 = 100 - 1$, e che questo grano, quello che si riferisce al « Nome dell'Essenza » (*Ismudh-Dhât*), si può trovare solo nel Paradiso;[26] è un punto che richiede ancora qualche spiegazione.

Il numero 100, come 10 di cui è il quadrato, può normalmente riferirsi solo a una misura rettilinea e non a una misura circolare,[27] di modo che non lo si può contare sulla circonferenza della

---

21. È noto che la parola sanscrita *loka*, « mondo », è etimologicamente in rapporto con la luce e la vista, e quindi con il simbolismo dell'' occhio ' e con quello del ' raggio solare '.

22. In modo simile del resto l'indefinito è spesso espresso simbolicamente nel linguaggio da un numero come diecimila, come abbiamo spiegato altrove (cfr. *Les Principes du Calcul infinitésimal*, cap. IX).

23. I 99 grani sono per di più distribuiti in tre serie di 33; si ritrovano dunque qui i multipli di cui abbiamo già segnalato in altre occasioni l'importanza simbolica.

24. Ci si ricorderà che anche in Occidente san Tommaso d'Aquino ha insegnato espressamente la dottrina secondo cui *angelus movet stellam*; questa dottrina era d'altronde molto corrente nel Medioevo, ma è di quelle che i moderni, anche quando si dicono ' tomisti ' preferiscono passar sotto silenzio per non urtare troppo le concezioni ' meccanicistiche ' comunemente accettate.

25. Per quanto abbiamo già indicato questo fatto a varie riprese, ci proponiamo di tornarvi ancora più specificamente in un prossimo articolo.

26. Nella corrispondenza con gli angeli appena menzionata, questo centesimo grano dovrebbe essere riferito all'« Angelo della Faccia » (che è in realtà più che un angelo), *Metatron* o *Er-Rûh*.

27. Cfr. *La Grande Triade*, cap. VIII.

' catena dei mondi '; ma l'unità mancante corrisponde precisamente a quello che abbiamo chiamato il punto di unione delle estremità di questa catena, punto che, ricordiamolo nuovamente, non appartiene alla serie degli stati manifestati. Nel simbolismo geometrico, questo punto, invece di essere sulla circonferenza che rappresenta l'insieme della manifestazione, sarà al centro stesso della circonferenza, dal momento che il rientro nel Principio è sempre raffigurato come un ritorno al centro.[28] Il Principio, infatti, può in certo modo apparire nella manifestazione solo nei suoi attributi, cioè, secondo il linguaggio della tradizione indù, nei suoi aspetti ' non-supremi ', che sono, si potrebbe dire ancora, le forme assunte dal *sûtrâtmâ* in rapporto ai diversi mondi che attraversa (per quanto, in realtà, il *sûtrâtmâ* non venga per nulla modificato da tali forme, che sono in definitiva solo apparenze dovute alla manifestazione stessa); ma il Principio in sé, cioè il « Supremo » (*Paramâtmâ* e non più *sûtrâtmâ*), o l'' Essenza ' considerata nella sua assoluta indipendenza da ogni attribuzione o determinazione, non potrebbe essere considerato in rapporto con la manifestazione, fosse pure in modo illusorio, benché la manifestazione ne proceda e ne dipenda interamente in tutto ciò che essa è, altrimenti non sarebbe in alcun modo reale:[29] la circonferenza esiste solo grazie al centro; ma il centro non dipende dalla circonferenza in alcun modo né sotto alcun punto di vista. Il ritorno al centro può del resto essere considerato a due livelli diversi, e il simbolismo del ' Paradiso ' di cui parlavamo poco fa è ugualmente applicabile in entrambi i casi: se dapprima si considerano solo le molteplici modalità di un certo stato d'esistenza quale lo stato umano, l'integrazione di queste modalità farà capo al centro di tale stato, il quale è effettivamente il Paradiso (*El-Jannah*) inteso nella sua accezione più immediata e più letterale; ma è ancora solo un senso relativo, e, se si tratta della totalità della manifestazione, per esserne liberati senza alcuna traccia dell'esistenza condizionata, bisogna effettuare una trasposizione dal centro di uno stato al centro dell'essere totale, che è propriamente quel che viene designato per analogia come il « Paradiso dell'Essenza » (*Jannatu-dh-Dhât*). Aggiungeremo che in quest'ultimo caso il ' centesimo grano ' del rosario, è, a dire il vero, l'unico che sussista, poiché tutti gli altri sono alla fine riassorbiti in esso: nella realtà assoluta, infatti, non c'è più posto per

---

28. È questo ' ritorno ' che viene espresso nel *Corano* (II, 156) dalle parole *innâ li'Llahi wa innâ ilayhi râjiûn*.
29. La trascendenza assoluta del Principio in sé comporta necessariamente l'' irreciprocità di relazione ' che, come abbiamo spiegato altrove, esclude formalmente ogni concezione ' panteistica ' o ' immanentistica '.

nessuno dei nomi che esprimono ' distintamente ' la molteplicità. degli attributi; non c'è più neanche *Allahumma* (nome equivalente all'ebraico *Elohim*), che sintetizza tale molteplicità di attributi nell'unità dell'Essenza; non c'è nient'altro che *Allah*, esaltato *ammâ yaçifûn*, cioè al di là di tutti gli attributi, che della Verità divina sono soltanto gli aspetti rifratti che gli esseri contingenti sono capaci come tali di concepire e di esprimere.

Secondo la tradizione cabalistica, tra coloro che penetrarono nel *Pardes*,[1] ve ne furono alcuni che « devastarono il giardino », e si dice che queste devastazioni consistettero più precisamente nel « tagliare le radici delle piante ». Per capire che cosa significhino queste frasi bisogna anzitutto riferirsi al simbolismo dell'albero rovesciato, di cui abbiamo già parlato in altre occasioni:[2] le radici sono in alto, cioè nel Principio stesso; tagliarle equivale dunque a considerare le ' piante ', o gli esseri che esse simboleggiano, come se avessero in certo qual modo un'esistenza e una realtà indipendenti dal Principio. Nel caso in questione, tali esseri sono principalmente gli angeli, perché ciò si riferisce naturalmente a gradi d'esistenza di ordine sopra-umano; ed è facile capire quali possano esserne le conseguenze, in particolare per quella che si è convenuto di chiamare la « Cabala pratica ». Infatti, l'invocazione degli angeli così considerati, non come quegli ' intermediari celesti ' che essi sono dal punto di vista dell'ortodossia tradizionale, ma come vere potenze indipendenti, costituisce propriamente l'« associazione » (in arabo *shirk*), nel senso che dà a questa parola la tradizione islamica, poiché potenze simili appaiono allora inevitabilmente associate alla Potenza divina stessa, invece di esserne semplicemente derivate. Le stesse conseguenze si ritrovano anche, e a maggior ragione, nelle applicazioni inferiori che rientrano nell'ambito della magia, ambito in cui d'altronde si trovano necessariamente rinchiusi prima o poi coloro che commettono tale errore, poiché, per ciò stesso, non potrebbe più trattarsi realmente per essi di ' teurgia ', divenendo impossibile ogni effettiva comunicazione con il Principio dal momento in cui ' le radici sono tagliate '. Aggiungeremo che le medesime conseguenze si estendono sino alle forme più degenerate della magia, come la ' magia cerimoniale '; solo che in quest'ultimo caso, se l'errore è sempre essenzialmente lo stesso, i pericoli ne sono almeno ridotti per l'irrilevanza dei risultati che si possono ottenere.[3] Infine, è opportuno notare come ciò dia im-

---

1. Il *Pardes*, raffigurato simbolicamente come un ' giardino ', deve essere considerato qui una rappresentazione dell'ambito della conoscenza superiore e riservata: le quattro lettere P R D S, riferite ai quattro fiumi dell'Eden, designano allora rispettivamente i diversi sensi contenuti nelle Sacre Scritture, cui corrispondono altrettanti gradi di conoscenza; è ovvio che coloro i quali « devastarono il giardino » erano pervenuti effettivamente solo a un grado in cui è ancora possibile smarrirsi.
2. Si veda in particolare *L'Arbre du Monde* [qui sopra, come cap. 51].
3. Sulla questione della ' magia cerimoniale ', cfr. *Aperçus sur l'Initiation*, cap. xx. L'uso dei nomi divini e angelici nelle loro forme ebraiche è probabilmente una delle ragioni principali che hanno condotto A. E. Waite a pensare che ogni spe-

mediatamente la spiegazione di uno almeno dei sensi nei quali l'origine di simili deviazioni viene talora attribuita agli 'angeli decaduti'; gli angeli, infatti, sono realmente 'decaduti' quando sono considerati in questa maniera, poiché proprio dalla partecipazione al Principio essi ricevono tutto quello che costituisce il loro essere, tanto che, quando questa partecipazione è misconosciuta, non resta più che un aspetto puramente negativo, come una sorta d'ombra rovesciata in rapporto a quest'essere stesso.[4]

Secondo la concezione ortodossa, un angelo, in quanto 'intermediario celeste', non è altro in fondo che l'espressione di un attributo divino nell'ordine della manifestazione informale, poiché soltanto questo permette di stabilire, per mezzo di esso, una reale comunicazione fra lo stato umano e il Principio stesso, di cui l'angelo rappresenta così un aspetto più particolarmente accessibile agli esseri che si trovano nello stato umano. Del resto lo dimostrano assai chiaramente i nomi stessi degli angeli, che sono sempre, di fatto, la designazione di certi attributi divini; qui soprattutto il nome corrisponde infatti pienamente alla natura dell'essere e si identifica veramente con la sua essenza. Finché non si perde di vista questo significato, le 'radici' non possono dunque esser 'tagliate'. Si potrebbe dire, quindi, che un errore a tale proposito, che faccia cioè credere che il nome divino appartenga in proprio all'angelo come tale e in quanto essere 'separato', diviene possibile solo quando l'intelligenza della lingua sacra viene a oscurarsi, e, se ci si rende conto di tutte le possibili implicazioni di questa osservazione, si potrà capire come essa sia suscettibile di una portata molto più profonda di quanto non sembri forse a prima vista.[5] Queste considerazioni danno anche tutto il suo valore all'interpretazione cabalistica di *Malaki*, « Il Mio angelo » o « Il Mio inviato »,[6] come « l'angelo nel quale è il Mio nome », cioè in definitiva nel quale è Dio stesso, almeno

---

cie di magia cerimoniale dovesse la sua origine agli Ebrei (*The Secret Tradition in Freemasonry*, pp. 397-399); quest'opinione non ci sembra interamente fondata, perché la verità è piuttosto che si tratta di elementi desunti da forme di magia più antiche e più autentiche, e che queste, nel mondo occidentale, non potevano disporre per le loro formule di nessuna lingua sacra all'infuori dell'ebraico.

4. Si potrebbe dire, e poco importa se letteralmente o simbolicamente, che in tali condizioni colui che crede di invocare un angelo rischia di vedersi invece apparire dinanzi un demone.

5. Ricorderemo a questo proposito quanto abbiamo indicato sopra sulla corrispondenza dei vari gradi della conoscenza con i sensi più o meno 'interiori' delle Sacre Scritture; è ovvio che si tratta di qualcosa che non ha niente in comune con il sapere tutto esteriore che solo può fornire lo studio di una lingua profana, e anche, aggiungeremo, quello di una lingua sacra con procedimenti profani come quelli dei linguisti moderni.

6. È noto che il significato etimologico della parola « angelo » (in greco *aggelos*) è quello di « inviato » o di « messaggero », e che la corrispondente parola ebraica *maleak* ha anch'essa il medesimo significato.

sotto un qualche suo aspetto ' attributivo '.[7] Questa interpretazione si applica in primo luogo e per eccellenza a *Metatron*, l'« Angelo della Faccia »,[8] o a *Mikael* (di cui *Malaki* è l'anagramma) in quanto, nel suo ruolo ' solare ', esso si identifica in certo modo a *Metatron*; ma è applicabile a ogni angelo, poiché ogni angelo è veramente, in rapporto alla manifestazione, e nel senso più rigoroso della parola, il ' portatore ' di un nome divino, e anzi, visto dal lato della « Verità » (*El-Haqq*), non è in realtà nient'altro che questo nome stesso. Tutta la differenza sta nel fatto che esiste una certa gerarchia che si può stabilire fra gli attributi divini, a seconda che essi procedano più o meno direttamente dall'Essenza, sicché si potrà ritenere che la loro manifestazione si situi a livelli diversi, e tale è in definitiva il fondamento delle gerarchie angeliche; questi attributi o questi aspetti devono essere concepiti del resto in numero indefinito dal momento che sono considerati ' distintamente ', e a ciò corrisponde la stessa moltitudine degli angeli.[9]

Ci si potrebbe chiedere perché finora si sia parlato soltanto degli angeli, mentre in verità ogni essere, qualunque sia e a qualunque ordine di esistenza appartenga, dipende pure interamente dal Principio in tutto ciò che è, e tale dipendenza, che è nello stesso tempo una partecipazione, è, si potrebbe dire, la misura stessa della sua realtà; e per di più ogni essere ha anche in se stesso, e più precisamente nel suo ' centro ', almeno virtualmente, un principio divino senza il quale la sua esistenza non sarebbe nemmeno un'illusione, ma piuttosto un nulla puro e semplice. Ciò del resto corrisponde esattamente all'insegnamento cabalistico secondo cui i ' canali ' attraverso i quali le influenze emanate dal Principio che si comunicano agli esseri manifestati non si fermano a un certo livello, ma si estendono progressivamente a tutti i gradi dell'Esistenza universale, e sino ai più bassi,[10] sicché, per riprendere il precedente simbolismo, non potrebbe esserci da nessuna parte un essere assimilabile a una ' pianta senza

7. Cfr. *Le Roi du Monde*, p. 33. Dal punto di vista principiale, è l'angelo o piuttosto l'attributo che esso rappresenta che è in Dio, ma il rapporto appare invertito riguardo alla manifestazione.
8. Il nome di *Metatron* è numericamente equivalente al nome divino *Shaddai*.
9. Sia chiaro che qui si tratta di una moltitudine ' trascendentale', e non di una indefinitezza numerica (cfr. *Les Principes du calcul infinitésimal*, cap. III); gli angeli non sono assolutamente ' numerabili ', perché non appartengono alla sfera d'esistenza che è condizionata dalla quantità.
10. Il simbolismo di questi ' canali ' che discendono gradualmente attraverso tutti gli stati, può aiutare a capire, se li si considera nel senso ascendente, come gli esseri situati a un livello superiore possano in genere svolgere la parte di ' intermediari ' per coloro che sono situati a un livello inferiore, poiché la comunicazione con il Principio è possibile per questi ultimi solo passando per il loro ambito.

radici '. È ovvio tuttavia che la partecipazione di cui stiamo parlando ha gradi diversi e che tali gradi corrispondono precisamente a quelli dell'Esistenza; essi perciò hanno una realtà tanto
maggiore quanto più sono elevati, cioè vicini al Principio (per
quanto non ci sia sicuramente alcuna misura comune fra un
qualsiasi stato della manifestazione, fosse anche il più elevato di
tutti, e lo stato principiale). Su questo punto, come del resto sotto
ogni riguardo, è opportuno fare innanzitutto una distinzione fra
il caso degli esseri situati nell'ambito della manifestazione informale o sopra-individuale, cui si riferiscono gli stati angelici, e
quello degli esseri situati nell'ambito della manifestazione formale o individuale; e anche questo richiede una spiegazione
precisa.

Solo nell'ordine informale si può dire che un essere esprima
o manifesti veramente, e nel modo più integrale possibile, un
attributo del Principio; è la distinzione di tali attributi che in
questo caso produce la distinzione stessa degli esseri, che può essere definita come « distinzione senza separazione » (*bhêdâbhêdâ*
nella terminologia indù),[11] poiché è ovvio che, in definitiva, tutti
gli attributi sono realmente 'uno'; ed è anche la più piccola limitazione concepibile in uno stato che, essendo manifestato, è
ancora per ciò stesso condizionato. D'altra parte, siccome la natura di ogni essere viene qui in certo qual modo interamente ricondotta all'espressione di un attributo unico, è evidente che
questo essere possiede così, in se stesso, un'unità di tutt'altro ordine e ben altrimenti reale che l'unità assolutamente relativa,
frammentaria e 'composita' a un tempo, che appartiene agli
esseri individuali in quanto tali; e, in fondo, proprio per via di
questa riduzione della natura angelica a un attributo definito,
senza alcuna 'composizione' che non sia la mescolanza di atto
e di potenza necessariamente inerente a ogni manifestazione,[12] san
Tommaso d'Aquino ha potuto considerare le differenze esistenti
fra gli angeli paragonabili a differenze specifiche e non a differenze individuali.[13] Se ora si vuol trovare nell'ordine della manifestazione formale una corrispondenza o un riflesso di quanto
abbiamo appena detto, non bisognerà considerare gli esseri individuali presi singolarmente (e ciò risulta con sufficiente chiarezza dalla nostra ultima osservazione), ma piuttosto i 'mondi' o gli
stati d'esistenza, poiché ciascuno di essi, nel suo insieme e quasi

11. Cfr. *Le Règne de la quantité et les signes des temps*, cap. IX.
12. Si potrebbe dire che l'essere angelico è in atto in rapporto all'attributo che
esprime, ma in potenza in rapporto a quello di tutti gli altri attributi.
13. Cfr. *Le Règne de la quantité et les signes des temps*, cap. XI.

' globalmente ', è legato in special modo a un certo attributo divino di cui sarà, se è lecito esprimersi così, quasi la produzione particolare;[14] e questo si ricollega direttamente alla concezione degli angeli come ' reggitori delle sfere ' e alle considerazioni da noi già fatte a questo proposito nel nostro precedente studio sulla ' catena dei mondi '.

14. Va da sé che tale modo di parlare è valido solo nella misura e dal punto di vista in cui gli attributi stessi possono essere considerati ' distintamente ' (e possono esserlo solo in rapporto alla manifestazione), e che l'indivisibile unità dell'Essenza divina, cui alla fine tutto ritorna, non potrebbe assolutamente esserne intaccata.

Anche se abbiamo già parlato del simbolismo del ponte in varie occasioni, aggiungeremo qualche altra considerazione, relativamente a uno studio su questo argomento[1] di Doña Luisa Coomaraswamy, studio nel quale ella insiste particolarmente su un punto che mostra lo stretto rapporto di tale simbolismo con la dottrina del *sûtrâtmâ*. Si tratta del senso originario della parola *sêtu*, che è il più antico tra i vari termini sanscriti che designano il ponte, e il solo che si trovi nel *Rig-Vêda*: questa parola, derivata dalla radice *si*, « attaccare », indica propriamente un « legame »; e infatti il ponte gettato su un fiume è proprio ciò che lega una riva all'altra; ma, a parte questa osservazione di ordine generale, è implicito in tale termine qualcosa di molto più preciso. Bisogna rappresentarsi il ponte come formato, originariamente, da alcune funi, che ne costituiscono il più ortodosso modello naturale, o da una corda fissata nello stesso modo di quelle, per esempio ad alberi che crescono sulle due rive, le quali sembrano così effettivamente 'attaccate' l'una all'altra da questa corda. Le due rive rappresentano simbolicamente due diversi stati dell'essere ed è evidente che qui la corda equivale al ' filo ' che unisce tali stati fra di loro, cioè al *sûtrâtmâ* stesso; il carattere di un simile legame, al tempo stesso sottile e resistente, è anche un'immagine adeguata della sua natura spirituale; e per questo il ponte, assimilato anche a un raggio di luce, è spesso tradizionalmente descritto sottile come il filo di una spada, o altrimenti, se è fatto di legno, appare formato da una sola trave o da un solo tronco d'albero.[2] Questa sottigliezza mette pure in risalto il carattere ' periglioso ' della via di cui parliamo, che d'altronde è la sola possibile, ma che non tutti riescono a percorrere, anzi che pochissimi sono in grado di percorrere senza aiuto e con i propri mezzi soltanto,[3] perché c'è sempre un certo pericolo nel passare da uno stato a un altro; ma questo si riferisce specialmente al duplice senso, ' benefico ' e ' malefico ', che presenta il ponte, alla stregua di tanti altri simboli, e sul quale torneremo fra poco.

I due mondi rappresentati dalle due rive sono, nel senso più generale, il cielo e la terra, che erano uniti in principio e furono

---

1. *The Perilous Bridge of Welfare*, in « Harvard Journal of Asiatic Studies », agosto 1944.
2. Ricordiamo in proposito il duplice senso della parola inglese *beam*, che designa sia una trave sia un raggio luminoso, come abbiamo già fatto notare altrove (*Maçons et Charpentiers*, in « Études Traditionnelles », dicembre 1946).
3. È un privilegio solo degli ' eroi solari ' nei miti e nei racconti in cui figura il passaggio del ponte.

separati per il fatto stesso della manifestazione, il cui intero ambito è allora assimilato a un fiume o a un mare che si estende fra di essi.[4] Il ponte equivale quindi esattamente al pilastro assiale che lega il cielo e la terra pur mantenendoli separati; e proprio in virtù di questo significato esso deve essere concepito essenzialmente come verticale,[5] al pari di tutti gli altri simboli dell'' Asse del Mondo ', per esempio l'assale del ' carro cosmico ' quando le sue due ruote rappresentano ugualmente il cielo e la terra;[6] questo stabilisce pure l'identità fondamentale del simbolismo del ponte con quello della scala, di cui abbiamo parlato in altra occasione.[7] Così, il passaggio del ponte non è in definitiva altro che il percorso dell'asse, che solo infatti unisce i vari stati fra di loro; la riva da cui parte è, di fatto, questo mondo, cioè lo stato in cui l'essere che lo deve percorrere si trova in quel momento, mentre la riva a cui giunge dopo avere attraversato gli altri stati della manifestazione è il mondo principiale; una delle due rive è la regione della morte, in cui tutto è sottoposto al cambiamento, e l'altra è quella dell'immortalità.[8]

Ricordavamo poco fa che l'asse lega e separa a un tempo il cielo e la terra; parimenti, se il ponte è realmente la via che unisce le due rive e permette di passare dall'una all'altra, può

---

4. In ogni applicazione più ristretta dello stesso simbolismo, si tratterà sempre di due stati che, a un certo ' livello di riferimento ', saranno in un vicendevole rapporto corrispondente a quello fra il cielo e la terra.

5. A tale riguardo, e in relazione con quanto si è appena detto, ricorderemo il ' numero della corda ' che è stato così spesso descritto, nel quale una corda lanciata in aria rimane o sembra rimanere verticale mentre un uomo o un ragazzo vi si arrampica sino a sparire alla vista; anche se si tratta solo, almeno di solito, di un fenomeno di suggestione, poco importa dal punto di vista in cui noi ci poniamo, e si tratta comunque, esattamente come la salita lungo un palo, di una figurazione estremamente significativa del nostro tema.

6. La signora Coomaraswamy fa notare che, se ci sono casi in cui il ponte è descritto a forma di arco, il che lo identifica più o meno esplicitamente con l'arcobaleno, tali casi sono in realtà ben lungi dall'essere i più frequenti nel simbolismo tradizionale. Aggiungeremo che del resto ciò non si trova necessariamente in contraddizione con la concezione verticale del ponte, poiché, come abbiamo detto a proposito della ' catena dei mondi ', una linea curva di lunghezza indefinita può essere assimilata, in ciascuna sua porzione, a una retta che sarà sempre ' verticale ' nel senso che sarà perpendicolare all'ambito di esistenza che attraversa; per di più, anche dove non ci sia identificazione fra il ponte e l'arcobaleno, quest'ultimo è nondimeno considerato, nel suo significato più generale, come un simbolo dell'unione fra cielo e terra.

7. *Le symbolisme de l'échelle* [qui sopra, come cap. 54].

8. È evidente che nel simbolismo generale del passaggio delle acque che deve condurre ' dalla morte all'immortalità ' la traversata per mezzo di un ponte o di un guado corrisponde solo al caso in cui il passaggio viene effettuato andando da una riva all'altra, con l'esclusione di quelli in cui è descritto come la risalita di una corrente verso la sorgente, oppure come la sua discesa verso il mare, e nei quali il viaggio deve necessariamente compiersi con altri mezzi, per esempio in conformità al simbolismo della navigazione, che d'altronde è applicabile a tutti i casi (si veda *Le passage des eaux* [qui sopra, come cap. 56]).

comunque costituire anche, in un certo senso, un ostacolo posto fra di esse, e questo ci riconduce al suo carattere ' periglioso '. La cosa è d'altronde implicita anche nel significato della parola *sêtu*, che è un legame nella duplice accezione in cui lo si può intendere: da una parte, ciò che unisce due cose fra di loro, ma anche, dall'altra, un impaccio nel quale un essere si trova preso; una corda può servire ugualmente a due fini, e anche il ponte apparirà sotto l'uno o l'altro aspetto, cioè sarà in definitiva ' benefico ' o ' malefico ', a seconda che l'essere riesca o meno a superarlo. Si può osservare che il duplice significato simbolico del ponte risulta anche dal fatto che questo può essere percorso nelle due direzioni opposte, mentre dev'esserlo tuttavia soltanto in una, quella che va da ' questa riva ' verso ' l'altra ', poiché ogni ritorno sui propri passi costituisce un pericolo da evitare,[9] salvo nell'unico caso dell'essere che, già liberato dall'esistenza condizionata, può ormai ' muoversi a suo piacere ' attraverso tutti i mondi, e per il quale del resto tale ritorno non è altro che un'apparenza puramente illusoria. In tutti gli altri casi, la parte del ponte già percorsa deve normalmente essere ' perduta di vista ' e divenire come se non esistesse più, allo stesso modo in cui la scala simbolica è sempre considerata con la base nell'ambito in cui attualmente si trova l'essere che vi sale, e la sua parte inferiore scompare per lui a mano a mano che si effettua l'ascesa.[10] Finché l'essere non è giunto al mondo principiale, da cui potrà in seguito ridiscendere nella manifestazione senza esserne minimamente toccato, la realizzazione può compiersi in effetti solo nel senso ascendente; e, per colui che si attaccasse alla via per se stessa, prendendo così il mezzo per il fine, tale via diverrebbe veramente un ostacolo invece di condurlo effettivamente alla liberazione, il che implica una continua distruzione dei legami che lo uniscono agli stadi già percorsi, fino al momento in cui l'asse sia ridotto alla fine al punto unico che contiene tutto ed è il centro dell'essere totale.

9. Donde le allusioni che assai di frequente si trovano nei miti e nelle leggende di qualsiasi provenienza al pericolo di voltarsi durante il cammino e di ' guardare indietro '.

10. Si verifica quasi un ' riassorbimento ' dell'asse da parte dell'essere che lo percorre, come abbiamo già spiegato ne *La Grande Triade*, cui rimanderemo anche per qualche altro punto a ciò connesso, in particolare per quel che concerne l'identificazione di quest'essere con l'asse stesso, quale che sia il simbolo dal quale esso è rappresentato, e di conseguenza anche con il ponte, il che fornisce il vero senso della funzione ' pontificale ', e a ciò assai chiaramente allude, in mezzo ad altre formule tradizionali, questa frase del *Mabinogion* celtico citato come epigrafe dalla signora Coomaraswamy: « Colui che vuol essere Capo, deve essere il Ponte ».

Abbiamo segnalato, a proposito del simbolismo del ponte e del suo significato essenzialmente ' assiale ', che l'assimilazione tra questo simbolismo e quello dell'arcobaleno non è così frequente come si pensa di solito. Vi sono sicuramente casi in cui tale assimilazione esiste, e uno dei più chiari è quello che si riscontra nella tradizione scandinava, in cui il ponte di *Byfrost* viene esplicitamente identificato con l'arcobaleno. Altrove, quando il ponte viene descritto ascendente in una parte del suo percorso e declinante nell'altra, vale a dire a forma di arcata, sembra piuttosto che queste descrizioni siano state molto spesso influenzate da un raffronto secondario con l'arcobaleno, senza che ciò implicasse una vera identificazione tra questi due simboli. Questo raffronto si spiega d'altronde facilmente per il fatto stesso che l'arcobaleno è in genere ritenuto simboleggiare l'unione del cielo e della terra; fra il modo grazie al quale si stabilisce la comunicazione della terra con il cielo e il segno della loro unione vi è una connessione evidente, ma che non comporta di necessità una assimilazione o una identificazione. Aggiungeremo subito che questo stesso significato dell'arcobaleno, che si ritrova in una forma o in un'altra nella maggior parte delle tradizioni, risulta direttamente dalla sua stretta relazione con la pioggia, poiché quest'ultima, come abbiamo spiegato altrove, rappresenta la discesa delle influenze celesti nel mondo terrestre.[1]

L'esempio più conosciuto in Occidente di questo significato tradizionale dell'arcobaleno è naturalmente il testo biblico in cui esso viene espresso con chiarezza;[2] vi è detto in particolare: « Io porrò il mio arco nelle nubi, e sarà come segno dell'alleanza fra me e la terra »; ma occorre notare che questo « segno dell'alleanza » non vi è per nulla presentato come se dovesse permettere il passaggio da un mondo all'altro, passaggio al quale d'altra parte questo testo non fa la benché minima allusione. In altri casi, il medesimo significato si trova espresso in forme assai diverse: presso i Greci, ad esempio, l'arcobaleno era assimilato al velo di Iride, o forse a Iride stessa in un'epoca in cui, nelle raffigurazioni simboliche, l'" antropomorfismo ' non era stato ancora da essi spinto così in là come doveva accadere più tardi; qui, tale significato è implicato dal fatto che Iride era la ' messaggera degli Dèi ' e svolgeva di conseguenza il ruolo di intermediaria fra il cielo e la terra; ma va da sé che tale rappresen-

---

1. Si veda *La lumière et la pluie* [qui sopra, come cap. 60]; cfr. anche *La Grande Triade*, cap. XIV.
2. *Genesi*, IX, 12-17.

tazione è sotto ogni aspetto assai remota dal simbolismo del ponte. In fondo l'arcobaleno sembra in genere essere stato soprattutto messo in relazione con le correnti cosmiche per mezzo delle quali si opera uno scambio di influenze tra il cielo e la terra, molto più che con l'asse secondo il quale si effettua la comunicazione diretta fra i diversi stati; e d'altra parte questo meglio si accorda con la sua forma curva;[3] infatti, per quanto, come abbiamo fatto notare in precedenza, questa stessa forma non sia necessariamente in contraddizione con un'idea di ' verticalità ', non è men vero che quest'idea non può certo essere suggerita da apparenze immediate come lo è al contrario nel caso di tutti i simboli propriamente assiali.

Bisogna riconoscere che il simbolismo dell'arcobaleno è in realtà molto complesso e presenta molteplici aspetti; ma, fra questi, forse uno dei più importanti, anche se a prima vista può sembrare abbastanza sorprendente, e in ogni caso quello che si riferisce più manifestamente a ciò che abbiamo indicato per ultimo, è quello che lo assimila a un serpente e che si ritrova in tradizioni assai diverse. È stato notato che i caratteri cinesi che designano l'arcobaleno hanno il radicale ' serpente ', per quanto questa assimilazione non trovi altre espressioni formali nella tradizione estremo-orientale, sicché vi si potrebbe vedere quasi un ricordo di qualcosa che risale probabilmente a molto addietro.[4] Sembrerebbe che questo simbolismo non sia rimasto del tutto sconosciuto agli stessi Greci, almeno nel periodo arcaico, poiché secondo Omero l'arcobaleno era rappresentato sulla corazza di Agamennone da tre serpenti azzurrini, « imitazione dell'arco di Iride, e segno memorabile agli umani che Zeus impresse nelle nubi ».[5] In ogni caso, in alcune regioni dell'Africa, e in particolare nel Dahomey, il ' serpente celeste ' viene assimilato all'arcobaleno, e al tempo stesso è considerato il signore delle pietre preziose e della ricchezza; può sembrare peraltro che si faccia qui una certa confusione tra due aspetti differenti del simbolismo del serpente, poiché, se il ruolo di signore o di custode dei tesori è abbastanza spesso attribuito effettivamente, fra altre entità descritte sotto varie forme, a serpenti o a draghi, questi hanno un carattere sotterraneo assai più che celeste; ma può anche darsi

3. S'intende che una forma circolare, o semicircolare come quella dell'arcobaleno, può sempre essere considerata, da questo punto di vista, come la proiezione piana di una porzione d'elica.

4. Cfr. Arthur Waley, *The Book of Songs*, p. 328.

5. *Iliade*, XI. Siamo spiacenti di non aver potuto trovare il riferimento in maniera più precisa, tanto più che la raffigurazione dell'arcobaleno per mezzo di tre serpenti sembra a prima vista abbastanza strana e meriterebbe probabilmente di essere esaminata più da vicino [L'indicazione completa è: *Il.* XI, 26-28. *N.d.T.*].

che esista fra questi due aspetti in apparenza opposti una corrispondenza paragonabile a quella esistente fra i pianeti e i metalli.[6] Da un altro lato, è perlomeno curioso notare che in questa prospettiva il ' serpente celeste ' ha una somiglianza abbastanza sorprendente con il ' serpente verde ' del ben noto racconto simbolico di Goethe, il quale si trasforma in ponte, poi si frammenta in gemme; se infatti lo consideriamo in rapporto con l'arcobaleno, ritroviamo in questo caso la sua identificazione con il ponte, il che sarebbe tutto sommato tanto meno sorprendente in quanto Goethe, su questo punto, può avere benissimo pensato più particolarmente alla tradizione scandinava. Bisogna dire del resto che il racconto in questione non è affatto chiaro, sia riguardo alla provenienza dei vari elementi del simbolismo cui Goethe ha potuto ispirarsi, sia riguardo al suo stesso significato, e che tutte le interpretazioni che si è tentato di darne sono nell'insieme davvero poco soddisfacenti;[7] non vogliamo insistervi ulteriormente ma ci è parso che poteva essere interessante mostrare occasionalmente l'accostamento un po' inatteso al quale dà luogo.[8] Si sa che uno dei principali significati simbolici del serpente si richiama alle correnti cosmiche alle quali facevamo allusione sopra, correnti che, in definitiva, non sono altro che l'effetto e quasi l'espressione delle azioni e reazioni delle forze emanate rispettivamente dal cielo e dalla terra.[9] È questo che fornisce la sola spiegazione plausibile dell'assimilazione dell'arcobaleno al serpente, e tale spiegazione si accorda in modo perfetto con il carattere per altro riconosciuto all'arcobaleno di essere segno dell'unione del cielo e della terra, unione che in effetti è in certo modo manifestata da queste correnti, le quali senza di essa non potrebbero

6. Cfr. *Le Règne de la quantité et les signes des temps*, cap. XXII.
7. C'è d'altronde spesso qualcosa di confuso e di nebuloso nel modo in cui Goethe si serve del simbolismo, e si può constatarlo anche nell'adattamento che egli ha fatto della leggenda di Faust; aggiungiamo che ci sarebbe più di una domanda da porsi sulle fonti alle quali ha potuto attingere più o meno direttamente, come sull'esatta natura dei collegamenti iniziatici che egli ha potuto avere al di fuori della massoneria.
8. Non possiamo prendere in considerazione, per quanto riguarda l'assimilazione più o meno completa del serpente di Goethe all'arcobaleno, il colore verde che gli viene attribuito, per quanto taluni abbiano voluto fare del verde una sorta di sintesi dell'arcobaleno, poiché ne sarebbe il colore centrale; ma, in realtà, esso non vi occupa una posizione veramente centrale che a condizione di ammettere l'introduzione dell'indaco nella lista dei colori, e abbiamo in precedenza spiegato le ragioni per cui questa introduzione è in realtà insignificante e sprovvista di ogni valore dal punto di vista simbolico (si veda *Les sept rayons et l'arc-en-ciel* [qui sopra, come cap. 57]). A questo proposito, faremo notare che l'asse corrisponde propriamente al ' settimo raggio ', e di conseguenza al colore bianco, mentre la differenziazione stessa dei colori dell'arcobaleno indica una certa ' esteriorità ' in rapporto a questo raggio assiale.
9. Si veda *La Grande Triade*, cap. V.

prodursi. Bisogna aggiungere che il serpente, quando possiede questo significato, è il più delle volte associato a simboli assiali come l'albero o il bastone, cosa che non è difficile a spiegarsi, dal momento che è appunto la direzione dell'asse a determinare quella delle correnti cosmiche, senza tuttavia che questa si confonda in alcun modo con quella, esattamente come, per riprendere qui il simbolismo corrispondente nella sua più rigorosa forma geometrica, un'elica tracciata su un cilindro non si confonde con l'asse stesso di questo cilindro. Fra il simbolo dell'arcobaleno e quello del ponte, una connessione simile sarebbe insomma da considerarsi come la più normale; ma, in seguito, questa connessione ha condotto in alcuni casi a una sorta di fusione dei due simboli, che sarebbe interamente giustificata solo se si considerasse nel contempo la dualità delle correnti cosmiche nel suo risolversi nell'unità di una corrente assiale. Occorre tuttavia tener conto anche del fatto che le raffigurazioni del ponte sono diverse a seconda che esso venga o no assimilato all'arcobaleno, e, a tale riguardo, ci si potrebbe chiedere se non vi sia tra il ponte rettilineo [10] e il ponte ad arco, almeno teoricamente, una differenza di significato corrispondente in qualche maniera a quella che esiste, come abbiamo indicato altrove, fra la scala verticale e quella a spirale,[11] differenza che è quella tra la via ' assiale ' che riconduce direttamente l'essere allo stato principiale e la via piuttosto ' periferica ' che implica il passaggio distinto attraverso una serie di stati gerarchizzati, per quanto, in un caso come nell'altro, lo scopo finale sia necessariamente lo stesso.[12]

10. Ricorderemo che questa forma rettilinea, e naturalmente verticale, è quella che corrisponde particolarmente al senso preciso dell'espressione *eç-çirâtul-mustaqîm* nella tradizione islamica (cfr. *Le Symbolisme de la Croix*, cap. XXV).
11. Si veda *Le symbolisme de l'échelle* [qui sopra, come cap. 54].
12. L'impiego iniziatico della scala a spirale si spiega con l'identificazione dei gradi d'iniziazione con altrettanti stati differenti dell'essere; si può citare come esempio, nel simbolismo massonico, la scala a chiocciola *(winding stairs)* di 15 gradini, ripartiti in 3 + 5 + 7, che conduce alla « Camera del Mezzo ». Nell'altro caso, gli stessi stati gerarchizzati sono rappresentati ugualmente dai gradini, ma la disposizione e la forma stessa di questi indicano che non ci si può fermare e che essi non sono che il mezzo di un'ascensione continua, mentre è sempre possibile restare più o meno a lungo sui gradini di una scala, o almeno sui ' pianerottoli ' che esistono tra le differenti serie nelle quali sono divisi.

Tra i simboli massonici che sembrano essere il più delle volte piuttosto mal compresi ai giorni nostri si trova quello della ' catena d'unione ',[1] che circonda la Loggia nella sua parte superiore. Taluni vogliono vedervi la cordicella di cui si servivano i massoni operativi per tracciare e delimitare il contorno di un edificio; hanno sicuramente ragione, ma non basta, e bisognerebbe almeno chiedersi qual era il valore simbolico di quella cordicella.[2] Si potrebbe anche trovare anormale la posizione assegnata a un ' arnese ' che serviva a effettuare un tracciato sul suolo, e anche questo non può non richiedere qualche spiegazione.

Per un'esatta comprensione dell'argomento bisogna anzitutto ricordarsi che, dal punto di vista tradizionale, qualsiasi edificio era sempre costruito secondo un modello cosmico; d'altronde è espressamente specificato che la Loggia è un'immagine del Cosmo, e probabilmente è questo l'ultimo ricordo di tale principio che sia sopravvissuto sino al giorno d'oggi nel mondo occidentale. Stando così le cose, l'ubicazione di un edificio doveva essere determinata e ' incorniciata ' da qualcosa che in certo modo corrispondesse a quella che si potrebbe chiamare la ' cornice ' stessa del Cosmo. Vedremo fra poco di che cosa si tratti, ma possiamo dire subito che il tracciato ' materializzato ' dalla cordicella ne rappresentava propriamente parlando una proiezione terrestre. Del resto abbiamo già visto qualcosa di simile a proposito della pianta delle città fondate secondo le regole tradizionali;[3] di fatto, questo caso e quello degli edifici presi isolatamente non differiscono sostanzialmente a questo riguardo, poiché si tratta sempre dell'imitazione di un medesimo modello cosmico.

Quando l'edificio è costruito, anzi fin da quando incomincia a essere innalzato, la cordicella non ha evidentemente più alcuna funzione da svolgere; così la posizione della ' catena d'unione ' non si riferisce precisamente al tracciato che essa è servita a effettuare, ma piuttosto al suo prototipo cosmico. E il richiamarsi al prototipo cosmico ha sempre comunque la sua ragion d'essere nella determinazione del significato simbolico della Loggia e delle sue varie parti. La cordicella stessa, sotto la forma di ' catena d'unione ', diventa allora il simbolo della ' cornice ' del Cosmo;

1. Nel *compagnonnage* si dice « catena di alleanza ».
2. Questo simbolo porta anche un'altra denominazione, quella di « fiocco dentellato », che sembra designare piuttosto l'orlo di un baldacchino; ora, è noto che il baldacchino è un simbolo del cielo (ad esempio il baldacchino del carro nella tradizione estremo-orientale); ma, come si vedrà, non c'è in questo nessuna reale contraddizione.
3. Si veda *Le Zodiaque et les points cardinaux* [qui sopra, come cap. 13].

e la sua posizione si comprende facilmente se, com'è effettivamente, tale ' cornice ' ha un carattere celeste e non più terrestre;[4]
grazie a questa trasposizione, aggiungeremo, la terra non fa altro
che restituire al cielo quello che gli aveva in un primo tempo
preso in prestito.

Il senso del simbolo è reso particolarmente chiaro dal fatto
che, mentre la cordicella, in quanto ' arnese ', è naturalmente una
semplice linea, la ' catena d'unione ' ha al contrario dei nodi
posti a distanze regolari;[5] questi nodi sono o devono essere di
norma dodici,[6] il che rende evidente la loro corrispondenza con
i segni dello Zodiaco.[7] Proprio lo Zodiaco infatti, all'interno del
quale si muovono i pianeti, costituisce veramente l'" involucro '
del Cosmo, cioè quella ' cornice ' di cui abbiamo parlato,[8] ed è
ovvio che si tratta realmente, come abbiamo detto, di una ' cornice ' celeste.

Ma c'è ancora altro da dire, e non meno importante: cioè che
una ' cornice ' ha tra le sue funzioni, e forse anche come funzione
principale, quella di mantenere al loro posto i vari elementi che
contiene o racchiude al suo interno, in modo da formare un tutto
ordinato, il che è poi anche, come è noto, il significato etimologico della parola ' Cosmo '.[9] Essa deve in qualche maniera ' le-

---

4. Per questo l'assimilazione all'orlo di un baldacchino è anch'essa giustificata,
mentre non lo sarebbe evidentemente per la proiezione terrestre di tale ' cornice '
celeste.

5. Questi nodi sono detti « lacci d'amore »; il nome, come la loro particolare
forma, conserva forse in certo senso l'impronta del secolo XVIII, ma può anche
darsi che vi si trovi un vestigio di qualcosa che risale a molto più addietro, e che
potrebbe persino ricollegarsi abbastanza direttamente al simbolismo dei ' Fedeli
d'Amore '.

6. Il « Quadro di Loggia », per altro inusitato di fatto, che figura all'inizio
della *Maçonnerie occulte* di Ragon, è palesemente scorretto, sia per il numero dei
nodi della ' catena d'unione ', sia per la posizione abbastanza strana e anzi
inspiegabile che viene attribuita ai segni zodiacali.

7. Taluni pensano che questi dodici nodi implichino, almeno ' idealmente ',
l'esistenza di un numero uguale di colonne, cioè dieci oltre alle due colonne
dell'Occidente cui corrispondono le estremità della ' catena d'unione '. C'è da
notare in proposito che una disposizione simile, benché in forma circolare, si trova in certi monumenti megalitici di cui è pure evidente il rapporto con lo
Zodiaco.

8. A proposito della divisione zodiacale delle città, rimanderemo ancora allo studio a cui ci siamo già riferiti sopra; conviene notare, in rapporto con quanto ci rimane qui da dire, che proprio questa divisione assegna i rispettivi posti ai vari
elementi che, una volta riuniti, costituiscono la città. Si trova un altro esempio di ' involucro ' zodiacale nel simbolismo estremo-orientale del *Ming-tang*,
con le sue dodici aperture, che abbiamo spiegato altrove (*La Grande Triade*,
cap. XVI).

9. Si può dire che il nostro mondo è ' ordinato ' dall'insieme delle determinazio-
ni temporali e spaziali che sono legate allo Zodiaco, da una parte per il rapporto diretto di quest'ultimo con il ciclo annuale e, dall'altra, per la sua corrispondenza con le direzioni dello spazio (ovviamente quest'ultimo punto è in stretta
relazione anche con il problema dell'orientazione tradizionale degli edifici).

gare ' o ' unire ' questi elementi fra di loro, cosa del resto espressa formalmente dalla designazione « catena d'unione », e proprio da ciò risulta anche, per quanto concerne quest'ultima, il suo significato più profondo, poiché, come tutti i simboli che si presentano sotto forma di catena, di corda o di filo, esso si riferisce in definitiva al *Sûtrâtmâ*. Ci limiteremo a richiamare l'attenzione su questo punto senza entrare per questa volta in più ampie spiegazioni, perché dovremo presto ritornarvi, essendo tale carattere ancora più evidente nel caso di certe altre ' cornici ' simboliche che ora esamineremo.

A.K. Coomaraswamy ha studiato[1] il significato simbolico di certi 'nodi' che si trovano nelle incisioni di Albrecht Dürer: tali 'nodi' sono dei grovigli assai complicati formati dal tracciato di una linea continua, il tutto disposto in una figura circolare; in parecchi casi il nome di Dürer è iscritto nella parte centrale. Questi 'nodi' sono stati accostati a una figura simile generalmente attribuita a Leonardo da Vinci, al centro della quale si leggono le parole *Academia Leonardi Vinci*; taluni hanno voluto vedere in quest'ultima la 'firma collettiva' di un" Accademia ' esoterica come ne esistevano molte in Italia a quell'epoca, e certo non senza ragione. Infatti, questi disegni sono stati talvolta chiamati «dedali» o «labirinti», e, come fa osservare Coomaraswamy, malgrado la differenza delle forme che in parte può essere dovuta a ragioni di ordine tecnico, essi hanno effettivamente uno stretto rapporto con i labirinti, e in particolar modo con quelli che erano tracciati sul pavimento di certe chiese del Medioevo; ora, si pensa che anche questi costituiscano una ' firma collettiva ' delle corporazioni dei costruttori. In quanto simboleggiano il legame che unisce tra loro i membri di un'organizzazione iniziatica o almeno esoterica, questi tracciati offrono evidentemente una sorprendente somiglianza con la ' catena d'unione ' massonica; e, se si rammentano i nodi di quest'ultima, anche il nome di « nodi » (*Knoten*) dato a tali disegni, a quanto sembra dal Dürer stesso, è assai significativo. Per questa ragione, come per un'altra sulla quale torneremo in seguito, è anche importante notare che si tratta di linee che non presentano alcuna soluzione di continuità;[2] i labirinti delle chiese potevano anch'essi venire percorsi da un capo all'altro senza incontrarvi in alcun punto interruzioni che costringessero a fermarsi o a tornare sui propri passi, di modo che in realtà costituivano semplicemente una strada molto lunga che bisognava percorrere tutta prima di giungere al centro.[3] In certi casi, come ad Amiens, il ' capomastro ' stesso si è fatto rappresentare nella parte centrale, così come Leonardo e Dürer vi hanno iscritto i loro nomi; con

1. *The Iconography of Dürer's 'Knots' and Leonardo's 'Concatenation'* in « The Art Quarterly », primavera 1944.
2. Ci si potrà ricordare qui del *pentalpha* che, come segno di riconoscimento dei pitagorici, doveva essere tracciato in modo continuo.
3. Cfr. W. R. Lethaby, *Architecture, Mysticism and Myth*, cap. VII. Questo autore, che era egli stesso architetto, ha riunito nel suo libro un gran numero di interessanti informazioni riguardo al simbolismo architettonico, ma sfortunatamente non è stato in grado di coglierne il vero significato.

ciò, essi si situavano simbolicamente in una ' Terra Santa ',[4] cioè in un luogo riservato agli ' eletti ', come abbiamo spiegato altrove,[5] o in un centro spirituale che era, in ogni caso, un'immagine o un riflesso del vero ' Centro del Mondo ', così come nella tradizione estremo-orientale l'Imperatore si situava sempre nel luogo centrale.[6]

Questo ci conduce direttamente a considerazioni di un altro ordine, che si riferiscono a un senso più ' interiore ' e più profondo di tale simbolismo: siccome l'essere che percorre il labirinto o qualsiasi altra raffigurazione equivalente riesce alla fine a trovare in questo modo il ' luogo centrale ', cioè, dal punto di vista della realizzazione iniziatica, il proprio centro,[7] il percorso stesso con tutte le sue complicazioni è evidentemente una rappresentazione della molteplicità degli stati o delle modalità dell'esistenza manifestata,[8] attraverso la serie indefinita dei quali l'essere ha dovuto ' errare ' prima di potersi stabilire in questo centro. La linea continua è allora l'immagine del *sûtrâtmâ* che lega tutti gli stati fra di loro, e d'altronde, nel caso del ' filo di Arianna ' relativo al percorso del labirinto, quest'immagine si presenta con una tale chiarezza che ci si stupisce che sia possibile non accorgersene;[9] qui trova la sua giustificazione l'osservazione con cui abbiamo terminato il nostro studio precedente sul simbolismo della ' catena d'unione '. D'altra parte, abbiamo insistito in special modo sul carattere di ' cornice ' che quest'ultima presenta; ora, basta guardare le figure di Dürer e di Leonardo per rendersi conto che anch'esse formano delle vere ' cornici ' intorno alla parte centrale, e questa è un'ulteriore somiglianza fra i due simboli. Vi sono altri casi in cui ritroveremo

4. È noto che i labirinti in questione erano comunemente chiamati « via di Gerusalemme », e che il loro percorso era considerato sostitutivo del pellegrinaggio in Terrasanta; a Saint-Omer, il centro conteneva una rappresentazione del Tempio di Gerusalemme.
5. Si veda *La Caverne et le Labyrinthe* [qui sopra, come cap. 29].
6. Si veda *La Grande Triade*, cap. xvi. Si potrebbe ricordare, a proposito di questo accostamento, il titolo di *Imperator* dato al capo di certe organizzazioni rosacrociane.
7. Si può naturalmente trattare, secondo i casi, o del centro di uno stato particolare d'esistenza, oppure di quello dell'essere totale, il primo dei quali corrisponde al termine dei ' piccoli misteri ' e il secondo a quello dei ' grandi misteri '.
8. Diciamo ' modalità ' per il caso in cui si considera soltanto l'insieme di un unico stato di manifestazione, com'è necessariamente per quanto concerne i ' piccoli misteri '.
9. È anche importante notare, sotto lo stesso profilo, che i disegni di Dürer e di Leonardo hanno una palese somiglianza con gli ' arabeschi ', come ha segnalato Coomaraswamy; le ultime vestigia di tracciati di questo genere nel mondo occidentale si trovano nei paraffi e altri ornamenti complicati, sempre formati da una sola linea continua, che rimasero cari ai calligrafi e agli altri maestri di scrittura fin verso la metà del secolo XIX, per quanto allora questi non ne comprendessero probabilmente più il simbolismo.

nuovamente il medesimo carattere, in un modo che mette una volta di più in risalto la perfetta concordanza delle diverse tradizioni.

In un libro di cui abbiamo già parlato altrove,[10] Jackson Knight ha segnalato che erano stati trovati in Grecia, presso Corinto, due modellini d'argilla di case risalenti all'epoca arcaica detta « età geometrica »;[11] sui muri esterni si vedono dei meandri che circondano la casa il cui tracciato sembra in certo modo aver costituito un ' sostituto ' del labirinto. Nella misura in cui quest'ultimo rappresentava una difesa, sia contro i nemici umani, sia soprattutto contro le influenze psichiche ostili, si può anche pensare che questi meandri abbiano un valore protettivo, e anzi doppiamente, impedendo non soltanto alle influenze malefiche di penetrare nella dimora, ma anche alle influenze benefiche di uscirne e di disperdersi al di fuori. Può benissimo darsi che in certe epoche non si sia visto altro in essi; ma non bisogna dimenticare che la riduzione dei simboli a un uso più o meno ' magico ' corrisponde già a uno stato di degenerazione dal punto di vista tradizionale, nel quale il loro senso profondo è stato ormai dimenticato.[12] All'origine quindi c'è stato di sicuro qualcos'altro, ed è facile capire di cosa si tratti in realtà se si rammenta che ogni edificio è costruito tradizionalmente secondo un modello cosmico; finché non vi fu alcuna distinzione fra ' sacro ' e ' profano ', cioè finché non ebbe origine il modo di vedere profano per effetto di un indebolimento della tradizione, fu sempre e dovunque così anche per le case private. La casa era allora un'immagine del Cosmo, cioè quasi un ' piccolo mondo ' chiuso e completo in se stesso; e se si osserva che essa è ' incorniciata ' dal meandro esattamente allo stesso modo in cui la Loggia, il cui significato cosmico non è andato perduto, è ' incorniciata ' dalla ' catena d'unione ', l'identità dei due simboli appare del tutto evidente: in entrambi i casi, non si tratta in definitiva d'altro che di una rappresentazione della ' cornice ' stessa del Cosmo.

Un altro esempio notevole dal punto di vista del simbolismo della ' cornice ' ci è fornito da certi caratteri cinesi, riferiti in origine a riti di fissazione o di stabilizzazione [13] che consistevano

---

10. *Cumaean Gates*; si veda in proposito il nostro studio su *La Caverne et le Labyrinthe*.
11. La riproduzione di questi due modelli si trova a p. 67 del libro citato.
12. Naturalmente, questo senso profondo non esclude un'applicazione ' magica ' né qualsiasi altra applicazione legittima, ma la degenerazione consiste nel fatto che il principio è stato perso di vista e che se ne considera ormai esclusivamente una semplice applicazione isolata e di ordine inferiore.
13. Questi riti corrispondono evidentemente a un caso particolare di ciò che viene designato nel linguaggio ermetico come « coagulazione » (si veda *La Grande Triade*, cap. VI).

nel tracciare dei cerchi concentrici o una spirale intorno agli oggetti; il carattere *hêng*, che designa tale rito, era formato nell'antica scrittura da una spirale o da due cerchi concentrici fra due linee rette. In tutto il mondo antico, le nuove fondazioni, che si trattasse di campi, di città o di villaggi, erano 'stabilizzate' tracciando spirali o cerchi intorno a esse,[14] e aggiungeremo che anche qui si può vedere la reale identità delle 'cornici' e dei labirinti. A proposito del carattere *chich*, che i commentatori recenti rendono semplicemente con « grande », l'autore appena citato dice che esso denota la magia che assicura l'integrità degli spazi « incorniciandoli » con segni protettori; tale è lo scopo dei disegni su margini nelle antiche opere d'arte. Un *chich fu* è una benedizione che è stata direttamente o simbolicamente 'incorniciata' in questa maniera; anche un flagello può essere 'incorniciato' per impedire che si diffonda. Anche in questo caso si tratta esplicitamente solo di 'magia', o di ciò che si suppone sia tale; ma l'idea di 'fissazione' o di 'stabilizzazione' mostra abbastanza chiaramente di che cosa in fondo si tratti: si tratta della funzione essenziale della 'cornice', come abbiamo detto in precedenza, di raccogliere e di mantenere al loro posto i diversi elementi che essa circonda. In Lao-tseu ci sono del resto alcuni passi in cui figurano i caratteri in questione e che sono assai significativi al riguardo: « Quando si fa in modo di incorniciare (o circoscrivere, *ying*, carattere che evoca un'idea simile a quella di *hêng*) i sette spiriti animali e di abbracciare l'Unità, si può essere chiusi, impenetrabili e incorruttibili »;[15] e altrove: « Grazie a una conoscenza convenientemente incorniciata (*chich*), noi camminiamo senza difficoltà nella grande Via ».[16] Nel primo brano, si tratta evidentemente di stabilire o di mantenere l'ordine normale dei diversi elementi costitutivi dell'essere al fine di unificarlo; nel secondo, una « conoscenza bene incorniciata » è propriamente una conoscenza in cui ogni cosa è messa esattamente nel posto che le conviene. Del resto, il significato cosmico della 'cornice' non è assolutamente scomparso neppure in questo caso; infatti, secondo tutte le concezioni tradizionali l'essere umano non è forse il 'microcosmo', e la conoscenza non deve anch'essa comprendere in certo modo la totalità del Cosmo?

14.   A. Waley, *The Book of Changes*, nel « Bulletin of the Museum of Far Eastern Antiquities », n° 5, Stockholm, 1934.
15.   *Tao-te-king*, cap. x, traduzione inedita di Jacques Lionnet.
16.   *Ibidem*, cap. LIII, stessa traduzione.

67.   *Il* quatre de chiffre

Fra gli antichi marchi corporativi ce n'è uno di carattere particolarmente enigmatico: è quello cui si dà il nome di *quatre de chiffre*, perché ha infatti la forma della cifra 4, alla quale si aggiungono spesso alcune linee supplementari, orizzontali o verticali, e che in genere si combina sia con vari altri simboli sia con lettere o monogrammi per formare un insieme complesso in cui occupa sempre la parte superiore. Questo segno era comune a un gran numero di corporazioni, se non a tutte, e non sappiamo perché uno scrittore occultista, che per giunta ne attribuisce del tutto gratuitamente l'origine ai Catari, abbia di recente preteso che esso appartenesse esclusivamente a una 'società segreta' di tipografi e di librai; è esatto che esso si trova in molti marchi tipografici, ma non è meno frequente fra i tagliapietre, fra i pittori di vetrate, fra gli arazzieri, per citare solo alcuni esempi che bastano a mostrare come tale opinione sia insostenibile. È stato anche notato che alcuni privati o famiglie avevano fatto riprodurre questo segno sulle loro case, sulle loro lapidi o sui loro blasoni; ma qui, in certi casi, nulla prova che non lo si debba attribuire all'opera di un tagliapietre piuttosto che al proprietario in persona, e, negli altri, si tratta certamente di personaggi uniti da qualche legame, talvolta ereditario, a determinate corporazioni.[1] Comunque sia, non c'è dubbio che il segno in questione ha carattere corporativo ed è in relazione diretta con le iniziazioni di mestiere; anzi, a giudicare dall'uso che ne viene fatto, è proprio il caso di pensare che fosse essenzialmente un marchio del grado di maestro.

In quanto al significato del *quatre de chiffre*, che è ciò che a noi evidentemente interessa di più, gli autori che ne hanno parlato sono lungi dall'essere tutti d'accordo, tanto più che sembrano in genere ignorare che un simbolo può benissimo essere realmente suscettibile di parecchie interpretazioni differenti, ma che non si escludono per nulla. Questo fatto non deve minimamente stupire, qualunque cosa ne pensino coloro che si attengono strettamente a un punto di vista profano, poiché non solo la molteplicità dei significati è, generalmente parlando, inerente al simbolismo stesso, ma, oltre a ciò, in questo caso come in molti altri, può esserci sovrapposizione e anche fusione di parecchi simboli in uno solo. W. Deonna, cui capitò una volta di citare il

---

1. Altrove abbiamo accennato a legami del genere a proposito dei massoni 'accettati' (*Aperçus sur l'Initiation*, cap. XXIX).

quatre de chiffre tra altri simboli che figuravano su antiche armi,[2] nel parlare in tale occasione, d'altronde abbastanza sommariamente, dell'origine e del significato di questo marchio, accennò all'opinione secondo la quale esso rappresenta quello che egli chiama piuttosto bizzarramente « il valore mistico della cifra 4 »; senza respingere del tutto tale interpretazione, egli ne preferisce comunque un'altra, e suppone « che si tratti di un segno astrologico », quello di Giove. Quest'ultimo presenta effettivamente nel suo aspetto generale una somiglianza con la cifra 4; ed è anche certo che l'uso di questo segno può avere qualche rapporto con l'idea di ' maestria '; ma, malgrado questo, pensiamo, contrariamente al parere di Deonna, che si tratti solo di un'associazione secondaria che, per quanto legittima,[3] non fa altro che aggiungersi al significato primo e principale del simbolo.

Non ci pare discutibile, infatti, che si tratti anzitutto di un simbolo quaternario, non tanto a causa della sua somiglianza con la cifra 4, che potrebbe in definitiva essere solo in certo modo ' avventizia ', quanto per un'altra ragione più decisiva: la cifra 4, in tutti i marchi in cui figura, ha una forma che è esattamente quella di una croce in cui l'estremità superiore del braccio verticale e una delle estremità del braccio orizzontale sono unite da una linea obliqua; ora, non si può contestare che la croce, senza pregiudizio di tutti gli altri suoi significati, sia essenzialmente un simbolo del quaternario.[4] Un'ulteriore conferma di questa interpretazione viene dal fatto che vi sono dei casi in cui il *quatre de chiffre* in associazione con altri simboli occupa palesemente il posto tenuto dalla croce in altre raffigurazioni più comuni che per tutto il resto sarebbero identiche; così è in particolare quando si trova il *quatre de chiffre* nella figura del ' globo del Mondo ', o anche quando esso sormonta un cuore, come avviene frequentemente soprattutto nei marchi tipografici.[5]

Non è tutto, anzi c'è qualcosa che non è forse meno importante, per quanto Deonna si sia rifiutato di ammetterlo: nell'articolo a cui ci siamo riferiti sopra, dopo aver segnalato che si è voluto

2. *Armes avec motifs astrologiques et talismaniques*, nella « Revue de l'Histoire des Religions », luglio-ottobre 1924.
3. Troviamo d'altronde un altro caso della stessa associazione del simbolismo di Giove a quello del quaternario nella quarta lama dei Tarocchi.
4. La croce rappresenta l'aspetto ' dinamico ' del quaternario, mentre il quadrato ne rappresenta l'aspetto ' statico '.
5. Il cuore sormontato da una croce è naturalmente nell'iconografia cristiana la rappresentazione del ' Sacro Cuore ', che d'altronde dal punto di vista simbolico è un'immagine del ' Cuore del Mondo '; si deve osservare che, siccome lo schema geometrico del cuore è un triangolo con la punta diretta verso il basso, quello del simbolo intero non è altro che il simbolo alchimistico dello zolfo in posizione rovesciata, che rappresenta il compimento della ' Grande Opera '.

« far derivare questo marchio dal monogramma costantiniano, già liberamente interpretato e deformato nei documenti merovingi e carolingi »,[6] egli dice che « tale ipotesi appare del tutto arbitraria » e che « nessuna analogia la impone ». Siamo ben lungi dall'essere d'accordo; del resto è strano constatare come fra gli esempi riprodotti dallo stesso Deonna ce ne siano due che rappresentano il monogramma di Cristo completo, in cui la P è puramente e semplicemente sostituita dal *quatre de chiffre*; questo non avrebbe almeno dovuto consigliarlo a una maggiore prudenza? C'è anche da notare che si trovano indifferentemente due orientazioni opposte del *quatre de chiffre*;[7] ora, quando è volto a destra invece di essere volto a sinistra secondo la normale posizione della cifra 4, esso presenta una somiglianza particolarmente notevole con la P. Abbiamo già spiegato [8] come vadano distinti il monogramma semplice e quello detto ' costantiniano ': il primo è composto da sei raggi opposti a due a due a partire da un centro, cioè da tre diametri, uno verticale e gli altri due obliqui, e come ' Monogramma di Cristo ' lo si considera formato dall'unione delle due lettere greche I e X; il secondo, che allo stesso modo unisce le due lettere X e P, ne deriva immediatamente grazie all'aggiunta, sulla parte superiore del diametro verticale, di un ' occhiello ' destinato a trasformare la I in P, ma che ha anche altri significati, e si presenta del resto in parecchie forme diverse.[9] Ciò rende ancora meno sorprendente la sua sostituzione con il *quatre de chiffre*, che è in definitiva solo una ulteriore variante.[10] Tutto ciò d'altronde diventa chiaro se si osserva che la linea

6. Bisognerebbe d'altronde aver cura di distinguere fra le deformazioni accidentali, dovute all'incomprensione dei simboli, e le deformazioni intenzionali e significative.

7. Diciamo indifferentemente, ma può darsi che ciò corrispondesse a qualche differenza di riti o di corporazioni; aggiungiamo incidentalmente a questo proposito che anche se la presenza di un segno quaternario nei marchi indicasse il possesso del quarto grado di un'organizzazione iniziatica, il che non è impossibile per quanto sia senz'altro difficile a stabilirsi, questo non modificherebbe evidentemente in nulla il valore inerente a tale segno.

8. *Les symboles de l'analogie* [qui sopra, come cap. 50].

9. Abbiamo accennato al caso in cui l'' occhiello ' della P prende la forma propria al simbolo egiziano della ' treccia di Horus '; in questo caso, la P ha contemporaneamente una somiglianza particolarmente chiara con certi aghi ' preistorici ' che, come ha segnalato Coomaraswamy, invece di essere perforati, come avverrà più tardi, erano semplicemente incurvati a un'estremità, in modo da formare una specie di fibbia attraverso la quale si passava il filo (si veda *Le « trou de l'aiguille »* [qui sopra, come cap. 55]).

10. A proposito del Monogramma ' costantiniano ' di Cristo, segnaleremo che l'unione delle iniziali delle quattro parole dell'iscrizione *In hoc signo vinces* che lo accompagna dà IHSV, cioè il nome di Gesù; questo fatto sembra passare generalmente inosservato, ma è espressamente indicato nel simbolismo dell'« Ordine della Croce Rossa di Roma e di Costantino », che è un *side-degree*, cioè un ' annesso ' agli alti gradi della massoneria inglese.

verticale nel monogramma di Cristo come nel *quatre de chiffre*
è in realtà una figura dell'' Asse del Mondo '; al suo vertice,
l'' occhiello ' della P è, come l'' occhio ' dell'ago, un simbolo della ' porta stretta '; e, per quanto riguarda il *quatre de chiffre*,
basta ricordarsi del suo rapporto con la croce e del carattere
ugualmente ' assiale ' di quest'ultima, e considerare inoltre che
l'aggiunta della linea obliqua che completa la figura congiun-
gendo le estremità dei due bracci della croce, e chiudendo così
uno dei suoi angoli, collega ingegnosamente al significato quaternario, che non esiste nel caso del monogramma di Cristo, lo
stesso simbolismo della ' porta stretta '; e si dovrà riconoscere che
in questo fatto c'è qualcosa che si addice perfettamente a un
marchio del grado di maestro.

Abbiamo già parlato a più riprese del simbolismo del filo, che presenta molteplici aspetti, ma il cui significato essenziale e propriamente metafisico è sempre la rappresentazione del *sûtrât-mâ*, il quale, tanto dal punto di vista macrocosmico quanto dal punto di vista microcosmico, collega tutti gli stati d'esistenza fra di loro e al Principio comune. Poco importa che si tratti, nelle diverse raffigurazioni cui questo simbolismo dà luogo, di un filo propriamente detto, di una corda o di una catena, oppure di un tracciato grafico come quelli che abbiamo segnalato in precedenza,[1] o ancora di un percorso realizzato con procedimenti architettonici come nel caso del labirinto,[2] percorso di cui un essere è obbligato a seguire il tracciato da un capo all'altro per giungere al proprio fine; l'essenziale in tutti i casi è che si abbia a che fare con una linea senza soluzioni di continuità. Il tracciato di tale linea può anche essere più o meno complicato, il che di solito corrisponde a modalità o ad applicazioni particolari del suo simbolismo generale: così, il filo o il suo equivalente può ripiegarsi su se stesso in modo da formare intrecci o nodi; e nel complesso della struttura ogni nodo rappresenta il punto in cui agiscono le forze determinanti la condensazione e la coesione di un ' aggregato ' che corrisponde a questo o quell'altro stato di manifestazione, di modo che si potrebbe dire che è il nodo a mantenere l'essere nello stato considerato e che il suo scioglimento provoca la morte immediata a tale stato; d'altronde ciò risulta espresso molto chiaramente dal termine « nodo vitale ». Naturalmente, il fatto che i nodi riferentisi a stati diversi figurino tutti assieme e in modo permanente nel tracciato simbolico non dev'essere considerato un'obiezione a quanto abbiamo appena detto, poiché, oltre a essere evidentemente imposto dalle condizioni tecniche della raffigurazione stessa, esso risponde in realtà al punto di vista in cui tutti gli stati sono considerati simultaneamente, punto di vista che è sempre più principiale di quello della successione. Faremo notare a questo proposito che, nel simbolismo della tessitura da noi studiato altrove,[3] i punti di incrocio dei fili dell'ordito e di quelli della trama, da cui è formato l'intero tessuto, hanno anch'essi un significato simile, dato che questi fili sono in certo qual modo le ' linee di forza ' che definiscono la struttura del Cosmo.

---

1. Si veda *Encadrements et labyrinthes* [qui sopra, come cap. 66].
2. Si veda *La Caverne et le Labyrinthe* [qui sopra, come cap. 29].
3. Si veda *Le Symbolisme de la Croix*, cap. XIV.

In un recente articolo,[4] Mircea Eliade ha parlato di « ambivalenza » del simbolismo dei legami e dei nodi, ed è questo un punto che merita di essere esaminato con una certa attenzione; si può naturalmente vedervi un caso particolare del duplice senso in genere inerente ai simboli, ma bisogna ancora rendersi conto di cosa ne giustifichi l'esistenza in quelli di cui stiamo trattando.[5] Anzitutto, è opportuno notare a questo riguardo che un legame può essere concepito come qualcosa che incatena o come qualcosa che unisce, e anche nel linguaggio corrente la parola possiede questi due significati; vi corrispondono nel simbolismo dei legami due punti di vista che si potrebbero dire opposti l'uno all'altro e, se quello che appare in modo più immediato è il punto di vista che considera il legame un impedimento, il fatto è che si tratta in definitiva di quello dell'essere manifestato in quanto tale, nel senso che esso si considera 'legato' a certe speciali condizioni d'esistenza e da esse rinchiuso entro i limiti del suo stato contingente. Sempre da questo punto di vista, il significato del nodo è quasi un rafforzamento di quello del legame in generale poiché, come dicevamo sopra, il nodo rappresenta più propriamente ciò che fissa l'essere in un determinato stato; e la porzione di legame dalla quale esso è formato è, si potrebbe dire, tutto quello che può vederne quest'essere finché permane incapace di uscire dai limiti dello stato in cui si trova, sfuggendogli allora necessariamente la connessione che il legame stesso stabilisce con gli altri stati. L'altro punto di vista può essere definito veramente universale, perché è quello che abbraccia la totalità degli stati, e per capirlo basta riportarsi alla nozione di *sûtrâtmâ*: il legame, considerato allora in tutta la sua estensione,[6] è ciò che li unisce non solo fra di loro ma anche, ripetiamolo, al loro Principio comune, di modo che, ben lungi dall'essere ancora un impedimento, esso diventa al contrario il mezzo con il quale l'essere può raggiungere effettivamente il suo Principio e la via

4. *Le 'Dieu lieur' et le symbolisme des noeuds*, nella « Revue de l'Histoire des Religions », luglio-dicembre 1948 (si veda la nostra recensione in « Études Traditionnelles », luglio-agosto 1949).
5. Segnaleremo in via accessoria che nelle applicazioni rituali e specialmente 'magiche' a questo duplice senso corrisponde un uso 'benefico' o 'malefico', secondo i casi, dei legami e dei nodi; ma quel che ci interessa qui è il principio di tale ambivalenza, al di fuori di ogni applicazione particolare che è sempre soltanto una semplice derivazione. Eliade ha del resto insistito anch'egli con ragione sull'insufficienza delle interpretazioni 'magiche' alle quali certuni vogliono limitarsi, disconoscendo completamente il senso profondo dei simboli che, come anche nel caso delle interpretazioni 'sociologiche', comporta una specie di rovesciamento dei rapporti fra il principio e le sue applicazioni contingenti.
6. S'intende che tale estensione deve essere considerata indefinita, per quanto non possa mai esserlo di fatto in una raffigurazione.

stessa che lo conduce a tale fine. In questo caso il filo o la corda hanno un valore propriamente 'assiale', e l'ascensione su una corda tesa verticalmente può rappresentare, al pari dell'ascensione su un albero o su un palo, il processo di ritorno al Principio.[7] D'altra parte, la connessione con il Principio per mezzo del *sûtrâtmâ* è illustrata in modo particolarmente efficace dal gioco delle marionette:[8] una marionetta rappresenta l'essere individuale, e il burattinaio che la fa muovere per mezzo di un filo è il 'Sé'; senza questo filo, la marionetta rimarrebbe inerte, così come, senza il *sûtrâtmâ*, ogni esistenza non sarebbe che un puro nulla, e, secondo una formula estremo-orientale, « tutti gli esseri sarebbero vuoti ».

Nel primo dei due punti di vista di cui abbiamo parlato poco fa esiste ancora una certa ambivalenza di un altro ordine, che dipende dalla diversità dei modi in cui un essere, a seconda del suo grado spirituale, può valutare lo stato nel quale si trova, e che il linguaggio rende abbastanza bene con i significati che dà alla parola 'attaccamento'. Infatti, se si prova attaccamento per qualcuno o per qualcosa, si considera naturalmente un male esserne separati, anche se questa separazione comporta in realtà la liberazione da certe limitazioni, nelle quali ci si trova così mantenuti da questo stesso attaccamento. In modo più generale, l'attaccamento di un essere al suo stato, mentre gli impedisce di liberarsi dagli impedimenti che vi ineriscono, gli fa nel contempo considerare come una sventura l'abbandonarlo, o, in altri termini, gli fa attribuire un carattere 'malefico' alla morte a questo stato, morte risultante dalla rottura del 'nodo vitale' e dalla dissoluzione dell'aggregato che costituisce la sua individualità.[9] Solo l'essere al quale un certo grado di sviluppo spirituale permette invece di aspirare a superare le condizioni del suo stato può 'sentirle' come pastoie, quali in realtà esse sono, e il 'distacco' che da questo momento esso prova nei loro confronti è già, almeno virtualmente, una rottura di tali pastoie, o, se si prefe-

---

7. Questo è in India il vero significato di quello che i viaggiatori hanno chiamato il « numero della corda », qualunque cosa se ne voglia del resto pensare in quanto fenomeno più o meno autenticamente 'magico', il che non ha evidentemente alcuna importanza per quel che concerne il suo significato simbolico che solo ci interessa.

8. Cfr. A. K. Coomaraswamy, *'Spiritual Paternity' and the 'Puppet-complex'*, in « Psychiatry », agosto 1945 (si veda la nostra recensione in « Études Traditionnelles », ottobre-novembre 1947).

9. Va osservato che si dice comunemente che la morte è lo 'scioglimento' dell'esistenza individuale; questa espressione, che d'altronde è in relazione anche con il simbolismo del teatro, è letteralmente esatta, per quanto coloro che la adoperano non se ne rendano probabilmente conto.

risce un altro modo di parlare forse più esatto, poiché non c'è mai rottura nel senso proprio della parola, una trasformazione di ‘ ciò che incatena ’ in ‘ ciò che unisce ’, che in fondo non è altro che il riconoscimento o la presa di coscienza della vera natura del *sûtrâtmâ*.

Simbolismo del cuore

Il cuore raggiante e il cuore fiammeggiante

Parlando, a proposito de « la luce e la pioggia », delle rappresentazioni del sole con raggi alternativamente rettilinei e ondulati, abbiamo segnalato che queste due specie di raggi si ritrovano anche, in modo del tutto simile, in certe raffigurazioni simboliche del cuore; uno degli esempi più interessanti che se ne possono fornire è quello del cuore raffigurato su un piccolo bassorilievo di marmo nero risalente a quanto pare al secolo XVI e proveniente dalla Certosa di Saint-Denis d'Orques, che è stato studiato tempo fa da L. Charbonneau-Lassay.[1] Questo cuore raggiante è posto al centro di due cerchi sui quali si trovano rispettivamente i pianeti e i segni dello Zodiaco, il che lo caratterizza espressamente come ' Centro del Mondo ', sotto il duplice aspetto del simbolismo spaziale e del simbolismo temporale;[2] questa raffigurazione è evidentemente ' solare ', ma, d'altronde, il fatto che il sole, inteso in senso ' fisico ', si trovi anch'esso sul cerchio planetario, come accade normalmente nel simbolismo astrologico, dimostra bene come qui si tratti propriamente del ' Sole spirituale '.

È quasi superfluo ricordare che l'assimilazione del sole e del cuore, in quanto aventi entrambi un significato ' centrale ', è comune a tutte le dottrine tradizionali, in Occidente come in Oriente; così, per esempio, Proclo si rivolge al sole: « Occupando al di sopra dell'etere il trono di mezzo, e avendo per faccia un cerchio sfolgorante che è il Cuore del Mondo, tu riempi tutto di una provvidenza in grado di risvegliare l'intelligenza ».[3] Citiamo questo testo in particolare, invece di molti altri, per via della menzione formale dell'intelligenza che vi compare; e, come abbiamo spesso avuto occasione di spiegare, il cuore è anche considerato in ogni tradizione anzitutto come sede dell'intelligenza.[4] D'altronde, secondo Macrobio, « il nome di Intelligenza del

---

1. *Le Marbre astronomique de Saint-Denis d'Orques*, in « Regnabit », febbraio 1924.
2. Nella medesima raffigurazione ci sono anche altri particolari che hanno un grande interesse dal punto di vista simbolico: così, tra l'altro, il cuore reca una ferita, o almeno qualcosa che ne ha l'aspetto esteriore, a forma di *iod* ebraico, il che si riferisce sia all'' Occhio del cuore ' sia al ' germe ' avatárico che risiede al ' centro ', che lo si intenda nel senso macrocosmico (come è palesemente il nostro caso) o nel senso microcosmico (si veda *Aperçus sur l'Initiation*, cap. XLVIII).
3. *Inno al Sole*, traduzione francese di Mario Meunier.
4. S'intende (e vi ritorneremo d'altronde più avanti) che qui si tratta dell'intelligenza pura, nel senso universale, e non della ragione, che ne è solo un riflesso nell'ordine individuale ed è riferita al cervello, il quale si trova allora nei confronti del cuore in un rapporto analogo a quello della luna rispetto al sole nel mondo.

Mondo che si dà al sole risponde a quello di Cuore del Cielo;[5] fonte della luce eterea, il Sole è per questo fluido quel che il cuore è per l'essere animato »;[6] e Plutarco scrive che il Sole « con la forza di un cuore, sparge e diffonde da sé il calore e la luce, come se fossero il sangue e il soffio ».[7] Ritroviamo in quest'ultimo brano, sia per il cuore che per il sole, l'indicazione del calore e della luce, che corrispondono alle due specie di raggi che abbiamo esaminato; se il « soffio » è riferito alla luce, il fatto è che esso è propriamente il simbolo dello spirito, che coincide essenzialmente con l'intelligenza; in quanto al sangue, esso è evidentemente il veicolo del 'calore animatore', il che si riferisce in special modo alla funzione 'vitale' del principio centro dell'essere.[8]

In certi casi, per quanto concerne il cuore, la raffigurazione comporta uno solo dei due aspetti di luce e calore: la luce è naturalmente rappresentata da un irradiamento di tipo normale, cioè formato unicamente di raggi rettilinei; in quanto al calore, esso è rappresentato il più delle volte da fiamme uscenti dal cuore. Si può d'altronde osservare che l'irradiamento, anche quando i due aspetti vi sono riuniti, sembra in genere suggerire una preponderanza riconosciuta all'aspetto luminoso; questa interpretazione è confermata dal fatto che le rappresentazioni del cuore raggiante, con o senza la distinzione delle due specie di raggi, sono le più antiche e risalgono per lo più a epoche in cui l'intelligenza era ancora riferita tradizionalmente al cuore, mentre quelle del cuore fiammeggiante si sono diffuse soprattutto con le idee moderne che riducono il cuore a corrispondere ormai solo al sentimento.[9] Si sa fin troppo bene, infatti, che si è giunti ad attribuire al cuore soltanto questo e nessun altro significato e a dimenticare completamente la sua relazione con l'intelligenza; l'origine di questa deviazione è indubbiamente imputabile

---

5. L'espressione « Cuore del Cielo », applicata al sole, si ritrova anche nelle antiche tradizioni dell'America centrale.
6. *Sogno di Scipione*, I, 20.
7. *Della faccia che si vede nel cerchio della luna*, 15, 4. Questo testo e il precedente sono citati in nota dal traduttore a proposito del passo di Proclo sopra riportato.
8. Aristotele assimila la vita organica al calore, e in ciò egli è d'accordo con tutte le dottrine orientali; anche Descartes pone nel cuore un « fuoco senza luce », che per lui è però solo il principio di una teoria fisiologica esclusivamente 'meccanicistica' come tutta la sua fisica, il che non ha, beninteso, nulla in comune con il punto di vista tradizionale degli antichi.
9. A tale riguardo è notevole che, in particolare nel simbolismo cristiano, le più antiche raffigurazioni conosciute del Sacro Cuore appartengano tutte al tipo del cuore raggiante, mentre in quelle che non risalgono oltre il secolo XVII si riscontra in modo costante e quasi esclusivo il cuore fiammeggiante; ecco un esempio abbastanza significativo dell'influenza esercitata dalle concezioni moderne fin nell'ambito religioso.

in gran parte al razionalismo, in quanto esso pretende di affermare una pura e semplice identificazione fra l'intelligenza e la ragione, senonché non con quest'ultima è in rapporto il cuore, bensì con l'intelletto trascendente, che appunto è ignorato o addirittura negato dal razionalismo. È vero d'altra parte che, dato che il cuore è considerato il centro dell'essere, gli si possono riferire almeno indirettamente tutte le modalità di quest'ultimo, compreso il sentimento, o quella che gli psicologi chiamano ʻaffettività'; ma è pur sempre opportuno rispettare i rapporti gerarchici senza dimenticare che solo l'intelletto è veramente ʻcentrale', mentre tutte le altre modalità hanno un carattere più o meno ʻperiferico'. Soltanto che, siccome l'intuizione intellettuale che risiede nel cuore era misconosciuta,[10] e la ragione che ha sede nel cervello aveva usurpato la sua funzione ʻilluminatrice',[11] al cuore non restava più che la possibilità di essere considerato come sede dell'affettività;[12] d'altronde, il mondo moderno doveva anche veder nascere, come una specie di contropartita del razionalismo, quel che si può chiamare il sentimentalismo, cioè la tendenza a vedere nel sentimento quanto vi è di più profondo e di più elevato nell'essere e ad affermare la sua supremazia sull'intelligenza; ed è ovvio che una cosa simile, come tutto quello che in realtà è solo esaltazione dellʻinfrarazionale' in una forma o nell'altra, si è potuta verificare unicamente perché l'intelligenza era stata dapprima ridotta alla sola ragione.

Ora, se si vuole stabilire, al di fuori della deviazione moderna di cui sopra ed entro limiti legittimi, un certo rapporto del cuore con l'affettività, si dovrà ritenere che tale rapporto risulti direttamente dalla considerazione del cuore come ʻcentro vitale' e sede del ʻcalore animatore', poiché vita e affettività sono due cose assai vicine l'una all'altra, se non addirittura strettamente connesse, mentre il rapporto con l'intelligenza è evidentemente di tutt'altro ordine. Questa stretta relazione fra la vita e l'affettività è del resto chiaramente espressa anche dal simbolismo, poiché entrambe vi sono rappresentate sotto l'aspetto del calore;[13] e proprio in virtù di questa assimilazione, fatta allora in modo

10. È questa intuizione intellettuale a essere simboleggiata propriamente dallʻocchio del cuore'.
11. Cfr. quello che abbiamo detto altrove sul senso razionalistico dato ai ʻlumi' nel secolo XVIII, in particolare in Germania, e sul connesso significato della denominazione degli Illuminati di Baviera (*Aperçus sur l'Initiation*, cap. XII).
12. Accade così che Pascal, contemporaneo agli inizi del razionalismo propriamente detto, intende già il ʻcuore' nel senso esclusivo di ʻsentimento',
13. Qui si tratta naturalmente della vita organica, nell'accezione più letterale, e non del senso superiore nel quale la ʻvita' è invece messa in relazione con la luce, come si vede in particolare all'inizio del Vangelo di san Giovanni (cfr. *Aperçus sur l'Initiation*, cap. XLVII).

abbastanza poco cosciente, nel linguaggio comune si parla correntemente del calore del sentimento o dell'affetto.[14] A questo
proposito bisogna anche notare che, quando il fuoco si polarizza
in questi due aspetti complementari della luce e del calore, questi ultimi si trovano per così dire nella loro manifestazione in
ragione inversa l'uno rispetto all'altro; ed è noto che, anche dal
semplice punto di vista della fisica, una fiamma è effettivamente
tanto più calda quanto meno è luminosa. Allo stesso modo, il
sentimento è in verità un calore senza luce,[15] e si può trovare nel-
l'uomo anche una luce senza calore, quella della ragione, che
non è altro che una luce riflessa, fredda come la luce lunare che
la simboleggia. Nell'ordine dei princìpi, invece, i due aspetti si
riuniscono e si congiungono indissolubilmente, come tutti i
complementari, perché sono costitutivi di una stessa natura essenziale; così è dunque dell'intelligenza pura, che appartiene propriamente a quest'ordine principiale, e ciò conferma ancora una
volta che, come indicavamo in precedenza, l'irradiamento simbolico nella sua duplice forma può esserle integralmente riferito.
Il fuoco che si trova al centro dell'essere è appunto sia luce sia
calore; ma se si vogliono tradurre questi due termini rispettivamente con intelligenza e amore, per quanto in fondo siano solo
due aspetti inseparabili di una sola e identica cosa, perché tale
traduzione sia accettabile e legittima si dovrà aggiungere che
l'amore in questione è altrettanto diverso dal sentimento cui si
dà lo stesso nome quanto l'intelligenza pura è diversa dalla
ragione.

Si può facilmente comprendere, infatti, come certi termini
tratti dall'affettività siano come molti altri suscettibili di una
trasposizione analogica in un ordine superiore, poiché tutte le
cose hanno effettivamente, oltre al loro senso immediato e letterale, valore di simboli in rapporto a realtà più profonde; e
così è palesemente, in particolare, tutte le volte che nelle dottrine tradizionali si parla di amore. Nei mistici stessi, malgrado
certe inevitabili confusioni, il linguaggio affettivo appare soprattutto un modo d'espressione simbolica poiché, quale che sia in
essi la parte incontestabilmente attribuibile al sentimento nel
senso comune della parola, è comunque inammissibile che si
tratti soltanto di emozioni e affetti puramente umani riferiti tali
e quali a un oggetto sopra-umano, con buona pace degli psicologi

14. Nei moderni il cuore fiammeggiante è del resto preso abbastanza comunemente per rappresentare l'amore, non solo in senso religioso, ma anche in senso
puramente umano; questa rappresentazione era molto corrente soprattutto nel
secolo XVIII.
15. Per questo gli antichi rappresentavano cieco l'amore.

moderni che sostengono il contrario. Tuttavia la trasposizione diventa ancora più evidente quando si constata che le applicazioni tradizionali dell'idea di amore non sono limitate alla sfera exoterica e specialmente religiosa, ma si estendono anche a quella esoterica e iniziatica; così accade in particolare in numerosi rami o scuole dell'esoterismo islamico, e parimenti in certe dottrine del Medioevo occidentale, in particolare nelle tradizioni proprie degli Ordini cavallereschi,[16] e anche nella dottrina iniziatica, del resto connessa, che ha trovato espressione in Dante e nei ' Fedeli d'Amore '. Aggiungeremo che la distinzione fra l'intelligenza e l'amore così inteso corrisponde nella tradizione indù alla distinzione fra *Jnâna-mârga* e *Bhakti-mârga*; l'allusione appena fatta agli Ordini cavallereschi indica d'altronde che la via dell'amore è più appropriata per gli Kshatriya, mentre la via dell'intelligenza o della conoscenza è naturalmente quella che si addice soprattutto ai Brahmani; ma si tratta in definitiva di una differenza che verte unicamente sulla maniera di considerare il Principio, in conformità con la differenza stessa delle nature individuali, e che non potrebbe assolutamente toccare l'indivisibile unità del Principio stesso.

16. È noto che la base principale di queste tradizioni era il Vangelo di san Giovanni: « Dio è Amore » dice san Giovanni, il che si può certamente comprendere solo attraverso la trasposizione di cui sopra; e il grido di guerra dei Templari era: « Viva Dio Amore Santo ».

Abbiamo letto nella rivista « Vers l'Unité » (luglio-agosto e settembre-ottobre 1926) uno studio a firma della signora Th. Darel in cui si trovano alcune considerazioni per certi versi abbastanza vicine a quelle che da parte nostra abbiamo avuto occasione di esporre. Forse ci sarebbero da fare alcune riserve su certe espressioni che non ci paiono avere tutta la precisione desiderabile; ma riteniamo comunque interessante riprodurre vari brani di questo studio.

« ... Se c'è un movimento essenziale, esso è quello che ha fatto dell'uomo un essere verticale, dalla stabilità volontaria, un essere i cui slanci ideali, le cui preghiere, i cui sentimenti più elevati e più puri salgono come incenso verso il cielo. Di quest'essere, l'Essere supremo fece un tempio nel Tempio e per questo lo dotò di un *cuore*, cioè di un punto d'appoggio immutabile, di un centro di movimento tale da rendere l'uomo degno delle sue origini, simile alla sua Causa prima. Contemporaneamente, l'uomo fu provvisto, è vero, di un *cervello*; ma questo cervello, la cui innervazione è propria dell'intero regno animale, si trova *de facto* soggetto a un ordine di movimento secondario (in rapporto al movimento iniziale). Il cervello, strumento del pensiero racchiuso nel mondo e trasformatore a uso dell'uomo e del mondo di questo *pensiero latente*, fa sì che quest'ultimo possa attuarsi per suo tramite. Ma solo il cuore, grazie a una aspirazione e una espirazione segrete, permette all'uomo di essere *pensiero vivente*, rimanendo unito al suo Dio. Così, grazie a questa pulsazione regale, l'uomo conserva la sua parola di divinità e opera sotto l'egida del suo Creatore, rispettoso della sua Legge, felice di una felicità che solo lui, uomo, può negarsi abbandonando la via segreta che conduce dal suo cuore al Cuore universale, al Cuore divino... Ricaduto al livello dell'animalità, per quanto abbia il diritto di chiamarla superiore, l'uomo può fare uso ormai solo del cervello e dei suoi annessi. Facendo questo, egli vive delle sue sole possibilità trasformatrici; vive del pensiero latente diffuso nel mondo; ma non è più in suo potere di essere pensiero vivente. Tuttavia le religioni, i santi, i monumenti stessi elevati sotto il segno di un'ordinazione spirituale scomparsa, parlano all'uomo della sua origine e dei privilegi che a essa si ricollegano. Per quanto poco egli lo voglia, la sua attenzione rivolta esclusivamente ai bisogni inerenti al suo stato relativo può esercitarsi a ristabilire in lui l'equilibrio, a ricuperare la felicità... L'eccesso dei suoi smarrimenti conduce l'uomo a riconoscerne l'inanità. Senza fiato, eccolo con un movimento istintivo ripiegarsi su se stesso, rifugiarsi nel proprio cuore, e timidamente cercare di scendere nella sua cripta silenziosa. Qui i vani rumori del mondo tacciono. Se ne rimangono, vorrà dire che la muta profondità non è ancora raggiunta, la soglia augusta non è ancora varcata... Il mondo e l'uomo sono *uno*. E il Cuore dell'uomo, il Cuore del Mondo sono un *solo* Cuore ».

I nostri lettori non stenteranno a ritrovare qui l'idea del cuore come centro dell'essere, idea che, come abbiamo spiegato (e vi ritorneremo ancora), è comune a tutte le tradizioni antiche, derivate da quella tradizione primordiale le cui vestigia si riscontrano ancora dovunque per chi le sappia vedere. Vi ritroveranno anche l'idea della caduta che scaglia l'uomo lontano dal suo centro originale e interrompe la sua comunicazione diretta con il ' Cuore del Mondo ', che era stabilita in modo normale e permanente nello stato edenico.[1] Vi ritroveranno infine, per quanto concerne il ruolo centrale del cuore, l'indicazione del doppio movimento centripeto e centrifugo, paragonabile alle due fasi della respirazione;[2] è vero che, nel passo che stiamo per citare ora, la dualità di questi movimenti è riferita a quella del cuore e del cervello, il che sembra a prima vista introdurre una certa confusione, per quanto anche questo si possa sostenere quando ci si pone da un punto di vista un po' diverso, in cui cuore e cervello vengono in certo modo a costituire due poli nell'essere umano.

« Nell'uomo la forza centrifuga ha come organo il *Cervello*, la forza centripeta il *Cuore*. Il Cuore, sede e conservatore del movimento iniziale, è rappresentato nell'organismo corporeo dal movimento di diastole e sistole che riporta continuamente al suo propulsore il sangue generatore di vita fisica e di qui lo rimanda a irrigare il suo campo d'azione. Ma il Cuore è altro ancora. Come il sole che, pur spandendo effluvi di vita, custodisce il segreto della sua regalità mistica, il Cuore ricopre alcune funzioni sottili non discernibili da parte di chi non si sia chinato sulla vita profonda e non abbia concentrato l'attenzione sul regno interiore di cui è il Tabernacolo... Il Cuore è, a nostro modo di vedere, la sede e il conservatore della vita cosmica. Lo sapevano le religioni che hanno fatto del Cuore il simbolo sacro, e i costruttori di cattedrali che hanno eretto il luogo santo nel cuore del Tempio. Lo sapevano anche coloro che, nelle tradizioni più antiche, nei riti più segreti, facevano astrazione dall'intelligenza discorsiva imponendo il silenzio al proprio cervello per entrare nel Santuario ed elevarvisi oltre il proprio essere relativo sino all'Essere dell'essere. Questo parallelismo del Tempio e del Cuore ci riconduce al duplice modo di movimento che da una parte (modo

---

1. Si veda *Le Sacré-Cœur et la légende du Saint Graal* [qui sopra, come cap. 3].
2. Si veda *L'idée du Centre dans les traditions antiques* [qui sopra, come cap. 8].

verticale) eleva l'uomo oltre se stesso e lo libera dal processo proprio alla manifestazione e dall'altra (modo orizzontale o circolare) lo rende partecipe di questa manifestazione nella sua intierezza ».

Il paragone fra Cuore e Tempio, cui qui si allude, noi l'abbiamo trovato in particolar modo nella Cabala ebraica,[3] e, come indicavamo in precedenza, a esso si possono ricollegare le espressioni di certi teologi medioevali che assimilano il Cuore di Cristo al Tabernacolo o all'arca dell'Alleanza.[4] D'altra parte, per quanto riguarda la considerazione del movimento verticale e orizzontale, essa si riferisce a un aspetto del simbolismo della croce, specialmente sviluppato in certe scuole esoteriche musulmane, e di cui forse un giorno parleremo; proprio di questo simbolismo infatti si parla nel seguito dello stesso studio, e noi ne stralceremo un'ultima citazione, il cui inizio potrà essere accostato a quanto abbiamo detto, a proposito dei simboli del centro, sulla croce nel cerchio e sullo *swastika*.[5]

« La Croce è il segno cosmico per eccellenza. Per quanto è possibile risalire indietro nei tempi, la Croce rappresenta ciò che unisce nel loro duplice significato il verticale e l'orizzontale; essa rende partecipe di un solo centro, di un solo generatore il movimento che è loro proprio... Come non riconoscere il senso metafisico di un segno suscettibile di rispondere in modo così completo alla natura delle cose? Per il fatto di essere diventata il simbolo quasi esclusivo della divina crocifissione, la Croce non ha fatto che accentuare il suo significato sacro. Infatti, se fin dalle origini questo segno stava a rappresentare i rapporti del mondo e dell'uomo con Dio, diventava impossibile non identificare la Redenzione con là Croce, non inchiodare sulla Croce l'Uomo il cui Cuore rappresenta al massimo grado il divino in un mondo dimentico di tale mistero. Se facessimo qui dell'esegesi, sarebbe facile mostrare fino a che punto i Vangeli e il loro simbolismo profondo siano a tale riguardo significativi. Cristo è più di un fatto, del grande Fatto di duemila anni fa. La sua figura è di tutti i secoli. Essa sorge dalla tomba in cui discende l'uomo relativo, per risuscitare incorruttibile nell'Uomo divino, nell'Uomo riscattato dal Cuore universale che batte nel cuore dell'Uomo, e il cui sangue è sparso per la salvezza dell'uomo e del mondo ».

L'ultima osservazione, per quanto espressa in termini un po' oscuri, si accorda in fondo con quel che abbiamo detto sul valore simbolico che possiedono, oltre alla loro propria realtà (e benin-

3. *Le Coeur du Monde dans la Kabbale hébraïque.*
4. *A propos des signes corporatifs et de leur sens original.*
5. *L'idée du Centre dans les traditions antiques.*

teso senza che quest'ultima ne sia assolutamente intaccata), i fatti storici, e soprattutto i fatti della storia sacra;[6] ma non è su queste considerazioni che ci proponiamo ora di insistere. Vogliamo invece ritornare, approfittando dell'occasione che ci viene offerta, sul problema dei rapporti fra il cuore e il cervello, o fra le facoltà rappresentate da questi due organi; abbiamo già dato alcune indicazioni su questo argomento,[7] ma non crediamo inutile apportarvi nuovi sviluppi.

Abbiamo visto poco fa come si possano in un certo senso considerare il cuore e il cervello come due poli, cioè come due elementi complementari; questo punto di vista della complementarità corrisponde effettivamente a una realtà in un certo ordine, a un certo livello, se così possiamo dire; è anche meno esteriore e meno superficiale del punto di vista dell'opposizione pura e semplice, che pure racchiude anch'esso una parte di verità, ma solo quando ci si limita alle più immediate apparenze. Prendendo in considerazione il carattere complementare del cuore e del cervello, la loro opposizione risulta già conciliata e risolta, almeno fino a un certo punto, dal momento che i due termini si equilibrano in certa maniera l'uno con l'altro. Tuttavia questo punto di vista è ancora insufficiente per il fatto stesso che lascia malgrado tutto sussistere una dualità: dire che ci sono nell'uomo due poli o due centri, fra i quali d'altronde può esserci antagonismo o armonia a seconda dei casi, è vero quando lo si considera in un certo stato; ma non si tratta forse di uno stato che si potrebbe dire 'decentrato' o 'disunito' e che, in quanto tale, caratterizza propriamente solo l'uomo decaduto, quindi separato dal suo centro originale, come ricordavamo sopra? Nel momento stesso della caduta Adamo diventa 'conoscitore del bene e del male' (*Genesi*, III, 22), cioè incomincia a considerare tutte le cose sotto l'aspetto della dualità; la natura duale dell'' Albero della Scienza' gli appare quand'egli si trova scacciato dal luogo dell'unità prima, alla quale corrisponde l'' Albero della Vita'.[8]

Comunque sia, quel che è certo è che, se la dualità esiste davvero nell'essere, ciò può valere solo da un punto di vista contingente e relativo; se ci si pone da un altro punto di vista, più profondo e più essenziale, o se si considera l'essere nello stato che corrisponde a quest'ultimo, l'unità di tale essere deve trovarsi

6. *Les Arbres du Paradis*, in « Regnabit », marzo 1926, p. 295.
7. *Le coeur rayonnant et le coeur enflammé*, in « Regnabit », marzo 1926 [qui sopra, come cap. 69].
8. Si veda *Les Arbres du Paradis*. Da certi paralleli che si possono stabilire fra il simbolismo biblico e apocalittico e il simbolismo indù, risulta assai chiaramente che l'essenza dell'' Albero della Vita' è propriamente l'« Indivisibile » (in sanscrito *Aditi*); ma questo ci allontanerebbe troppo dal nostro tema.

ristabilita.[9] Allora il rapporto fra i due elementi che dapprima erano apparsi opposti, poi complementari, diventa diverso: è un rapporto non più di correlazione o di coordinazione, ma di subordinazione. I due termini di questo rapporto, infatti, non possono più essere posti su uno stesso piano, come se fra di loro vi fosse una sorta di equivalenza; al contrario, l'uno dipende dall'altro come se trovasse in esso il suo principio; e questo è proprio il caso di ciò che rappresentano rispettivamente il cervello e il cuore.

Per rendere comprensibile questo concetto, ritorneremo al simbolismo che abbiamo già indicato,[10] secondo il quale il cuore viene assimilato al sole e il cervello alla luna. Ora il sole e la luna, o piuttosto i princìpi cosmici rappresentati da questi due astri, sono spesso raffigurati come complementari, e da un certo punto di vista lo sono effettivamente; si stabilisce quindi fra di loro una specie di parallelismo o di simmetria, di cui sarebbe facile trovare esempi in tutte le tradizioni. È così che l'ermetismo fa del sole e della luna (o dei loro equivalenti alchemici, l'oro e l'argento) l'immagine dei due princìpi, attivo e passivo, o maschile e femminile secondo un altro modo espressivo, che sono in effetti i due termini di un vero complementarismo.[11] D'altronde, se si considerano le apparenze del nostro mondo, come è legittimo fare, il sole e la luna hanno effettivamente ruoli paragonabili e simmetrici, essendo secondo l'espressione biblica « i due grandi luminari uno dei quali presiede al giorno e l'altro alla notte » (*Genesi*, I, 16); e certe lingue estremo-orientali (cinese, annamita, malese) li designano con termini ugualmente simmetrici, che significano « occhio del giorno » e « occhio della notte ». Però, se si va oltre le apparenze, non è più possibile mantenere questa specie di equivalenza, poiché il sole è di per sé una sorgente di luce, mentre la luna non fa che riflettere la luce che riceve dal sole.[12] La luce lunare è in realtà solo un ri-

---

9. Ci si può ricordare qui dell'adagio scolastico: *Esse et unum convertuntur.*
10. *Le coeur rayonnant et le coeur enflammé.*
11. Bisogna notare d'altronde che sotto un certo profilo ciascun termine può a sua volta polarizzarsi in attivo e passivo, donde le raffigurazioni del sole e della luna come androgini; è così che *Janus*, in uno dei suoi aspetti, è *Lunus-Luna*, come abbiamo segnalato in precedenza. Si può capire da considerazioni analoghe come la forza centrifuga e la forza centripeta siano, da un certo punto di vista, riferite rispettivamente al cervello e al cuore, e come, da un altro punto di vista, lo siano entrambe al cuore, in quanto corrispondenti a due fasi complementari della sua funzione centrale.
12. Ciò potrebbe essere generalizzato: la ' ricettività ' caratterizza dappertutto e sempre il principio passivo, di modo che non c'è una vera equivalenza fra quest'ultimo e il principio attivo, per quanto, in un certo senso, siano necessari l'uno all'altro, essendo l'uno attivo e l'altro passivo solo nella loro relazione reciproca.

flesso della luce solare; quindi si potrebbe dire che la luna, in quanto « luminare », esiste soltanto grazie al sole.

Ciò che è vero per il sole e la luna lo è anche per il cuore e il cervello, o, per dir meglio, per le facoltà cui corrispondono questi due organi e che sono da essi simboleggiate, cioè l'intelligenza intuitiva e l'intelligenza discorsiva o razionale. Il cervello, in quanto organo o strumento di quest'ultima, svolge in verità solo una funzione di ' trasmettitore ' e, se vogliamo, di ' trasformatore '; non è senza motivo che la parola ' riflessione ' è applicata al pensiero razionale, per mezzo del quale le cose sono viste come in uno specchio, *quasi per speculum*, come dice san Paolo. E non è neppure senza motivo che una medesima radice *man* o *men* è servita a formare in varie lingue numerose parole che designano da una parte la luna (greco *mênê*, inglese *moon*, tedesco *Mond*),[13] e dall'altra la facoltà razionale o la « mente » (sanscrito *manas*, latino *mens*, inglese *mind*),[14] e quindi anche l'uomo considerato in special modo nella sua natura razionale mediante la quale lo si definisce specificamente (sanscrito *mânava*, inglese *man*, tedesco *Mann* e *Mensch*).[15] La ragione, infatti, che è solo una facoltà di conoscenza mediata, è la modalità propriamente umana dell'intelligenza; l'intuizione intellettuale può essere definita sopra-umana perché è una partecipazione diretta all'intelligenza universale, che, risiedendo nel cuore, cioè proprio al centro dell'essere dove è il suo punto di contatto con il Divino, penetra quest'essere nell'interno e lo illumina con il suo irradiamento.

La luce è il simbolo più comune della conoscenza; è dunque naturale rappresentare mediante la luce solare la conoscenza diretta, cioè intuitiva, che è quella dell'intelletto puro, e mediante la luce lunare la conoscenza riflessa, cioè discorsiva, che è quella della ragione. Come la luna può emanare luce solo se è a sua volta illuminata dal sole, così la ragione può funzionare validamente nell'ordine di realtà che le è proprio soltanto sotto la

---

13. Di qui anche il nome del mese (latino *mensis*, inglese *month*, tedesco *Monat*) che è propriamente la « lunazione ». Alla stessa radice si ricollegano pure l'idea di misura (latino *mensura*) e quella di divisione o di ripartizione; ma la cosa ci porterebbe troppo lontano.

14. La memoria si trova anch'essa designata da parole similari (greco *mnêsis*, *mnêmosyne*); anch'essa è infatti una facoltà ' riflettente ', e la luna, in un certo aspetto del suo simbolismo, è considerata rappresentare la ' memoria cosmica '.

15. Di qui viene pure il nome della *Minerva* (o *Menerva*) degli Etruschi e dei Latini; c'è da notare che l'*Athêna* dei Greci, che le viene assimilata, si dice sia scaturita dal cervello di *Zeus*; essa ha come emblema la civetta, che per il suo carattere di uccello notturno si riferisce anch'essa al simbolismo lunare; a questo riguardo, la civetta si contrappone all'aquila, che, potendo guardare direttamente il sole, rappresenta spesso l'intelligenza intuitiva, o la contemplazione diretta della luce intelligibile.

garanzia di princìpi che la illuminino e la dirigano, e che essa riceve dall'intelletto superiore. Su questo punto c'è un equivoco che è importante chiarire: i filosofi moderni [16] prendono uno strano abbaglio parlando, come fanno, di ' princìpi razionali ', come se questi princìpi fossero propri della ragione, come se fossero in qualche modo opera sua, mentre, per governare la ragione è al contrario assolutamente necessario che essi le si impongano, quindi che vengano da più in alto; è questo un esempio dell'errore razionalistico, e ci si può così rendere conto della differenza essenziale che esiste fra il razionalismo e il vero intellettualismo. Basta riflettere un attimo per capire che un principio, nel vero senso della parola, per il fatto stesso di non poter essere tratto o dedotto da altro, può essere colto solo in modo immediato, quindi intuitivamente, e non potrebbe essere oggetto di una conoscenza discorsiva come quella che caratterizza la ragione; per servirci della terminologia scolastica, l'intelletto puro è *habitus principiorum*, mentre la ragione è soltanto *habitus conclusionum*.

Dai caratteri fondamentali dell'intelletto e della ragione risulta ancora un'altra conseguenza: una conoscenza intuitiva, per il fatto di essere immediata, è necessariamente infallibile;[17] al contrario, l'errore può sempre introdursi in ogni conoscenza indiretta o mediata qual è la conoscenza razionale; e da questo si vede quanto avesse torto Descartes a voler attribuire l'infallibilità alla ragione. Aristotele esprime lo stesso concetto in questi termini:[18] « Fra gli abiti dell'intelligenza,[19] in virtù dei quali noi raggiungiamo la verità, ve ne sono alcuni che sono sempre veri, e altri che possono indurre in errore. Il ragionamento appartiene a quest'ultimo caso; ma l'intelletto è sempre conforme alla verità e nulla è più vero dell'intelletto. Ora, siccome i princìpi sono più notori della dimostrazione, e ogni scienza è accompagnata da

16. Precisiamo che con questa espressione intendiamo coloro che rappresentano la mentalità moderna, quale abbiamo spesso avuto occasione di definire (si veda in particolare la nostra comunicazione pubblica nel numero del giugno 1926 [qui sopra, come cap. 1]); lo stesso punto di vista della filosofia moderna e il suo speciale modo di porre i problemi sono incompatibili con la metafisica vera.
17. San Tommaso nota tuttavia (*S. Th.*, I, q. 58, a. 5 e q. 85, a. 6) che l'intelletto può errare nella semplice percezione del suo proprio oggetto; ma questo errore non si produce che *per accidens*, a causa di un'affermazione di ordine discorsivo che è intervenuta; in questo caso dunque non si tratta più, a dire il vero, dell'intelletto puro. È chiaro d'altronde che l'infallibilità non si applica che alla sola comprensione delle verità intuitive, e non alla loro formulazione o alla loro traduzione in modo discorsivo.
18. *Ultimi Analitici*.
19. Si rende di solito con « abito » la parola greca *exis*, quasi intraducibile in italiano, e che corrisponde più esattamente al latino *habitus*, che significa insieme natura, disposizione, stato, modo di essere.

ragionamento, la conoscenza dei princìpi non è una scienza (ma è un modo di conoscenza superiore alla conoscenza scientifica o razionale, che costituisce propriamente la conoscenza metafisica). D'altronde solo l'intelletto è più vero della scienza (o della ragione che edifica la scienza); dunque i princìpi dipendono dall'intelletto ». E per affermare meglio il carattere intuitivo dell'intelletto Aristotele aggiunge: « I princìpi non si dimostrano, ma se ne percepisce direttamente la verità ».[20]

Questa percezione diretta della verità, questa intuizione intellettuale e sopra-razionale di cui i moderni sembrano aver perduto fin la semplice nozione, è veramente la 'conoscenza del cuore', secondo un'espressione che di frequente si trova nelle dottrine orientali. Tale conoscenza è del resto qualcosa di incomunicabile in sé; bisogna averla 'realizzata', almeno in una certa misura, per sapere che cos'è realmente; e tutto ciò che se ne può dire ne fornisce solo un'idea più o meno approssimativa, sempre inadeguata. Soprattutto, sarebbe un errore credere che si possa effettivamente comprendere quale sia il genere di conoscenza di cui parliamo quando ci si accontenta di esaminarla 'filosoficamente', cioè dal di fuori, perché non bisogna mai dimenticare che la filosofia non è che una conoscenza puramente umana o razionale, come lo è ogni 'sapere profano'. Al contrario, sulla conoscenza sopra-razionale si fonda essenzialmente la 'scienza sacra', nel senso in cui usiamo quest'espressione nei nostri scritti; e tutto quanto abbiamo detto sull'uso del simbolismo e dell'insegnamento che vi è contenuto si riferisce ai mezzi che le dottrine tradizionali mettono a disposizione dell'uomo per permettergli di giungere a questa conoscenza per eccellenza, di cui ogni altra conoscenza, nella misura in cui ha anch'essa una qualche realtà, non è che una partecipazione più o meno lontana, un riflesso più o meno indiretto, così come la luce della luna è solo un pallido riflesso di quella del sole. La 'conoscenza del cuore' è la percezione diretta della luce intelligibile, di quella Luce del Verbo di cui parla san Giovanni all'inizio del suo Vangelo, Luce irradiata dal 'Sole spirituale' che è il vero 'Cuore del Mondo'.

---

20. Ricordiamo anche alcune definizioni di san Tommaso d'Aquino: « *Ratio* discursum quemdam designat, quo ex uno in aliud cognoscendum anima humana pervenit; *intellectus* vero simplicem et absolutam cognitionem (sine aliquo motu vel discursu, statim in prima et subita acceptione) designare videtur » (*De Veritate*, q. xv, a. 1).

71. L'emblema del Sacro Cuore
in una società segreta americana

È noto che l'America del Nord è la terra d'elezione delle società segrete e semi-segrete, che vi pullulano in abbondanza al pari delle sette religiose o pseudo-religiose di ogni genere, le quali vi assumono del resto anch'esse abbastanza spesso questa forma. In questo bisogno di mistero, le cui manifestazioni sono spesso ben strane, si deve forse vedere una specie di contrappeso all'eccessivo sviluppo dello spirito pratico, che, d'altra parte, è considerato generalmente, e giustamente, una delle principali caratteristiche della mentalità americana? Da parte nostra pensiamo di sì, e vediamo effettivamente in questi due estremi, così singolarmente associati, due prodotti di un solo e identico squilibrio, che ha raggiunto in questo paese il suo punto più alto, ma che attualmente minaccia, occorre pur dirlo, di estendersi a tutto il mondo occidentale.

Fatta questa osservazione generale, si deve riconoscere che fra le molteplici società segrete americane ci sarebbero parecchie distinzioni da fare; sarebbe un grave errore immaginarsi che tutte abbiano lo stesso carattere e tendano a un medesimo fine. Ve ne sono alcune che si dichiarano specificamente cattoliche, come i 'Cavalieri di Colombo'; ce ne sono di ebraiche, ma soprattutto ce ne sono di protestanti; e anche in quelle neutre dal punto di vista religioso l'influenza del protestantesimo è spesso preponderante. È una ragione per stare in guardia: la propaganda protestante è assai insinuante e assume tutte le forme per adattarsi ai vari ambienti in cui vuol penetrare; non c'è dunque niente di strano se essa si esercita in maniera più o meno dissimulata, sotto la maschera di associazioni come quelle in questione.

Conviene anche dire che alcune di tali associazioni hanno un carattere di scarsa serietà, anzi sono abbastanza puerili; i loro pretesi segreti sono perfettamente inesistenti, e non hanno altra ragione d'essere che quella di eccitare la curiosità e di fare proseliti; il solo pericolo che rappresentano le società di questo tipo è insomma che esse sfruttano e sviluppano quello squilibrio mentale cui abbiamo accennato poco fa. Così si vedono semplici società di mutuo soccorso far uso di un rituale sedicente simbolico, più o meno imitato da forme massoniche, ma eminentemente fantasioso, e che tradisce l'ignoranza completa dei loro autori in materia dei più elementari dati del vero simbolismo.

Accanto a queste associazioni semplicemente 'fraterne', come dicono gli Americani, e che sembrano essere le più largamente diffuse, ve ne sono altre che hanno pretese iniziatiche o esoteriche, ma non meritano per lo più di essere prese maggiormente sul serio, pur essendo forse più pericolose per queste medesime pretese, capaci di ingannare e di sviare gli spiriti ingenui o male informati. Il titolo di « Rosacroce », per esempio, sembra esercitare una seduzione del tutto particolare ed è stato assunto da un buon numero di organizzazioni i cui capi non hanno neppure la più piccola nozione di quel che furono un tempo i veri Rosacroce; e che dire dei raggruppamenti con etichette orientali, o di quelli che pretendono di ricollegarsi ad antiche tradizioni, e nei quali si trovano esposte in realtà solo le idee più occidentali e più moderne?

Fra vecchie note riguardanti alcune di queste organizzazioni, ne abbiamo ritrovata una che ha attratto la nostra attenzione, e che, a causa di una sua frase, ci è parsa meritar di esser riprodotta qui, per quanto i termini ne siano ben poco chiari e lascino sussistere un dubbio sul senso preciso che si debba attribuirle. Ecco, riprodotta esattamente, la nota in questione, che si riferisce a una società chiamata *Order of Chylena*, sulla quale però non possediamo altre informazioni:[1] « Quest'ordine fu fondato da Albert Staley, a Philadelphia (Pennsylvania), nel 1879. Il suo manuale ha come titolo *The Standart United States Guide*. L'ordine ha cinque punti di *compagnonnage*, derivati dal vero punto *E Pluribus Unum* (motto degli Stati Uniti). Il suo stendardo porta le parole *Evangel* ed *Evangeline*, inscritte in stelle a sei punte. *La Filosofia della vita universale* sembra essere il suo studio fondamentale, e la parola perduta del Tempio ne è un elemento. *Ethiopia*, Lei, è la Fidanzata; *Chylena*, Lui, è il Redentore. Lo ' Io Sono ' sembra essere il [qui un segno formato da due cerchi concentrici]. "Voi vedete il Sacro Cuore; il contorno vi mostra questo Me [o più esattamente questo ' Io ']",[2] dice *Chylena* ».

A prima vista, sembra difficile scoprirvi qualcosa di chiaro o anche di intelligibile: vi si trovano certo alcune espressioni desunte dal linguaggio massonico, come i « cinque punti di *compagnonnage* » e la « parola perduta del Tempio »; vi si trova anche un simbolo assai noto e di uso molto diffuso, quello della stella a sei punte o ' sigillo di Salomone ', di cui abbiamo già avuto occasione di parlare;[3] vi si riconosce anche l'intenzione di dare all'organizzazione un carattere propriamente americano;

---

1. È la traduzione di una notizia estratta da un opuscolo intitolato *Arcane Associations*, edito dalla *Societas Rosicruciana* d'America (Manchester, N. H., 1905).
2. Il testo inglese dice: *You see this Sacred Heart; the outline shows you that I.*
3. *Le Chrisme et le Coeur dans les anciennes marques corporatives.*

ma che cosa può mai significare tutto il resto? Soprattutto, che cosa significa l'ultima frase, e si deve forse scorgervi l'indizio di una qualche contraffazione del Sacro Cuore, da unire a quelle sulle quali Charbonneau-Lassay ha intrattenuto tempo fa i lettori di « Regnabit »?[4]

Dobbiamo confessare che finora non abbiamo potuto scoprire cosa significhi il nome di *Chylena*, né come possa essere impiegato per designare il « Redentore », e neppure in quale senso, religioso o no, debba essere intesa questa parola. Sembra tuttavia che nella frase in cui si tratta della « Fidanzata » o del « Redentore » ci sia un'allusione biblica, probabilmente ispirata al *Cantico dei Cantici*; ed è abbastanza strano che questo stesso « Redentore » ci mostri il Sacro Cuore (è il suo proprio cuore?) come se fosse veramente Cristo in persona; ma, ancora una volta, perché questo nome di *Chylena*? D'altra parte, si può anche chiedersi cosa c'entri il nome di *Evangeline*, l'eroina della celebre poesia di Longfellow; ma esso sembra preso come una forma femminile del nome *Evangel* di fronte al quale è posto; è forse l'affermazione di uno ' spirito evangelico ', nel senso un pochino speciale in cui lo intendono le sette protestanti, che fanno sfoggio così volentieri di tale denominazione? Infine, se il nome di *Ethiopia* si applica alla razza negra, il che ne costituisce la più naturale interpretazione,[5] forse bisognerebbe concluderne che la ' redenzione ' più o meno ' evangelica ' (cioè protestante) di quest'ultima è uno degli scopi che si prefiggono i membri dell'associazione. Se fosse così, il motto *E Pluribus Unum* potrebbe logicamente interpretarsi nel senso di un tentativo di accostamento, se non di fusione, fra le varie razze che costituiscono la popolazione degli Stati Uniti, e che il loro naturale antagonismo ha sempre così profondamente diviso; è solo un'ipotesi, ma almeno non ha niente di inverosimile.

Se si tratta di un'organizzazione di ispirazione protestante, ciò non è una ragione sufficiente per pensare che il vero significato dell'emblema del Sacro Cuore vi sia necessariamente distorto; certi protestanti hanno avuto infatti per il Sacro Cuore una reale e sincera devozione.[6] Tuttavia, nel caso attuale, la mescolanza di idee eteroclite di cui sono testimonianza le poche righe da noi riprodotte ci induce alla diffidenza; ci chiediamo cosa può

---

4. *Les Représentations blasphématoires du Coeur de Jésus*, agosto-settembre 1924.
5. Il *Nigra sum, sed formosa* del *Cantico dei Cantici* forse giustificherebbe il fatto che tale appellativo venga applicato alla « Fidanzata ».
6. Abbiamo già citato l'esempio del cappellano di Cromwell, Thomas Goodwin, che dedicò un libro alla devozione del Cuore di Gesù (*Le Chrisme et le Coeur dans les anciennes marques corporatives* in « Regnabit », novembre 1925, p. 402, nota 1).

essere questa *Filosofia della vita universale* che sembra avere per centro il principio dell'« Io Sono » (*I Am*). Tutto ciò potrebbe sicuramente intendersi in un senso del tutto legittimo, e anche ricollegarsi in certo modo alla concezione del cuore come centro dell'essere; ma, date le tendenze dello spirito moderno, di cui la mentalità americana è l'espressione più completa, c'è in effetti da temere che esso sia inteso nel senso individuale (o se si preferisce ' individualistico ') e puramente umano. Ecco su cosa vogliamo attirare l'attenzione concludendo l'esame di questa specie d'enigma.

La tendenza moderna, quale la vediamo affermarsi nel protestantesimo, è anzitutto la tendenza all'individualismo, che si manifesta chiaramente con il ' libero esame ', negazione di ogni autorità spirituale legittima e tradizionale. Questo stesso individualismo, dal punto di vista filosofico, si afferma anche nel razionalismo, che è la negazione di ogni facoltà conoscitiva superiore alla ragione, cioè alla modalità individuale e puramente umana dell'intelligenza; e tale razionalismo è più o meno direttamente derivato in tutte le sue forme dal cartesianismo, al quale ci fa pensare naturalmente quell'« Io Sono », che prende il soggetto pensante, e niente più, come unico punto di partenza di ogni realtà. L'individualismo, così inteso nell'ordine intellettuale, ha come conseguenza pressoché inevitabile quella che si potrebbe chiamare una ' umanizzazione ' della religione che finisce col degenerare in ' religiosità ', cioè con l'essere ormai solo una semplice faccenda di sentimento, un insieme di aspirazioni vaghe e senza oggetto definito; il sentimentalismo è del resto per così dire complementare al razionalismo.[7] Anche senza parlare di concezioni come quella dell'« esperienza religiosa » di William James si troverebbero facilmente esempi di questa deviazione più o meno accentuata nella maggior parte delle molteplici varietà del protestantesimo, e soprattutto del protestantesimo anglosassone, in cui il dogma in certo modo si dissolve e svanisce per lasciar sussistere solo quel ' moralismo ' umanitario le cui manifestazioni più o meno chiassose sono uno dei tratti caratteristici della nostra epoca. Da questo ' moralismo ' che è il logico risultato del protestantesimo al ' moralismo ' puramente laico e ' areligioso ' (per non dire antireligioso), c'è solo un passo, e taluni lo compiono abbastanza agevolmente; si tratta insomma di gradi diversi nello sviluppo di una stessa tendenza.

In queste condizioni, non c'è da meravigliarsi che a volte si faccia uso di una fraseologia e di un simbolismo le cui origini

---

7. Si veda *Le coeur rayonnant et le coeur enflammé* [qui sopra, come cap. 69].

sono propriamente religiose, ma che si trovano spogliati di tale carattere e sviati dal loro significato primo, e possono facilmente ingannare coloro che non sono consci di questa deformazione; che quest'inganno sia intenzionale o no, il risultato è lo stesso. Così si è contraffatta la figura del Sacro Cuore per rappresentare il 'Cuore dell'Umanità' (intesa poi in senso esclusivamente collettivo e sociale), come ha segnalato Charbonneau-Lassay nell'articolo cui alludevamo sopra, e nel quale egli citava a tale proposito un testo in cui si parla « del Cuore di Maria che simboleggia il cuore materno della Patria umana, cuore femminile, e del Cuore di Gesù che simboleggia il cuore paterno dell'Umanità, cuore maschile; cuore dell'uomo, cuore della donna, entrambi divini nel loro principio spirituale e naturale ».[8] Non sappiamo esattamente perché questo testo ci sia tornato invincibilmente alla memoria in presenza del documento relativo alla società segreta americana di cui s'è appena parlato; senza poter essere assolutamente affermativi in proposito, abbiamo l'impressione di trovarci dinanzi a qualche cosa dello stesso genere. Comunque sia, questo camuffamento del Sacro Cuore in 'Cuore dell'Umanità' costituisce, propriamente parlando, una forma di 'naturalismo', che rischia di degenerare presto in una grossolana idolatria; la 'religione dell'Umanità' non è nell'epoca contemporanea monopolio esclusivo di Auguste Comte e di alcuni suoi discepoli positivisti, cui bisogna almeno riconoscere il merito di avere espresso francamente quello che altri occultano in formule perfidamente equivoche. Abbiamo già notato le deviazioni che taluni ai giorni nostri fanno subire correntemente alla parola stessa 'religione' applicandola a cose puramente umane;[9] questo abuso, spesso inconscio, non potrebbe essere forse il risultato di un'azione che è invece perfettamente cosciente e voluta, azione esercitata da coloro, chiunque siano, che sembrano essersi assunti il compito di deformare sistematicamente la mentalità occidentale dall'inizio dei tempi moderni? Si è talora tentati di crederlo, soprattutto quando si vede, a partire dall'ultima guerra, instaurarsi un po' dovunque una specie di culto laico e 'civico', una pseudo-religione da cui è assente ogni idea del Divino; non vogliamo insistere per il momento, ma non siamo i soli a credere che si tratti di un sintomo inquietante. Per concludere, questa volta diremo che tutto ciò si ricollega a una stessa idea centrale, che è la divinizzazione dell'umanità, non nel senso in cui il cri-

---

8. Citazione da *L'Écho de l'Invisible* (1917), in *Les Représentations blasphématoires du Coeur de Jésus* in « Regnabit », agosto-settembre 1924, pp. 192-193.
9. Si veda la nostra comunicazione su *La réforme de la mentalité moderne* [qui sopra, come cap. 1].

stianesimo permette in una certa misura di prenderla in considerazione, ma nel senso di una sostituzione dell'umanità a Dio; stando così le cose, è facile capire come i propagatori di un'idea simile cerchino di impadronirsi dell'emblema del Sacro Cuore, in modo da fare di questa divinizzazione dell'umanità una parodia dell'unione delle due nature, la divina e l'umana, nella persona di Cristo.

Uno dei simboli comuni al cristianesimo e alla massoneria è il triangolo nel quale è inscritto il Tetragramma ebraico,[1] o qualche volta semplicemente uno *iod*, prima lettera del Tetragramma, che in questo caso può esserne considerato un'abbreviazione,[2] e che d'altronde, in virtù del suo significato principiale,[3] è esso stesso un nome divino, anzi il primo di tutti secondo certe tradizioni.[4] Talvolta lo *iod* stesso è sostituito da un occhio, che viene generalmente designato come l'« Occhio che vede tutto » (*The All-Seeing Eye*); la somiglianza di forma fra lo *iod* e l'occhio può effettivamente prestarsi a un'assimilazione, che del resto ha numerosi significati sui quali, senza pretendere di svilupparli qui interamente, può essere interessante fornire almeno alcune indicazioni.

Anzitutto, è opportuno osservare che il triangolo in questione occupa sempre una posizione centrale[5] e inoltre, nella massoneria, è espressamente collocato fra il sole e la luna. Da ciò risulta che l'occhio contenuto in questo triangolo non dovrebbe essere rappresentato come un occhio comune, destro o sinistro, poiché sono in realtà il sole e la luna che corrispondono rispettivamente all'occhio destro e all'occhio sinistro dell'' Uomo Universale ', quando quest'ultimo s'identifica con il Macrocosmo.[6] Perché il simbolismo sia del tutto corretto, quest'occhio dovrebbe essere un occhio ' frontale ' o ' centrale ' cioè un ' terzo occhio ', la cui somiglianza con lo *iod* colpisce ancor più; ed è effettivamente quel ' terzo occhio ' che « vede tutto » nella perfetta si-

---

1. Nella massoneria, questo triangolo è spesso designato con il nome di delta, perché la lettera greca così chiamata ha effettivamente una forma triangolare; ma non pensiamo che si debba vedere in questo accostamento una qualsivoglia indicazione circa le origini del simbolismo in questione; è evidente d'altronde che il significato di quest'ultimo è essenzialmente ternario, mentre il *delta* greco, malgrado la sua forma, corrisponde a 4 nell'ordine alfabetico e per valore numerico.
2. In ebraico, il tetragramma è talvolta rappresentato in forma abbreviata anche da tre *iod*, che hanno una palese relazione con il triangolo stesso; quando sono disposti a triangolo, essi corrispondono chiaramente ai tre punti del *compagnonnage* e della massoneria.
3. Lo *iod* è considerato l'elemento primo a partire dal quale sono formate tutte le lettere dell'alfabeto ebraico.
4. Si veda in proposito *La Grande Triade*, cap. XXV.
5. Nelle chiese cristiane dove figura, questo triangolo è posto normalmente sopra l'altare; siccome poi quest'ultimo è sormontato dalla croce, l'insieme della croce e del triangolo riproduce abbastanza curiosamente il simbolo alchemico dello zolfo.
6. Si veda *L'Homme et son devenir selon le Védânta*, cap. XII. A questo proposito, e più particolarmente nei riguardi del simbolismo massonico, è bene notare che gli occhi sono propriamente le ' luci ' che illuminano il microcosmo.

multaneità dell'eterno presente.[7] A tale riguardo, esiste quindi nelle raffigurazioni comuni un'inesattezza, che vi introduce un'asimmetria ingiustificabile, e che probabilmente è dovuta al fatto che la rappresentazione del 'terzo occhio' sembra piuttosto inusitata nell'iconografia occidentale; ma chiunque capisca bene questo simbolismo può facilmente rettificarla.

Il triangolo diritto si riferisce propriamente al Principio; ma, quando è rovesciato per riflesso nella manifestazione, lo sguardo dell'occhio che contiene appare in certo modo diretto 'verso il basso',[8] cioè dal Principio verso la manifestazione stessa, e, oltre al suo senso generale di 'onnipresenza', esso allora assume più chiaramente il significato particolare di 'Provvidenza'. D'altra parte, se tale riflesso viene considerato più particolarmente nell'essere umano, si deve notare che la forma del triangolo rovesciato non è altro che lo schema geometrico del cuore;[9] l'occhio che si trova al suo centro è allora propriamente l'« occhio del cuore » (l'*aynul-qalb* dell'esoterismo islamico), con tutti i significati in ciò impliciti. Conviene inoltre aggiungere che è proprio lì che, secondo un'altra nota espressione, il cuore è « aperto » (*el-qalbul-maftûh*); quest'apertura, occhio o *iod*, può essere raffigurata simbolicamente come una 'ferita', e ricorderemo a tale proposito il cuore raggiante di Saint-Denis d'Orques, di cui abbiamo già parlato in precedenza,[10] e una delle particolarità più notevoli del quale è precisamente il fatto che la ferita, o ciò che esteriormente sembra tale, assume visibilmente la forma di uno *iod*.

Non è ancora tutto: nello stesso tempo in cui raffigura l'"occhio del cuore' come abbiamo appena detto, lo *iod*, secondo un altro suo significato geroglifico, rappresenta anche un 'germe' contenuto nel cuore, che viene così assimilato simbolicamente a un frutto; e questo può d'altronde essere inteso sia in senso macrocosmico sia in senso microcosmico.[11] Nella sua applicazione all'essere umano, quest'ultima osservazione è da accostare ai rap-

7. Dal punto di vista del 'triplice tempo', la luna e l'occhio sinistro corrispondono al passato, il sole e l'occhio destro al futuro, e il 'terzo occhio' al presente, cioè all'"istante' indivisibile che, fra il passato e il futuro, è come un riflesso dell'eternità nel tempo.
8. Si può fare un accostamento fra questo e il significato del nome di *Avalokitêshwara*, interpretato di solito come « il Signore che guarda in basso ».
9. In arabo, il cuore è *qalb*, e 'rovesciato' si dice *maqlûb*, parola che è un derivato della stessa radice.
10. Si veda *Le coeur rayonnant et le coeur enflammé* [qui sopra, come cap. 69].
11. Si veda *Aperçus sur l'Initiation*, cap. XLVIII. Dal punto di vista macrocosmico, l'assimilazione di cui si parla è equivalente a quella del cuore con l'"Uovo del Mondo'; nella tradizione indù, il 'germe' contenuto in esso è *Hiranyagarbha*.

porti del 'terzo occhio' con il *luz*,[12] di cui l'"occhio frontale' e l'"occhio del cuore' rappresentano in definitiva due 'localizzazioni' diverse, e che è anche il 'nòcciolo' o il 'germe d'immortalità'.[13] Inoltre, è sotto certi aspetti significativo che l'espressione araba *aynul-khuld* presenti il duplice senso di « occhio d'immortalità » e di « fonte d'immortalità »; questo ci riconduce all'idea di 'ferita' di cui parlavamo sopra, poiché nel simbolismo cristiano il doppio getto di sangue e d'acqua che esce dall'apertura del cuore di Cristo [14] si riferisce anch'esso alla 'fonte d'immortalità'. Proprio questo 'liquore d'immortalità', secondo la leggenda, fu raccolto nel Graal da Giuseppe d'Arimatea; e infine ricorderemo a tale proposito che anche la coppa è un equivalente simbolico del cuore,[15] e che, esattamente come quest'ultimo, essa è anche uno dei simboli tradizionalmente schematizzati nella forma del triangolo rovesciato.

---

12. *Le Roi du Monde*, cap. VII.

13. A proposito dei simboli che hanno attinenza con il *luz*, faremo notare che la forma della 'mandorla' (che è anche il significato della parola *luz*) o *vesica piscis* del Medioevo (cfr. *La Grande Triade*, cap. II) evoca pure quella del 'terzo occhio'; la figura del Cristo glorioso, nel suo interno, pare così identificarsi con il '*Purusha* nell'occhio' della tradizione indù; l'espressione *insânul-ayn*, usata in arabo per designare la pupilla, si riferisce anch'essa allo stesso simbolismo.

14. Il sangue e l'acqua sono qui due complementari; si potrebbe dire, usando il linguaggio della tradizione estremo-orientale, che il sangue è *yang* e l'acqua *yin*, l'uno in rapporto all'altra (sulla natura ignea del sangue, cfr. *L'Homme et son devenir selon le Vêdânta*, cap. XIII).

15. Inoltre, la leggenda dello smeraldo caduto dalla fronte di Lucifero mette anche il Graal in relazione diretta con il 'terzo occhio' (cfr. *Le Roi du Monde*, cap. V). Sulla 'pietra caduta dai cieli', si veda ugualmente *Lapsit exillis* [qui sopra, come cap. 44].

A proposito del simbolismo della lettera ebraica *iod* raffigurata all'interno del cuore[2] abbiamo segnalato che nel cuore raggiante del marmo astronomico di Saint-Denis d'Orques la ferita ha la forma di uno *iod*, e questa somiglianza è troppo evidente e troppo significativa per non essere intenzionale; d'altra parte, in una stampa disegnata e incisa da Callot per una tesi sostenuta nel 1625, si vede il cuore di Cristo che contiene tre *iod*. Che questa lettera, la prima del Nome tetragrammatico e quella a partire dalla quale sono formate tutte le altre lettere dell'alfabeto ebraico, sia sola a rappresentare l'Unità divina,[3] o venga ripetuta tre volte con un significato ʻ trinitario ʼ,[4] essa comunque è sempre essenzialmente l'immagine del Principio. Lo *iod* nel cuore è dunque il Principio che risiede nel centro, sia, dal punto di vista macrocosmico, nel ʻ Centro del Mondo ʼ che è il ʻ Palazzo Santo ʼ della Cabala,[5] sia anche, dal punto di vista microcosmico, e almeno virtualmente, nel centro di ogni essere, che è sempre simboleggiato dal cuore nelle varie dottrine tradizionali,[6] ed è il punto più interno, il punto di contatto con il Divino. Secondo la Cabala la *Shekinah* o « Presenza divina », identificata con la « Luce del Messia »,[7] abita (*shakan*) al tempo stesso nel tabernacolo, chiamato per questa ragione *mishkan*, e nel cuore dei fedeli;[8] ed esiste uno strettissimo rapporto fra questa dottrina e il significato del nome *Emmanuel*, applicato al Messia e interpretato come « Dio in noi ». Ma ci sono ancora al riguardo molte altre considerazioni da sviluppare, soprattutto partendo dal fatto che lo

---

1. Questo articolo, che era stato scritto tempo fa per la rivista ‹ Regnabit ›, ma che non poté esservi pubblicato perché l'ostilità di certi ambienti ʻ neo-scolastici ʼ ci obbligò allora a sospendere la nostra collaborazione, si pone in special modo nella ʻ prospettiva ʼ della tradizione cristiana, con l'intento di mostrarne il perfetto accordo con le altre forme della tradizione universale; esso completa le poche indicazioni da noi fornite sullo stesso argomento ne *L'Homme et son devenir selon le Vêdânta*, cap. III. Vi abbiamo apportato solo pochissime modifiche per precisare ulteriormente alcuni punti, e soprattutto per aggiungere dei riferimenti alle nostre diverse opere laddove la cosa ci è parsa essere di qualche utilità per i lettori.
2. Cfr. *L'Oeil qui voit tout* [qui sopra, cap. 72].
3. Cfr. *La Grande Triade*, pp. 169-171.
4. Questo significato esiste certamente almeno quando la raffigurazione dei tre *iod* è dovuta ad autori cristiani, come nel caso della stampa appena menzionata; in modo più generale (poiché non si deve dimenticare che i tre *iod* si incontrano anche come forma abbreviata del tetragramma nella tradizione giudaica stessa), essa è in rapporto con il simbolismo universale del triangolo, di cui, d'altra parte, abbiamo indicato anche la relazione con quello del cuore.
5. Cfr. *Le Symbolisme de la Croix*, cap. IV.
6. Cfr. *L'Homme et son devenir selon le Vêdânta*, cap. III.
7. Cfr. *Le Roi du Monde*, cap. III.
8. Cfr. *Le Symbolisme de la Croix*, cap. VII. La residenza di *Es-Sakinah* nel cuore dei fedeli è affermata anche dalla tradizione islamica.

iod ha il senso di ' principio ' e nel contempo anche quello di
' germe ': lo *iod* nel cuore è quindi in certo modo il germe racchiuso nel frutto; c'è l'indicazione di un'identità, almeno sotto
un certo aspetto, fra il simbolismo del cuore e quello dell'' Uovo
del Mondo ', e da ciò si può anche capire perché il nome di
« germoglio » sia applicato al Messia in vari passi della Bibbia.[9]
È soprattutto l'idea del germe nel cuore che deve attirare la
nostra attenzione; tanto più in quanto tale idea è in diretta
relazione con il significato profondo di una delle più celebri parabole evangeliche, quella del grano di senape.

Per capir bene questa relazione, occorre rifarsi in primo luogo
alla dottrina indù, che dà al cuore, in quanto centro dell'essere,
il nome di « Città divina » (*Brahma-pura*), e applica, cosa assai
degna di nota, a questa « Città divina » espressioni identiche ad
alcune di quelle impiegate nell'*Apocalisse* per descrivere la « Gerusalemme Celeste ».[10] Il Principio divino, in quanto risiede al
centro dell'essere, è spesso designato simbolicamente come ' l'Etere nel cuore ', dato che l'elemento primordiale da cui tutti gli
altri procedono è assunto naturalmente per designare il Principio; e questo « Etere » (*Akâsha*) è la stessa cosa dell'*Avir* ebraico,
dal cui mistero scaturisce la luce (*Aor*), che realizza l'estensione
mediante il suo irradiamento all'esterno,[11] « facendo del vuoto
(*thohû*) qualcosa e di ciò che non era ciò che è »,[12] mentre, per
una concentrazione correlativa a questa espansione luminosa, resta all'interno del cuore lo *iod*, cioè « il punto nascosto divenuto
manifestato », uno in tre e tre in uno.[13] Ma lasceremo ora da parte
questo punto di vista cosmogonico, per applicarci di preferenza
al punto di vista relativo a un essere particolare, quale l'essere
umano, pur avendo la massima cura di notare che fra questi due
punti di vista, macrocosmico e microcosmico, esiste una corrispondenza in virtù della quale è sempre possibile una trasposizione dall'uno all'altro.

Nei testi sacri indiani, troviamo queste parole: « Questo *Atmâ*
(lo Spirito divino), che risiede nel cuore, è più piccolo di un
grano di riso, più piccolo di un grano d'orzo, più piccolo di un
grano di senape, più piccolo di un grano di miglio, più piccolo

---

9. *Isaia*, IV, 2; *Geremia*, XXIII, 5; *Zaccaria*, III, 8, e VI, 12. Cfr. *Aperçus sur l'Initiation*, capp. XLVII e XLVIII, e anche il nostro studio già citato su *L'Oeil qui voit tout*.
10. Cfr. *L'Homme et son devenir selon le Védânta*, cap. III.
11. Cfr. *Le Règne de la quantité et les signes des temps*, cap. III.
12. È il *Fiat Lux* (*Yehi Aor*) della *Genesi*, prima affermazione del Verbo divino
nell'opera della creazione; vibrazione iniziale che apre la strada allo sviluppo delle possibilità contenute potenzialmente, allo stato « informe e vuoto » (*thohû
va-bohû*), nel caos originario (cfr. *Aperçus sur l'Initiation*, cap. XLVI).
13. Cfr. *Le Symbolisme de la Croix*, cap. IV.

del germe che è in un grano di miglio; questo *Atmâ* che risiede nel cuore è anche più grande della terra, più grande dell'atmosfera, più grande del cielo, più grande di tutti i mondi insieme ».[14] È impossibile non restare colpiti dalla somiglianza dei termini di questo passo con quelli della parabola evangelica alla quale facevamo allusione poco fa: « Il Regno dei Cieli è simile a un granello di senape, che un uomo prende e semina nel proprio campo; questo granello è la più piccola di tutte le sementi, ma quando è cresciuto è più grande di tutti gli altri ortaggi, e diventa un albero, in modo che gli uccelli del cielo vengono a posarsi sui suoi rami ».[15]

A questo accostamento, che sembra imporsi, si potrebbe fare una sola obiezione: è veramente possibile assimilare all'« *Atmâ* che risiede nel cuore » quello che il Vangelo designa come « Regno dei Cieli » o « Regno di Dio »? Lo stesso Vangelo fornisce la risposta a questa domanda, risposta nettamente affermativa; infatti, ai Farisei che chiedevano quando sarebbe venuto il « Regno di Dio », intendendolo in un senso esteriore e temporale, Cristo dice queste parole: « Il Regno di Dio non viene in modo da colpire lo sguardo; non si dirà: È qui, o: È là; poiché il Regno di Dio è dentro di voi, *Regnum Dei intra vos est* ».[16] L'azione divina si esercita sempre dall'interno,[17] e per questo essa non colpisce lo sguardo, vòlto necessariamente verso le cose esterne; sempre per questo la dottrina indù dà al Principio l'epiteto di « ordinatore interno » (*antar-yâmî*),[18] dato che la sua operazione si compie dall'interno verso l'esterno, dal centro alla circonferenza, dal non-manifestato alla manifestazione, di modo che il suo punto di partenza sfugge a tutte le facoltà che appartengono all'ordine sensibile o che ne procedono più o meno direttamente.[19] Il « Regno di Dio », come pure la « Casa di Dio » (*Beith-El*),[20] si identifica naturalmente con il centro, cioè con quel che vi è

---

14. *Chândogya Upanishad*, 3° Prapâthaka, 14° Khanda, shruti 3.
15. *Matteo*, XIII, 31-32; cfr. *Marco*, IV, 30-32; *Luca*, XIII, 18-19.
16. *Luca*, XVIII, 21. Ricordiamo a questo proposito il seguente testo taoista (già da noi citato in modo più completo ne *L'Homme et son devenir selon le Védânta*, cap. X): « Non chiedete se il Principio è in questo o in quello. È in tutti gli esseri. Per questo gli si dànno gli epiteti di grande, supremo, intero, universale, totale... È in tutti gli esseri, per una terminazione di norma (il punto centrale o l'" invariabile mezzo ') ma non è identico agli esseri, non essendo né diversificato (nella molteplicità) né limitato » (*Tchoang-tseu*, cap. XXII).
17. « Al centro di tutte le cose, e superiore a tutte, è l'azione produttrice del Principio supremo » (*Tchoang-tseu*, cap. IX).
18. Cfr. *L'Homme et son devenir selon le Védânta*, cap. XV.
19. L'azione ' ordinatrice ', che fa uscire il mondo dal caos (è noto che *kosmos*, in greco, significa sia « ordine » sia « mondo »), si identifica essenzialmente con la vibrazione iniziale di cui parlavamo sopra.
20. Cfr. *Le Roi du Monde*, cap. IX.

di più interiore, sia in rapporto all'insieme di tutti gli esseri, sia in rapporto a ciascuno di essi preso singolarmente.

Detto questo, si vede chiaramente che l'antitesi contenuta nel testo evangelico, la figura del granello di senape che è « la più piccola di tutte le sementi », ma che diviene « il più grande di tutti gli ortaggi », corrisponde esattamente alla duplice gradazione discendente e ascendente che esprime, nel testo indù, l'idea dell'estrema piccolezza e quella dell'estrema grandezza. Del resto ci sono nel Vangelo altri passi in cui il granello di senape è ancora preso a rappresentare quanto vi è di più piccolo: « Se aveste fede quanto un granello di senape... »;[21] e ciò non manca di ricollegarsi a quanto precede, poiché la fede, grazie alla quale vengono colte in un certo modo le cose d'ordine soprasensibile, è di solito riferita al cuore.[22] Ma che cosa significa questa opposizione secondo la quale il « Regno dei Cieli », o « l'*Atmâ* che risiede nel cuore », è insieme quel che c'è di più piccolo e quel che c'è di più grande? È evidente che ciò va inteso sotto due diversi aspetti; ma quali sono questi due aspetti? Per capirlo, basta in fondo sapere che, quando si passa analogicamente dall'inferiore al superiore, dall'esterno all'interno, dal materiale allo spirituale, una simile analogia, per essere correttamente applicata, dev'essere intesa in senso inverso: così, come l'immagine di un oggetto in uno specchio è rovesciata rispetto all'oggetto, ciò che è più grande o primo nell'ordine principiale è, almeno in apparenza, più piccolo e ultimo nell'ordine della manifestazione.[23] Questa applicazione del senso inverso è indicata anche da altri detti evangelici, almeno in uno dei loro significati: « Gli ultimi saranno i primi, e i primi saranno gli ultimi »;[24] « Chiunque si esalta sarà umiliato, e chiunque si umilia sarà esaltato »;[25] « Colui che si farà umile come un fanciullo, è il primo nel Regno dei Cieli »;[26] « Se qualcuno vuol essere il primo, si farà l'ultimo di tutti, e il servo di tutti »;[27] « Colui che fra voi è più piccolo, quello è grande ».[28]

Per limitarci al caso di cui trattiamo qui in particolare, e per rendere la cosa più facilmente comprensibile, possiamo prendere dei termini di paragone dall'ordine matematico, servendoci dei due simbolismi geometrico e aritmetico, fra i quali esiste al ri-

21. *Luca*, xvii, 6.
22. Si potrebbe anche trovarvi più in particolare a questo riguardo un certo rapporto con il simbolismo dell'' occhio del cuore '.
23. Cfr. *L'Homme et son devenir selon le Vêdânta*, cap. iii.
24. *Matteo*, xx, 16; cfr. *ibidem*, xix, 30; *Marco*, x, 31.
25. *Luca*, xviii, 14.
26. *Matteo*, xviii, 4.
27. *Marco*, ix, 34.
28. *Luca*, ix, 48.

guardo una perfetta concordanza. È così che il punto geometrico è nullo quantitativamente [29] e non occupa alcuno spazio, per quanto sia il principio dal quale è prodotto l'intero spazio, il quale non è che lo sviluppo delle sue proprie virtualità, essendo 'effettuato' mediante la sua irradiazione secondo le 'sei direzioni'.[30] È così anche che l'unità aritmetica è il più piccolo dei numeri, se la si considera situata nella loro molteplicità, mentre è il più grande teoricamente, perché li contiene tutti virtualmente e produce tutta la loro serie con la sola ripetizione indefinita di se stessa. È così ancora, per tornare al simbolismo di cui si parlava all'inizio, che lo *iod* è la più piccola di tutte le lettere dell'alfabeto ebraico, e tuttavia da esso derivano le forme di tutte le altre lettere.[31] A questo duplice aspetto si ricollega d'altronde il duplice senso geroglifico dello *iod*, come « principio » e come « germe »: nel mondo superiore, è il principio, che contiene tutte le cose; nel mondo inferiore, è il germe, che è contenuto in tutte le cose; si tratta del punto di vista della trascendenza e di quello dell'immanenza, conciliati nell'unica sintesi dell'armonia totale.[32] Il punto è sia principio che germe degli spazi; l'unità è sia principio che germe dei numeri; allo stesso modo, il Verbo divino, a seconda che lo si consideri nel suo eterno sussistere in se stesso o nel suo farsi 'Centro del Mondo',[33] è sia principio che germe di tutti gli esseri.[34]

Il Principio divino che risiede al centro dell'Essere è rappresentato dalla dottrina indù come un seme o una semente (*dhâtu*), come un germoglio (*bhija*),[35] perché è in certo modo solo virtualmente in quest'essere, finché l'" Unione ' non è effettivamente

---

29. Questa nullità corrisponde a quello che il taoismo chiama il 'nulla di forma'.
30. Sui rapporti fra il punto e l'estensione, cfr. *Le Symbolisme de la Croix*, cap. XVI.
31. Donde questa espressione: « Fino a quando non passeranno il cielo e la terra uno *iota* solo (cioè un solo *iod*) o un solo apice (parte della lettera, forma elementare assimilata allo *iod*) della Legge non passerà, fino a che non sia tutto adempiuto » (*Matteo*, V, 18).
32. L'identità essenziale dei due aspetti è rappresentata anche dall'equivalenza numerica dei nomi *El Eliôn*, « il Dio Altissimo » ed *Emmanuel*, « Dio in noi » (cfr. *Le Roi du Monde*, cap. VI).
33. Nella tradizione indù, il primo di questi due aspetti del Verbo è *Swayambhû*, e il secondo è *Hiranyagarbha*.
34. Da un altro punto di vista, questa considerazione del senso inverso potrebbe anche essere applicata alle due fasi complementari della manifestazione universale: evoluzione e involuzione, espirazione e aspirazione, espansione e concentrazione, 'soluzione' e 'coagulazione' (cfr. *La Grande Triade*, cap. VI).
35. Si osserverà a questo proposito l'affinità delle parole latine *gramen*, grano, e *germen*, germoglio. In sanscrito, la parola *dhâtu* serve anche a designare la radice verbale, quasi fosse la 'semente' il cui sviluppo dà origine all'intero linguaggio (cfr. *L'Homme et son devenir selon le Vêdânta*, cap. XI).

realizzata.[36] D'altra parte questo stesso essere e l'intera manifestazione cui appartiene esistono solo grazie al Principio, hanno realtà solo grazie a una partecipazione alla sua essenza e nella misura stessa di tale partecipazione. Lo Spirito divino (*Atmâ*), essendo il Principio unico di tutte le cose, supera immensamente ogni esistenza;[37] per questo è detto più grande di ciascuno dei ' tre mondi ', terrestre, intermedio e celeste (i tre termini del *Tribhuvana*), che sono i diversi modi della manifestazione universale, e più grande anche dell'insieme di questi ' tre mondi ', perché è al di là di ogni manifestazione, essendo il Principio immutabile, eterno, assoluto e incondizionato.[38]

Nella parabola del granello di senape c'è un altro punto che richiede una spiegazione in rapporto con quanto precede:[39] è detto che il seme, sviluppandosi, diventa un albero; ora, è noto che l'albero è, in tutte le tradizioni, uno dei principali simboli dell'' Asse del Mondo '.[40] Questo significato si applica qui perfettamente: il seme è il centro; l'albero che ne esce è l'asse, direttamente originato da tale centro, ed espande attraverso tutti i mondi i suoi rami, sui quali vengono a posarsi gli « uccelli del cielo », che, come in certi testi indù, rappresentano gli stati superiori dell'essere. Tale asse invariabile è infatti il ' supporto divino ' di ogni esistenza; è, come insegnano le dottrine estremo-orientali, la direzione secondo la quale si esercita l'' Attività del Cielo ', il luogo di manifestazione della ' Volontà del Cielo '.[41] Non è forse una delle ragioni per le quali, nel *Pater*, subito dopo la richiesta: « Venga il tuo regno » (e qui si tratta proprio del ' Regno di Dio ') viene questa: « Sia fatta la tua volontà così in cielo come in terra », espressione dell'unione ' assiale ' di tutti i mondi fra di loro e con il Principio divino, della piena realizza-

---

36. Diciamo ' virtualmente ' piuttosto che ' potenzialmente ', perché non può esserci nulla di potenziale nell'ordine divino; solo dalla parte dell'essere individuale e in rapporto a esso si potrebbe parlare qui di potenzialità. La potenzialità peggiore è l'indifferenziazione assoluta della ' materia prima ' in senso aristotelico, identica all'indistinzione del caos primordiale.

37. Prendiamo la parola ' esistenza ' nella sua rigorosa accezione etimologica: *existere*, è *ex-stare*, avere il proprio essere da qualcosa di diverso da se stessi, dipendere da un principio superiore; l'esistenza così intesa è quindi propriamente l'essere contingente, relativo, condizionato, il modo d'essere di ciò che non ha in sé la propria ragion sufficiente.

38. I ' tre mondi ' non sono menzionati nella parabola del granello di senape, ma sono rappresentati dalle tre misure di farina nella parabola del lievito, che segue subito dopo (*Matteo*, XIII, 33; *Luca*, XIII, 20-21).

39. Segnaliamo anche che il « campo » (*kshêtra*), nella terminologia indù, è la designazione simbolica dell'ambito nel quale si sviluppano le possibilità di un essere.

40. Cfr. *Le Symbolisme de la Croix*, cap. IX.

41. Cfr. *Le Symbolisme de la Croix*, cap. XXIII. Useremmo qui volentieri l'espressione di ' luogo metafisico ', per analogia con quella di ' luogo geometrico ', che fornisce un simbolo quanto più esatto possibile di ciò di cui stiamo parlando.

zione di quella armonia totale cui abbiamo accennato, e che può compiersi solo se tutti gli esseri fanno convergere le loro aspirazioni in un'unica direzione, quella dell'asse stesso?[42] « Che tutti siano una sola cosa, » dice Cristo « come tu Padre sei in me, e io in te, che anch'essi siano una sola cosa in noi... Che siano una cosa sola, come noi siamo una cosa sola, io in loro e tu in me, che siano perfezionati in unità ».[43] Questa unione perfetta è il vero avvento del ' Regno dei Cieli ', venuto dal di dentro per schiudersi al di fuori, nella pienezza dell'ordine universale, compimento di ogni manifestazione e restaurazione dell'integrità dello ' stato primordiale '. È la venuta della ' Gerusalemme Celeste alla fine dei tempi ':[44] « Ecco il tabernacolo di Dio con gli uomini: egli abiterà con loro, ed essi saranno il suo popolo, e Dio stesso sarà con loro come loro Dio.[45] Egli asciugherà ogni lacrima dai loro occhi, e la morte non esisterà più... ».[46] « Non vi sarà più alcuna maledizione. Il trono di Dio e dell'Agnello sarà nella città; i suoi servi lo serviranno; essi vedranno il suo volto, e il suo nome sarà sulle loro fronti.[47] Non vi sarà più notte,[48] non avranno bisogno né di lucerna né di luce, perché il Signore Iddio li illuminerà; ed essi regneranno per i secoli dei secoli ».[49]

---

42. Va notato che la parola ' concordia ' significa letteralmente « unione dei cuori » (*cum-cordia*); in tal caso, il cuore è preso per rappresentare principalmente la volontà.
43. *Giovanni*, XVII, 21-23.
44. Per ricollegare più strettamente questo pensiero a quanto abbiamo appena detto sul simbolismo dell'albero, ricorderemo ancora che l'' Albero della Vita ' è posto al centro della ' Gerusalemme Celeste ' (cfr. *Le Roi du Monde*, cap. XI, e *Le Symbolisme de la Croix*, cap. IX).
45. Ci si potrà naturalmente riferire a quanto abbiamo detto sopra sulla *Shekinah* e su *Emmanuel*.
46. *Apocalisse*, XXI, 3-4. La ' Gerusalemme Celeste ', in quanto ' Centro del Mondo ', si identifica effettivamente con la ' dimora d'immortalità ' (cfr. *Le Roi du Monde*, cap. VII).
47. Si può vedervi un'allusione al ' terzo occhio ', avendo quest'ultimo la forza di uno *iod* come abbiamo spiegato nel nostro studio su *L'Oeil qui voit tout*; dal momento in cui saranno ristabiliti nello ' stato primordiale ', essi possiederanno effettivamente per ciò stesso il ' senso dell'eternità '.
48. La notte è presa qui naturalmente nel suo senso inferiore, nel quale è assimilata al caos, ed è evidente che la perfezione del ' cosmo ' è all'opposto del caos (si potrebbe dire all'altro estremo della manifestazione), di modo che essa può venire considerata come un ' giorno ' perpetuo.
49. *Apocalisse*, XXII, 3-5. Cfr. anche *ibidem*, XXI, 23: « E la città non ha bisogno di essere illuminata dal sole o dalla luna, perché la gloria di Dio la illumina, e ne è lampada l'Agnello ». La « gloria di Dio » è ancora una designazione della *Shekinah*, la cui manifestazione è infatti rappresentata sempre come ' Luce ' (cfr. *Le Roi du Monde*, cap. III).

Alludendo in precedenza a quello che la dottrina indù chiama simbolicamente « l'Etere nel cuore », abbiamo indicato che ciò che viene così designato è in realtà il Principio divino che risiede, almeno virtualmente, al centro di ogni essere. Qui come del resto in tutte le dottrine tradizionali, si ritiene infatti che il cuore rappresenti il centro vitale dell'essere,[2] e questo nel senso più completo che si possa concepire, poiché non si tratta soltanto dell'organo corporeo e della sua funzione fisiologica, ma questa nozione si applica ugualmente, per trasposizione analogica, a tutti i punti di vista e in tutti gli ambiti in cui si estendono le possibilità dell'essere considerato, dell'essere umano per esempio, dato che il suo caso, per il fatto stesso di essere il nostro, è evidentemente quello che ci interessa nel modo più diretto. Più precisamente ancora, il centro vitale è fatto corrispondere al più piccolo ventricolo cardiaco; ed è chiaro che questo (ove troviamo d'altronde l'idea di ' piccolezza ' di cui abbiamo parlato a proposito del granello di senape) assume un significato del tutto simbolico quando lo si traspone oltre l'ambito corporeo; ma si deve tenere ben presente che, come ogni simbolismo vero e autenticamente tradizionale, esso è fondato sulla realtà, per un'effettiva relazione esistente fra il centro considerato nel senso superiore o spirituale e il punto determinato dell'organismo che gli serve da rappresentazione.

Per tornare all'« Etere nel cuore », ecco uno dei testi fondamentali che vi fanno riferimento: « In questa dimora di Brahma (cioè nel centro vitale di cui s'è appena parlato) vi è un piccolo loto, una dimora nella quale vi è una piccola cavità (*dahara*) occupata dall'Etere (*Akâsha*); si deve ricercare ciò che è in questo luogo, e lo si conoscerà ».[3] Ciò che così risiede nel centro dell'essere, non è semplicemente l'elemento etereo, principio degli altri quattro elementi sensibili, come potrebbero credere coloro i quali si fermassero al senso più esteriore, cioè a quello che si riferisce unicamente al mondo corporeo, in cui tale elemento funge effettivamente da principio, poiché a partire da esso, per differenziazione delle qualità complementari (che diventano in

---

1.   Come l'altro nostro articolo su *Le grain de sénevé* [qui sopra, come cap. 73], questo, che doveva seguirlo, era stato scritto originariamente per « Regnabit »; a esso si applicano, perciò, le stesse osservazioni e, per quanto la maggior parte delle considerazioni che contiene non siano probabilmente del tutto nuove per i lettori di « Études Traditionnelles », abbiamo pensato che poteva essere abbastanza interessante ritrovarle presentate qui sotto una luce un po' diversa.
2.   Si veda *L'Homme et son devenir selon le Védânta*, cap. III.
3.   *Chhândogya Upanishad*, 8° Prapâthaka, 1° Khanda, shruti 2.

apparenza opposte nella loro manifestazione esterna) e per rottura dell'equilibrio primordiale in cui esse erano contenute allo stato ' indistinto ', si sono prodotte e sviluppate tutte le cose di questo mondo.[4] Solo che si tratta di un principio relativo, come relativo è questo stesso mondo, essendo soltanto un modo particolare della manifestazione universale; è comunque vero che proprio questa funzione dell'Etere, in quanto primo fra gli elementi, rende possibile la trasposizione che è opportuno effettuare; ogni principio relativo, per il fatto di essere nondimeno veramente principio nel suo ordine, è un'immagine naturale, seppure più o meno lontana, e quasi un riflesso del Principio assoluto e supremo. E appunto solo a titolo di ' supporto ' per questa trasposizione è qui designato l'Etere, come indica esplicitamente la fine del testo da noi citato, poiché, se si trattasse semplicemente di quello che le parole usate esprimono in maniera letterale e immediata, non ci sarebbe ovviamente nulla da cercare; ciò che si deve cercare è la realtà spirituale che corrisponde analogicamente all'Etere, e di cui quest'ultimo è per così dire l'espressione in rapporto al mondo sensibile. Il risultato di questa ricerca è quella che propriamente viene chiamata la « conoscenza del cuore » (*hârda-vidyâ*), e quest'ultima è nello stesso tempo la « conoscenza della cavità » (*dahara-vidyâ*), equivalenza che in sanscrito si traduce con il fatto che le parole corrispondenti (*hârda* e *dahara*) sono formate dalle stesse lettere poste semplicemente in un ordine diverso; in altri termini, è la conoscenza di ciò che vi è di più profondo e di più interiore nell'essere.[5]

S'intende che, allo stesso modo della denominazione « Etere », anche termini come « loto » e « cavità » che incontriamo qui devono essere intesi simbolicamente; dal momento in cui si supera l'ordine sensibile, non può del resto essere più assolutamente questione di localizzazione nel senso proprio della parola, visto che ciò di cui stiamo parlando non è più soggetto alla condizione spaziale. Le espressioni che si riferiscono allo spazio, e anche al tempo, assumono allora valore di puri simboli; e questo genere di simbolismo è d'altronde naturale e inevitabile dal momento che si deve necessariamente far uso di un modo d'espressione adatto allo stato umano individuale e terrestre, di un linguaggio che è quello di esseri che vivono attualmente nello spazio e nel tempo. Anzi queste due forme, spaziale e temporale,

---

4. Si veda il nostro studio su *La Théorie hindoue des cinq éléments*, in « Études Traditionnelles », agosto-settembre 1935.
5. A proposito della cavità o ' caverna ' del cuore, considerata in special modo come il ' luogo ' in cui si compie la nascita dell'*Avatâra*, si veda anche *Aperçus sur l'Initiation*, cap. XLVIII.

che sono in certo qual modo complementari l'una dell'altra per certi versi, sono di uso generale e quasi costante, sia congiuntamente in una medesima rappresentazione, sia per dare due diverse rappresentazioni di una stessa realtà [6] che comunque, in se stessa, è al di là dello spazio e del tempo. Quando per esempio si dice che l'intelligenza risiede nel cuore, va da sé che non si tratta assolutamente di localizzare l'intelligenza, di assegnarle delle 'dimensioni' e una posizione determinata nello spazio; spettava alla filosofia moderna e puramente profana, con Descartes, di porre la questione, contraddittoria nei termini stessi, di una 'sede dell'anima', e di pretendere di situarla letteralmente in una certa regione del cervello; le antiche dottrine tradizionali non hanno sicuramente mai dato luogo a simili confusioni, e i loro interpreti autorizzati hanno sempre saputo perfettamente a cosa attenersi a proposito di ciò che doveva essere inteso simbolicamente, facendo corrispondere fra di loro i vari ordini di realtà senza mescolarli, e osservando rigorosamente la loro ripartizione gerarchica secondo i gradi dell'esistenza universale. Tutte queste considerazioni ci sembrano d'altronde così evidenti che saremmo tentati di scusarci di insistervi tanto; se lo facciamo, la ragione è che sappiamo fin troppo bene che cosa gli orientalisti, nella loro ignoranza dei più elementari dati del simbolismo, siano giunti a fare delle dottrine che essi studiano dal di fuori, senza mai cercare di acquisirne una conoscenza diretta, e come, prendendo tutto nel senso più grossolanamente materiale, essi deformino tali dottrine sino a presentarne a volte una vera e propria caricatura; e la ragione è anche che sappiamo come l'atteggiamento degli orientalisti non sia qualcosa di eccezionale, ma derivi invece da una mentalità che appartiene, almeno in Occidente, alla stragrande maggioranza dei nostri contemporanei, e non è altro in fondo che la mentalità specificamente moderna.

Il loto ha un simbolismo dai molteplici aspetti, e abbiamo già parlato di alcuni di essi in altre occasioni;[7] in uno di questi aspetti, precisamente quello cui si riferisce il testo che citavamo prima, esso è usato per rappresentare i vari centri, anche secondari, dell'essere umano, sia centri fisiologici (in particolare plessi nervosi), sia soprattutto centri psichici (corrispondenti a questi stessi plessi in virtù del legame esistente fra lo stato corporeo e lo stato sottile nel composto che costituisce propriamente l'individualità umana). Nella tradizione indù, questi centri sono chiamati di

---

6. Per esempio la rappresentazione geometrica degli stati molteplici dell'essere e la loro rappresentazione sotto forma di una serie di 'cicli' successivi.
7. Si veda in particolare *Les fleurs symboliques* [qui sopra, come cap. 9].

solito « loti » (*padma* o *kamala*), e sono raffigurati con un diverso numero di petali, i quali hanno tutti allo stesso modo un significato simbolico, come pure i colori che a essi sono inoltre collegati (senza parlare di certi suoni che a essi si fanno corrispondere, e che sono i *mantra*, riferiti a diverse modalità vibratorie, in armonia con le facoltà spaziali rette rispettivamente dai centri in questione e in certo modo derivate dalla loro irradiazione, raffigurata dallo sbocciare dei petali del loto);[8] essi sono anche chiamati « ruote » (*chakra*), il che, notiamolo di sfuggita, conferma ancora una volta la strettissima relazione esistente in genere, come abbiamo altrove indicato, fra il simbolismo della ruota e quello di fiori come il loto e la rosa.

Ancora un'altra osservazione si impone prima di procedere oltre: e cioè che, in questo caso come in tutti gli altri dello stesso genere, si avrebbe davvero torto se si credesse che la considerazione dei sensi superiori si opponga all'ammissione del senso letterale, che lo annulli o lo distrugga, o che in qualche maniera lo renda falso; la sovrapposizione di una pluralità di sensi che, lungi dall'escludersi, si armonizzano invece e si completano, è, come abbiamo già varie volte spiegato, un carattere del tutto generale del vero simbolismo. Se ci si limita a considerare il mondo corporeo, è proprio l'Etere, in quanto primo fra gli elementi sensibili, che vi svolge il ruolo 'centrale' che va riconosciuto a tutto ciò che è principio in un ordine qualsiasi: il suo stato di omogeneità e di perfetto equilibrio può venire rappresentato dal punto primordiale neutro, anteriore a tutte le distinzioni e a tutte le opposizioni, da cui queste partono e in cui alla fine tornano a risolversi, nel duplice movimento alternato di espansione e concentrazione, espirazione e inspirazione, diastole e sistole, nel quale essenzialmente consistono le due fasi complementari di ogni processo di manifestazione. Questo si ritrova del resto con la massima esattezza nelle antiche concezioni cosmologiche dell'Occidente, in cui i quattro elementi differenziati sono stati disposti alle estremità dei quattro bracci di una croce e così contrapposti a due a due: fuoco e acqua, aria e terra, secondo la loro partecipazione alle qualità fondamentali parimenti opposte a coppie: caldo e freddo, secco e umido, in conformità con la teoria aristotelica;[9] e, in alcune di queste raffigurazioni, quella che gli alchimisti chiamavano la « quintessenza » (*quinta essentia*), cioè il quinto elemento, che non è altro se non l'Etere (primo nell'or-

---

8. Su tutto ciò, si veda *Kundalinî-Yoga*, in « Études Traditionnelles », ottobre-novembre 1933.
9. Anche su questo rinvieremo per maggiori particolari al nostro studio già menzionato sopra su *La Théorie hindoue des cinq éléments*.

dine di sviluppo della manifestazione, ma ultimo nell'ordine
inverso che è quello del riassorbimento o del ritorno all'omogeneità primordiale), appare al centro della croce in forma di rosa
a cinque petali, che richiama evidentemente, in quanto fiore simbolico, il loto delle tradizioni orientali (qui il centro della croce
corrisponde alla ' cavità ' del cuore, che questo simbolismo sia
applicato dal punto di vista macrocosmico o dal punto di vista
microcosmico), mentre, d'altra parte, lo schema geometrico sul
quale è tracciata non è altro che la stella pentagrammatica o il
pentalpha pitagorico.[10] È questa un'applicazione particolare del
simbolismo della croce e del suo centro, perfettamente conforme
al suo significato generale quale l'abbiamo esposto altrove;[11] e,
nel contempo, queste considerazioni relative all'Etere devono naturalmente essere accostate anche alla teoria cosmogonica che si
trova nella Cabala ebraica, per quanto concerne l'*Avir*, e che abbiamo ricordato in precedenza.[12]

Ma nelle dottrine tradizionali una teoria fisica (nell'antico
senso della parola) non può mai considerarsi sufficiente; essa è
solo un punto di partenza, un ' supporto ' che permette, per mezzo
delle corrispondenze analogiche, di elevarsi alla conoscenza degli ordini superiori; è noto che si tratta del resto di una delle
differenze essenziali esistenti fra il punto di vista della scienza
sacra o tradizionale e quello della scienza profana quale la con-
cepiscono i moderni. Ciò che risiede nel cuore non è dunque
soltanto l'Etere nel senso proprio della parola; siccome il cuore
è il centro dell'essere umano considerato nella sua integralità,
e non nella sua sola modalità corporea, in tale centro c'è l'« anima vivente » (*jîvâtmâ*), che contiene in modo principiale tutte
le possibilità che si sviluppano nel corso dell'esistenza individuale, come l'Etere contiene in modo principiale tutte le possibilità
della manifestazione corporea o sensibile. È assai notevole, per
quanto riguarda le concordanze fra le tradizioni orientali e occidentali, il fatto che anche Dante parli dello « spirito della vita,
lo quale dimora nella segretissima camera del cuore »,[13] cioè appunto in quella stessa ' cavità ' di cui si parla nella dottrina indù;
e la cosa forse più singolare è che l'espressione che egli usa in
proposito, « spirito della vita », è una traduzione il più possibile
letterale e rigorosa del termine sanscrito *jîvâtmâ*, di cui è tuttavia

---

10. Ricorderemo che una figura simile, di carattere chiaramente ermetico e rosacrociano, e che è propriamente quella della *Rota Mundi*, è stata posta da Leibniz
all'inizio del suo trattato *De Arte combinatoria* (si veda *Les Principes du Calcul
infinitésimal*, premessa).
11. Si veda *Le Symbolisme de la Croix*, cap. VII.
12. Si veda *Le grain de sénevé*.
13. *Vita Nova*, 2.

ben poco verosimile che egli abbia potuto aver conoscenza per una via qualsiasi.

Non è tutto: ciò che si riferisce all'' anima vivente ' in quanto dimorante nel cuore riguarda, per lo meno direttamente, solo un ambito intermedio, che costituisce quello che si può chiamare propriamente l'ordine psichico (nel senso originario della parola greca *psyché*), e non supera la considerazione dell'individualità umana come tale; di qui bisogna dunque elevarsi a un senso ancora superiore, che è il senso puramente spirituale o metafisico. È quasi superfluo far notare come la sovrapposizione di questi tre sensi corrisponda esattamente alla gerarchia dei ' tre mondi '. Così, ciò che risiede nel cuore è l'elemento etereo, ma non è questo soltanto, da un primo punto di vista; da un secondo punto di vista, è l'' anima vivente ', ma non è neppure soltanto questo, poiché ciò che il cuore rappresenta è essenzialmente il punto di contatto dell'individuale con l'universale, o, in altri termini, dell'umano con il Divino, punto di contatto che si identifica naturalmente con il centro stesso dell'individualità. Di conseguenza, bisogna fare intervenire qui un terzo punto di vista, che si può definire ' sopra-individuale ', poiché, esprimendo i rapporti dell'essere umano con il Principio, esso sfugge per ciò stesso ai limiti della condizione individuale, ed è appunto partendo da questo punto di vista che è detto infine che ciò che risiede nel cuore è *Brahma* stesso, il Principio divino da cui procede e dipende interamente ogni esistenza, e che penetra, sostiene e illumina dall'interno tutte le cose. Si può dire che anche l'Etere, nel mondo corporeo, produca tutto e penetri tutto, e per questo tutti i testi sacri dell'India e i loro commenti autorizzati lo presentano come un simbolo di *Brahma*;[14] quel che viene designato come « l'Etere nel cuore », nel senso più elevato, è dunque *Brahma*, e quindi la ' conoscenza del cuore ', quando raggiunge il suo grado più profondo, si identifica veramente con la « conoscenza divina » (*Brahma-vidyâ*).[15]

Con ciò si fa in certo modo risiedere il principio divino al centro di ogni essere, il che è conforme a quanto dice san Giovanni quando parla della « vera Luce che illumina ogni uomo che viene in questo mondo »; ma tale ' presenza divina ', assimi-

14. « *Brahma* è come l'Etere, che è dovunque, e penetra simultaneamente l'esterno e l'interno delle cose » (Sankarâchârya, *Atmâ-Bodha*).
15. Questa stessa conoscenza divina può essere a sua volta di due specie, « non suprema » (*apara*) o « suprema » (*para*), che corrispondono rispettivamente al mondo celeste e a ciò che si trova al di là dei ' tre mondi '; ma tale distinzione, malgrado la sua estrema importanza dal punto di vista della metafisica pura, non deve intervenire nelle considerazioni che ora esponiamo, al pari di quella fra i due diversi gradi in cui può anche essere considerata l'' Unione ' stessa.

labile alla *Shekinah* ebraica, può essere solo virtuale, nel senso che l'essere può non averne effettivamente coscienza; essa diventa pienamente effettiva per quest'essere solo quando egli ne ha preso coscienza e l'ha ' realizzata ' mediante l'' Unione ', intesa nel senso del sanscrito *Yoga*. Allora, attraverso la conoscenza più reale e immediata, quest'essere sa che « l'*Atmâ* che risiede nel cuore » non è semplicemente lo *jîvâtmâ*, l'anima individuale e umana, ma è anche l'*Atmâ* assoluto e incondizionato, lo Spirito universale e divino, e che entrambi, in questo punto centrale, si trovano in un contatto indissolubile e d'altronde inesprimibile, poiché in verità sono una sola cosa, come, secondo l'espressione di Cristo, « il Padre mio e io siamo una sola cosa ». Colui che è effettivamente pervenuto a tale conoscenza ha veramente raggiunto il centro e non solo il proprio centro ma anche, e per ciò stesso, il centro di tutte le cose; egli ha realizzato l'unione del suo cuore con il ' Sole spirituale ' che è il vero ' Cuore del Mondo '. Il cuore così considerato è, secondo gli insegnamenti della tradizione indù, la « Città divina » (*Brahma-pura*); e quest'ultima è descritta, come abbiamo già indicato in precedenza, in termini simili a quelli che l'*Apocalisse* applica alla ' Gerusalemme Celeste ', la quale infatti è anch'essa una delle raffigurazioni del ' Cuore del Mondo '.

Abbiamo già parlato in varie occasioni del simbolismo della
« Città divina » (*Brahma-pura* nella tradizione indù):[1] è noto
che con questo termine si designa propriamente il centro del-
l'essere, rappresentato dal cuore che d'altronde gli corrisponde
effettivamente nell'organismo corporeo; ed è altrettanto noto che
tale centro è la residenza di *Purusha*, identificato con il Principio
divino (*Brahma*) in quanto quest'ultimo è l'« ordinatore interno »
(*antar-yâmî*) che regge tutto l'insieme delle facoltà di tale essere
mediante l'attività ' non-agente ' che è la conseguenza immediata
della sua sola presenza. Al nome di *Purusha* si dà per questa ragione il significato di *puri-shaya*, cioè colui che risiede o giace
(*shaya*) nell'essere come in una città (*pura*); questa interpretazione dipende evidentemente dal *Nirukta*, ma A.K. Coomaraswamy ha fatto notare che, per quanto non sia così nella maggior
parte dei casi, essa poteva anche rappresentare nel contempo una
vera derivazione etimologica;[2] questo punto merita, a causa di
tutti gli accostamenti cui dà luogo, che vi indugiamo un po' più
a lungo.

Anzitutto, c'è da notare che le radici del greco *polis* e del latino
civitas, che designano la città, corrispondono rispettivamente ai
due elementi di cui è formata la parola *puru-sha*, anche se, per
via di certi mutamenti fonetici da una lingua all'altra, la cosa
può non risultare molto evidente a prima vista. Infatti, la radice
sanscrita *pri* o *pur* diventa nelle lingue europee *ple* o *pel*,[3] di
modo che *pura* e *polis* sono strettamente equivalenti; dal punto
di vista qualitativo, questa radice esprime l'idea di pienezza (sanscrito *puru* e *pûrna*, greco *pleos*, latino *plenus*, inglese *full*), e,
dal punto di vista quantitativo, quella di pluralità (greco *polys*,
latino *plus*, tedesco *viel*). Una città esiste evidentemente in virtù
della pluralità di individui che la abitano e ne costituiscono la
' popolazione ' (anche la parola *populus* ha la stessa origine), il
che potrebbe giustificare l'uso di termini come quelli in oggetto
per designarla; ma questo è solo l'aspetto più esteriore, e molto
più importante quando si vuol andare al fondo delle cose è la
considerazione dell'idea di pienezza. Si sa al riguardo che il pieno

---

1. Si veda *L'Homme et son devenir selon le Vêdânta*, cap. III; cfr. anche i nostri
studi su *Le grain de sénevé* e *L'Ether dans le coeur* [qui pubblicati come cap. 73
e cap. 74, rispettivamente].
2. *What is civilization?* (*Albert Schweitzer Festschrift*); ricaviamo da questo studio parte delle considerazioni che seguono, in particolare per quanto concerne il
punto di vista linguistico.
3. È noto che le lettere *r* e *l* sono foneticamente vicinissime e si mutano facilmente l'una nell'altra.

e il vuoto, considerati come correlativi, sono una delle rappresentazioni simboliche tradizionali del complementarismo del
principio attivo e del principio passivo; nel presente caso, si può
dire che *Purusha* riempie con la sua presenza la « Città divina »
con tutti i suoi annessi e connessi, cioè l'integralità dell'essere,
che senza questa presenza non sarebbe che un « campo » (*kshêtra*)
vuoto, o, in altri termini, una pura potenzialità sprovvista di
ogni esistenza attualizzata. È *Purusha* che, secondo i testi delle
Upanishad, illumina « questo tutto » (*sarvam idam*) con il suo
irradiamento, immagine della sua attività ' non-agente ' mediante
la quale è realizzata ogni manifestazione, secondo la ' misura '
determinata dall'effettiva estensione di tale irradiamento,[4] così
come, nel simbolismo apocalittico della tradizione cristiana, la
' Gerusalemme Celeste ' è tutta illuminata dalla luce del-
l'Agnello che giace nel suo centro ' quasi immolato ', quindi in
uno stato di ' non-azione '.[5] Possiamo ancora aggiungere a questo
proposito che l'immolazione dell'Agnello « fin dal principio del
mondo » è in realtà la stessa cosa del sacrificio vedico di *Purusha*
che in apparenza si divide, all'origine della manifestazione, per
risiedere contemporaneamente in tutti gli esseri e in tutti i mondi,[6] in modo che, pur rimanendo sempre essenzialmente uno e
contenendo tutto principialmente nella sua stessa unità, esso appare esteriormente molteplice, il che corrisponde ancora esattamente alle due idee di pienezza e di pluralità di cui si è appena
parlato; e sempre per questo è detto che « ci sono nel mondo
due *Purusha*, uno distruttibile e l'altro indistruttibile: il primo
è ripartito fra tutti gli esseri; il secondo è l'immutabile ».[7]

D'altra parte, il latino *civitas* deriva da una radice *kei* che nelle
lingue occidentali equivale alla radice sanscrita *shî* (da cui *shaya*);
il suo senso primo è quello di riposo (greco *keisthai*, giacere), di
cui quello di residenza, o di dimora stabile come sono quelle di
una città, non è in fondo che una conseguenza diretta. *Purusha*,
giacendo nella « Città divina », può esserne detto l'unico « cit-
tadino » (*civis*),[8] poiché la moltitudine degli abitanti che la
' popolano ' esiste veramente solo grazie a lui, essendo interamente prodotta dalla sua luce e animata dal suo alito (*prâna*),

---

4. Si veda *Le Règne de la quantité et les signes des temps*, cap. III.
5. Ricorderemo ancora che la manifestazione della *Shekinah* o « presenza divina »
è sempre rappresentata come una luce.
6. Si veda « *Rassembler ce qui est épars* » [qui sopra, come cap. 46].
7. *Bhagavad-Gîtâ*, xv, 16; secondo il seguito di questo testo, *Purushottama*, che è
identico a *Paramâtmâ*, è al di là di questi due aspetti, poiché è il Principio supremo, trascendente rispetto a ogni manifestazione: esso non è ' nel mondo ', ma
sono invece tutti i mondi a essere in lui.
8. L'espressione greca equivalente *monos politès* è stata applicata a Dio da Fi-
lone.

dato che i raggi luminosi e il soffio vitale sono qui, di fatto, soltanto due aspetti del *sûtrâtmâ*. Se si considera la « Città divina » (o il « Regno di Dio » che è « dentro di noi », secondo l'espressione evangelica) nella sua più stretta accezione unicamente come il centro dell'essere, va da sé che in realtà vi risiede solo *Purusha*; ma l'estensione del termine all'essere intero con tutte le sue facoltà e tutti i suoi elementi costitutivi è ugualmente legittima per le ragioni appena esposte, e non muta nulla a questo riguardo, poiché tutto ciò dipende interamente da *Purusha* e gli deve persino la sua esistenza stessa. Le funzioni vitali e le facoltà dell'essere sono spesso paragonate, nel loro rapporto con *Purusha*, ai sudditi o ai servi di un re, e vi è fra di loro una gerarchia simile a quella delle diverse caste nella società umana;[9] il palazzo in cui risiede il re e da cui egli dirige tutto è il centro o il cuore della città,[10] la sua parte essenziale, di cui tutto il resto è in certo qual modo solo il prolungamento o l'" estensione " (senso pure contenuto nella radice *kei*); s'intende però che i sudditi non sono mai, nei confronti del re, in uno stato di dipendenza assoluta come quello in questione, perché, anche se la funzione regale è unica nella città e la posizione del ' governante ' è essenzialmente diversa da quella dei ' governati ',[11] il re è comunque un essere umano come i suoi sudditi, e non un principio di un altro ordine. Un'altra immagine ancora più esatta ci è fornita dal gioco delle marionette, poiché esse sono animate solo dalla volontà di un uomo che le fa muovere a suo piacimento (e il filo per mezzo del quale le fa muovere è naturalmente ancora una volta un simbolo del *sûtrâtmâ*); e si trova al riguardo un ' mito ' assai sorprendente nel *Kathâ-Sarit-Sâgara*.[12] Vi si parla di una città interamente popolata di automi di legno, che si comportano in tutto e per tutto come esseri viventi, salvo che manca loro la parola; al centro sta un palazzo in cui risiede un uomo che è l'« unica coscienza » (*êkakam chêtanam*) della città e la causa di tutti i movimenti degli automi che egli stesso ha fabbricato; ed è il caso di notare

9. Questo punto di vista è stato sviluppato in particolare da Platone nella sua *Repubblica*.
10. In origine, questo palazzo era nel contempo anche un tempio; tale duplice carattere si ritrova talvolta ancora nelle epoche ' storiche ', e ricorderemo qui in particolare l'esempio del *Ming-tang* in Cina (si veda *La Grande Triade*, cap. xvi).
11. Nella loro relazione, il ' governante ' è ' in atto ' e i ' governati ' sono ' in potenza ', secondo il linguaggio aristotelico e scolastico; per questo, nella concezione tradizionale, il re e il suo regno si trovano in un rapporto di principio attivo e principio passivo; ma, per contro, il re, in quanto esercita il potere temporale, diventa a sua volta principio passivo in rapporto all'autorità spirituale (cfr. A. K. Coomaraswamy, *Spiritual Authority and Temporal Power in the Theory of Indian Government*).
12. Si veda A. K. Coomaraswamy, '*Spiritual Paternity*' *and the* '*Puppet-Complex*', in « Psychiatry », agosto 1945.

che quest'uomo è detto essere falegname, circostanza che lo assimila a *Vishwakarma*, cioè al Principio divino in quanto costruttore e ordinatore dell'Universo.[13]

Quest'ultima osservazione ci induce a precisare che il simbolismo della « Città divina » è suscettibile di un'applicazione ' macrocosmica ' come pure di un'applicazione ' microcosmica ', per quanto fino a ora noi abbiamo considerato quasi esclusivamente quest'ultima; si potrebbe anche parlare di parecchie applicazioni ' macrocosmiche ' a diversi livelli, a seconda che si tratti di un mondo particolare, cioè di uno stato determinato d'esistenza (e a questo caso si riferisce propriamente il simbolismo della ' Gerusalemme Celeste ' che abbiamo ricordato sopra), o di tutto l'insieme della manifestazione universale. In ogni caso, che si consideri il centro di un mondo o il centro di tutti i mondi, in questo centro vi è un Principio divino (il *Purusha* che risiede nel sole, che è lo *Spiritus Mundi* delle tradizioni occidentali) che svolge, per tutto ciò che è manifestato nell'ambito corrispondente, la stessa funzione di ' ordinatore interno ' del *Purusha* che risiede nel cuore di ogni essere per tutto ciò che è racchiuso nelle possibilità di tale essere. Basta allora trasporre senz'altra modificazione, per applicarlo alla moltitudine degli esseri manifestati, quello che nell'applicazione ' microcosmica ' è detto delle varie facoltà di un essere in particolare; il simbolismo del sole come ' Cuore del Mondo ' [14] spiega del resto perché il *sûtrâtmâ* che lega ogni essere al *Purusha* centrale sia rappresentato allora dal ' raggio solare ' chiamato *sushumnâ*.[15] Le diverse rappresentazioni del *sûtrâtmâ* mostrano anche che la divisione apparente di *Purusha*, tanto nell'ordine ' macrocosmico ' come in quello ' microcosmico ', non dev'essere concepita come una frammentazione che sarebbe in contraddizione con la sua unità essenziale, ma come un'' estensione ' paragonabile a quella dei raggi a partire dal centro; e nello stesso tempo, siccome il *sûtrâtmâ* è assimilato a un filo (*sûtra*) dalla parola stessa, questo simbolismo è anche in stretto rapporto con quello della tessitura.[16]

---

13. Si veda *Maçons et Charpentiers*, in « Études Traditionnelles », dicembre 1946.
14. S'intende che non si tratta di « quel sole che vedono tutti gli uomini », ma del sole spirituale « che pochi conoscono con l'intelletto » (*Atharva-Vêda*, x, 8, 14) e che viene rappresentato immutabilmente allo zenith.
15. Cfr. *L'Homme et son devenir selon le Vêdânta*, cap. xx; questo ' raggio solare ' è anche identico alla « corda d'oro » di cui parla Platone.
16. Si veda *Le Symbolisme de la Croix*, cap. xiv: ricorderemo qui più in particolare il simbolismo del ragno al centro della tela, immagine del sole i cui raggi, che sono emanazioni o ' estensioni ' di esso (così come la tela del ragno è formata dalla sua propria sostanza), costituiscono in qualche modo il ' tessuto ' del mondo, che essi attualizzano a mano a mano che si estendono in tutte le direzioni a partire dalla loro sorgente.

Ci resta ancora un punto da indicare brevemente: e cioè che, per essere legittima e valida dal punto di vista tradizionale, vale a dire insomma per essere veramente ' normale ', la costituzione e l'organizzazione di ogni città o società umana deve per quanto è possibile prendere come modello la « Città divina »; diciamo per quanto è possibile, perché, almeno nelle condizioni attuali del nostro mondo, l'imitazione di questo modello (che è propriamente un ' archetipo ') sarà per forza sempre imperfetta, come mostra quanto abbiamo detto sopra a proposito del paragone di *Purusha* con un re; ma, comunque sia, soltanto nella misura in cui essa verrà realizzata si avrà il diritto di parlare di ' civiltà '. Basta dire che tutto ciò che porta questo nome nel mondo moderno, e che si pretende persino di considerare come la ' civiltà ' per eccellenza, non ne può essere che una caricatura, anzi spesso sotto molti aspetti esattamente il contrario; non solo una civiltà antitradizionale come la nostra non merita in realtà questo nome, ma è anche, a rigore, l'antitesi della vera civiltà.

Indicazioni bibliografiche

La réforme de la mentalité moderne, « Regnabit », giugno 1926.

Le Verbe et le Symbole, « Regnabit », gennaio 1926.

Le Sacré-Coeur et la légende du Saint Graal, « Regnabit », agosto-settembre 1925.

Le Saint Graal, « Le Voile d'Isis », febbraio-marzo 1934.

Tradition et « inconscient », « Études Traditionnelles », luglio-agosto 1949.

La Science des lettres, « Le Voile d'Isis », febbraio 1931.

La Langue des Oiseaux, « Le Voile d'Isis », novembre 1931.

L'idée du Centre dans les traditions antiques, « Regnabit », maggio 1926.

Les fleurs symboliques, « Études Traditionnelles », agosto 1936.

La triple enceinte druidique, « Le Voile d'Isis », giugno 1929.

Les Gardiens de la Terre sainte, « Le Voile d'Isis », agosto-settembre 1929.

La Terre du Soleil, « Études Traditionnelles », gennaio 1936.

Le Zodiaque et les points cardinaux, « Études Traditionnelles », ottobre-novembre 1945.

La Tétraktys et le carré de quatre, « Études Traditionnelles », aprile 1937.

Un hiéroglyphe du Pôle, « Études Traditionnelles », maggio 1937.

Les « têtes noires », « Études Traditionnelles », gennaio-febbraio 1948.

La lettre G et le swastika, « Études Traditionnelles », luglio-agosto 1950.

Quelques aspects du symbolisme de Janus, « Le Voile d'Isis », luglio 1929.

L'hiéroglyphe du Cancer, « Le Voile d'Isis », luglio 1931.

Sheth, « Le Voile d'Isis », ottobre 1931.

Sur la signification des fêtes « carnavalesques », « Études Traditionnelles », dicembre 1945.

Quelques aspects du symbolisme du poisson, « Études Traditionnelles », febbraio 1936.

Les mystères de la lettre Nûn, « Études Traditionnelles », agosto-settembre 1938.

Le Sanglier et l'Ourse, « Études Traditionnelles », agosto-settembre 1936.

Les pierres de foudre, « Le Voile d'Isis », maggio 1929.

Les armes symboliques, « Études Traditionnelles », ottobre 1936.

Sayful-Islam, « Cahiers du Sud », numero speciale 1937.

Le symbolisme des cornes, « Études Traditionnelles », novembre 1936.

La Caverne et le Labyrinthe, « Études Traditionnelles », ottobre-novembre 1937.

Le Coeur et la Caverne, « Études Traditionnelles », dicembre 1937.

La Montagne et la Caverne, « Études Traditionnelles », gennaio 1938.

Le Coeur et l'Oeuf du Monde, « Études Traditionnelles », febbraio 1938.

La Caverne et l'Oeuf du Monde, « Études Traditionnelles », marzo 1938.

La Sortie de la caverne, « Études Traditionnelles », aprile 1938.

Les Portes solsticiales, « Études Traditionnelles », maggio 1938.

Le symbolisme du Zodiaque chez les pythagoriciens, « Études Traditionnelles », giugno 1938.

Le symbolisme solsticial de Janus, « Études Traditionnelles », luglio 1938.

À propos des deux saints Jean, « Études Traditionnelles », giugno 1949.

Le symbolisme du dôme, « Études Traditionnelles », ottobre 1938.

Le Dôme et la Roue, « Études Traditionnelles », novembre 1938.

La Porte étroite, « Études Traditionnelles », dicembre 1938.

L'Octogone, « Études Traditionnelles », luglio-agosto 1949.

La « pierre angulaire », « Études Traditionnelles », aprile-maggio 1940.

Lapsit exillis, « Études Traditionnelles », agosto 1946.

El-Arkân, « Études Traditionnelles », settembre 1946.

« Rassembler ce qui est épars », « Études Traditionnelles », ottobre-novembre 1946.

Le blanc et le noir, « Études Traditionnelles », giugno 1947.

Pierre noire et pierre cubique, « Études Traditionnelles », dicembre 1947.

Pierre brute et pierre taillée, « Études Traditionnelles », settembre 1949.

Les symboles de l'analogie, « Études Traditionnelles », gennaio 1939.

L'Arbre du Monde, « Études Traditionnelles », febbraio 1939.

L'Arbre et le Vajra, « Études Traditionnelles », marzo 1939.

L'arbre de Vie et le breuvage d'immortalité, « Études Traditionnelles », aprile 1939.

Le symbolisme de l'échelle, « Études Traditionnelles », maggio 1939.

Le « trou de l'aiguille », « Études Traditionnelles », gennaio 1940.

Le passage des eaux, « Études Traditionnelles », febbraio 1940.

Les sept rayons et l'arc-en-ciel, « Études Traditionnelles », giugno 1940.

Janua Coeli, « Études Traditionnelles », gennaio-febbraio 1946.

Kâla-mukha, « Études Traditionnelles », marzo-aprile 1946.

La lumière et la pluie, « Études Traditionnelles », maggio 1946.

La Chaîne des mondes, « Études Traditionnelles », giugno-luglio-agosto 1946.

Les « racines des plantes », « Études Traditionnelles », settembre 1946.

Le symbolisme du pont, « Études Traditionnelles », gennaio-febbraio 1947.

Le pont et l'arc-en-ciel, « Études Traditionnelles », marzo 1947.

La chaîne d'union, « Études Traditionnelles », settembre 1947.

Encadrements et labyrinthes, « Études Traditionnelles », ottobre-novembre 1947.

Le « quatre de chiffre », « Études Traditionnelles », giugno 1948.

Liens et noeuds, « Études Traditionnelles », marzo 1950.

Le coeur rayonnant et le coeur enflammé, « Études Traditionnelles », giugno-luglio 1946.

Coeur et cerveau, « Regnabit », gennaio 1927.

L'emblème du Sacré-Coeur dans une société secrète américaine, « Regnabit », marzo 1927.

L'Oeil qui voit tout, « Études Traditionnelles », aprile-maggio 1948.

Le grain de sénevé, « Études Traditionnelles », gennaio-febbraio 1949.

L'Éther dans le coeur, « Études Traditionnelles », aprile-maggio 1949.

La Cité divine, « Études Traditionnelles », settembre 1950.

Opere di René Guénon

Introduction générale à l'étude des doctrines hindoues, Paris, 1921 [trad. it.: *Introduzione generale allo studio delle dottrine indù*, Milano, 1989].

Le Théosophisme, histoire d'une pseudo-religion, Paris, 1921.

L'Erreur spirite, Paris, 1923 [trad. it.: *Errore dello spiritismo*, Milano, 1974].

Orient et Occident, Paris, 1924 [trad. it.: *Oriente e Occidente*, Torino, 1965].

L'Homme et son devenir selon le Védânta, Paris, 1925 [trad. it.: *L'uomo e il suo divenire secondo il Védânta*, Torino, 1965].

L'Ésotérisme de Dante, Paris, 1925.

Le Roi du Monde, Paris, 1927 [trad. it.: *Il Re del Mondo*, Milano, 1977].

La crise du monde moderne, Paris, 1927.

Autorité spirituelle et pouvoir temporel, Paris, 1929 [trad. it.: *Autorità spirituale e potere temporale*, Milano, 1972].

Saint-Bernard, Marseille, 1929.

Le Symbolisme de la Croix, Paris, 1931 [trad. it.: *Il simbolismo della croce*, Milano, 1973].

Les États multiples de l'Être, Paris, 1931 [trad. it.: *Gli stati molteplici dell'Essere*, Torino, 1965].

La Métaphysique orientale, Paris, 1939.

Le Règne de la Quantité et les Signes des Temps, Paris, 1945 [trad. it.: *Il Regno della Quantità e i Segni dei Tempi*, Milano, 1982].

Les principes du calcul infinitésimal, Paris, 1946.

La Grande Triade, Paris, 1946 [trad. it.: *La Grande Triade*, Milano, 1980].

Aperçus sur l'Initiation, Paris, 1946.

Initiation et Réalisation spirituelle, Paris, 1952 [trad. it.: *Iniziazione e realizzazione spirituale*, Torino, 1967].

Aperçus sur l'Ésotérisme chrétien, Paris, 1954.

Symboles fondamentaux de la Science sacrée, Paris, 1962 [trad. it.: *Simboli della Scienza sacra*, Milano, 1975].

Études sur la Franc-Maçonnerie et le Compagnonnage, Paris, 1964.

Études sur l'Hindouisme, Paris, 1966.

Formes traditionnelles et Cycles cosmiques, Paris, 1970.

Comptes Rendus, Paris, 1973.

STAMPATO DA L.E.G.O. S.P.A. STABILIMENTO DI LAVIS

GLI ADELPHI

GLI ADELPHI
Periodico mensile: N. 16/1990
Registr. Trib. di Milano N. 284 del 17.4.1989
Direttore responsabile: Roberto Calasso